호남인의 기원과 문화원형

호남인의 기원과 문화원형

문 안 식 지음

혜안

책머리에

　필자는 대학원에 진학한 이래 20여년 가까이 백제사를 전공해 왔다. 세간의 주목을 끌만한 훌륭한 저서와 논문을 집필해 왔노라고 자평할 정도는 아니지만, 최선을 다한 형설지공의 자세를 견지하며 학자의 길을 정성스럽게 걷고자 노력하였다.
　필자는 백제사를 전공하는 와중에 연구의 지평을 조금 넓혀 한국고대사를 나름의 시각으로 해석해 보고, 특히 우리 민족의 기원과 문화원형을 천착해 보고 싶은 강한 학문적 욕구를 느껴왔다. 그러던 차에 2008년 봄에『후백제 전쟁사 연구』를 출판한 후 본격적으로 한민족의 기원에 대하여 공부를 시작하였다.
　이번에 간행하는『호남인의 기원과 문화원형』은 우리 민족의 기원을 고찰하는 장기간 노정에 포함된 한 정거장이라 할 수 있다. 본서는 전체 4장으로 구성되었다. 제1장은 한반도 선사문화의 기원과 양상을 서술하였는데, 한반도에 사람이 살기 시작한 70만 년 전의 구석기시대부터 청동기시대를 거쳐 철기시대에 이르는 선사시대를 검토하였다.
　제2장은 백제의 발전과 마한 토착사회의 동향에 대하여 살폈는데, 마한과 백제시대 호남지역의 문화 원형, 변화 발전 양상을 주로 고찰하였다. 제3장은 백제의 멸망 이후 통일신라시대에 일어난 호남지역의 제반 변화 양상을 고찰하였다. 제4장은 신라의 쇠퇴와 후삼국시대의 전개 속에서

전남지역의 추이와 호족세력의 활동양상을 검토하였다.

필자가 본서를 연구하며 견지한 주된 관심은 호남인의 기원, 문화원형 및 변화와 새로운 조류의 창조적 수용에 대한 흐름을 이해하는 데 있었다. 그 결과 오늘날 호남지역에 살고 있는 사람들은 자손만대 수만 년에 걸쳐 단일 혈통을 계승한 채 이어져 온 것이 아니라, 수차례에 걸친 집단 이주와 개개인의 유입이 끊임없이 이어지며 문화의 수준과 깊이를 새롭게 하였다.

문명의 이기를 통해 사람과 물자의 이동이 자유로워진 국제화된 현대뿐만이 아니라 선사와 고대 역시 수많은 왕래와 문화교류가 이루어졌다. 호남의 문화는 특정 집단에 의해 주도되고 고착화 된 것이 아니라, 사람과 물자의 빈번한 교류와 왕래 및 이주 속에서 발전되었다.

전통문화가 빠른 속도로 해체되고 그 원형마저 잃어가고 있다. 그에 대한 우려의 목소리가 높고 여러 보존 대책을 마련하는 등 부산한 움직임이 일어나고 있다. 전통문화에 대한 묵수나 가치보존도 중요하거니와, 전통과 현대의 조화를 통한 재창조의 과정이 역사 발전의 주요한 축이 되어 온 사실을 중시할 필요가 있다.

본서의 간행 취지 역시 전통의 보존과 가치의 재발견을 강조하고자 한 것이 아니라, 끊임없는 교류와 변화 그리고 쇄신과 재창조 과정을 통해 호남인의 문화와 삶의 수준이 제고되어 온 사실을 확인하는 데 있다. 선학과 동학 여러분의 아낌없는 비판과 가르침을 바란다.

  끝으로 본서의 간행을 맡아주신 도서출판 혜안의 오일주 대표님과 편집부 여러분께도 감사 말씀을 드린다.

2010년 겨울
무등산의 고운 자태가 잘 드러나 보이는 연구실에서
문 안 식

목 차

책머리에 5

제1장 한반도 선사문화의 기원과 양상 11
Ⅰ. 구석기시대의 전개와 호남의 첫 사람들 11
Ⅱ. 신석기시대의 전개와 토기의 사용 21
1. 간빙기의 도래와 조기 신석기시대의 시작 21
2. 전기 신석기시대의 시작과 빗살무늬토기의 사용 34
Ⅲ. 청동기시대의 도래와 국가형성 54
1. 덧띠새김무늬토기의 출현과 조기 청동기시대의 시작 54
2. 전기 청동기시대의 개시와 여러 문화유형의 출현 66
3. 청동문화의 발전과 국가형성 78
Ⅳ. 철기문화의 보급과 마한의 성장 91
1. 초기 철기문화의 수용과 마한의 기원 91
2. 철기문화의 확산과 성읍국가의 발전 102

제2장 백제의 발전과 마한 토착사회의 동향 115
Ⅰ. 중국군현의 설치와 전남지역의 변화 115
1. 신미국의 발전과 연맹체 형성 115
2. 낙랑·대방의 축출과 토착사회의 변모 126
Ⅱ. 백제의 전남지역 경략과 변방통치 142
1. 근초고왕의 남정과 마한 잔여세력 복속 142
2. 왕·후제 시행과 전남지역 토착사회의 변화 156
3. 방군성제 실시와 토착사회의 변화 187

제3장 백제의 멸망과 통일신라시대의 호남 203

Ⅰ. 전남 동부지역 진출과 토착세력의 추이 203
1. 전남 동부지역 진출과 그 추이 203
2. 대가야의 축출과 성곽의 축조 209

Ⅱ. 신라의 삼국통합과 전남지역의 변모 218
1. 제·라(濟·羅)의 대립과 남해안지역의 동향 218
2. 신라의 삼국통합과 전남지역 동향 230

제4장 신라의 쇠퇴와 후삼국시대의 전개 251

Ⅰ. 장보고의 청해진 설치와 해상왕국 건설 251
1. 신라의 쇠퇴와 지방세력의 동요 251
2. 장보고의 도당활약(渡唐活躍)과 청해진 설치 259
3. 해상왕국의 건설과 그 흥망 271

Ⅱ. 견훤의 후백제 건국과 전남지역 호족세력의 추이 289
1. 견훤의 세력 형성과 후백제 건국 289
2. 후백제-고려의 대립과 서남해지역의 추이 305
3. 후백제의 멸망과 호족세력의 동향 322

참고문헌 335

찾아보기 353

제1장 한반도 선사문화의 기원과 양상

Ⅰ. 구석기시대의 전개와 호남의 첫 사람들

인류가 공동의 조상에서 침팬지와 다른 진화 과정을 거치기 시작한 것은 600만~700만년 전 무렵으로 보고 있다. 또한 최근에는 440만년 전에 살았던 '아르디피테쿠스 라미두스(Ardipitecus ramidus, 아르디)'의 존재가 캘리포니아 버클리 대학의 화이트(Tim White) 교수에 의해 알려졌다.

그러나 인류의 발전 과정에서 가장 큰 변혁은 300만~360만년 전에 등장한 '오스트랄로피테쿠스 아파렌시스(일명 루시)'의 출현이었다. 오스트랄로피테쿠스는 현대인에 비해 키가 훨씬 작고, 등이 구부정하였다. 또한 머리뼈의 용량은 작았지만 두 발로 서서 걸을 수 있었으며, 진정한 사람으로 진화하는 기원이 되었다.

인류의 진화 단계를 원인(猿人)·원인(原人)·구인(舊人)·신인(新人) 등으로 구분하는데, 오스트랄로피테쿠스는 파란트로푸스 및 진잔트로푸스와 함께 원인(猿人)에 속한다. 이들 세 종류의 원인(猿人)은 제1빙하기(100만년~85만년 전) 이전에 살았던 가장 원시적인 인류에 속한다. 그 후 등장한 집단은 동아프리카의 올두바이에서 발견된 호모하빌리스이다.

호모하빌리스는 원인(猿人) 화석 가운데 진잔트로푸스보다도 약간 진보된 단계에 속하며, 그 이름은 '손재주 있는 사람'을 의미한다. 호모하빌리스는 어금니의 크기가 차츰 작아지고 두개골의 부피가 커지면서 튀어 나온 턱이 들어가고, 뒤로 기운 이마는 반듯하게 서게 되었다.

또한 호모하빌리스는 오스트랄로피테쿠스 등과 비교하면 얼굴이 작아지고, 머리가 커지는 변화가 일어났다. 동아시아에서는 중국 운남성에서 확인된 원모인(元某人)이 호모하빌리스와 유사한 원인(猿人)에 속하는데 직립보행을 하였다. 이들은 강자갈을 한 조각 또는 그 이상의 조각을 떼어낸 후에 사용하는 역석기를 이용하였다.

최초의 인류라고 할 수 있는 원인(猿人)은 아프리카를 벗어나 아시아와 유럽 대륙을 비롯하여 각지로 퍼져 나갔으나, 제1빙하기를 맞이하여 혹한 속에서 대부분 생사의 갈림길에 놓였던 것으로 짐작된다. 그 가운데 일부만 살아남게 되었으며, 우리나라에서 가장 오래된 유적으로 알려진 70만년 전의 단양 도담리 금굴 유적은 원인(猿人)이 남긴 것으로 보고 있다.

금굴 유적은 남한강변에 위치한 길이 80m · 너비 6m · 높이 9m의 동굴 내에 위치하며, 구석기시대 전기와 중기 및 후기를 포함하여 신석기시대와 청동기시대의 문화층으로 이루어져 있다. 그 중에서 약 70만년 전에 해당하는 제일 밑바닥에서 살았던 사람들이 휜 안팎날주먹도끼 · 찍개 · 긁개 등을 만들어 썼으며, 따뜻한 아열대성 기후에 살면서 쌍코뿔소 · 불곰 · 젖소 · 꽃사슴 · 말을 사냥하였다.[1]

그러나 초기 인류는 50만~40만년 전을 전후하여 제2빙하기가 도래하여 다시 큰 시련을 겪게 되었다. 인류나 동식물은 빙하기가 되면서 거의 전멸 상태에 이르렀고, 간빙기에 다시 적극적인 활동을 재개하는 현상을 보였다. 인류는 제2빙하기의 시련을 이겨내고 원인(猿人) 단계에서 벗어나 원인(原人)으로 진보하였다. 원인(原人)은 뇌가 커지면서 불과 언어

---

[1] 손보기, 1983, 『단양 도담리 지구 유적 발굴 약보고』, 충북대학교박물관.

및 손도끼(핵석기)를 비롯한 간단한 도구를 사용하는 호모에렉투스 단계에 이르게 되었다.

동아시아에서 확인된 호모에렉투스는 50만년 전에 살았던 인도네시아의 자바원인, 중국의 북경원인(주구점, 周口店)과 남전인(藍田人) 등이 거론된다. 우리나라의 공주 석장리·상원 검은모루동굴·청원 두루봉동굴·덕천 승리산동굴 유적 등이 호모에렉투스 단계에 속하며, 연천 전곡리 유적은 30만년 전에 이루어진 것으로 보고 있다.

원인(原人)은 제3빙하기(20만~10만년 전)를 전후하여 구인(舊人 : 네안데르탈인)으로 진보하였다. 이들과 유사한 집단은 35만년 전 유럽에 처음 나타났으며, 13만년 전에 이르러 완전한 네안데르탈인이 출현하여 3만 3천년 내지 2만 4천년 전까지 살았다. 네안데르탈인은 큰 머리, 짧지만 강인한 체격, 큰 코를 가진 것으로 볼 때 추위에 강한 특징을 보유하였다.

이들의 두뇌 크기는 현대인보다 컸을 가능성이 높으며, 남성의 키는 평균 1.65m·여성은 1.53m~1.57m 정도였다. 이들은 최초의 화석이 발견된 독일 북부에서 남쪽의 이스라엘과 지중해 연안의 나라, 서쪽의 영국부터 동쪽의 우즈베키스탄에 이르는 광범위한 지역에 거주하였다. 또한 최근에는 남부 시베리아 일대에도 네안데르탈인이 살았다는 주장이 제기되었다.

한편 현생 인류의 직접 조상으로 알려진 신인(新人) 단계의 호모사피엔스 역시 네안데르탈인과 비슷한 시기에 출현하였다. 이들은 25만~15만년 전에 아프리카에 처음 나타났으며, 그 기원에 대해서는 아프리카 기원설과 다지역 기원설이 제기되었다.

전자는 초기 호모사피엔스의 화석이 아프리카 지역에서만 발견된 사실을 근거로 10만~5만년 전에 중동, 아시아, 유럽 등으로 이주한 것으로 보고 있다. 또한 호모사피엔스는 이주 과정에서 각 지역에 살고 있던 기존의 집단을 대체하여 오늘날 현생 인류의 조상이 된 것으로 이해한다.

그 반면에 다지역 기원설은 호모사피엔스가 각지에 살고 있던 호모에렉투스에서 진화한 것으로 추정한다. 그런데 최근에 네안데르탈인의 미토콘드리아 DNA의 염기서열을 분석한 결과 호모사피엔스와는 유전적으로 전혀 다른 특성을 지닌 사실이 밝혀지면서 양자를 서로 다른 종(種)으로 보아야 한다는 학설이 다시 유력해지고 있다.[2]

동아시아의 대표적인 신인(新人)은 중국의 정촌인(丁村人)과 장양인(長陽人) 및 내몽고의 오르도스인을 들 수 있다. 한반도의 경우는 20만년 전의 유적에 속하는 제천 점말동굴, 단양 상시동굴, 덕천 승리산동굴 유적 등이 호모사피엔스와 관련 있는 것으로 보고 있다.

이와 같이 인류는 오스트랄로피테쿠스(남방의 원숭이)를 시작으로 호모하빌리스(손쓴사람)와 호모에렉투스(곧선사람)을 거쳐 호모사피엔스(슬기사람)로 진화하였다. 이들이 살았던 대부분의 시기는 전기 구석기시대에 속하며, 여러 견해 차이가 있지만 12만 5천년 전을 전후하여 중기 구석기시대로 접어들어 4만 5천~3만 5천년 전 무렵까지 지속되었다.

중기 구석기시대는 제3빙하기(20만~10만년 전)와 제4빙하기(4만~1만년 전) 사이의 간빙기에 해당된다. 중기 구석기시대에는 긁개가 여전히 널리 사용되었으나, 깎개의 수가 늘어나고 외날 전통이 지속되었다. 중기 구석기시대 사람들의 활동에서 달라진 것은 예리한 날의 깎개가 늘고, 홈날 칼과 톱니날 칼을 만들어 사용한 점을 들 수 있다.

또한 쌍날의 주먹도끼·주먹대패·밀개 등이 나타나며, 깎개·찌르개의 수가 늘어나고, 모룻돌떼기·부딪쳐떼기 등의 수법이 이용되었다. 그 외에 제작에 오랜 시일이 걸리는 석기가 등장하고 무덤 쓰기도 시작되

---

2) Krings, M., A. Stone, R. W. Schmitz, H. Krainitzki and S. Paabo, 1997, Neandertal DNA sequences and the origin of modern humans. Cell 90.

파주시 적성면 가월리 주먹도끼
가월리 유적은 1988년에 최초로 발견되었으며, 1993년 일부 지역에 대한 발굴조사 결과 4만~5만 년전 무렵의 선사문화유적지로 밝혀졌다. 1994년 12월 21일 사적 제389호로 지정되었다.

었다.

중기 구석기시대의 유적은 평남 덕천군 승리산동굴 하층문화, 함북 웅기 굴포리 등에서 확인되었다. 전남지역의 경우 조선대 박물관에서 조사한 순천 죽내리에서 12만~4만년 전으로 추정되는 중기 구석기시대 유적이 조사되었다. 죽내리 유적은 4개의 문화층이 확인되었는데, 맨 아래 문화층은 층위와 석기 갖춤새로 보아 전남지역에서 현재까지 조사된 유적 중에서 비교적 이른 시기로 추정하고 있다.[3] 또한 최근에는 화순 모산리 도산 유적이 조사되었는데, 호남지역에서 가장 오래된 중기 구석기시대 유적으로 알려졌다.[4]

중기 구석기시대는 4만 5천년~3만 5천년 전을 전후한 시기에 이르러 종식되고 후기 구석기시대가 시작되었다. 후기 구석기시대는 4만년 전을 전후하여 시작되어 1만 2천년 전 무렵까지 지속된 제4빙하기(뷔름빙하기)와 시기적으로 일치된다. 뷔름빙하기는 후기 구석기시대의 말기에 해당

---

3) 이기길, 1998, 「한국 전남 순천 죽내리 구석기 유적」, 『호남고고학보』 8.
4) 도산 유적에서는 1760여 점의 유물이 출토되었는데, 구석기인들의 의례행위 때 사용된 길이 22cm・무게 3kg의 대형 주먹도끼 등이 확인되었다(조선대 박물관, 2007, 「화순 모산리 도산 유적 현장 설명자료」).

하는 1만 8천~1만 5천년 이전 사이가 전성기였다.

　인류는 마지막 빙하가 최전성기를 구가한 동안 활동이 극도로 위축되었다. 유럽의 경우 두터운 얼음층과 동서로 길게 뻗은 산맥들이 사방으로 둘러싸여 고립되어 있었다. 그 반면에 아시아에 살던 사람들은 춥기는 하였지만, 비교적 긴 여름과 4계절의 구분이 있었고 대륙 전체에 빙하가 쌓이지는 않았다. 또한 산맥이 남북으로 뻗어 있어 대륙간 이동이 가능하였고, 산맥 주변으로는 얼음이 덮이지 않아 빙하의 영향을 덜 받았다.

　그럼에도 불구하고 한반도를 비롯하여 동북아시아 일대에 살던 후기 구석기시대 사람들 역시 빙하의 영향으로부터 자유스럽지 못하였다. 빙하가 극심한 기간 동안 한반도 서해안의 해수면은 지금보다 150m 아래에 자리하였으며, 중국 동부해안과 서해안은 육지를 이룬 황토층이었다.[5] 이와는 달리 당시의 해수면이 현재보다 85~125m 낮았고, 해수면 온도는 6℃ 정도 저온이었던 것으로 이해하는 견해도 있다.

　인류의 진보 과정에서 중기 구석기시대를 벗어나 후기 구석기시대로의 전환은 큰 변화를 수반하였다. 후기 구석기시대에 살았던 사람들을 호모사피엔스 사피엔스라고 부르는데, 이들의 등장은 형질 인류학에서 '대전이(大轉移)'로 불릴만한 진보이었다. 호모사피엔스 사피엔스가 출현할 수 있었던 가장 중요한 배경은 도구의 전문화와 신체 각 부위의 변화에서 찾을 수 있으며, 그 결과 현대인과 같은 신체적 특징을 지니게 되었다.

　후기 구석기시대 사람들은 인류의 직접 조상이 되었는데 유럽인의 조상이 된 크로마뇽인(남프랑스), 흑인의 조상에 해당하는 그리말디인(이탈리아 북부), 중국의 주구점(周口占) 상동인(上洞人)·산정동인(山頂洞人)·기린산인·유공인(柳江人) 등을 들 수 있다.

---

5) 강창화, 2003,「耽羅 以前의 社會와 耽羅國의 形成」,『강좌한국고대사』10, 가락국사적개발연구원.

인류는 후기 구석기시대가 되면서 발달된 타제석기와 세석기 및 골각기와 낚시나 활 등을 사용하였으며, 집터에서 화덕자리가 발굴되기도 하였다. 그 외에 동굴벽화와 같은 예술 활동에 종사한 흔적도 곳곳에서 확인된다.

동북아시아 역시 후기 구석기시대에 이르면 해당 유적의 조사 사례가 늘어나며,[6] 그 대표적인 유적은 요령성 해성현 소호산(小孤山) 션인동(仙人洞)동굴, 길림성 주가(周家) 유방(油坊)·수산(壽山) 선인동(仙人洞)·대교둔(大橋屯), 흑룡강성 황산(荒山)·앙앙계(昻昻溪)·십팔참(十八站), 연해주의 오시노브카·셀렘자 등을 들 수 있다. 한반도의 후기 구석기시대 유적은 함북 웅기 굴포리·부포리 및 평양 만달리동굴, 덕천 승리산 등이 있다.

승리산동굴 유적에서는 두개 층에 걸쳐 인골의 턱뼈가 조사되었는데, 뇌용량은 평균 1400cc로서 현대인과 동일한 수준으로 밝혀졌다.[7] 승리산동굴 외에 만달리동굴, 화천동동굴 유적에서도 후기 구석기시대에 살았던 인류 화석이 발견되었다.

호남지역 역시 곳곳에서 후기 구석기시대의 유적이 조사되었다. 전북 용담댐 내 진안 진그늘 유적에서는 대규모 살림터가 발굴되었으며, 전남 장흥 신북리 유적에서는 2만 3천년 전의 마제석기가 출토되었다. 그 외에 순천 신평리 금평·순천 우산리 곡천·보성 죽산·화순 대전·덕산리와 곡성 주산·곡산 송전리·광주광역시 광산구 산월동·함평 장년리 당하

---

6) 동북아시아 일대의 후기 구석기시대 유적과 문화 양상에 대해서는 다음의 글을 참조하기 바란다. 배기동 1997, 「주변지역 구석기문화의 비교」, 『한국사』 2, 국사편찬위원회 ; 장용준, 2007, 「중국 동북지역 후기구석기 제작 기술의 변천과 계통 연구」, 『동북아역사논총』 15, 동북아역사재단 ; 최몽룡·이헌종 편저, 1994, 「구석기시대의 연구현황과 과제」, 『러시아의 고고학』, 학연문화사, 21~38쪽.

7) 한편 오스트랄로피테쿠스는 뇌의 용량이 400cc이고, 곧선사람인 북경원인은 850cc, 슬기사람인 독일 네안데르탈인은 1,360cc정도였다.

산 등에서도 후기 구석기시대 유적이 조사되었다.

이와 같이 인류는 원인(猿人)·원인(原人)·구인(舊人)·신인(新人) 단계를 거치며 진화하였다. 한반도를 비롯하여 동북아시아 일대에서 살았던 사람들은 지난 1백만 년 동안 4번의 빙하기와 그 사이 3번의 간빙기를 거치면서 생존 조건의 변화가 끊임없이 일어났다. 한반도는 빙하가 뒤덮은 동토(凍土)를 이루어 사람이 살기 힘든 시기가 있었으며,[8] 오늘날의 아열대 지역과 비슷한 생태환경이 조성된 때도 없지 않았다.[9] 후기 구석기시대와 중첩되는 제4빙하기 동안에 네안데르탈인과 같은 구인(舊人)은 전멸하고, 신인(新人)에 속하는 호모사피엔스 사피엔스는 가혹한 자연환경을 극복하며 비약적 발전을 이루었다.

동북아지역은 다른 곳과 마찬가지로 후기 구석기시대에 이르러 원재료로 소형의 돌날을 사용한 석인석기(石刃石器)가 제작되었다.[10] 당시 사람들은 대고떼기 수법으로 작지만 더 날카로운 돌날을 제작하게 되었으며, 그 외에 돌날격지로 만든 긁개·밀개·찌르개·새기개 등의 석기도 만들어 사용하였다.

후기 구석기시대에 석기 제작 기술이 개선되고 종류가 확대된 것은 빙하기의 서늘한 기후에서 살던 불곰·사슴 등이 늘어남에 따라 사냥

---

[8] 빙하기의 출현 배경에 대해서는 지구 자전축의 경사효과, 세차 운동 및 이심률의 변화 등으로 보고 있다. 이들 요소 중에서 한 가지의 요소 만으로도 소빙하기가 출현하며, 만약 세 가지가 중첩되면 지구의 대부분은 얼음으로 덮이게 될 가능성이 높다고 한다. 한편 지구는 지금부터 대략 12,000년 전에 최후의 빙하기에서 벗어나기 시작하였으며, 현재는 순환 주기에서 최고 온난기를 지나 다음 빙하기를 향해 서서히 온도가 하강하는 국면으로 접어들고 있다.

[9] 예컨대 평양 상원군 흑우리의 검은모루동굴 유적에서는 원숭이, 코끼리, 코뿔소, 물소 등의 동물 화석이 발견되어 당시 한반도가 아열대기후에 속하였음을 알 수 있다. 그 외에 청원 두루봉 유적, 제천 점말동굴 등에서도 코뿔소 등의 아열대기후에 살던 동물 뼈가 조사되었다.

[10] 배기동 1997, 「주변지역 구석기문화의 비교」, 『한국사』 2, 국사편찬위원회, 263쪽.

기술이 개선되었고, 홈날·자르개·격지주먹도끼·찌르개 등의 다양한 석기를 만들어 사용하였기 때문이다.

또한 동북아 일대는 다른 지역과 구분되는 특징이 나타나기 시작하였다. 석인석기의 지역별 차이는 후기 구석기시대 말기에 이르러 백두흑요석 석기군의 출현으로 더욱 두드러지며, 장거리에 걸친 교역 혹은 교환경제 행위가 이루어졌다. 백두흑요석 석기군의 출현은 흑요석을 이용한 새로운 기술 출현의 시발점으로 평가되며, 중국 북부지역의 니하만(泥河灣)이나 화북의 석기문화나 비석인계(非石刃系) 박편석기군과는 기술적인 측면이나 석재의 이용 방식에서 차이가 있었다.

후기 구석기시대 사람들은 세석인(細石刃) 제작을 통해 각종 복합도구를 만들고 효율성을 높였다. 한반도를 비롯하여 길림성과 흑룡강성 및 연해주 일대의 세석인(좀돌날 떼기) 기술은 서로 영향을 주고 받으며 발전하였다.[11] 그러나 중국·만주·시베리아·한국·일본 등 동북아시아의 후기 구석기문화의 양상은 세석인 전통과 흑요석의 사용 등 지역별 차이에도 불구하고 서로 연결되었으며, 그 일부는 캄차카반도와 베링해협을 거쳐 남·북아메리카로도 이동하였다.

또한 후기 구석기인들은 광범위한 지역에 걸쳐 교류 혹은 교역 등을 행하였는데, 그 흔적은 한반도와 주변지역의 유적에서 출토되는 흑요석을 통해 입증된다. 흑요석은 날카롭고 단단하여 석기시대의 사람들이 가장 좋아하던 돌이었으며, 활촉은 강철보다도 강해 철기시대까지 널리 사용되었다.

흑요석은 백두산·연해주 시호테-알린 산맥 근처·일본의 규슈 등이 주요 산지였다. 백두산의 흑요석은 남쪽과 동쪽으로 전해지고, 규슈의

---

11) 장용준, 2007, 앞의 글, 371쪽.

흑요석은 한반도 남단과 일본 본토로 전해진 것으로 보고 있다. 최근에는 장흥 신북의 보성강 최상류에 위치한 제암산 유적에서도 흑요석이 확인되는 등 당시 사람들은 수백km 떨어진 산지와 교역하였다.

한편 한반도와 주변지역의 후기 구석기시대의 지형과 기후 등의 생활환경은 오늘날과 큰 차이가 있었다. 황해는 바다가 아니라 표고 20~30m 정도 되는 완만한 평원지대였으며, 요동반도에서 흘러오는 여러 개의 강줄기가 주변 대지를 관통하고 있었다.

또한 베링해협을 사이에 두고 있는 시베리아의 최동단 추코카(Chukotka)반도와 알래스카의 최서단 스워드반도는 육지로 연결되어 있기 때문에 사람들은 걸어서 아메리카로 건너 갈 수 있었다. 한반도 서남부 일대의 해안선은 존재하지 않았고, 사냥감을 따라 동북아시아 일대를 자유롭게 왕래할 수 있었다.

이들은 자연환경의 변화와 사냥 대상을 따라 한반도를 비롯하여 중국·만주·시베리아·일본 및 캄차카반도와 베링해협을 거쳐 남·북아메리카 일대로 이동하는 생활을 영위하였다. 당시 사람들은 식량을 찾아 이동 생활을 하며 동굴이나 토굴에서 살았다. 동북아시아의 후기 구석기시대는 지금부터 1만 2천년 전을 전후하여 뷔름빙하기가 끝나면서 종식되었다.

최종 빙하기의 해안선과 강줄기 박용안 2001, 『한국의 제4기 환경』, 서울대출판부

II. 신석기시대의 전개와 토기의 사용

1. 간빙기의 도래와 조기 신석기시대의 시작

1) 조기 신석기시대의 시작과 원시 고토기의 등장

홍적세는 200만 년 동안 지속되면서 기후 변동이 심해 빙하기와 간빙기가 되풀이 되었고, 해수면의 변화와 동식물의 분포 변동이 빈번한 시기였다. 그러나 뷔름빙하기가 물러가고 간빙기가 시작되면서 극심한 기후

변동은 대체로 종식되었다.

또한 기온이 6℃ 정도 상승함에 따라 온난 다습해지며 양극지방의 두꺼운 얼음이 서서히 녹게 되었고, 툰드라 지역이 삼림지대로 바뀌어 갔다. 바이칼호 일대와 고비사막, 타클라마칸 사막, 기타 분지 등은 많은 사람들과 동물이 몰려들어 푸른 초원과 아름다운 숲을 이루었다.

인류는 빙하가 종식되고 기온이 가파르게 상승하는 간빙기가 시작되면서 적극적인 활동과 이동을 개시하였다. 인류는 빙하기를 벗어나 지상 낙원과 같은 시대를 맞이하게 되었으며, 구석기시대를 벗어나 바야흐로 새로운 시대로 접어들게 되었다.

인류는 후빙기의 새로운 자연환경 속에서 원시농경과 목축에 의한 식량생산을 하게 되었으며, 그 토대 위에 신석기시대가 열리게 되었다. 그런데 후기 구석기시대의 문화 전통은 제4빙하기의 소멸을 전후하여 끝나지 않고, 충적세의 초기까지 일부 지속된 양상을 보이는데 이를 중석기시대라고 부르고 있다.

중석기시대는 모든 지역에 걸쳐 균일하게 존속된 것은 아니었으며, 그 문화 내용 역시 후기 구석기시대와 구분하기 어려운 점이 많아 구석기시대에 포함시키거나 후구석기시대(後舊石器時代)로 부르기도 한다. 구석기시대는 인류가 최초로 도구를 만들어 사용한 때부터 토기 등장과 농경을 시작하기 이전의 시기를 말하는데, 중석기시대 역시 후기 구석기시대와 마찬가지로 토기를 사용하지 않은 단계에 해당된다.

인류는 중석기시대에 이르면 상시적인 이주 생활에서 벗어나 정착생활을 시작하였다. 중석기시대는 잔석기와 조석기(粗石器)를 사용한 문화로 대별되는데, 전자는 일정한 형태를 미리 예상하며 몸돌로부터 떼어낸 작은 돌날(石刃)이나 박편된 것을 그대로 혹은 표면 일부 측면을 약간 다듬어 손질을 한 석기를 말한다. 그 반면에 후자는 타제석부, 돌망치

등 조잡하고 큰 석기를 수반하며, 식물 재배·어로 활동, 특히 패류(貝類)를 채집하는 생활을 하였다.

동북아시아의 대표적인 중석기시대 유적은 만리장성 이남에 위치한 중국 하북성 양원군 니하만분지(泥河灣盆地)[12]와 대흥안령의 북쪽에 위치한 후룬베이얼(呼倫貝爾)평원의 하이라얼(海拉爾) 송산(松山) 유적을 들 수 있다.[13] 그러나 한반도를 비롯하여 동북아시아 일대에서는 후기 구석기시대나 전기 신석기시대 유적은 많은 지역에서 확인되었지만, 중석기시대 유적은 조사 실례가 많지 않아 정확한 문화 양상을 확인하기 쉽지 않다.

한반도 일대의 경우 함북 웅기 부포리와 평양 만달리, 통영 상노대도의 조개더미 최하층, 거창 임불리, 홍천 화화계리 유적 등을 중석기시대에 조성된 것으로 보기도 한다. 그러나 한반도는 후기 구석기시대가 종식된 이후 중석기시대에는 사람이 살지 않았으며, B.C. 4000년 무렵에 이르러 시베리아의 빗살무늬토기 계통의 문화가 유입되면서 신석기문화가 형성된 것으로 이해한 것이 통설로 되어 있다. 후기 구석기시대 사람들은 빙하기가 끝나고 간빙기로 접어들면서 새로운 환경에 적응하지 못하고, 한대(寒帶) 동물들을 따라 북쪽 방면으로 이동하였으며 그 자리에 고아시아족이 들어온 곳으로 보고 있다.[14]

한반도의 신석기문화는 농경이나 목축을 기반으로 안정된 정착생활을 영위하면서 토기 및 마제석기를 사용하고 직물기술을 재배한 문화 특성을 지닌 중동이나 유럽의 양상과는 차이를 보인다.[15] 그런데 한반도를

---

12) 記者, 1998, 「泥河灣盆地考古發掘獲重大成果」, 『中國文物報』 第一版.
13) 安志敏, 1978, 「海拉爾的中石器遺存」, 『考古學報』 第三期.
14) 김정배, 1973, 『한국민족문화의 기원』, 고려대학교 출판부, 161~179쪽.
15) 잔석기문화가 성행한 이란 서부·이라크 북부·시리아·아나톨리아 남부·팔레스티나 등에서는 B.C. 9000년 무렵에 마제석기가 출현하고, 곡식 재배와 염소·양

비롯하여 동북아시아 일대는 환동해지역을 중심으로 후기 구석기시대가 종식된 후 중석기시대를 거치지 않고 곧바로 원시 혹은 조기 신석기시대로 전환된 증거들이 여러 곳에서 확인되고 있다.16)

이와 관련하여 한반도와 연해주 등지에서 확인된 제4빙하기 쇠퇴 전후에 제작된 원시 고토기와 덧무늬토기 등이 주목된다. 최근 중국 남부지방의 한 동굴에서도 사상 최고(最古)인 약 1만 8000년 전의 토기 파편들이 발견되었으며,17) 중동 지역에서도 1만년 전 무렵에 제작된 것으로 추정되는 토기와 후기 구석기시대에 흙을 구워서 만든 유물이 확인되었다.18)

또한 신석기시대 이후 출현한 것으로 이해되는 숫돌과 갈돌 등 마제석기가 후기 구석기시대에 이미 등장한 사실이 드러나고 있다. 이들 유물은 대전 용호동과 남양주 호평동 및 장흥 신북 등에서 확인되었는데, 신북 유적의 경우 중심 연대가 방사선탄소연대 측정 결과 22,000년 전을 전후한 시기로 밝혀졌다. 그 외에 후기 구석기시대의 문화전통을 계승한 사람들이 내재적인 발전 과정을 거쳐 신석기시대의 주인공이 되었을 가능성도 없지 않다.19)

등의 사육도 시작되는 등 신석기시대로의 이행이 이루어졌다.
16) 최몽룡·이헌종 편저, 1994, 앞의 책, 30쪽.
17) 이스라엘 바르 일란대학의 엘리사베타 보아 레토 교수가 이끄는 발굴팀은 湖南城道縣의 玉蟾岩동굴에서 발견된 토기 파편이 17,500~18,300년 전 것이라는 견해를 표명하였다. 그런데 홍콩 중문대학의 트레이시 류 교수도 토기의 제작이 특정 지역에서 기원하여 다른 지역으로 전파된 것이 아니라 러시아 연해주와 일본, 남중국과 북중국의 각기 다른 환경에서 어느 정도 동시에 토기가 생산되었을 것이라는 견해를 제시하였다(연합뉴스, 2009년 6월 13일 기사 참조).
18) 강인욱, 2009,『춤추는 발해인』, 주류성.
19) 후기 구석기인과 신석기인의 계승관계는 북한의 평남 상원군 용곡동굴 유적을 통해 입증된다. 용곡동굴 유적의 맨 아래층에서 후기 구석기시대 인류 화석(용곡인)이 출토되었는데, 맨 위층에서는 신석기시대의 화석이 발견되어 양자 사이의 직접적인 계승관계를 보여준다(전제헌·윤진·김근식·류정길, 1986,『룡곡동 유적』, 김일성종합대학 출판부, 43쪽).

이와 같은 양상은 인류가 제4빙하기를 벗어나면서 토기를 사용하는 조기 혹은 원시 신석기단계로 전환이 일어나기 시작하였음을 의미한다. 환동해지역의 경우 흑룡강 하류지역에 위치한 가샤(Gasya) 유적을 비롯하여 노보뻬뜨로브까(Novopetrovka) 등에서 플라이스토세 말기층에서 13,000년 전에 제작된 것으로 추정되는 원시적인 토기편들이 출토되었다. 이들 유적에서 출토된 원시 고토기는 후기 구석기시대를 이어 곧바로 조기 혹은 원시 신석기시대가 개시되었음을 말해준다.[20]

원시 고토기는 제작 방법이 대단히 조잡하며 그 태토도 연질이어서 풍화·침식작용·지질변화 따위에 견디기 힘든 구조를 갖고 있다. 또한 이들 유적에서 조사된 유물들은 후기 구석기시대의 돌날제작 전통이 그대로 이어져 내려오며, 세형몸돌·세형돌날·소형 양면석기·세석기가 주요 석기군을 이루고 있다.[21]

가샤 유적을 오시포브스카기(B.P. 13000~B.P. 9000)에 해당하는 중석기시대에 속하는 것으로 볼 수 있는 가능성도 없지 않지만, 우스트울마 I 과 우스트캬호트 유적 등에서 계속 원시 고토기가 발견되면서 원시(혹은 조기) 신석기시대로 파악하는 주장이 설득력을 얻고 있다.[22]

가샤 유적을 비롯하여 연해주와 흑룡강 하류지역에서 원시 고토기가 출토되기에 앞서 일본에서도 1950년대부터 비슷한 유물이 조사되었으나

---

20) 원시 고토기가 출현한 시기는 후기 구석기, 중석기, 원시 신석기시대 등으로 보고 있다. 그러나 신석기시대의 개시를 보통 농경 및 정착과 직조의 시작, 토기의 출현 등을 기준으로 삼고 있기 때문에 원시 고토기가 제작된 시기를 원시 신석기시대로 보는 것이 타당한 것으로 판단된다. 또한 토기가 출현한 원시 신석기를 古新石器 단계로 파악하는 견해도 있다(임효재, 1994, 「한일문화교류사의 새로운 발굴자료」, 『東亞文化』 32).
21) Derev'anko·Medvedev, 1993, *E. Issledovanie pocelenia Gacya*, Novosibirk.
22) 연해주 일대에서 원시 고토기의 출토 현황에 대해서는 다음의 글을 참조하기 바란다. 최몽룡·이헌종 편저, 1994, 앞의 책, 46쪽.

신빙성을 의심받아 왔다. 그러나 일본에서 출토된 원시 고토기는 흑룡강 유역 등에서 발견 사례가 늘어나면서 신뢰성을 확보하게 되었다.[23]

우리나라의 제주도 고산리에서도 1만년 전에 제작된 것으로 알려진 무늬 없는 갈색 토기편[24]이 조사되어 비상한 관심을 끌고 있다. 또한 고산리와 가샤 유적 등이 위치한 흑룡강 하류지역은 수천km 이상 떨어져 있지만 거친 태토에 풀 등을 섞어서 만든 고토기의 제작 방식이 놀라울 정도로 닮았다고 한다.[25] 고토기 제작 방식의 유사성은 두 지역 사이에 그치지 않고, 연해주와 제주도에 이르기까지 동해를 에워싼 환동해지역(環東海地域)과 일본열도 및 러시아 흑룡강 중·하류지역 일대에서 확인되는 고토기 제작 전통에서 공통성을 보인다.[26]

환동해지역을 중심으로 출토 사례가 늘고 있는 원시 고토기의 존재는 후기 구석기시대의 문화 전통이 단절 없이 조기 혹은 원시 신석기시대로

---

23) 일본에서 확인된 원시 고토기는 1953년에 발굴된 동경만 근처의 나가시마(夏島) 패총에서 B.P. 9,240±450년의 연대가 나왔으며, 1960년대에 조사된 후쿠이(福井) 동굴의 고토기는 B.P. 12,400±350년으로 확인되었다.
24) 고산리에서는 6,500여 점의 석기와 토기편들이 출토되었는데, 무늬가 없는 갈색토기편 50여 점이 포함되어 있다. 이 유적은 B.C. 6,800~B.C. 6,300년 전에 폭발한 것으로 알려진 아카호야 화산재층 아래에서 출토되었다. 일본 愛媛縣 上黑岩 6층에서도 고산리와 흡사한 돌화살촉과 갈색토기편이 다수 출토되었는데, 방사선탄소 측정연대는 B.P. 10,085±320년으로 나왔다(고재원, 1994,「제주도 고산리 세석기문화유적」, 제4기학회 학술대회발표회 요지). 따라서 고산리에서 출토된 토기편은 우리나라에서 가장 오래된 6,000년 전의 신석기 유적으로 알려진 강원도 양양 오산리 유적(임효재·권학수, 1984,『오산리유적』, 서울대학교 박물관)을 약 4,000년 이상 상회할 가능성이 높다.
25) 가샤 유적에서 출토된 고토기에 보이는 표면을 쓸어내리는 듯한 조흔문은 제주도 고산리 토기의 특징과 유사하다. 또한 번개무늬 토기 등도 두만강 유역에서 조사된 신석기시대 유물과 매우 유사한 것으로 밝혀졌다(국립문화재연구소, 2008,『흑룡강·연해주의 신비 특별전』).
26) 이성주, 2008,「물질문화를 통해 본 고대 영동의 문화적 정체성과 그 변천」,『고대 영동지역의 문화적 정체성의 탐구』, 제16회 영동문화 창당을 위한 전국학술대회, 강릉대 인문학연구소.

이어졌음을 의미한다. 또한 한반도와 그 주변지역이 후기 구석기시대를 벗어나 조기 신석기시대로 진입한 것은 주민의 이동이나 외부의 문화적 충격보다는 기후나 생활 여건 등의 변화에 따른 내재적 요인에 의하여 촉발되었을 가능성이 높다.

신석기시대에 이르면 인류의 생활 모습은 획기적으로 변화가 일어난다. 농경이 시작되고 정착생활이 이루어졌으며, 석기 제작이 본격화 되는 등 신석기혁명이 일어나게 되었다. 신석기문화에 기반한 생활양식의 변화는 중동 일대에서 B.C. 8000년 무렵에 시작된 후 세계 여러 지역으로 확산된 것으로 이해한다.

인류는 신석기시대에 이르러 마을을 이루며 농사를 짓기 시작하였고, 토기를 제작하여 사용하는 등 정착생활을 하게 되었다. 또한 신석기시대에는 돌을 깨서 도구로 사용하던 구석기시대에서 벗어나 '마제석기'를 사용하였으며, 농경과 토기제작을 3대 요소로 하는 '신석기혁명'이 일어났다.[27]

그러나 한반도와 주변지역은 신석기시대의 시작이 곧바로 농업혁명으로 연결된 것은 아니었다. 신석기시대의 주요 유적들이 대개 강가나 바닷가에 분포하는 것은 농경보다는 어로 등이 보다 중요한 생계수단이었음을 반증한다. 신석기인들은 채집과 사냥 등을 여전히 계속하였으며, 후대에 이르러 농경이 점차 중요성을 띠어 갔다.

유럽의 경우 빙하기가 끝난 후 사냥이나 수자원의 이용 및 개암열매와 같은 식량의 채취 등이 생존의 토대가 되었다. 그러나 B.C. 7000년 혹은 B.C. 6000년 무렵에 이르러 농업과 목축 등의 새로운 요소가 근동에서

---

[27] 영국의 역사학자 차일드(Vere Gordon Childe)는 구석기시대를 식량 채집경제단계, 신석기시대를 식량의 자급자족을 위한 생산경제단계로 나누고, 산업혁명과 비교해도 손색이 없을 만큼 큰 비약이라며 신석기혁명이라고 명명했다.

유럽으로 유입되어 생활을 변화시켰다.

그러나 연해주의 가샤 유적을 비롯하여 환동해지역 일대에서 원시 고토기가 확인되면서 중동지역 기원론은 근거를 상실하게 되었다. 후기 구석기시대 사람들은 변화된 환경에 적응하면서 중석기시대 또는 조기 신석기시대를 거치면서 내재적인 발전을 통해 신석기시대로 접어들게 되었다.

그러나 전남지역을 비롯한 호남 일대에서는 원시 고토기와 관련 유적이 조사되지 않고 있다. 호남지역은 원시 고토기가 확인되는 환동해지역과는 달리 후기 구석기시대의 전통이 좀 더 오랫동안 유지되었을 가능성도 없지 않다.

2) 덧무늬토기의 출현과 환동해지역 확산

후기 구석기시대 사람들은 기후 변동에 직면하여 식량 생산 방식에서 근본적인 변화가 일어나게 되었다. 채집과 사냥 중심에서 벗어나 곡물 재배와 동물 사육이 시작되었다. 곡물 재배는 생산에 필요한 도구의 발전과 저장에 필요한 토기의 출현을 촉진하였으며, 원시 고토기를 비롯한 저장 용기가 만들어지게 되었다. 토기의 사용은 음식물을 조리할 수 있고 식량 등을 저장하게 되어, 신석기인들의 생활이 그 이전에 비하여 풍부하고 윤택해지게 되었음을 반영한다.

그런데 원시 고토기는 큰 시간적 격차 없이 덧무늬토기(隆起文土器)와 함께 사용되었다.[28] 덧무늬토기는 송화강의 북쪽 지류인 눈강(嫩江)과 조아하유역(洮兒河流域), 흑룡강 중류지역의 앙앙계(昻昻溪)·진뢰현(鎭

---

28) 중부 흑룡강 유역을 포함하여 동북아시아에서 조사되는 덧무늬토기는 조기신석기 혹은 원시신석기와 관련이 있는 것으로 보고 있다(鄭澄元, 1991, 「중국 동북지방의 덧무늬토기」, 『한국고고학보』 26).

賓縣)·안광현(安廣縣)·조안현(洮安縣)·노보뻬뜨로브까·그라마투하, 우수리강 상류의 홍개호(興凱湖) 북쪽에 위치한 신개류(新開流) 등에서 조사되었다. 그 중에서 노보뻬뜨로브까 2호 주거지에서 출토된 덧무늬토기는 B.P. 11000~B.P. 9000년까지 올라간다.29)

일본에서도 홋가이도를 제외한 혼슈와 시코쿠 및 규슈의 해안가와 내륙지방에서 덧무늬토기와 관련된 유적들이 조사되었다. 규슈 나가사키의 천복사(天福寺)와 후쿠이동굴(福井洞窟), 에히메현(愛媛縣)의 상흑암(上黑岩) 유적 등에서도 B.P. 10000년 전후에 제작된 것으로 추정되는 덧무늬토기가 확인되었다. 또한 규슈의 가고시마시(鹿兒島市) 부여산(婦餘山) 유적에서도 화산재층의 연대에 의해 B.P. 11000년 무렵에 사용된 무문토기와 덧무늬토기 등이 조사되었다.

그 기원에 대해서는 일본 규슈의 도도로끼식토기(轟式土器),30) 흑룡강 유역의 덧무늬토기31) 등에서 찾고 있다. 덧무늬토기는 흑룡강 중류지역에서 출현하여 그 하류지역→ 송화강→ 우수리강→ 연해주 지방을 경유하여 해안가를 따라 한반도 동해안지역으로 확산되었을 가능성이 높다. 또한 동해의 해류(海流)를 따라 일본열도의 호쿠리쿠(北陸) 지역의 해안지방을 거쳐 내륙지방으로 퍼져 나간 것으로 짐작된다.32)

그런데 환동해지역에서 원시 고토기와 덧무늬토기를 제작하여 사용한 집단은 동일한 갈래의 사람들이 아니라 확연히 구분된 것으로 보고 있다. 원시 고토기의 경우 한반도와 부속 도서에서는 제주도 고산리 유적에서만 유일하게 확인되었다.

원시 고토기를 사용하며 고산리 일대에서 살던 원시 신석기시대 사람

---

29) 최몽룡·이헌종, 1994, 앞의 책, 48쪽.
30) 廣瀨雄一, 1984, 「韓國隆起文土器論」, 『異貌』 11.
31) 鄭澄元, 1991, 앞의 글.
32) 한영희, 1997, 앞의 글, 539쪽.

들은 B.C. 10000년을 전후하여 흑룡강 중·하류지역에 속하는 중국 동북지방과 연해주 방면에서 남하하였다. 그런데 원시 고토기에 해당하는 고산리식토기를 사용하던 집단과 후대에 덧무늬토기를 사용한 집단 사이에는 유적과 유물을 통해 볼 때 직접적인 계승관계가 확인되지 않는다.

제주도의 경우 고산리식토기(원시 고토기)를 사용하던 사람들이 사라진 후 B.C. 6000년을 전후한 시기에 덧무늬토기를 사용하는 집단이 등장하게 되었다. 예컨대 제주 삼양동 유적의 경우 가는 선으로 만든 덧무늬토기와 함께 어로용 도구 등이 출토되었는데, 고성 문암리 및 양양 오산리와 동일한 시기에 속한 것으로 보고 있다.[33]

제주 고산리 덧무늬토기 고산리 유적은 해안가에 위치하며 1987년 농부의 신고로 알려진 후 지표조사와 발굴조사가 이루어졌다. 고산리의 융기문토기는 아가리가 큰 평저이며, 3줄의 점토띠를 곡선화시켜 기하학적으로 부착시켰다. 부산 동삼동 유적의 것과 유사하며, 조기 신석기시대에 해당된다.

한반도의 경우 1만년 전 무렵에 제작된 덧무늬토기는 아직 확인되지 못한 실정이지만, 양양 오산리와 거창 임불리에서 조사된 덧무늬토기를 1만년 전 무렵으로 소급할 수 있는 여지가 있다고 한다.[34] 환동해 일대에서 덧무늬토기는 원시 고토기와 큰 시간적 격차 없이 출현하였을 가능성이 없지 않다.

한반도 일대에서 덧무늬토기가 확인된 지역은 양양 오산리와 거창 임불리 외에 부산 동삼동 및 영선동, 김해 범방과 북정·울산 신암리·통영의 욕지도와 연대도 및 상노대도 등에서 조사되었다. 그 외에 전남지역

---

33) 강창화 외, 2001, 『제주 삼양동 유적』, 제주시·제주대학교박물관.
34) 한영희, 1997, 「주변지역 신석기문화와의 비교」, 『한국사』 2, 국사편찬위원회, 537쪽.

에서도 여천 송도를 비롯하여 다수의 패총 유적에서 덧무늬토기가 출토되었다. 전남지역에서 덧무늬토기가 확인된 유적은 신안 대흑산도 패총과 가거도(소흑산도) 패총, 여수 송도 패총과 안도 패총, 완도 여서도 패총 등을 들 수 있다.

이와 같이 덧무늬토기는 한반도 동해안과 남해안 및 서남해안 일대의 해안가에서 주로 확인되고 있다. 일본의 경우도 규슈(九州)와 산인(山陰)·산요(山陽) 등 해안 지역을 중심으로 분포하는데, 남해안 지역에서 출토된 덧무늬토기는 일본의 죠몬토기와 유사한 측면이 일부 확인된다.

예컨대 안도 패총에서 출토된 덧무늬토기는 패각조흔문이 시문되고 종 방향의 융기대에 각목이 된 점, 횡 방향의 융기선에 각목이 시문된 점 등에서 볼 때 일본 규슈의 죠몬시대 전기에 해당되는 도도로끼식과 연관이 있다고 한다.35) 또한 여수 송도 패총과 안도 패총 및 완도 여서도 패총 등 남해안에서 출토된 유물들은 제주도 삼양동 유적·고산리 유적에서 출토된 동시대의 유물과 비슷한 양상이 보인다.

남해안 일대는 오산리 및 임불리와 같이 조기 신석기시대(B.C. 10000~B.C. 6000)에 제작된 원시 고토기나 덧무늬토기는 확인되지 않고, 그 대신에 전기 신석기시대(B.C. 6000~B.C. 3500) 이후 동해안을 통해 유입된 덧무늬토기가 확인된다. 또한 남해안 일대의 덧무늬토기는 전기 신석기시대에 국한되지 않고 신석기시대 중기까지 지속되었다. 그러나 남해안 일대의 패총 유적에서 출토되는 덧무늬토기의 중심 연대는 신석기시대 전기인 것으로 알려져 있다.

덧무늬토기는 흑룡강 중류지역에서 기원하여 동해안 일대를 거쳐 전

---

35) 송도 유적의 집자리, 묶음낚시의 존재 등으로 근거로 하여 전남지방과 동·남해안 그리고 서북 九州地域을 묶는 거대한 해상문화권을 상정하기도 한다(조현종, 1993, 「신석기시대의 유적·유물」, 『전라남도지』 2, 71~91쪽).

기 신석기시대에 이르면 남해안 방면까지 확산되었다. 따라서 전남지역의 전기 신석기문화는 서해안 방면을 통해 선진적인 주민이 이주하여 영위된 것이 아니라, 동해안 방면을 경유하여 전파되었을 가능성이 높다.

호남지역을 비롯하여 한반도에 살고 있는 사람들의 조상은 후기 구석기시대의 사람과 그 전통을 계승한 조기 신석기문화 담당자들이었다. 이와 관련하여 한반도 신석기시대의 기원을 빗살무늬토기를 갖고 외부에서 이주해 온 집단으로 보지 않고, 후기 구석기시대 말기의 사람들로 추정하는 견해가 참조된다.36)

이들은 용곡동굴 유적을 남긴 집단과 같이 후기 구석기시대 문화를 직접 계승한 사람들이었거나, 원시 고토기 및 덧무늬토기를 소유한 채 흑룡강 하류지역 및 연해주 일대에서 남하하여 조기 신석기문화를 영위한 사람들이었다.

이들은 후대에 이르러 빗살무늬토기문화를 소유한 채 이주한 사람들에 의하여 흡수·동화되었지만, 문화전통과 유전 인자는 한민족 형성의 디딤돌이 되었다. 이들은 부산 동삼동 유적과 통영 상노대도 유적에서 B.C. 4000~B.C. 3300년 무렵의 것으로 추정되는 덧무늬토기가 조사되듯이, 빗살무늬토기를 사용하며 살았던 전기 신석기시대의 사람들과 오랫동안에 걸쳐 공존하였다.

한반도의 신석기시대 주인공은 후기 구석기시대의 전통을 계승한 집단과 원시 고토기·덧무늬토기를 소유한 채 남하한 집단 외에 동남아를 비롯한 남방지역에서 북상한 주민도 적지 않았다. 이들 중에서 북방계 주민들이 후기 구석기시대 이래 먼저 정착하였고,37) 마지막 빙하기의

---

36) 李鮮馥, 1991, 「신석기·청동기시대 주민교체설에 대한 비판적 검토」, 『한국고대사논총』 1 ; 崔楨苾, 1991, 「인류학상으로 본 한민족 기원문제에 대한 비판적 검토」, 『한국상고사학보』 8.
37) 이는 Gm유전자 분석을 통해서도 입증되는데 북방계 몽고 민족의 한반도 유입은

소멸 이후 중국 화남지방 등을 경유하여 남방계 집단이 북상한 것으로 보고 있다.38)

남방계 주민이 북상하여 한반도와 그 주변지역에 정착한 것은 마지막 빙하기가 끝난 이후로 보고 있다. 남방계 주민은 빙하기가 끝나면서 사냥하는 동물의 뒤를 좇아 이주하였다. 기후 변동과 생활환경의 변화에 따라 한반도 일대는 빙하기에 살던 동물이 떠나고, 따뜻한 온대와 아열대지역에서 살던 동물들이 북상해 왔다.

이와 관련하여 제4빙하기의 소멸 이후 온난화가 이루어지면서 일어난 서해안의 해수면 변화가 참조된다. 예컨대 경기도 일산과 평택 일대의 토탄층 조사에 의하면 B.C. 4000년 무렵에는 현재보다 바닷물이 3~4m 정도 높았으며, B.C. 300년 이전까지 조금씩 추워지면서 바닷물의 높이가 내려가게 된 것으로 보고 있다.39)

남방계 주민은 빙하가 물러나고 해수면이 상승하며 현재와 같은 한반도의 지형이 만들어지기 전에, 사냥감을 따라 북상하였을 가능성이 높다.

1만년 이전에 이루어진 것으로 보고 있다(한영희, 1996, 앞의 책). 한편 후기 구석기시대 이래 북방 몽고계 주민의 이동과 관련하여 한국인과 일본인의 기원 및 형성에 대해서는 다음의 글을 참조하기 바란다(加藤晋平, 1986, 「日本とSiberia 文化」, 『日本人の起源』, 小學館, 67~73쪽).

38) 오늘날 한국인은 남방계통과 북방계통의 유전자 풀이 각 40%와 60% 비율로 구성된 다기원적인 집단으로 밝혀지고 있다. 한국인은 만주족 및 일본족과 가장 가까우며, 중국의 한족이나 베트남 등과는 차이를 보인다고 한다(김욱, 2004, 「미토콘드리아 DNA변이와 한국인의 기원」, 『연구총서』 13, 고구려연구재단). 한편 한반도와 만주 일대는 중앙아시아 혹은 시베리아 방면에서 이주해 온 북방계열의 고아시아인 일부와, 마지막 빙하기가 끝난 이후 한반도 남쪽으로부터 동북아시아 및 몽고, 동부 시베리아로 이주한 농경민족이 함께 정착하였다(Jin, H.J, K.D. Kwak, M.F. Hammer, Y. Nakahori, T. Shinka, J. W.Lee, F. Jin, X. Jia, C. Tyler-Smith and W. Kim, 2003, Y-chromosomal DNA hypervariable region Ⅰ, Ⅱ sequences : An expandded korean population database. Forensic Sci. Int).

39) 신숙정, 1988, 「해수면의 변동과 고고학」, 『고고학연구방법론』, 서울대출판부.

이들은 한반도로 이주한 후 해수면이 상승하여 자유로운 이동이 어렵게 되어 정착한 것으로 짐작된다. 그러나 제4빙하기의 소멸을 전후하여 이주해 온 남방계 주민은 독자적인 토기문화 등을 이룩하지 못한 단계에 머물렀기 때문에, 이주 과정이나 정착을 반영하는 직접적인 흔적을 파악하기 어려운 것으로 짐작된다.

따라서 남방계 주민의 이동 흔적과 정착과정을 고고 유적이나 유물을 통해 찾기는 어려운 실정이다. 그러나 남방계 주민이 후기 구석기시대의 전통을 계승한 집단 및 원시 고토기·덧무늬토기 등을 소유한 채 북에서 내려온 사람들과 더불어 한민족 형성의 토대를 마련한 사실 만큼은 부정할 수 없을 것 같다.

2. 전기 신석기시대의 시작과 빗살무늬토기의 사용

1) 납작밑 빗살무늬토기의 출현과 그 갈래

한반도 일대는 뷔름빙하기가 종식되면서 오늘날과 같은 지형 조건이 갖추어지기 시작하였다. 후기 구석기시대가 종식되고 원시 고토기와 덧무늬토기가 출현하는 등 조기 신석기시대로 이행하였다. 조기 신석기시대로 전환하는 문화 흐름의 중심은 한반도의 동해안 일대를 비롯한 환동해지역이었다.

한반도의 조기 신석기문화는 눈강 유역·대홍안령 일대의 덧무늬토기문화와 연해주와 흑룡강 하류지역의 편직문토기문화가 전파된 것으로 짐작된다. 그런데 한반도의 신석기문화는 B.C. 6000년 무렵에 이르러 빗살무늬토기 계통의 납작밑토기가 출현하면서 조기에서 전기로 이행하는 변화가 일어나게 되었다.

덧무늬토기는 진흙 띠를 붙이거나 맞집어 무늬를 만들고 구멍을 내끈으로 맬 수 있게 하였지만, 납작밑토기는 작은 국사발 모양으로 농사를 짓기 전에 부피가 작은 먹거리를 익히기에 적당하였다. 납작밑토기는 근래에 이르러 조사 사례가 늘어나고 있는 상황이며, 그 이전에는 첨저 혹은 뾰족밑의 형태를 띤 빗살무늬토기 만이 알려져 있었다.

빗살무늬토기는 겉면에 빗 같은 시문구로 찍거나 그어서 만든 점·선·원 등의 기하학적인 무늬를 배합하여 각종 무늬를 베푼 신석기시대의 토기를 말한다.[40] 또한 빗살무늬토기를 점살의 빗 혹은 그 밖의 무늬돋치개로 누르거나 그어서 무늬를 새긴 그릇으로 보기도 한다.[41]

빗살무늬토기에 대해서는 조기 신석기시대에 보이는 덧무늬토기(융기문토기)와 원시무문토기를 제외하고, 납작밑토기를 포함하는 광의의 견해와 배제하는 협의의 견해로 구분된다. 전자는 평저(납작밑)를 특징으로 하는 지자문(之字文)토기, 융기문토기, 오산리식토기, 영선동식토기를 빗살무늬토기에 포함한다.[42] 그 반면에 후자는 중서부지방의 첨저 혹은 뾰족밑 빗살무늬토기가 가장 전형적이며, 남해안의 경우 중기의 태선침선문토기 단계부터 해당된 것으로 파악한다.

이와 같이 빗살무늬토기는 논자에 따라 납작밑토기를 배제하는 경우도 없지 않지만, 납작밑토기를 포함하여 보는 견해도 적지 않다. 또한 납작밑토기가 등장하는 B.C. 6000년을 기점으로 신석기시대를 조기(혹은 원시)와 그 이후의 전기·중기·후기로 구분한다.

따라서 양양 오산리 유적의 최하층에서 확인된 B.C. 6000년 무렵의 납작밑 빗살무늬토기편은 전기 신석기시대의 출현을 알리는 표징으로 볼 수 있다.[43] 또한 오산리 유적의 하층에서 출토된 납작밑토기는 웅기

---

40) 한영희, 1994, 「신석기시대의 사회와 문화」, 『한국사』 1, 한길사.
41) 김용남, 1967, 「우리나라의 신석기시대」, 『고고민속』 321.
42) 이에 대해서는 다음의 글을 참조하기 바란다(河仁秀, 2003, 「瀛仙洞式土器와 岩寺洞式土器」, 『韓國新石器硏究』 제5호).

서포항 I 기층, 연해주 보이스만 유적에서 출토된 것과 유사한 측면이 많다고 한다.44)

그 외에 흑룡강 중류지역에 위치한 노보뻬뜨로브까,45) 고성 문암리, 제주도 고산리 유적 등에서도 B.C. 6000~B.C. 5000년 무렵에 제작된 것으로 추정되는 납작밑토기가 조사되었다.46) 최근 국립문화재연구소가 러시아의 수추섬 유적에 대한 발굴 조사를 통해 확인하였듯이, 흑룡강 하류지역과 웅기 서포항 등 한반도 동북지역은 납작밑토기 등의 유물 성격 등으로 볼 때 전기 신석기시대에 밀접한 관계를 맺고 있었다.

납작밑토기는 연해주 및 흑룡강 중·하류지역, 한반도 동북지방과 동해안 일대 외에 압록강 하류의 미송리 등에서 조사되었다.47) 또한 압록강을 사이에 두고 있는 중국 광록도(廣綠島)의 소주산(小珠山) 하층문화에서도 동일한 성격의 토기가 출토되었다.

그 외에 요동반도의 상마석(上馬石) 하층(下層)·신금(新金) 탑사둔(塔

---

43) 강원도 양양군 선양면 오산리 유적은 남대천의 하구에서 해로를 따라 약 2㎞ 남쪽으로 내려온 후 다시 내륙으로 200여m 떨어진 쌍호라고 불리는 자연 호수가의 모래 언덕위에 형성되어 있다. 오산리 유적이 형성된 B.C. 6000년 무렵의 기온은 지금보다 1~2℃ 정도 높았고, 강수량 역시 지금보다 적어 다소 건조했던 것으로 보고 있다. 또한 해수면은 현재보다 3~7m 정도 높았기 때문에 오산리 유적은 지금보다 더 해안에 인접된 상태였다.
44) 오산리에서 출토된 납작밑(平底) 토기편은 지난 1996년 연해주의 보이스만 유적에서도 발견된 바 있어 연해주-오산리-동삼동(원시 무문토기)을 잇는 새로운 신석기문화 교류 루트로 주목을 받게 되었다(사라 M. 넬슨, 이광표 역, 2002, 『영혼의 새』, 동방미디어).
45) 노보뻬뜨로브까 유적은 지금까지 알려진 환동해지역의 가장 오래된 전기 신석기 문화이며, 그 연대는 B.C. 8~6천년기로 보고 있다(데.엘. 브로댠스끼 著, 정석배 譯, 1996, 『연해주의 고고학』, 학연문화사, 225쪽 <표 9>).
46) 환동해지역의 덧무늬토기는 시문방법과 무늬 양식에서 유사하고, 口緣部孔列·豆粒文手法의 토기 등이 공반되며, 잔석기문화라는 공통인자를 가지고 있다(한영희, 1997, 앞의 글, 537쪽).
47) 김용간, 1962, 「미송리동굴유적 발굴중간보고(1)·(2)」, 『문화유산』 1~2기.

寺屯) 등지에서도 납작밑토기가 조사되었는데, 그 연대는 B.C. 4000년 무렵으로 확인되었다.48) 또한 심양시(瀋陽市) 북쪽 교외에 위치한 신개하 (新開河) 연안의 심양(瀋陽) 신락(新樂)하층에서도 납작밑토기가 조사되었다. 신락 하층유적은 방사선탄소 측정 결과 B.C. 4,915년의 연대가 나와 요동지역에서 가장 오래된 신석기문화로 평가되고 있다.49)

이와 같이 한반도를 비롯한 동북아 일대는 B.C. 6000~B.C. 5000년을 전후하여 납작밑 빗살무늬토기를 사용하는 전기 신석기시대로 접어들게 되었다. 빗살무늬토기를 사용한 집단은 고아시아족,50) 고시베리아족,51) 알타이족52) 등으로 보고 있다. 상기의 견해는 후기 구석기시대의 문화 전통이 신석기시대로 연결되지 않고, 중석기시대 역시 존재하지 않았다는 부재론(不在論)을 근거로 삼고 있다.

이들의 견해는 빗살무늬토기를 사용한 사람들은 후기 구석기인과 다른 계통의 사람이며, 시베리아 혹은 알타이 등지에서 이동해 온 것으로 이해한다. 동북아지역 빗살무늬토기의 생김새나 무늬를 베푸는 양식이 시베리아의 바이칼지역과 유사한 점을 근거로 들고 있다. 또한 빗살무늬토기의 전파는 주민 이동의 결과라기보다는 문화 접촉을 통한 2차적 전파로 보기도 한다.53)

그런데 최근에 이르러 북방 기원설과는 달리 대릉하 유역과 황하 하류 지역의 빗살무늬토기가 동유럽이나 시베리아보다 대략 1,000년 이상 앞

---

48) 旅順博物館・長海縣文化館, 1981, 『長海縣廣鹿島大長山島具丘遺址』, 『考古學報』 第1期.
49) 中國社會科學院 考古學硏究所編, 1982, 『新中國的 考古發現和硏究』, 文物出版社.
50) 김정학, 1966, 「고고학상으로 본 한국민족」, 『백산학보』 1 ; 김정배, 1973, 『한국민족문화의 기원』, 고려대 출판부, 161~179쪽.
51) 김원룡, 1986, 『한국고고학개설』, 일지사, 24쪽.
52) 도유호, 1960, 『원시고고학』, 과학원출판사, 77~83쪽.
53) 최몽룡・이헌종, 1994, 앞의 책, 16~23쪽.

선다는 견해가 제기되었다. 대릉하 유역에서 빗살무늬토기가 등장한 것은 B.C. 6000~B.C. 5000년 무렵이며, 무늬를 새기는 방법이나 그릇 모양이 시베리아지역과는 계통이 다르다고 한다.54)

지금까지 동북아지역은 황하 하류지역에 위치한 하북의 자산문화와 하남의 배리강문화의 빗살무늬토기가 가장 오래된 것으로 알려졌는데, 근래에 요령의 부신(阜新) 사해(査海) 유적과 내몽고 적봉의 흥륭와(興隆窪) 유적에서도 각각 비슷한 시기의 납작밑 빗살무늬토기가 확인되었다. 자산문화와 배리강문화는 B.C. 6000~B.C. 5000년의 문화층인데, 흥륭와 유적의 집자리에서 출토된 목탄을 이용한 C^{14}측정 결과 B.C. 5290±95년의 연대가 확인되었다.55)

내몽고 동남부와 요서 일대의 신석기문화는 소하서문화에서 시작되어 흥륭와문화와 사해문화로 계승되었다. 그 과정에서 소하서문화의 반지혈식 주거지는 흥륭와문화 단계를 거치면서 거대 집단 주거지로 발전하는 등 정착 농경생활이 가능하게 되었다. 또한 흥륭와문화 단계에 이르러 빗살무늬토기와 옥기(玉器)가 사용되는 등 한 차원 높은 발전의 면모를 보였다.

흥륭와 유적은 많은 빗살무늬토기와 석기 및 옥기가 발굴되었으며, 무덤 주위를 두르는 장식으로 일종의 종교시설에 해당하는 밑바닥이 없는 통형도관(筒形陶罐)이 확인되는 등 중국 고고학계의 10대 발견의 하나로 평가받고 있다. 중국 학계는 이곳을 중국 취락시설의 시조로 파악하여 '화하제일촌(華夏第一村)'으로 부르고 있다.

이와 같이 납작밑 빗살무늬토기는 대릉하 유역의 경우 B.C. 6000년

---

54) 이형구, 1989, 「발해연안 빗살무늬토기문화의 연구」, 『한국사학』 10, 정신문화연구원.
55) 中國社會科學院考古硏究所內蒙古工作隊, 1985, 「內蒙古敖漢旗興隆洼遺址發掘簡報」, 『考古』 10期.

무렵에 시작되었으며, 요동을 거쳐 한반도 및 연해주 방면으로 전파되었다. 지자문 빗살무늬토기의 기원에 대해서는 한반도 기원설[56] · 북방 시베리아설[57] · 중국 하북설[58] 등이 제시되었으나, 홍륭와 유적 등이 위치한 요하 유역 기원설[59]이 설득력을 얻고 있다. 홍륭와문화의 토기는 주로 지자형(之字型) 빗살무늬와 인자형(人字型) 빗살무늬 그리고 사선 빗살무늬 및 교차형 빗살무늬 등이 보이고 있다.[60]

따라서 요동 및 한반도 서북지방과 동북지방에서 조사되는 납작밑토기는 지역별 차이에도 불구하고, 대릉하 유역의 지자형 빗살무늬와 인자형 빗살무늬 등이 요하를 건너 전파되었을 가능성이 높다. 또한 납작밑토기는 한반도 동북부 일대에서 동해안을 거쳐 남해안 지방으로 확산되었다. 이와 관련하여 상노대도(上老大島)에서 출토된 지자문 토기가 주목된다.[61] 김해 수가리 유적의 최하층에서 출토된 집선문(集線文)과 강문(綱文)[62]의 문양 형태 역시 홍륭와 유적의 능형문, 교차문 등과 동일한 것으로 알려졌다.

또한 한반도 동남해안 지역에서 주로 확인되는 압인수법(押引手法) 역시 요서 홍륭와문화의 선상압인문(線上壓印文)과 요동 소주산 하층유적 등에도 나타난다.[63] 따라서 지자문 빗살문토기는 한반도 동북지방과 동해안 일대를 거쳐 동남해안 지방으로 전파되며 토착문화에 많은 영향

---

56) 藤田亮策, 1948, 『朝鮮考古學硏究』, 高桐書院, 80~81쪽.
57) 三宅俊成, 1975, 『東北アヅア考古學の硏究』, 國書刊行會, 79쪽.
58) 安志民, 1979, 「裵李崗磁山和仰韶」, 『考古』 4期.
59) 郭大順, 1985, 앞의 글, 437~443쪽.
60) 이형구, 1989, 앞의 글, 73~75쪽.
61) 申淑靜, 1984, 「상노대도 조갯더미 유적의 토기 연구」, 『백산학보』 28.
62) 鄭澄元, 1981, 『김해수가리패총』, 부산대학교박물관유적조사보고 제4집, 90~92쪽.
63) 백홍기, 1994, 『동북아 평저토기의 연구』, 학연문화사, 146쪽.

을 끼친 것으로 짐작된다. 또한 남해안 일대에서 확인되는 지자문토기를 근거로 요동반도와 교류 가능성을 제기하기도 한다.[64]

납작밑토기문화가 전파된 B.C. 6000년 무렵에 한반도 일대의 토착문화는 서포항 2기층 및 나진 초도 패총을 비롯한 동북지방과 양양 오산리 유적 등이 위치한 중부 동해안 지방이 중심이 되었다. 그 문화적 여파는 남쪽의 동남해안 지방으로 파급되었으며, 황해도 봉산 지탑리1호 주거지[65] · 평양 금탄리 2기문화층[66] · 대동강 유역의 청호리 유적[67] 등 중서부지방에서도 확인되고 있다.

납작밑토기를 사용한 집단은 빗살무늬토기 외에 세석기(細石器), 옥기(玉器) 등을 문화적 특징으로 하였다. 요서와 내몽고 동남부 일대에서 홍륭와문화 등을 영위한 집단은 빗살무늬토기와 옥기 등을 가지고 시베리아 등의 외부에서 이주해 온 것이 아니라 요하 유역의 토착집단이었다.

이들은 요하 유역의 어렵문화 및 세석기문화의 전통을 계승한 집단의 후손이며, 다른 지역의 전기 신석기문화와 비교해도 전혀 뒤처지지 않는 발전된 면모를 보인다. 홍륭와문화 등을 영위한 집단의 일부는 옥기, 세석기, 빗살무늬토기 등의 문화양식을 소유한 채 요하를 건너 요동과 한반도 및 그 주변지역으로 이주하였다.

홍륭와문화의 전파 과정은 지자문 등의 빗살무늬토기 외에 내몽고 일대에서 출토된 것과 비슷한 옥으로 만든 귀걸이가 동해안의 고성 문암리[68] 및 양양 오산리[69] 유적에서 확인된 사실을 통해서도 입증된다. 그

---

64) 송은숙, 1993, 「신석기시대의 사회와 문화」, 『전라남도지』 2, 104~115쪽.
65) 도유호, 1981, 『지탑리유적발굴보고』, 유적발굴보고 제8집, 과학원출판사.
66) 김용간, 1964, 『금탄리원시유적발굴보고』, 유적발굴보고 10집, 34쪽.
67) 한영희, 1978, 「한반도 중서부지방의 신석기문화」, 『한국고고학보』 5, 105쪽.
68) 국립문화재연구소, 2005, 『고성 문암리유적』.
69) 임효재 · 권학수, 1984, 『오산리유적』, 서울대학교 박물관.

외에 동일한 옥이 블라디보스토크 극동박물관에도 전시되어 있으며, 일본에서도 비슷한 유물이 조사되었다.

홍륭와문화의 주도세력은 중국 중원지역에도 영향을 미쳤지만, 빗살무늬토기가 전파되는 경로를 통해 한반도와 주변지역에 큰 영향을 끼쳤다.[70] 이들이 이주한 흔적은 혼강 중류지역에 위치한 요령성 통화시의 만발발자(萬發撥子) 유적[71]과 흑룡강성 요하현(饒河縣) 소남산(小南山) 유적[72]을 통해 입증된다.

만발발자(萬發撥子) 유적은 B.C. 5000년 무렵에 조성된 것으로 밝혀졌는데, 홍륭와문화를 계승한 홍산문화를 영위한 집단이 혼강 유역으로 이주하여 내몽고 적봉 일대와 매우 유사한 제단과 마을 등을 조성한 흔적이 남아 있다.

---

70) 한편 전기 홍산문화의 빗살무늬토기에 보이는 '之'字와 '人'字 무늬는 흑룡강성과 길림성 일대에서도 확인되는데, 가장 이른 시기의 농업문화에 해당하는 寧安의 鶯歌嶺 하층유적에서 조사되었다. 그 외에 흑룡강 하류 및 오소리강 동쪽의 해안지역의 패총에서는 중원지역의 유물들이 조사되었다. 이곳의 돌칼(石刀), 돌낫(石鎌) 등은 화북지구의 신석기시대 석기와 대단히 비슷하며, 黑陶 역시 중원지역과 연관성을 보인다. 또한 松遼平原에 위치한 길림성 大安縣의 長新南山 유적은 연대가 심양의 신락 하층문화와 비슷한데, 陶器의 之字 무늬는 신락하층의 것과 매우 비슷하다. 한편 농업생산 도구로 사용된 돌갈판(石磨盤)은 적봉, 서랍목륜하 유역, 장춘, 목단강 유역 등지에서 나타나는 유물들이 기본적으로 비슷하다.
71) 길림성 통화시 만발발자 유적지에서 홍산문화의 담당자들이 요하를 건너 혼강 유역으로 이주한 흔적이 확인되었다. 40여 기의 고대제단과 마을 유적 및 수백기의 적석총 유적지가 확인되었다(왕면후, 2001, 「통화 만발발자 유지에 관한 고고학적 고찰」, 『고구려연구』 12집).
72) 홍산문화와 유사한 피라미드가 발견된 곳은 통화 외에 멀리 러시아와 경계를 이루는 오소리강의 강변에 위치한 흑룡강성 饒河縣 小南山 유적에서도 확인된다. 이곳의 무덤은 규모가 크고, 부장품도 풍부하며, 수장된 옥기의 수량이 매우 많기 때문에 피장자의 지위가 대단히 높은 것으로 보고 있다. 이를 일컬어 小牛河梁 혹은 阿蘇江 강변의 피라미드로 부르고 있다(譚英杰, 1972, 「黑龍江饒河山南山遺址試掘簡報」, 『考古』 第2期).

또한 대릉하 유역에 거주하던 사람들이 한반도 일대로 이주한 흔적은 빗살무늬토기의 무늬나 제작 기법의 유사한 면모를 통해 유추된다. 예컨대 홍륭와 유적의 교차형 빗살무늬는 삿자리를 짜듯이 교차하면서 베푼 삿자리형 빗살무늬로, 한반도에서도 출토되고 있는 심선문(深線紋) 빗살무늬와 유사한 면모를 갖고 있다.

또한 한반도의 빗살무늬토기에 보이는 곡선무늬는 요서지역의 채문토기와 접촉을 시사하며, 내몽고 임서현의 여러 유적에서 보이는 곡선문과도 관계가 있다.73) 그 외에 평북 신암리 유적의 침선기하문(針線幾何文)의 장경호 역시 요서의 소하연(小河沿) 유적에서 보이는 주연채도(周緣彩陶)와 관련이 있다.74)

이와 같이 홍륭와문화 등을 남긴 요하 유역의 토착집단은 빗살무늬토기가 전파되는 경로를 통해 한반도와 주변지역으로 이주하여 광범위한 영향을 끼쳤다. 동북아지역의 토기문화는 대릉하 유역에서 선도적 변용이 일어나 요동반도를 거쳐 서북한, 동북한, 한반도 중남부 및 연해주 일대로 파급되는 축차적 변화가 일어나게 되었다.

이와 관련하여 요동반도에 위치한 소주산(小珠山) 유적의 중층기(B.C. 3000년) 이후 기하학무늬와 덧띠무늬의 발생과 소멸이 축차적 시간 차이를 보인 사실이 참조된다.75) 예컨대 압록강 북안에 위치한 동구현(東溝縣) 석불산 유적에서 '농포형 뇌문'이 새겨진 토기가 조사되었는데, 서북한과 동북한 및 연해주에서 조사된 형식과 유사한 면모를 보인다. 농포형 뇌문은 연해주의 자이싸노프까 I 기층에서도 조사되었는데, 요동반도에서 출현하여 연해주 일대로 전파된 것으로 보고 있다.76)

---

73) 內蒙古文物工作隊編, 1964, 「新石器時代」, 內蒙古文物資料選集.
74) 김원룡, 1986, 앞의 책, 177쪽.
75) 백홍기, 1997, 「주변지역 신석기문화와의 비교」, 『한국사』 2, 국사편찬위원회, 547쪽.

요동지역 신석기문화의 영향은 양양 오산리·지경리, 춘천 교동, 상노대도, 김해 수가리 등에서 확인된다. 그 외에 함북 웅기군 서포항유적 Ⅱ기층의 토기가 Ⅰ기층이나 나진 패총과는 다르고, 요동반도나 한반도 중서부지방의 토기와 상통하는 양상을 보이기 시작한 것은 동북한의 신석기문화가 변화되었음을 의미한다. 이는 서포항 Ⅲ기층에서 출토된 토기의 태도와 기형 및 문양의 형태가 중원(中原)의 채도(彩陶)나 용산(龍山) 대문구문화(大汶口文化)의 요소에 속한 사실 등을 통해 유추된다.[77]

빗살무늬토기와 옥기(玉器) 등의 선진문화를 소유한 집단은 한반도와 주변지역으로 이주하여 덧무늬토기를 사용하던 사람들을 압도하게 되었다. 그런데 빗살무늬토기는 덧무늬토기에 빗살무늬토기의 무늬새김 양식이 들어 있으며, 공반되는 석기 및 석기 제작 수법·뼈 연모 등을 볼 때 양자 사이에 이질적이거나 비약적인 요소가 그다지 발견되지 않는다고 한다.[78]

따라서 덧무늬토기를 사용한 사람들이 빗살무늬토기를 받아들여 토착문화를 한 단계 더 발전시켰을 가능성도 없지 않다. 또한 한반도 일대에서 확인된 납작밑토기와 옥기 등을 모두 이주민이 남긴 흔적으로 보기는 어렵고, 주민의 이주 외에 문화 교류와 교역 등을 반영하는 측면도 없지 않다.

이와 같이 한반도 일대는 전기 신석기시대에 이르러 덧무늬토기를 사용하던 토착집단이 납작밑토기를 받아들이며 한 차원 높은 문화 단계로 진입하게 되었다. 그 과정에서 북방계 주민의 이동과 그에 따른 선주집단과의 결합이 활발하게 이루어지면서 사회발전이 가속화되었다. 그

---

76) 백홍기, 1994, 앞의 책, 116쪽.
77) 백홍기, 1994, 앞의 책, 111~113쪽.
78) 신숙정, 1997, 앞의 글, 441쪽.

중심지는 한반도 동북지방을 비롯하여 동해안과 남해안이었으며, 서북지방과 대동강 및 재령강 일대도 유사한 면모를 보였다.

그러나 한강 이남지역은 아직까지 납작밑 계통의 빗살무늬토기가 확인되지 않고 있다. 한반도 중서부와 서남부 지역은 동해안 및 서북 지방과는 달리 후기 구석기문화가 오랫동안 존속하였을 가능성도 없지 않다. 그러나 한반도의 남해안 지방은 다른 상황 아래 놓여 있었다. 남해안 일대는 한반도 동북지방과 동해안 일대를 거쳐 남하한 덧무늬토기문화권에 속해 있었다.

2) 뾰족밑 빗살무늬토기의 출현과 신석기문화의 발전

한반도의 빗살무늬토기는 B.C. 6000년을 전후하여 납작밑토기가 성행하였으며, 그 뒤를 이어 첨저 혹은 뾰족형 빗살무늬토기가 B.C. 4000년을 전후한 시기에 등장하였다. 첨저 빗살무늬토기는 밑이 뾰족한 포탄 모양을 하고 있으며, 납작밑토기와 마찬가지로 표면에 무늬를 장식하고 있다.

그 무늬는 빗같이 생긴 무늬새기개를 가지고 누르거나 새겨서 생긴 선 또는 점으로 기하학적 형태를 이루었다. 또한 무늬의 모양이나 그릇 형태는 북유럽의 캄케라믹(Kammkeramik) 혹은 바이칼 지방과 연해주 일대에 널리 분포되어 있는 토기들과 유사한 측면이 많다.

한반도의 빗살무늬토기는 캄케라믹이 시베리아를 거쳐 유입된 것으로 이해하였으며, 캄케라믹을 그대로 번역하여 즐목문토기로 부르게 되었다.[79] 즐목문토기를 대신하여 즐문토기 혹은 빗살무늬토기라는 명칭을 사용한다.[80]

빗살무늬토기를 유문토기(有紋土器)·기하문토기·새김무늬토기 등

---

79) 藤田亮策, 1930, 「櫛目文土器の分布に就いて」, 『靑丘學叢』 2.
80) 金元龍, 1961, 「광주 미사리즐문토기유적」, 『역사학보』 14.

으로 부르기도 한다. 유문토기는 빗살무늬토기에 즐목문과는 다른 형식의 문양이 보이며, 북유럽 계통의 즐목문토기와도 여러 가지 다른 측면이 있기 때문에 후대의 무문토기(無文土器)와 비교하여 유문토기(有紋土器)로 총칭한다.[81]

새김무늬 위주의 빗살무늬토기 문양이 캄케라믹의 전형적인 문양과 다른 사실을 고려하여, 즐문토기나 빗살무늬토기라는 용어를 대신하여 기하문토기로 부르기도 한다.[82] 또한 여러 가닥으로 된 무늬돋치개로 그릇 표면을 누르거나 그어서 무늬를 새긴 그릇이라는 의미에 부합하도록 새김무늬그릇이라 부른 견해도 없지 않다.[83]

이와 같이 빗살무늬토기는 명칭 외에 기원 혹은 계통 등에 대해서 다양한 견해 차이가 있다. 빗살무늬토기의 기원과 관련하여 처음에는 신석기시대 사람을 후기 구석기시대 사람들과 다른 집단으로 파악하고, 시베리아와 알타이 등지에서 북만주를 경유하여 한반도 동북지방을 통해 유입된 것으로 이해하는 북방전래설이 주류를 이루었다.[84]

그러나 최근 들어 환동해지역을 비롯하여 동북아시아의 여러 곳에서 원시 고토기 외에 덧무늬토기와 원시무문토기 등이 빗살무늬토기에 앞서 사용된 사실이 확인되면서 북방전파설은 입론의 근거를 잃게 되었다. 그 외에 요서와 내몽고 동남부 일대에서 기원한 납작밑토기의 출현이 시베리아의 빗살무늬토기보다 훨씬 앞선 사실도 고려할 필요가 있다.

---

81) 鳥居龍藏, 1917,『大正5年度朝鮮古蹟調査報告』; 이기길·황성옥, 1988,「암사동 유적의 신석기시대 뾰족밑 무늬토기의 연구」,『손보기박사정년기념고고인류학논총』; 이동주, 1996,「한국 선사시대 남해안 유문토기 연구」, 동아대대학원 박사학위논문.
82) 金廷鶴, 1968,「韓國幾何文土器文化의 硏究」,『白山學報』4.
83) 김용간, 1979,「우리나라 신석기시대 질그릇갖춤새 변천에 보이는 문화발전의 고유성」,『고고민속논문집』7.
84) 橫山將三郎. 1939,「朝鮮の史前土器硏究」,『人類學·先史學講座』9, 雄山閣.

납작밑토기가 처음으로 등장한 B.C. 6000년 이후 2,000여 년이 흐른 B.C. 4000년을 전후하여 첨저 혹은 뾰족밑토기가 출현하게 되었다. 한반도의 뾰족밑 빗살무늬토기는 B.C. 4000~B.C. 3000년 사이에 집중되어 있으며, 북쪽의 청천강 유역에서 남으로는 한강 유역 및 인접 도서에서 주로 조사되고 있다.[85] 그 반면에 압록강 유역과 청천강 이북지역은 한반도 동북지방에서 주로 확인되는 납작밑토기가 분포한다.[86]

뾰족밑토기의 기원은 시베리아 계통의 캄케라믹이 한반도 동북지역을 거쳐 남하하였을 가능성도 없지 않지만,[87] 납작밑토기와 일정한 연관이 있는 것으로 짐작된다. 뾰족밑토기가 동해안의 납작밑토기에서 파생된 것이라는 직접적인 증거도 없고, 요서와 내몽고 일대의 홍륭와문화 토기와 직접 연관된 사실이 확인된 것도 아니다.

그럼에도 불구하고 요하 유역 및 요동지역의 납작밑토기와 한반도 중서부지방의 뾰족밑토기가 일정 정도 연관성이 있는 것은 사실이다.[88] 뾰족밑 빗살무늬토기는 요동지방에서 압록강을 건너 육로(陸路)를 이용하여 전파된 것이 아니라 해로(海路)를 통해 남하하였을 가능성이 높다.

뾰족밑토기는 토기를 만들기 위해 반죽한 점토에 운모와 석면 및 활석 등을 섞어 제작되었다. 서해안 일대의 초기 빗살무늬토기는 구연부와 기복부에 각각 다른 무늬를 새긴 것이 특징이다. 또한 구연부에는 짧은 선을 상하로 여러 줄 돌리고, 기복부에는 어골문을 새긴 것이 주류를 이룬다.

이와 같은 토기 유형을 어골문토기라고 부르는데, 서울 암사동·광주 미사리·동막동 유적 등 한강 중류지역을 비롯하여 대동강변의 궁산리와

---

85) 임효재, 2002, 『한국의 신석기문화』, 집문당, 167쪽.
86) 임효재, 2002, 위의 책, 41쪽.
87) 橫山將三郞, 1939, 「朝鮮の史前土器硏究」, 『人類學·先史學講座』 9, 雄山閣.
88) 백홍기, 1994, 앞의 책, 166쪽.

봉산 지탑리 등 한반도 중서부지역에서 주로 조사되었다. 서울 암사동에서 출토된 빗살무늬토기는 탄소연대 측정결과 B.C. 4280±110년과 B.C. 4100±105년의 연대가 확인되어 지금까지 조사된 뾰족밑토기 중에서 가장 오래된 것으로 밝혀졌다.

그러나 한반도 남부지방은 암사동 유적에서 출토된 양식과 비슷한 초기형식의 빗살무늬토기는 확인되지 않고 있다. 그 대신에 남해안을 중심으로 덧무늬토기가 중기 신석기시대(B.C. 3500~B.C. 2000)까지 사용되었다. 예컨대 여수 안도 패총 등에서는 덧무늬토기를 비롯하여 압인·압날문토기, 두립문토기, 지두문토기, 주칠토기·무문양토기 등이 출토되었다.

안도 패총의 중심 연대는 패각 퇴적층에서 덧무늬토기, 압인·압날문토기, 무문토기들이 주류를 이루고 있어 전기 신석기시대에 해당된 것으로 보고 있다. 그러나 하한 연대는 압인·압날문토기에 이어 세선·태선 침선문 토기류가 출토된 것으로 볼 때 신석기시대 중기 이후까지 이어졌다.

한반도 남부지방은 전기 신석기기대에 뾰족밑 빗살무늬토기문화권에 속하지 않고, 덧무늬토기가 동해안을 통해 확산되어 신석기시대 중기까지 지속되었다. 또한 남부지방에 살던 신석기시대 사람들은 내륙의 강가나 호수 부근에 거주한 집단도 없지 않았으나, 주로 해안가나 도서에 거주하며 패총 유적을 남겼다.

당시 사람들은 농경 활동에 종사하기보다는 어로와 수렵을 통해 생계를 유지하였기 때문에 해안가와 도서 지방에 거주하였다. 이와 관련하여 남해안과 인접 도서의 여러 패총에서 묶음낚시의 돌축·뼈낚시바늘·돌작살끝·끼움작살날·냇돌 그물추 등 주로 어로 도구가 출토되는 양상이 주목된다.[89]

뾰족밑 빗살무늬토기는 강가 근처에 살던 사람들이 굽이 길고 뾰족한 토기가 모래에 박기 쉽고 사용하기 편리하기 때문에 사용한 것으로 짐작된다. 빗살무늬토기는 본격적인 농경활동이 이루어지기 전에 채집을 통해 획득한 도토리묵이나 수제비죽 같은 것을 조리하기 위한 도구로 사용되었다. 또한 빗살무늬토기는 화력(火力)이 약하고 뚜껑이 없는 토기 속의 음식을 손쉽게 익히기 위해서는 불이 닿는 면적이 넓은 형태였기 때문에 활용가치가 높았다.

암사동 빗살무늬토기 암사동 유적은 1925년의 대홍수 때 한강이 넘쳐 유적 일부가 파손된 채 토기편과 석기들이 발견되었다. 1967년과 1971~1975년 및 1980년에 3차례에 걸쳐 발굴 조사하였다. 그 결과 수렵과 채집으로 생활하며 취락을 형성한 것으로 추정되는 집터와 빗살무늬토기를 비롯해 돌도끼·돌화살촉·긁개 등의 생활도구와 돌낫·보습과 같은 농기구 등의 석기가 대량 출토되었다.

신석기시대 중기에 이르면 중서부 일대에 국한되어 있던 뾰족밑 빗살무늬토기가 남부지방과 동해안 일대 등 주변지역으로 확산되기 시작하였다. 남부지방에 있어서 빗살무늬토기의 변화 양상은 부산 동삼동 패총 유적을 살펴보면 잘 드러난다. 동삼동 패총 유적은 5개 문화층으로 구분되는데, 맨 아래층부터 조도·목도·부산·두도·영도기로 불린다.[90]

조도와 목도기에는 원시무문토기·덧무늬토기가 출토되며, 부산기에 이르러서도 여전히 덧무늬토기가 사용되지만 가늘고 정교한 빗살무늬가 주로 사용되고 남해안의 특징적인 태선문이 등장한다. 그러나 중기 신석

---

89) 전남지역의 신석기시대 석기의 특징과 사회경제 생활방식에 대해서는 다음의 글을 참조하기 바란다(이기길, 1996, 「전남의 신석기문화」, 『선사와 고대』 7).
90) 경성대박물관, 2006, 『부산 동삼동 패총』.

기시대에 해당하는 두도기가 되면 한강 유역의 빗살무늬토기와 거의 유사한 새김무늬토기로 바뀌게 되며, 남해안 지방과 한강 유역의 관련성이 뚜렷해진다. 영도기는 후기 신석기시대에 해당하는데 겹입술토기가 등장하며, 빗살무늬토기는 바탕흙이 완전 모래질로 바뀌며 검게 그을리는 방법이 사용되었다.

뾰족밑 빗살무늬토기가 한반도 중서부지방에서 다른 지역으로 전파되는 양상은 양양 오산리 유적에서도 비슷한 면모가 확인된다. 오산리 유적은 모두 6개의 퇴적층으로 구분되는데, 1층은 청동기시대, 2·3·5층은 신석기시대의 문화층으로 확인되었다. 오산리 유적의 최하층에 해당하는 5층은 채취된 목탄의 탄소연대측정 결과 B.C. 6000~B.C. 5000년으로 밝혀졌다.

오산리 유적의 3층에서 출토된 토기는 거의 납작밑토기이며, 바닥 밑에는 나뭇잎 형태가 찍혀 있는 것이 많다. 2층에서는 중·서부지방에서 성행한 뾰족밑 빗살무늬토기가 출토되었는데, 납작밑에서 뾰족밑토기로 변화하는 과정을 보여준다.[91] 양양 오산리 외에 고성 문암리에서도 비슷한 성격의 유적이 조사되었다.[92]

또한 강릉 초당동에서도 B.C. 4000~B.C. 3000년 무렵의 취락 유적이 확인되었는데, 여러 지역에서 제작된 다양한 형식의 토기들이 조사되었

---

91) 오산리 유적은 B.C. 6000년 무렵의 전기 신석기시대 사람이 살았던 곳으로 남한에서는 가장 연대가 오래된 신석기시대 유적에 해당된 것으로 보고 있다. 서울대학교 박물관에 의해 1981년부터 1985년까지 6차에 걸친 학술조사가 이루어졌는데, 모두 6개의 퇴적층으로 이루어진 사실이 밝혀졌다. 1층은 청동기시대, 2·3·5층은 신석기시대의 문화층으로 확인되었는데, 2층에서는 한반도 중·서부지방 신석기시대의 특징적인 토기인 뾰족밑의 빗살무늬토기가 출토되었다. 그리고 3~5층 사이에 걸쳐 납작밑토기(平底土器), 덧무늬토기(隆起文土器), 원시 무문토기가 층위 별로 확인되었다(임효재·권학수, 1984, 『오산리유적』, 서울대학교 박물관).
92) 고재원, 1994, 「제주도 고산리 세석기문화유적」, 제4기학회 학술대회발표회 요지.

다. 예컨대 요하 유역과 요서지방에서 주로 출토되는 지자문(之字文) 토기와 서해안의 점열곡선문 · 단사선문, 금강 유역의 금강식토기, 남해안의 태선문(굵은선문양) · 사격자문 · 제형집선문(사각선문양) · 능형집선문(마름모꼴), 동북지방의 강상리식 점열집선문 등 한반도 전역에서 발견되는 다양한 토기들이 조사되었다.[93]

한반도는 빗살무늬토기가 출현한 이후 이질적 내용을 갖는 4~5개의 문화영역이 나타나는데, 상호간에 다른 문화와 종족의 분포를 반영하는 것으로 보고 있다.[94] 따라서 초당동 유적은 B.C. 4000~B.C. 3000년 무렵에 한반도와 주변지역에 거주하던 여러 집단들 사이에 교역이 활발하게 이루어졌음을 반영한다. 또한 초당동 유적에는 외부 침입을 막기 위해 촌락 주변을 도랑처럼 파서 두른 환호가 발견되었는데, 환호가 청동기시대에 처음 조성된 것으로 알려진 양상과는 차이를 보인다.

한편 뾰족밑토기를 사용한 사람들은 주로 해안과 강변에 거주하였는데, 어로 생활에 주력하면서 수렵이나 채집 등도 병행하였다. 빗살무늬토기가 발견된 한반도의 유적은 약 130개소 정도에 이르는데, 주로 큰 강가 · 해안 · 호숫가 · 섬 등에 자리하고 있다.

이는 당시 생활이 어로에 크게 의존한 사실을 반영하며, 낚시 바늘이나 어망추가 많이 발견되는 점도 그 사실을 뒷받침해 준다. 그 외에 석창이나 석촉과 같은 수렵도구가 출토되는 것으로 보아 사냥 등에 의한 식량확보도 적지 않은 비중을 차지하였다. 또한 나무 열매나 뿌리 등의 채집도 생계유지를 위한 보조수단이 되었다.

전기 신석기시대의 사람들이 살았던 집자리가 발굴 조사된 것은 많지

---

93) 강원문화재연구소, 2006, 『강릉초당동유적2』.
94) 한국 민족의 기원과 관련하여 신석기시대의 문화 영역과 그 차이에 대해서는 다음의 글을 참조하기 바란다(임효재, 1997, 「신석기문화」, 『한국사』 2, 국사편찬위원회, 308쪽 ; 한영희, 1996, 『한국민족의 기원과 형성』(上), 小花).

않지만, 해안의 사질퇴적층이나 강안에 면한 경사면을 60cm 이상 파서 만든 수혈주거지에서 생활하였다. 신석기시대의 움집은 반 지하로 땅을 파서 여름에는 서늘하고, 겨울에는 따뜻하게 하였다. 또한 주거지의 평면은 방형과 원형이 있으며, 20㎡ 내지 30㎡ 규모의 움집이 한곳에 4~5채 모여 촌락을 이루었다.

또한 움집의 바닥에는 진흙을 깔고 굳게 다진 뒤 동물 가죽이나 짚을 깔고 살았으며, 출입을 위한 간단한 경사로나 계단시설도 마련되었다. 내부에는 음식 준비와 보온 유지에 필요한 화덕이 보통 1~2개 있었고, 큰 항아리의 밑부분을 떼어 내어 바닥을 파고 거꾸로 묻은 저장공이 확인되었다. 당시 사람들이 사용했던 생활 도구들은 토기와 석기 및 골각기가 있었으며, 토기를 구울 때 갈라지는 것을 방지하기 위해 운모나 활석, 석면 등을 섞어 사용하였다.

신석기시대 중기(B.C. 3500~B.C. 2000)에 이르면 한반도 중서부 일대에 편중되어 있던 뾰족밑토기가 여러 지역으로 확산되는 변화가 일어났고, 동해안 일대에서도 어골문이 성행하기 시작하였다. 신석기시대 중기 사람들은 전기와 마찬가지로 수혈주거지에서 생활했으며, 생활도구에 있어서도 전기와 큰 차이가 없었다. 또한 생활경제 역시 아직 농경 이전 단계의 어로와 수렵에 주로 의존한 사회에 머물렀다.

전남지역의 경우 신석기시대 중기가 되면 해안이나 도서에서 내륙의 강이나 하천 주변으로 사람들이 이주가 이루어져, 삼각집선이나 빗문살의 새긴무늬·반원줄·세모줄의 찍은무늬·이중구연토기 등이 사용되었다.[95] 그러나 신석기시대 중기의 사회생활 양상은 그 이전의 전기와 큰 차이가 없었다.

---

95) 이기길, 1996, 「전남의 신석기문화」, 『선사와 고대』 7.

신석기시대 후기(B.C. 2000~B.C. 1000)에 이르면 사람들의 생활 경제에 많은 변화가 일어난다. 황해도 지탑리 유적에서는 피 또는 조 등의 재배곡물이 돌로 만든 농경도구와 함께 발견되었다.96) 또한 궁산리 유적에서도 돌가래(石嵩)와 뿔가래(骨嵩) 및 산돼지 이빨로 만든 낫과 같은 농경구가 조사되었다.97)

농경도구의 등장은 한정된 지역에 불과하지만 초보적 단계의 전작농경(田作農耕)이 시작된 사실을 알려준다. 한반도에서 농경 활동이 이루어진 시기는 지탑리 유적과 궁산리 유적에서 볍씨 등이 발견된 신석기시대 후기이었다. 그러나, 대부분의 지역은 여전히 종래의 어로와 수렵에 의한 경제생활이 영위되었다.98)

또한 빗살무늬토기의 제작 과정에도 변화가 일어났다. 서해안지역의 경우 전형적인 빗살무늬토기가 퇴화되고 아가리 부분에만 무늬를 새겼으며, 남해안지역에서도 퇴화 변형이 일어났다. 신석기시대 후기에 속하는 유적은 서해안의 궁산리, 지탑리 상층 및 도서지방의 패총유적 등을 들 수 있다. 또한 동해안은 굴포리 후기층, 그리고 남해안은 이중구연토기와 구연부에만 국한해 시문하는 퇴화된 빗살무늬토기가 주류를 이루는 동삼

---

96) 지탑리 유적에서는 탄화된 피 혹은 조의 실물과 함께 돌로 만든 쟁기·가래·호미 등의 농기구가 발견되었는데, 이는 개간-경작-수확-조리 과정을 보여주는 것으로 신석기시대 후기사회의 농경의 존재를 보여주는 실례이다(고고민속학연구소, 1961,『지탑리원시유적발굴보고』; 西谷正, 1969,「朝鮮半島における初期稻作」,『考古學硏究』16-2).
97) 고고민속학연구소, 1957,『궁산원시유적발굴보고』.
98) 어로 및 수렵·채집에 의존해 전개되었던 신석기문화가 말기에 접어들자, 서해안의 일부지역에서는 원시농경이 시작되었다. 중국 화북지방의 농경문화와의 접촉을 통해 이루어졌을 가능성이 높지만, 신석기시대 후기의 농경을 입증하는 유적은 아직 1~2개에 지나지 않기 때문에 극히 한정된 지역에 국한된 맹아적인 현상에 지나지 않는다. 따라서 신석기문화는 어로 및 수렵·채집에 의해 전개된 문화의 성격을 가진 것으로 짐작된다.

동 영도기 등이 대표적이다.

　전남지역의 경우 도서지방 외에 광주광역시 효천 택지2지구에서 근래에 신석기시대 후기에 속한 유적이 조사되었다.[99] 영산강 유역 내륙에서 신석기시대 유적이 확인된 것은 효천 지구가 처음이며, 수혈과 돌무지 외에 사격자문·점열문·이중구연 등의 토기가 확인되었다. 이 중에서 사격자문과 점열문은 일명 '봉계리식토기'라고 부르는 것으로 합천 봉계리, 진안 갈머리, 군산 노래섬, 제주 북촌리 등지에서 확인된 신석기시대 후기와 말기에 주로 제작된 것이다.

　남부지방의 빗살무늬토기는 처음에는 아가리 부분에만 무늬를 넣었지만, 후대에 이르러 전면무늬로 바뀌게 되며 차츰 중서부지방과 마찬가지로 무늬가 생략되는 과정을 거쳐 청동기시대의 민무늬토기로 넘어 가게 되었다.

　전남의 신석기시대는 후기에 이르러서야 시작된 것으로 인식한 종래의 견해와는 달리, 여수 송도 유적을 비롯하여 남해안 일대의 여러 패총에서 신석기시대 전기에 사용된 덧무늬토기들이 확인되고 있다. 따라서 전남지방의 신석기문화 역시 다른 지방과 마찬가지로 전기부터 후기에 이르기까지 지속적으로 이어졌으며, 그 문화 양상도 한반도 신석기시대의 일반적인 범주에서 벗어나지 않고 있다.

　전남지역의 신석기문화는 전기와 중기에는 동해안을 통하여 전파된 덧무늬토기가 주류를 이루었지만, 중기 이후 중서부지역의 뾰족밑토기가 확산되었다. 전남지역의 신석기문화는 후기에 이르러 중서부지역과 접촉이 활발하게 이루어졌으나, 동남해안 지방과의 교류가 단절된 것은

---

99) 신석기시대의 유적은 주로 해안이나 도서지역의 패총에서 조사되고 있다. 내륙지방의 경우 보성군 문덕면 죽산리와 나주시 다시면 가흥리, 순천시 대곡리 강변 충적평지에서 빗살무늬토기 등 신석기시대 유물이 조사되었다.

아니었다.

예컨대 신안 대흑산도 패총에서 출토된 토기는 태토에 따라 사질과 점토질 그리고 골석입토기로 크게 구분되지만, 그 형태는 원저를 기본으로 하는 중서부지방의 토기와 비슷한 모양을 하고 있다. 그러나 겹입술토기(겹아가리토기)는 남동해안지역의 부산 동삼동, 김해 수가리 유적의 신석기시대 후기의 문화층에서 발견된 것과 유사하다. 이는 전남지방의 신석기문화가 이른 시기부터 늦은 시기까지 남동해안 지방과 밀접한 관계를 맺고 있었음을 시사한다.

Ⅲ. 청동기시대의 도래와 국가형성

1. 덧띠새김무늬토기의 출현과 조기 청동기시대의 시작

청동문화에 기반한 최초의 국가는 B.C. 3천년 무렵에 근동과 이집트에서 출현하였으며, 메소포타미아와 인더스 강변에서도 동일한 양상이 전개되었다.[100] 또한 중국의 황하문명과 그리스 에게해 일대의 크레타-미노아 문명 등이 청동문화의 꽃을 피웠으며, 최근에는 내몽고 동남부와 요서 일대의 요하문명이 주목을 받고 있다.

이들 문명은 주로 큰 강 유역에서 관개농업의 발달, 청동기의 사용, 도시의 출현, 문자의 사용 등을 토대로 하여 국가의 형성이 이루어졌다. 그러나 한반도의 경우 청동문화의 수용과 국가형성은 다른 지역에 비하

---

100) 인류가 최초로 금속을 알게 된 것은 B.C. 8~7천년기에 이르러 아나톨리아와 지중해 동쪽 연안에서 이란 후지스탄까지의 근동지역의 先土器 신석기시대였다. 청동기시대에 접어들어서도 초기와 중기에는 비소를 사용하다가 후기가 되어서야 주석 청동으로 대체되었다. 비소 합금 청동은 B.C. 5천년기 후반에 아나톨리아 지역에서 등장하였으며, 주석을 이용한 청동은 청동기시대 후기에 이르러 출현하였다(정석배, 2004, 『북방유라시아대륙의 청동기문화』, 학연문화사, 19~35쪽).

여 조금 뒤늦은 감이 없지 않다. 한반도가 중원의 황하문명이나 요서 및 내몽고 동남부 일대의 소위 요하문명과 비교하여 국가형성이 뒤늦은 까닭은 농경활동이 활발하지 못하였고, 대규모 취락지의 조성과 인구 증가가 이루어지 못한 점 등에 원인이 있다.

한반도 일대는 중원이나 요서 및 내몽고 동남부지역과는 달리 B.C. 10세기를 전후한 시기까지 신석기시대가 지속된 것으로 보고 있다. 또한 한반도와 주변 지역의 청동기시대 시작은 B.C 12세기~B.C. 8세기 무렵에 이르러 시베리아 카라스크 문화, 예니세이강 상류의 미누신스크 문화, 그 서쪽에서 퍼져오는 스키타이 문화의 확산에서 구하고 있다.[101] 그 과정에서 카라스크 문화를 비롯한 북방문화와 내몽골의 오르도스 문화가 조우하여 미누신스크-스키타이-오르도스 복합문화를 잉태한 후 요동 및 한반도 일대로 확산된 것으로 이해하였다.

이와 같이 한반도의 청동문화는 스키토-시베리아 계통과 연결되어 있으며, B.C. 10세기 무렵에 북방계 주민이 남하하여 신석기문화 단계의 빗살무늬토기를 사용하던 집단을 소멸 내지 병합한 것으로 보고 있다.[102] 또한 한반도 일대는 청동문화의 출현으로 신석기시대의 토착집단이 선진문화에 흡수되거나 동화된 것으로 이해한다.

그러나 한반도의 청동문화는 강력한 집단이 등장하여 단기간에 걸쳐 신석기문화를 일소하며 국가단계에 이른 과정을 거친 것은 아니었다. 또한 한반도 일대의 청동문화는 주석과 아연을 합금한 동물문양으로 상징되는 북방계통의 스키토-시베리안 계통에 앞서, 요서와 내몽고 동남부 일대에서 성행하던 조기 청동문화가 파급되어 많은 영향을 미친 사실

---

101) 김원룡, 1973,『한국고고학개설』, 일지사, 97쪽 ; 김정배, 1973, 앞의 책, 154~155쪽.
102) 이건무·조현종, 2003,『선사유물과 유적』(한국미의 재발견 1), 30쪽.

이 확인되고 있다.

조기 청동문화는 비파형동검으로 상징되는 전형적인 청동문화가 형성되기 이전에 해당하는 선동검기(先銅劍期)[103]를 의미하는데, 평북 용천군 신암리에서는 B.C. 15세기 무렵에 제작된 것으로 추정되는 청동 도자(刀子)와 청동 단추가 조사되었다.

또한 요동반도의 우가촌(于家村) 적석총에서도 청동 화살촉·청동 단추·청동 고리·청동 낚시바늘 등 소형 청동기가 출토되었는데, C^{14}측정 결과 그 연대가 B.C. 1500~B.C. 1300년으로 밝혀졌다. 그 외에 요동반도 남단 양두와(羊頭窪) 유적에서도 B.C. 15세기 무렵에 제작된 것으로 추정되는 청동제 장식이 출토되었다. 요동과 한반도 북부지역은 늦어도 B.C. 15세기 무렵에 조기 청동문화 단계에 이르렀다.

한편 청동문화의 기원을 알려주는 표징으로 덧띠새김무늬토기(突帶文 혹은 刻目突帶文土器)의 등장을 거론하기도 한다. 덧띠새김무늬토기는 아가리 부분 바깥쪽에 점토 띠를 붙이고, 그 위에 빗금무늬나 눌러 찍은 무늬를 새기거나 두 손가락으로 점토 띠를 서로 어긋나게 비틀어 붙여 무늬 효과를 냈는데, 주로 아가리 부분에 장식하였다.

신석기시대 말기에 성행한 토기의 종류는 빗살무늬토기 외에 눌러찍기무늬토기(=압인문토기) 등이 있는데, 덧띠새김무늬토기는 신석기시대와 청동기시대를 연결하는 고리 역할을 하였다. 또한 덧띠새김무늬토기는 신석기시대의 덧무늬토기(융기문토기)나 철기시대의 덧띠토기(점토대토기)와는 다른 양식에 속한다.

---

103) 先銅劍期는 비파형동검문화가 시작되기 이전에 소형의 금속제품 등을 동반하거나 금속유물이 물질자료로 남겨져 있지는 않지만, 그들의 생활 속에서 금속제품에 대한 認知가 있거나, 그 일부를 사용한 단계를 말한다(지병목, 2005, 「高句麗 成立期의 考古學的 背景」, 『연구총서』 1, 고구려연구재단, 66쪽).

제1장 한반도 선사문화의 기원과 양상 57

정선 덧띠새김무늬토기 덧띠새김무늬 토기는 신석기시대 말기부터 나타나는 새로운 양식의 토기로서 청동기시대 가장 이른 시기(早期)를 대표한다. 덧띠새김무늬토기는 신석기시대의 융기무늬토기나 철기시대의 덧띠 토기(점토대 토기)와는 다른 새로운 양식의 토기이다.

덧띠새김무늬토기는 한반도 북부지역의 신의주 신암리와 평북 세죽리 일대부터 평남 공귀리, 서울 미사리, 제천 황석리, 정선 아우라지, 홍천 외삼포리, 경주 충효동, 진주 대평리, 산청 소남리 등 여러 지역에서 조사되었다. 그 중에서 남한지역은 북한강·남한강 유역, 낙동강 유역, 진주 남강 유역, 섬진강 유역 등 15개소에서 확인되었다.[104]

덧띠새김무늬토기의 기원에 대해서는 압록강 유역 혹은 요동반도의 농경문화가 남하하여 남한지역의 빗살무늬토기와 결합하여 형성된 것으로 보고 있다.[105] 그 외에 빗살무늬토기가 민무늬토기로 이행하는 과도기의 형태로 보는 견해도 없지 않다.[106] 그런데 덧띠새김무늬토기는 요동반도에 위치한 대취자(大嘴子)와 상마석(上馬石) 유적을 비롯하여 한반도 신의주 신암리-평북 세죽리-평남 공귀리-강화 황석리·오상리-서울 미사리-여주 흔암리-진주 남강 상촌·옥방 일대까지 일의대수(一衣帶水) 형태로 뻗어 있다고 한다.[107]

그 외에 덧띠새김무늬토기는 연해주 일대와 흑룡강 유역에서도 조사

---

104) 국립김해박물관, 2005, 『전환기의 선사토기』, 김해박물관, 74쪽.
105) 안재호, 2000, 「한국농경사회의 성립」, 『한국고고학보』 43.
106) 이상길, 1999, 「진주 대평 어은 1지구 발굴조사개요」, 『남강선사문화세미나 요지』, 동아대박물관.
107) 이형구, 2004, 『발해연안에서 찾은 한국고대문화의 비밀』, 김영사.

되고 있다. 따라서 덧띠새김무늬토기는 전기 신석기시대의 납작밑 빗살무늬토기와 마찬가지로 요서와 내몽고 일대에서 기원하여 요하를 건너 한반도와 주변지역으로 전파되었을 가능성이 높다. 덧띠새김무늬토기가 성행한 시기에 대해서는 B.C. 15~B.C. 13세기 무렵으로 보고 있는데, 강원도 홍천군 외삼포리에서 조사된 토기는 AMS(질량가속분석기) 측정결과 B.C. 14~B.C. 13세기로 확인되었다.[108]

또한 덧띠새김무늬토기를 사용한 집단은 세장방형 혹은 장방형 평면의 바닥에 판돌을 깔고 주위에 돌을 돌려 화덕을 만든 판석부위석식노지(板石附圍石式爐址)를 가진 집자리를 이용하였는데, 이를 가장 이른 시기의 청동문화에 속하는 미사리유형으로 부르고 있다.[109]

한반도 일대는 소형 장신구 위주의 조기 청동문화와 덧띠새김무늬토기, 판석부위석식노지를 가진 집자리의 출현을 전후하여 신석기시대와 구별되는 사회적 여건의 변화 속에서 차츰 청동문화 단계로 접어들게 되었다. 한반도의 청동문화는 스키토-시베리아의 북방문화가 영향을 미치기 이전에,[110] 요서와 내몽고 동남부 일대에서 성립된 조기 청동문화의 영향을 받았다.

지금까지 동북아시아의 국가 형성은 황하 유역에서 이리두문화에 기반을 둔 하(夏)나라의 건국을 시원으로 인식하였다. 중국 학계는 이리강

---

108) 이희준, 2007, 「홍천 외삼포리유적 조사개보」, 2007년 춘계학술대회(강원고고학회).
109) 朴淳發, 2003, 「渼沙里類型 形成考」, 『湖西考古學』 9.
110) 한편 시베리아 남부 미누신스크 분지와 예니세이 강변에서 카라스크 문화는 타가르 문화로 대체된 B.C. 7세기 무렵의 유적과 유물들이 조사되었는데, 이들은 여전히 반(半)유목민으로 카라스크 전통을 유지하였다. 그러나 알타이산맥과 천산산맥 일대의 거대한 쿠르간 무덤에서는 B.C. 6~B.C. 4세기에 이르면 중앙아시아에서 기원한 스키토-시베리아의 유목문화가 확인된다. 한편 몽골 서부는 알타이산맥 및 투바 지역과 동일한 문화권에 속하며, 이들 지역의 스키토-시베리아문화의 주체는 백인종의 한 갈래인 사카족이었다.

문화에 기반을 둔 은나라를 최초의 국가로 인식하고, 그 이전의 하나라는 전설상에 불과한 것으로 이해하였다. 그러나 최근에 이르러 '하상주단대공정(夏商周斷代工程)'을 끝마치면서 전설적인 왕조에 머물렀던 하(夏)를 B.C. 2070년에 건국된 역사적 실체로 확증하였다.

이리두문화는 B.C. 19세기 초반부터 형성되기 시작하여 B.C. 15세기까지 대략 400년 정도 유지되었다.[111] 그 유적은 대략 350여 곳에 달하는 것으로 추산되며 북쪽으로는 산서성 남부, 동쪽으로는 하남성 동부, 남쪽으로는 하남성과 호북성의 경계지역, 서쪽으로는 산서성과 하남성의 경계 지역에 이르는 30만㎢에 분포한다.[112]

그런데 황하 유역과 멀리 떨어진 요서와 내몽고 동남부 일대에서도 후기 홍산문화에 해당하는 B.C. 3500년을 전후한 시기에 순동시대로 접어든 사실을 보여주는 흔적들이 여러 곳에서 확인되고 있다. 예컨대 대릉하 상류지역에 위치한 요령성 건평현(建平縣) 우하량(牛河梁)에 위치한 전산자(轉山子) 유적의 금자탑(金字塔, 대형 적석총) 정상부에서는 B.C. 3500~B.C. 3000년 무렵에 순동을 주물한 흔적으로 보이는 토제 도가니의 잔편이 조사되었다.[113]

요서와 내몽고 동남부 일대의 토착사회가 순동시대(純銅時代)를 벗어나 청동시대(靑銅時代) 단계로 접어든 것은 B.C. 2400년 무렵에 하가점

---

111) 仇士華 等, 1983, 「有關所謂 "夏文化"的碳14年代測定的初步報告」, 『考古』 第10期.
112) 中原은 하나라의 이리두문화에 앞선 앙소문화(B.C. 5000~B.C. 3000)에 해당하는 서안 반파 유적에서 확인된 黃銅片, 황하 상류에 위치한 감숙성의 마가요 문화의 靑銅劍, 청해성에서 銅鏡이 조사되었다. 또한 용산문화(B.C. 3000~B.C. 2000)에 이르러 잔동추·동련사·공작석 등의 동편이나 동액의 흔적, 동령 등 다양한 청동문화 흔적이 발견되었다. 따라서 중원지역의 경우 하나라의 이리두문화에 앞선 앙소문화와 용산문화 단계에 청동시대에 진입하였음을 알 수 있다.
113) 郭大順, 1994, 「赤峰地區早期冶銅考古隨想」, 『內蒙古文物考古文集』, 中國大百科全書出版社.

하층문화가 시작되면서였다. 하가점 하층문화는 신석기시대 후기에서 청동기시대로 이어지는 사실이 고고 자료를 통해 입증되고 있다.114) 하가점 하층문화는 B.C. 2400년 무렵에 출현하여 B.C. 1400년 무렵까지 1000년 동안 지속되었다.115)

하가점 하층문화에서는 청동 귀걸이, 반지, 지팡이 머리 장식 등의 소형 장식품 위주의 청동 유물이 주로 조사되고 있다. 이와 더불어 적봉(赤峰) 사분지(四分地) 동산취(東山嘴) 유적의 구덩이에서 발견된 청동기의 주조 공작에 사용된 흙으로 만든 용범(鎔范)이 주목된다.116)

또한 내몽고 적봉시 대전자(大甸子) 유적에서 확인된 돌도끼는 나무 자루에 청동으로 만든 덮개를 부착하였는데, 당시의 기술 공법이 내범과 외범을 조합하는 방법을 채용하여 벽체의 기물을 주조할 만큼 발전했음을 보여준다.117) 그 외에 요령성 금현(錦縣, 지금의 능해시) 수수영자(水手營子) 무덤에서 출토된 동병과(銅柄戈)는 하가점 하층문화의 청동 제작수준을 대표한다.118)

하가점 하층문화 단계에 이르러 청동의 생산 외에 금과 납 등의 금속제품을 사용하게 되었다. 대전자 무덤에서 확인된 황금은 지금까지 알려진 동북아시아 최초의 사례 중의 하나이며, 그 외에 연패(鉛貝)와 연질(鉛質)

---

114) 遼寧城博物館・昭烏達盟文物工作站・敖漢旗文化館, 1977, 「遼寧敖漢旗小河沿三種原始文化的發見」, 『文物』 12期.
115) 中國社會科學院考古研究所內蒙古發掘隊, 1971, 「內蒙古赤峰藥王廟, 夏家店遺址試掘簡報」, 『考古』 第2期 ; 李經漢, 1979, 「試論夏家店下層文化的分期和類型」, 『中國考古學會第一次年會論文集』, 文物出版社.
116) 遼寧城博物館・昭烏盟達文物工作站・赤峰縣文化館(李恭篤), 1983, 「內蒙古赤峰縣四分地東山嘴遺址試掘簡報」, 『考古』 第5期.
117) 中國科學院考古研究所遼寧工作隊(劉晉祥), 1975, 「敖漢旗大甸子遺址1974年試掘簡報」 第2期 ; 劉觀民, 1992, 「內蒙古赤峰市大甸子墓地述要」, 『考古』 第4期.
118) 齊亞珍・劉素華, 1991, 「錦縣水手營子早期青銅時代墓葬及銅柄戈」, 『遼海文物學簡』 第1期.

의 덮개가 조사되었다.119)

하가점 하층문화는 중원지역의 이리두문화(二里頭文化) 및 산동지방의 악석문화(岳石文化)와 병립한 조기 청동기문화에 속한 것으로 보고 있다.120) 하가점 하층문화를 영위한 집단은 정착 농경을 바탕으로 성곽(城郭)에서 거주하였다.121)

당시 사람들은 비교적 온난하고 습윤한 기후 환경 속에서 적응력이 강한 조를 심고 가축을 기르면서 농목(農牧)을 병행하는 생활을 하였다.122) 주민들은 반지하식 수혈 가옥이나 자연석을 이용하여 벽을 쌓은 가옥에서 살며 타제 돌호미와 마제 돌칼, 돌삽 등을 사용하는 농경생활을 영위하였다.123)

이들은 강에서 멀지 않은 곳에 주로 취락을 형성하였는데, 건평(建平) 수천(水泉)·오한기(敖漢旗) 대전자(大甸子) 유적과 같이 평지에 취락을 판축벽으로 호(濠)를 두른 시설이 확인되었다. 취락은 대소 하천 부근의 낮은 대지와 높고 낮은 구릉에 위치하였다. 당시의 기후는 현재의 평균기

---

119) 趙匡華, 1998,「金屬貝幣與金屬包陰的檢測報告」,『大甸子-夏家店下層文化遺址與墓地發掘報告』附錄 三, 科學出版社.
120) 李伯謙, 1989,「先商文化探索」,『慶祝蘇秉琦考古五十五年論文集』, 文物出版社.
121) 내몽고의 英金河와 陰河 일대에 분포되어 있는 성곽 유적은 후대 燕秦時代의 長城과 유사한 原始長城 형태를 이룬다. 이곳에서는 43개에 달하는 유적이 조사되었는데(徐光冀, 1986,「赤峰英金河·陰河流域之石城遺址」,『中國考古學研究』, 文物出版社), 英金河에 연하여 한 줄로 분포된 小石城堡帶는 후대의 燕秦時代의 長城과 평행하거나 중복된 모습을 보이며, 1천여 년 후에 출현하는 장성의 원형이라 칭할 수 있다(蘇秉琦, 1999,『中國文明起源新探』, 三聯書店, 151~153쪽).
122) 孔昭宸 外, 1998,「內蒙古自治區赤峰市距今8,000~2,400年間環境考古學的初步研究」,『大甸子-夏家店下層文化遺址與墓地發掘報告』附錄二, 科學出版社.
123) 하가점 하층문화는 금속 가공술로 이행하는 초기 단계에 출현하여 고리, 칼, 자루 같은 작은 물건들을 소량 생산하였다. 주민들은 정주 생활을 하였으며 농경을 경제적 기반으로 삼았고 주로 기장을 수확하면서 부족한 음식물을 보충하고자 가축을 기르고 사슴을 사냥하였다(니콜라 드코스모 著, 이재정 譯, 2005,『오랑캐의 탄생』, 황금가지, 77쪽).

온인 6~8℃보다 3℃ 정도 높았으며, 고온 다습하여 농경에 적합한 조건을 갖추었다.

현재 적봉지역의 연 강수량은 300㎜에 불과해 사시사철 건조하지만, 대전자(大甸子) 묘지 1117호 무덤에 획득한 식물표본 샘플을 분석한 결과 삼림과 초원 및 소택과 농전(農田) 등이 공존한 사실이 확인되었다. 북표(北表)의 풍하(豊下)와 건평(建平)의 수천(水泉) 유적에서는 구덩이에 저장된 대량의 곡물이 발견되기도 하였다. 이들 유적에서 확인된 곡물의 발견 외에 농경과 관련된 삽, 호미, 칼 등의 농구가 여러 지역에서 확인되어 농경활동이 성행하였음을 알 수 있다.

이와 같이 하가점 하층문화의 주민들은 정착생활을 영위한 집단이 토성(土城) 내에 위치한 읍락에 거주하였다. 또한 읍락 주변에서는 대형의 무덤유적과 제사유적이 확인되는 등 권력집단이 출현하였다. 유적의 분포 밀도와 성곽이 집단을 이루는 상태, 가옥의 규모와 무덤에서 출토되는 부장품의 차이 등을 참조하여 초기국가가 형성된 것으로 보기도 한다.[124]

하가점 하층문화를 성읍국가 혹은 도시국가를 의미하는 초기 국가의 수준을 넘어 특정 지역을 통치하는 '방국(方國)' 단계에 이른 것으로 보는 견해도 없지 않다.[125] 하가점 하층문화를 영위한 집단은 생산발전 수준, 취락 규모, 계층분화가 이루어진 사회구조 및 그와 대응하는 연쇄식 석성(石城) 보군(堡群)의 규모 등을 고려할 때 중원지역의 하왕조(夏王朝)와 필적할 만한 수준을 이루었을 가능성이 높다.[126]

중국 학계는 하가점 하층문화를 영위한 주체에 대하여 중원계통[127]

---

124) 복기대, 2002,『요서지역의 청동기시대 문화연구』, 백산, 97~98쪽.
125) 郭大順, 1994,「赤峰地區早期冶銅考古隨想」,『內蒙古文物考古文集』, 中國大百科全書出版社.
126) 郭大順·張星德 著, 김정열 역, 2008,『동북문화와 유연문명(상)』, 동북아역사재단, 601쪽.

혹은 산융 등의 동호족(東胡族)[128]으로 보고 있다. 그러나 하가점 하층문화는 사해문화(查海文化)와 흥륭와문화(興隆窪文化) 이래 홍산문화(紅山文化)와 소하연문화를 거치면서 발전해 온 요서와 내몽고 동남부 일대의 토착전통 위에서 발전하였을 가능성이 높다.[129] 이들 문화는 하가점 하층문화 단계에 이르러 순동시대에서 벗어나 청동기시대로 진입하였다.

한편 하가점 하층문화를 영위한 집단 중에서 요서와 내몽고 동남부 일대를 벗어나 주변 지역으로 이주하는 무리가 생겨났다. 요동 일대에서 확인된 조기 청동문화는 B.C. 20세기에서 B.C. 12세기 사이의 고대산 상층문화(高臺山 上層文化),[130] 마성자문화(馬城子文化),[131] 쌍타자문화(雙砣子 上層文化),[132] 신락 상층문화(新樂 上層文化) 등을 들 수 있다. 이들 문화는 요동지역의 토착집단이 요서와 내몽고 방면의 청동문화를 받아들여 형성되었다.

한반도와 요동 일대는 조기 청동문화를 소유한 집단이 이주하여 국가형성 단계로 접어들게 되었다. 조기 청동문화를 영위한 사람들의 이주와 정착은 신천지 개척을 통해 이루어진 것은 아니었다. 요동과 한반도 일대

---

127) 鄭紹宗, 1962,「有關河北長城地域原始文化類型的討論」,『考古』第12期 ; 何賢武, 1987,「試論遼西地區古代文化的發展」,『中國考古學六次年討論文集』, 文物出版社.
128) 靳楓毅, 1982·1983,「中國東北地區含曲刃青銅短劍的文化遺存(上·下)」,『考古學報』4期·1期.
129) 李經漢, 1979,「試論夏家店下層文化的分期和類型」,『中國考古學會第一次年會論文集』, 文物出版社 ; 郭大順, 1987,「豊下遺址陶器分期再認識」,『文物與考古論集』, 文物出版社 ; 劉觀民·光冀, 1981,「內蒙古東部地區青銅時代的兩種文化」,『內蒙古文物考古』創刊號.
130) 瀋陽市文物管理辦公室(曲瑞琦·于崇源), 1982,「瀋陽新民縣高臺山遺址」,『考古』2期.
131) 遼寧城博物考古硏究所·本溪縣博物館(李恭篤·高美璇), 1994,『馬城子-太子河上流洞穴遺存』, 文物出版社.
132) 中國社會科學院考古硏究所(安志民·鄭乃武), 1996,『雙砣子與崗上-遼東史前文化的發現和硏究』, 科學出版社.

는 조기 청동문화를 영위한 집단 외에 신석기문화를 영위하던 다수의 토착주민들 역시 존재하였다.

이주민들은 선주한 고아시아족을 흡수·동화하며 토착사회의 발전을 주도하여 나갔다. 양 집단은 고조선의 건국과정을 전하는『삼국유사』의 단군 설화에 보이듯이 환웅으로 상징되는 이주민과 곰·호랑이로 상징되는 토착집단의 관계를 상정케 한다.[133] 단군신화는 조기 청동문화를 소유한 채 이주한 집단과 신석기문화에 기반한 고아시아족의 결합 과정을 반영하는 것으로 추정된다.

이와 같은 양상은 신석기시대 후기에서 벗어나 청동기시대로 도약을 꾀하고 있던 한반도 일대에서도 동일한 면모를 띠었다. 한반도 일대에 덧띠새김무늬토기로 상징되는 조기 청동기시대가 시작된 것은 B.C. 15세기 무렵이었지만, 신석기시대 후기와 조기 청동기시대는 오랜 동안에 걸쳐 공존하다가 B.C. 10세기를 전후하여 전기 청동기시대로 접어들었다.

그러나 신석기시대 후기에서 청동기시대로 접어드는 500여 년에 걸친 과도기 동안 한반도 일대에서 급진적인 사회변동이 일어난 것은 아니었다. 또한 신석기시대의 주민을 복속하고 토착문화를 해체할 만한 제반 여건을 구비한 집단이 이주하여 비약적 발전을 이룩한 흔적을 찾아보기 어렵다.

조기 청동문화를 소유한 채 요동을 거쳐 한반도 일대로 이주한 집단의 등장은 인정할 수 있지만, 이들이 전 시대부터 거주해 온 토착집단을 흡수·동화한 것으로 보기는 어렵다. 신석기시대 후기의 전통을 유지하고 있던 토착집단이 선진문화를 주체적으로 받아들여 청동기시대로 진입

---

[133] 김정배, 1973,「고조선의 주민구성과 문화적 복합」,『한국민족문화의 기원』, 고려대 출판부 ; 김정배, 1987,「단군기사와 관련된 고기의 성격」,『한국상고사의 제문제』, 한국정신문화연구원.

하는 계기를 마련하였을 가능성도 없지 않다.

한편 청동기시대의 기원과 관련하여 북방계 주민의 남하 외에 남방계 주민의 출현을 거론하기도 한다. 이는 문헌 연구나 고고학적 조사보다 인류학적 측면에서 제기된 주장인데, 한반도 도처에 산재해 있는 고인돌과 솟대 등을 남방에서 전해진 문화 요소로 보고 있다.[134] 또한 한반도에서 경작되는 벼농사의 유입도 남방기원설의 근거로 들고 있다.[135]

그 외에 정선 아우라지의 고인돌 유적지 조사 과정에서 B.C. 8세기~B.C. 7세기 무렵에 살았던 사람들의 두개골과 대퇴부뼈가 조사되었는데, 현재의 영국인과 비슷한 DNA 염기서열이 확인되었다. 또한 1962년 제천 황석리 고인돌에서도 유골이 수습되었는데, 두개골과 쇄골 및 상완골 모두가 오늘날의 한국인보다 크다는 결론이 도출되었다. 이를 히타이트족의 정복으로 흑해지역에 살고 있던 아리아족이 인도 방면으로 이주하였다가, 벼농사 전래경로를 따라 고인돌문화를 가지고 동남아시아~한반도 방면으로 이주한 흔적을 반영한 것으로 보기도 한다.[136]

---

134) 한국의 청동기 문화의 특징은 구릉지대에 만들어진 원형 움집과 장방형 움집·석관묘와 고인돌을 들 수 있는데, 석관묘를 만든 사람들은 유목민족 계통이고 고인돌을 만든 사람들은 남방에 살며 벼를 재배하는 농경인으로 보고 있다. 고인돌의 분포지역은 중국의 요령성, 산동성, 절강성 등 중국의 황해 연안에서, 한반도에서는 전남 영산강 유역을 중심으로 제주도까지 분포되어 있다. 일본에서는 한반도에 가까운 규슈지방, 남쪽으로는 대만, 인도차이나 전역, 인도네시아 전역, 말레이시아 그리고 인도 남부에서 발견되는 것을 볼 때 고인돌은 남방으로부터 유입되었을 가능성이 높은 것으로 보고 있다.
135) 한편 일반적으로 한반도의 벼농사는 화북지방에서 육로 혹은 연안을 따라 한반도의 북부를 거쳐 남부지방으로 전파된 것으로 이해하고 있다. 그러나 최근 한강 유역에서 잇달아 長笠米가 발견되고 있다. 강화도와 김포, 일산, 고양에서 발견된 정립미는 방사선탄소연대 측정 결과 B.C. 2000년을 상회하는 것으로 나타났다. 그런데 장립미의 본산인 양자강 유역의 河姆渡 유적은 B.C. 4000년을 상회하고 있다.
136) 이기환, 2004, 『고고학자 조유전의 한국사 미스터리』, 황금부엉이.

이와 같이 한반도의 청동문화는 북방에서 내려온 문화 요소와 남방의 문화 요소들이 결합되어 형성되었을 가능성이 높다. 또한 신석기시대 후기의 문화전통을 계승한 토착집단의 존재와 역할 역시 무시할 수 없다. 한반도 일대에서 조기 청동문화를 영위한 집단은 B.C. 1500년을 전후하여 덧띠새김무늬토기와 소형의 장신구 위주의 청동제품을 사용하였으며, 앞선 빗살무늬토기문화와 약 500년간 공존하다가 점차 전기 청동기시대로 넘어가게 되었다.

조기 청동문화를 영위하던 집단은 민무늬토기와 고인돌, 비파형동검 등의 청동기를 갖고 들어온 선진적인 이주민에 의하여 일방적으로 흡수·동화된 것이 아니라, 전대의 신석기시대의 주민 및 후대에 이르러 비파형동검문화 등을 지니고 이주한 집단과 공존하면서 문화발전의 한 축을 담당하였다.

2. 전기 청동기시대의 개시와 여러 문화유형의 출현

한반도와 주변지역의 청동문화는 선진문화를 소유한 채 이주한 북방계 및 남방계 이주민과 토착집단의 결합을 통해 점진적인 발전을 이루어 나갔다. 그 과정에서 빗살무늬토기에 민무늬토기 제작수법이 더해져 만들어진 덧띠새김무늬토기는 점차 사라지고, B.C. 1000년 무렵에 이르러 민무늬토기의 사용이 일반화되었다.

민무늬토기는 노천의 요(窯)에서 구워져 질이 대체로 무르고 흡수성이 강하며 주로 황적색을 띠고 있다. 민무늬토기는 청동기시대를 대표하는 토기로 무늬가 다양한 빗살무늬토기와는 달리 무늬가 없거나 공열문(孔列文) 혹은 단사선문(單斜線文) 등 단순한 것이 특색이다.

청동기시대가 되면서 토기에서 무늬가 사라진 이유는 시간 절감과 단단한 토기를 얻기 위한 제작 방식의 차이를 들 수 있다. 민무늬토기는 '모래' 성분이 첨가되었는데, 모래를 섞으면 온도를 800℃까지 올릴 수 있지만 조그마한 상처에도 금이 가거나 찌그러지기 쉽기 때문에 빗금이 사라진 것으로 짐작된다.

한반도의 청동문화는 민무늬토기의 사용 외에 마제석기의 발달, 비파형동검의 사용, 지석묘와 석관묘의 출현을 특징으로 한다. 청동기시대를 동검(銅劍)의 사용을 중심으로 구분하면 전기의 비파형동검 단계(B.C. 6세기~B.C. 4세기)와 후기의 세형동검 단계(B.C. 4세기~B.C. 1세기)로 나누어진다.

또한 청동기시대를 토기를 비롯한 제반 문화양식을 고려하여 구분하면, 조기 · 전기 · 중기 · 후기로 세분할 수 있다. 조기 청동기시대는 B.C. 15세기부터 B.C. 10세기 무렵까지 덧띠새김무늬토기와 빗살무늬토기가 공존하던 시기를 말한다.

그 반면에 전기 청동기시대는 압록강 중 · 상류의 공귀리형토기문화, 서북지방의 팽이형문화, 동북지방의 공열문토기문화, 한강 유역의 흔암리유형 · 역삼동유형 및 차령산맥 이남의 가락동유형 등의 여러 문화가 독자적인 세력권을 형성하였다.

공귀리형토기문화는 강계의 공귀리 외에 시중군 심귀리와 노남리, 중강군 토성리 등 자강도 일대에 분포되어 있다. 그 외에 혼강 유역과 송화강 유역에서도 확인되고 있다. 공귀리형토기는 서북한 지방의 팽이형토기문화 및 동북한의 공열토기문화와 널리 접촉하였는데, 그 특징은 아가리와 밑창 및 허리에 붙인 손잡이에서 잘 드러난다. 아가리는 밋밋하게 끝난 것과 두 겹으로 감싼 것이 있고, 아가리 밑에 일정한 사이를 두고 한 줄로 구멍을 뚫어 장식하였거나 덧붙인 띠를 돌리고 거기에 새김무늬를 한 양식이 확인되었다.

의주 미송리토기 미송리토기는 1959년 평북 의주군 미송리동굴 유적의 윗층인 민무늬토기 문화층에서 전형적인 것이 발견되어 '미송리식 토기' 또는 '미송리형단지'라고 부른다. 미송리 토기의 모양은 몸체는 표주박의 아래위를 수평으로 조금씩 잘라낸 형태이며, 밑면은 납작바닥 혹은 들린바닥이다. 윗부분은 밖으로 바라진 넓은 아가리가 조금 높게 얹어 있다. 몸체의 중간 부분에는 손잡이가 한 쌍 내지 두 쌍씩, 혹은 서로 다른 종류의 것이 각 한 쌍씩 대칭으로 붙어 있다.

또한 공귀리형토기의 밑부분은 보통 넓고 납작하지만, 일부 단지류의 밑창에는 돼지주둥이처럼 생긴 작은 것 혹은 둥근 것 등이 있다. 그릇의 중간 또는 아가리 밑에 꼭지를 두 개 또는 네 개를 대칭으로 붙였으며, 그릇 중간에 고리 손잡이 한 쌍을 새로 붙인 것도 조사되었다.

그런데 공귀리형토기는 압록강 하류지역에 위치한 의주의 미송리형토기문화와는 일정한 차이를 보인다. 미송리형토기는 비파형동검을 특징으로 하는 고조선의 기층문화였으며, 공귀리형토기는 그 외곽에 위치한 변방지역의 토기문화로 보고 있다.[137]

공귀리형토기문화권에 속하는 압록강 중류지역과 혼강 유역 일대는 고조선의 기층문화였던 미송리형토기의 직·간접적인 영향을 받았지만, 그 강도가 압록강 하류지역에 미치지 못하였다. 이는 고조선의 정치적

---

137) 혼강 유역과 압록강 중류지역의 청동문화는 강계시의 공귀리 유적이 알려져 있는데, 그 연대는 B.P. 2715±95년이다. 그 외에 공귀리유형과 비슷한 문화가 압록강 상류의 長白縣 民主 유적에서도 확인되었다(丁貴民, 1995, 「吉林城長白縣 民主遺址的調査與淸理」, 『考古』 第8期). 혼강 유역과 압록강 중류지역의 생산 경제는 농업생산 활동을 위주로 하여 어업과 사냥이 보조적으로 이루어졌다. 또한 혼강 중하류의 집안·통화·환인 일대는 청동기시대에 걸쳐 동일한 문화양상을 영위하였다. 이들 지역에서 확인되는 통화시의 왕팔발, 통화현의 남산·강구, 집안시의 황외자·장강·동촌·이도외자, 환인현의 요산·풍명·소황구 유적 등에서 확인된다. 이들 유적에서는 마제석기와 도기를 비롯하여 銅鉞, 銅斧, 銅矛, 銅鏡 등 청동 유물이 함께 조사되었다.

영향력이 요동 일대를 중심으로 압록강 하구를 거쳐 한반도 서북지방으로 확장된 사실과 무관치 않다.[138)]

한편 한반도 서북지방은 대동강과 재령강 유역을 중심으로 팽이형토기문화가 성행하였으며, 그 북쪽에 해당하는 청천강 이북지역은 미송리형토기문화권에 속하였다. 팽이형토기가 출토되는 지역은 평안남도와 황해도 지방에 국한되어 강한 지역성을 보인다.

평양 금탄리 출토 팽이형토기 팽이형토기는 청동기시대에 유행한 민무늬토기의 한 형식으로, 아가리가 큰 것에 비해 바닥이 작아 전체 모양이 팽이와 유사하여 붙여진 이름이다. 쇠뿔처럼 생겼다 하여 '각형토기(角形土器)'라고도 한다. 팽이형토기는 대동강 유역에 주로 분포하여 지역성이 강하며, 한강 유역을 비롯한 남한지방에서는 변형된 형식이 약간 분포할 뿐이다. 토기의 기원은 대동강 유역의 빗살무늬토기 말기 형식에 두고 있기도 한다.

팽이형토기는 그릇 각 부분의 모양을 보면 아가리를 반드시 밖으로 곱싸넘기고 그릇 아랫부분이 윗부분보다 퍼졌으며, 밑창에는 3㎝ 안팎의 좁은 밑굽이 달려 있어 가마 밑창처럼 생긴 것이 특징이다. 그리고 밖으로 곱싸넘긴 아가리 부분에는 2~4줄의 빗금무늬를 성글게 그었으나 그릇 몸체에는 무늬가 보이지 않는다. 또한 색깔은 갈색이 기본이며 바탕흙에는 모래나 활석 같은 것을 섞었다. 그릇의 크기는 서로 다르지만 그 중에는 높이 30㎝ 안팎의 단지가 많은 편이다.

팽이형토기의 기원은 무늬나 바탕흙에 활석을 섞은 점과 작은 납작밑

---

138) 미송리식토기는 요동반도와 압록강 하구를 거쳐 청천강 이북에 해당되는 한반도 서북지방까지 분포되어 있다. 고조선의 기층문화였던 비파형동검문화는 고인돌 및 미송리형토기와 공반관계를 이루며 요동 및 길림·장춘 지구, 한반도 청천강 이북을 포괄하는 지역이 중심을 이루었다.

이 특징적이었던 신석기시대의 뾰족밑 빗살무늬토기의 전통에서 유래한 것으로 보고 있다. 문화 유물 중에 비슷한 겹아가리 토기가 있고, 변형 팽이형토기로 불리는 겹아가리 긴목항아리도 미송리형토기 속에 섞여 있어 청천강 이북 출토 토기와의 관련성을 보여준다.139)

팽이형토기는 황해도 황주군 침촌리 천진동을 비롯한 서북한 일대의 고인돌에서 주로 출토된다. 또한 서북한 일대의 청동기시대 집터에서도 거의 예외 없이 확인된다. 이들 문화를 영위한 사람들은 서북지역에 살던 토착집단으로 단검·창날·화살촉·도끼·턱자귀·곤봉대가리·반달칼 등을 사용하였다.140)

그런데 팽이형토기의 분포지역에서는 다른 형식의 민무늬토기는 확인되지 않고, 토기의 제작 형식이 유적에 따라 많은 변천을 보인다. 이는 팽이형토기가 오랜 동안에 걸쳐 사용되면서 전통성을 유지하였던 사실을 반영한다.141) 팽이형토기의 남한(南限)은 한강 하류지역으로 보고 있었는데, 근래에 이르러 대전 둔산 유적의 청동기시대 집터에서도 발굴되어 관심을 끌고 있다.

한편 한반도의 동북지역은 서북지역 및 압록강 중·상류지역과는 달리 공열토기문화권을 이루었는데, 호곡동·서포항·송평동·북청 중리 등

---

139) 팽이형토기에 대해서는 다음의 글을 참조하기 바란다. 최종모 외, 2006, 「각형토기 문화유형의 연구」, 『야외고고학』 제1호, 한국문화재조사연구기관협회.
140) 팽이형토기문화의 가장 중요한 유적지는 평양직할시 사동구역에 있는 금탄리 유적을 들 수 있다. 금탄리 유적은 빗살무늬가 그려져 있는 팽이형토기 단계부터 무문토기시대에 걸친 문화의 변천을 나타내는 중요한 취락 유적이다. 대동강 중류의 南江 왼쪽 연안의 충적지에 위치하며, 1954년의 발굴조사에 의하여 3개의 문화층이 발견되었다. 최상위의 제3문화층은 무문토기시대에 속하며, 평면 직사각형의 수혈식 주거지 4기가 발굴되어 이른바 팽이형토기인 단지와 항아리 외에 돌도끼·돌화살촉·돌검·돌칼 등 풍부한 마제석기가 출토되었다.
141) 尹武炳, 1975, 「無文土器 形式分類試攷」, 『震檀學報』 39 ; 임병태, 1986, 「韓國 無文土器의 硏究」, 『韓國史學』 7.

에서 확인되었다. 동북지역 역시 다른 지역과 마찬가지로 조기 청동기시대에 해당하는 덧띠새김무늬토기(突帶文土器) 단계를 거쳐 전기 청동기시대로 발전하였다.

공열토기는 길림이나 연해주 일대에서는 거의 출토되지 않기 때문에 동북한지역에서 기원하여 한반도 일대로 확산되었을 가능성이 높다. 공열토기는 세형동검이 출현하기 이전까지 사용되었으며, 팽이형토기가 출토되는 평안남도와 황해도를 제외한 한반도 전역에 분포한다.

그 모양은 토기 아가리(口緣部) 주위에 돌아가면서 일정한 간격으로 구멍이 뚫려 있거나 누른 흔적이 있다. 표면은 거친 느낌이 들고 속이 깊은 심발형(深鉢形) 갈색토기가 많으며 사발과 항아리 모양 토기도 있다. 또한 1줄 또는 2줄로 배열한 구멍은 대부분 그릇 안쪽에서 바깥쪽으로 눌러 만들었으나 제주도에서 발굴한 토기는 밖에서 안으로 눌러 만들었다. 처음부터 완전하게 구멍이 뚫려 있는 토기는 흔하지 않으며 후대에 돌출된 부분이 떨어져 나가 구멍이 난 것이 많다.

공열토기는 동북지역에서는 일찍 나타났다가 사라지고 남한지역에서 성행한 것으로 보아, 남한지역의 공열토기는 동북한지역 토기문화의 영향으로 받아들인 것으로 짐작된다. 공열토기는 임진강 이남지역에서는 고인돌·집자리 유적에서 다량으로 출토되며, 붉은간토기·돌칼·간돌살촉·반달칼·간돌검 등과 함께 출토되는 경우도 적지 않다.

한편 공열토기가 기원한 함북지역은 한반도의 다른 지역과는 달리 고인돌이 확인되지 않는 특징을 보인다. 함북지역의 조기 청동문화와 전기 청동문화는 한반도의 다른 지역과는 달리 퉁구스족이 주체가 되어 얀콥스키문화-끄로우노프까문화1기가 영위되었을 가능성이 높다.[142]

---

142) 함북의 무산 범의구석·회령 오동·나진 초도·온성 강안리 등의 유적에서는 장방형주거지·발류토기·석상형 노지 등이 조사되는데, 끄로우노프까문화 전

이와 같이 대동강 유역의 서북한지역과 두만강 하류의 동북한 지역은 고조선의 미송리형토기와는 달리 팽이형토기문화와 공열토기문화가 성행하였다. 동북지방의 공열문토기·구순각목토기·적색마연토기와 서북지방의 팽이형토기는 한반도 중남부지역으로 남하하여 서울의 가락동·역삼동, 경기도 여주 흔암리 등에서 새로운 유형의 토기문화가가 나타나게 되었다.

한반도 중남부지역의 전기 청동기시대를 대변하는 가락동유형·역삼동유형·흔암리유형의 청동문화는 B.C. 7세기 무렵에 시작된 것으로 이해하였으나,[143] 최근에 이르러 그 상한을 대폭 올려 보는 견해가 제기되고 있다. 예컨대 역삼동유형의 경우 상한과 하한을 B.C. 11세기~B.C. 9세기,[144] B.C. 13세기~B.C. 9세기 등으로 보고 있다.[145] 또한 그 중심연대는 B.C. 10~B.C. 9세기 혹은 B.C. 10세기 전후 등으로 이해한다.[146]

그런데 집자리를 통해 보면 역삼동유형과 흔암리유형은 세장방형 평면에 무시설식 혹은 토광 노지에 주춧돌이 없이 구멍을 파서 기둥을 세우는 형식을 보인다. 또한 두 유형의 문화 요소 사이에 별다른 차이가 없으므로 계통을 달리하는 별개 집단의 문화로 보기 어렵다고 한다.[147]

    기 양식에 해당된 것으로 보고 있다. 그 반면에 강원지역에서 확인되는 呂자형주거지, 凸자형주거지, 외반구연 무경식 호형토기, 진흙으로 축조된 아궁이와 부뚜막 등은 끄로우노프까문화의 후기 형식을 따라고 있다(A.L. 수보티나, 2008, 「한반도의 중도식 토기문화와 크로우노프카문화의 비교」, 『고고학으로 본 옥저문화』, 동북아연구재단, 242~24쪽).
143) 서울대학교 박물관, 1972~1977, 『欣岩里住居址 1~5』.
144) 나건주, 2006, 「전·중기 무문토기 문화의 변천과정에 대한 고찰」, 충남대 대학원 석사학위논문, 67쪽.
145) 이형원, 2002, 「한국 청동기시대 전기 중부지역 무문토기 편년연구」, 충남대 석사학위논문, 63~64쪽.
146) 박순발, 2006, 「청동기시대」, 『충청남도지』 6, 충청남도지편찬위원회, 221쪽.
147) 김장석, 2001, 「흔암리유형 재고 : 기원과 연대」, 『영남고고학』 28.

최근에는 두 유형을 역삼동유형으로 합쳐 부르거나,148) 혹은 역삼동·흔암리유형으로 부르면서 가락동유형과 구분하기도 한다.

역삼동·흔암리유형은 한강 유역을 비롯하여 충남 북부의 곡교천 유역과 경기 남부의 안성천 유역 및 강원도 동해안지역 등 차령산맥 이북지역에 주로 분포한다. 그 반면에 가락동유형은 대전과 청주를 비롯한 금강 유역에 위치한다.149)

흔암리 유적은 여주시 점동면 흔암리의 남한강변에 인접한 해발 123m 정도 되는 야산의 산허리 경사진 곳에 위치한다. 흔암리 유적은 1972년부터 1978년까지 7차례에 걸쳐 모두 16채의 집터가 조사되었는데, 산경사면을 이용해 안쪽을 파 'ㄴ'자 모습을 한 상태로 집을 지었으며 평면은 모두 긴 네모꼴이다. 움의 깊이는 15~120cm로 집터마다 차이가 있고, 같은 집터에서도 네 벽이 서로 달라 몇몇 집터는 지붕 서까래가 땅에 닿지 않는 반움집이었다.

집터에서 찾은 시설로는 나들이자리·화덕자리·구멍자리·벽과 선반이 있다. 또한 집터에서 간돌검, 돌화살촉, 돌창, 반달돌칼, 가락바퀴, 갈돌과 갈판, 모루돌, 돌도끼, 바퀴날도끼 등의 석기가 출토되었다. 토기는 공열토기·붉은간토기·골아가리토기 등의 동북지역 요소와 팽이형토기 계통의 서북지역 문화요소가 섞여 있는 양상을 보인다.

흔암리 유적에서는 민무늬토기와 다양한 석기 등이 출토되지만, 청동유물은 확인되지 않고 있다. 흔암리토기문화의 담당자는 덧띠새김무늬토기문화를 영위하던 조기 청동기시대 주민들이 동북지역과 서북지역에서 전파된 팽이형토기와 공열토기 등의 영향을 받아 전기 청동문화단계

---

148) 이진민, 2004, 「중부지역 역삼동유형과 송국리유형의 관계에 대한 일고찰」, 『한국고고학보』 54, 37쪽.
149) 이형원, 2002, 앞의 글, 49쪽.

에 이른 것으로 짐작된다.

흔암리토기문화는 북방에서 유이민이 남하하여 이룩한 문화가 아니라 B.C. 15세기를 전후하여 조기 청동문화 단계에 도달한 토착집단이 오랜 동안에 걸친 내재적인 발전과 외부 영향을 받아 출현하였을 가능성이 높다. 이와는 달리 흔암리유형이 원산만 일대에서 형성되어 동해안을 따라 남하하거나 태백산맥을 넘어 남한강 유역으로 진출한 것으로 이해하는 견해도 없지 않다. 또한 흔암리 등에 출현한 후 한강 하류지역 혹은 금강 지류인 미호천 방향으로 남하하여 차령 이북의 여러 지역에 흔적을 남긴 것으로 보기도 한다.[150]

한편 가락동유형은 이중구연과 단사선문의 요소를 띠고 있어 동북지역의 요소와 대동강 유역의 팽이형토기 요소가 결합된 것으로 인식하였다.[151] 그러나 최근에 이르러 가락동유형이 대동강 유역의 팽이형토기와 관련된 것이 아니라 압록강 유역의 무문토기에 기원을 두고 있으며, 청천강 유역 및 원산만을 거쳐 남한지역으로 파급된 것으로 이해하게 되었다.[152]

가락동 유적의 편년에 대해서도 종래에는 B.C. 7세기 무렵에 형성된 것으로 인식하였으나, 근래에 이르러 상한과 하한을 B.C. 13세기 전반~B.C. 8세기 전반으로 보게 되었다.[153] 또한 가락동유형의 형성 시기를 전기와 후기로 구분하여 각각 B.C. 1100~B.C. 870년, B.C. 870년~B.C. 750년 무렵으로 이해하기도 한다.[154]

---

150) 박순발, 2006, 앞의 글, 220쪽.
151) 이백규, 1974, 「경기도출토 무문토기·마제석기-토기편년을 중심으로」, 『고고학』 3, 한국고고학회.
152) 박순발, 1999, 「흔암리유형 형성과정 재검토」, 『호서고고학』 1, 호서고고학회.
153) 이형원, 2002, 앞의 글, 47쪽.
154) 김명진 외, 2005, 「베이지안 통계학을 이용한 한국청동기시대 전기 가락동유형의 연대고찰」, 『한국상고사학보』 47.

가락동유형은 대전의 둔산·용산동·노은동·궁동·상서동 등 대전 분지 일대에 집중되어 있고, 금강 주변 청주 내곡동·용정동, 익산 영등동 등 금강 유역에서 주로 확인된다. 이들 유적의 입자는 거의 대부분 얕은 구릉의 정상부에 위치하며, 구릉의 높이는 30m 내외로 주변에는 큰 하천에 의해 형성된 충적지가 펼쳐져 있다.

가락동유형의 전기 청동문화를 영위한 집단은 초기 정착단계에는 화전(火田)과 같은 방식으로 새로운 농경지를 개척하였다. 이들은 혈연관계에 있는 구성원들이 단위 취락을 이루었는데, 대부분의 유적에서 1~5·6채의 집자리가 확인되고 있다.155)

이와 같이 한반도 중남부지역의 전기 청동문화는 B.C. 13세기~B.C. 10세기 무렵에 형성되었으며, 조기 청동문화의 전통 위에 한반도 서북지역과 동북지역의 토기문화를 받아들이며 발전하였다. 또한 이들 문화의 기원 혹은 출현과 관련하여 북방계통의 청동문화의 영향을 거론하는 것은 적절치 못한 것으로 짐작된다.

따라서 한반도 청동기시대의 주인공을 시베리아 등의 북방지역에서 선진문물을 가지고 내려온 우랄알타이 계통의 예맥집단으로 보기에는 문제가 따른다. 지금까지 예맥집단의 기원은 시베리아의 바이칼지역 일대에서 청동문화를 소유한 채 남하한 알타이족의 이주에서 구하는 것이 일반적이었다.156) 한반도의 돌무덤의 기원 역시 청동기시대에 시베리아 방면에서 유입된 것으로 추정하였다.157)

알타이족은 알타이산맥 일대의 원주지에서 서쪽으로 중앙아시아를 지나 유럽의 동쪽까지 연결되고, 북쪽으로는 시베리아의 레나강 유역에

---

155) 박순발, 2006, 앞의 글.
156) 김정배, 1973, 앞의 책, 154쪽.
157) 김원룡, 1973, 앞의 책, 97쪽.

이르는 광범위한 지역에 거주한 것으로 보고 있다. 예맥집단 역시 퉁구스족(만주족 포함), 몽고족, 터키족을 포함한 광의의 알타이계에 속한 것으로 추정한다.

예맥집단을 알타이족에 속한 계통으로 파악한 이유는 몽골, 터키족 등과 어순이 같은 언어를 사용하는 알타이 어족(語族)으로 파악하였기 때문이다.158) 알타이 계통의 언어를 사용한 사람들은 중앙아시아와 동북아시아 일대에 걸쳐 광범위한 지역에 분포하였다. 또한 알타이산맥의 서쪽에 위치한 지역에서 먼저 청동문화가 일어나 동쪽으로 전파하는 과정에서 알타이족이 확산되었다고 한다.

알타이 어족의 개념 형성과 널리 알려진 중앙아시아의 찬란한 청동문화의 위용은 시베리아 일대를 한민족 문화의 발원지로 인식되는 계기가 되었다. 그러나 한반도와 주변지역의 청동문화는 북방 계통의 영향을 무시할 수는 없지만, 내몽고 중남부와 요서 일대에서 요하를 건너 동쪽으로 확산된 하가점 하층문화가 성장의 탯줄이 되었다.

또한 한반도와 주변지역의 청동문화의 발전은 외래적인 영향 외에 토착문화의 내재적인 발전과정을 무시할 수 없다. 한반도 일대의 전기 청동문화의 발전은 외부에서 선진문화를 가지고 이주한 집단의 영향도 간과할 수 없지만, 신석기시대와 조기 청동기시대를 거치며 성장해 온 토착집단의 존재 역시 주목할 필요가 있다.

한편 전기 청동기시대는 농경이 발전하고 정착생활 단계에 접어들어 촌락의 규모가 커지는 등 사회경제의 발전이 이루어졌다. 전기 청동문화

---

158) 알타이 어족이라는 개념은 핀란드의 언어학자인 구스타프 존 람스테드 (1873~1950)가 창안하였다. 터키어 계열은 터키 외에 '타지키스탄어'를 제외한 중앙아시아의 대부분 언어가 해당된다. 람스테드는 처음에는 몽골어만 알타이 어족에 포함하였으나 한국어와 일본어 및 만주어까지 그 대상을 확대하였다.

담당자들이 선진문화를 바탕으로 토착사회의 주도권을 장악해 나갔지만 그 과정은 오랜 시간이 소요되었다.

이들의 성장과 발전에도 불구하고 토착사회의 주인공은 양적(量的)인 측면과 전통의 계승 등에서 볼 때 여전히 선주민이었다. 청동문화를 소유한 이주민들이 한반도 방면으로 남하하여 선주민에게 많은 영향을 끼친 것은 부인할 수 없는 사실이지만, 토착민 역시 선진문화를 받아들여 한 차원 높은 사회 단계로 진입하면서 내재적 성장을 지속하였다.

신석기시대 주민들은 선진적인 청동문화 주민들이 남하하면서 흡수, 동화되거나 산간오지로 밀려난 것으로 이해하고 있다. 사실 청동문화 단계의 무문토기를 사용한 사람들과 그 이전에 빗살무늬토기를 사용한 집단은 여러 측면에서 차이를 보인다.

예컨대 무문토기를 사용한 주민들은 낮은 구릉지대에 주로 거주하였고, 빗살무늬토기를 사용한 사람들은 강가나 바닷가에 생활하였다. 또한 두 문화 사이에는 생업, 무덤, 토기 등에서 많은 차이를 보이기 때문에 주민의 계통이 다른 것으로 이해한다.

그러나 최근의 고고학 자료는 무문토기 문화에 빗살무늬토기 문화의 요소가 적지 않게 남아 있어 두 문화의 차이를 주민교체로 파악하던 기존의 인식에 일부 오류가 발견된다. 예컨대 평안도와 황해도 일대의 팽이형토기, 동북지방의 공열문토기는 형태나 무늬 그리고 바탕흙 등에서 빗살무늬토기의 전통을 강하게 엿볼 수 있고, 도끼·끌·대패날 등의 공구류와 반달칼·갈돌과 갈판·곰배괭이 등의 농공류 그리고 화살촉·창끝 등의 무구류(武具類) 등 각종 석기의 형태에 있어서도 신석기시대의 말기와 같은 것이 많다고 한다.[159]

---

159) 이건무, 2000, 『청동기문화』, 대원사, 17쪽.

그 외에 한반도의 청동문화가 신석기시대 후기의 전통을 계승한 사실은 진주 남강 옥방 유적을 통해서도 입증할 수 있다. 옥방 5지구는 신석기시대에서 청동기시대로 넘어가는 과도기의 유적인데, 빗살무늬토기가 끝이 뾰족한 첨저형에서 바닥이 편평한 평저형 무문토기로 변화해 가는 양상을 보인다. 또한 빗살무늬 계통의 단사선문(短斜線文)이 무문토기의 구연부로 잘 전승되고 있다.[160)

이와 같은 양상은 영동지역에서도 드러나고 있는데, 청동기시대의 위석식노지(圍石式爐址)나 이중구연토기(二重口緣土器) 및 대형 장방형 주거지들은 신석기시대 말기의 전통을 일정 정도 물려받은 것으로 보고 있다.[161)

3. 청동문화의 발전과 국가형성

1) 송국리형문화의 확산과 토착사회의 성장

한반도 중남부지역은 B.C. 6세기를 전후한 시기에 이르면 금강 유역에서 송국리형문화가 출현하여 널리 전파되는 변화가 일어나게 되었다. 송국리유형의 기원에 대해서는 역삼동-흔암리유형과 무관한 선후관계로 보는 견해와, 역삼동-흔암리유형의 후기 단계가 송국리유형의 초기 단계로 계승되는 것으로 이해하는 견해로 구분된다.

전자는 한반도 외부에서 발전한 벼농사 문화가 중서부지방이나 금강유역에 처음으로 유입되면서 송국리유형이 형성된 것으로 보고 있다. 송국리유형의 문화는 완성된 형태로 중서부지방에 등장하였으며, 주변지역으로 확산되는 과정에서 재지의 공열토기문화 혹은 토착 지석묘사회

---

160) 이형구, 2000, 『진주대평리 옥방5지구 선사유적』, 선문대학교 박물관.
161) 이성주, 2008, 앞의 글.

와 접촉하면서 형성된 것으로 이해한다.162)

그 반면에 후자는 한반도 중남부지역의 무문토기가 점진적으로 변화 발전하여 송국리유형이 형성된 것으로 이해한다. 예컨대 방형에 타원형 구덩이가 있는 휴암리유형을 그 이전의 장방형 집자리에서 점진적으로 변화한 것으로 보고 있다. 이와 관련하여 방사선탄소연대 측정 결과 역삼동-흔암리유형과 송국리유형이 겹치며, 방형과 원형 집자리가 공존한 유적에서 방형이 시기적으로 빠른 사실이 주목된다.163)

송국리형문화의 기원에 대해서는 B.C. 6세기~B.C. 5세기 무렵에 이르러 금강 유역에서 발생하여 남부지역으로 남하한 것으로 추정하였다. 또한 송국리유형의 연대는 부여 송국리 54지구의 집자리에서 나온 숯을 방사선탄소 측정한 결과 B.P. 2665±60년과 B.P. 2565±90년으로 밝혀졌다.164) 그러나 최근에 이르러 그 기원을 B.C. 900~B.C. 850년,165) 혹은 800년166) 등으로 이해하는 등 종래의 견해보다 훨씬 소급되는 추세이다.

송국리형문화는 한반도 남부지역을 공간적 범위로 하는데, 토기와 집자리 등에서 특징적인 면모를 보인다. 송국리식토기는 납작바닥에 작은 굽을 가졌으며, 계란모양으로 부풀은 몸통과 밖으로 바라진 짧은 입술부분이 특징인데 바탕흙이 고운 것과 그릇 표면이 거친 것 등 2가지가 있다. 그릇 모양은 단지 형태가 많고 긴목단지(長頸壺), 굽그릇, 바리(鉢) 등과 함께 조사되었다. 그릇의 크기는 높이가 20~40㎝ 되는 것이 많고, 작은 것은 10㎝ 안팎, 큰 것은 높이가 80㎝나 되는 것도 있다.

---

162) 김규정, 2006, 「호서·호남지역의 송국리형 주거지」, 『금강 : 송국리형 문화의 형성과 발전』, 호남·호서고고학회 합동학술대회 발표요지, 19~20쪽.
163) 나건주, 2006, 앞의 글, 46~49쪽.
164) 국립중앙박물관, 1979, 『松菊里』.
165) 이홍종, 2006, 「송국리문화의 전개과정과 실년대」, 『금강 : 송국리형 문화의 형성과 발전』, 호남·호서고고학회 합동학술대회 발표요지, 121쪽.
166) 나건주, 2006, 앞의 글, 67쪽,

영암 장천리에 복원된 장방형움집 장방형 움집은 주거의 발달 단계 상으로 볼 때 원형이나 방형 움집 다음 단계에 해당된다. 장천리 움집은 평면 형태가 장방형이고, 중앙에 줄기둥을 세우고 벽선을 따라 서까래를 세운 합각 모양의 지붕이다. 이 움집은 화덕자리가 한쪽으로 치우쳐 나타나고 2개의 화덕을 갖는 것이 특징이다.

송국리식토기는 금강 유역에서 발생하여 송국리형문화의 확산과 함께 서남부지방으로 전파되었으며, 서부 영남지역의 황강 유역 등에서도 조사되었다. 전남지방에서는 영암 장천리 유적과 순천시 대곡리의 집자리 등에서도 송국리식토기가 확인되었다.

송국리식토기는 고운 진흙으로만 조성된 붉은간토기 및 가지문토기 등과 함께 주로 무덤의 부장용으로 사용되었다. 그 외에 송국리식토기 바닥에 구멍을 뚫어 어린아이용 독널(甕棺)로 사용한 것이 있어 '송국리식 옹관'으로 부르고 있다.

한편 송국리형문화의 집자리는 내부 중앙에 타원형 구덩이와 함께 기둥 구멍이 배치된 형태를 보인다. 원형 집자리 내부 중앙에 타원형

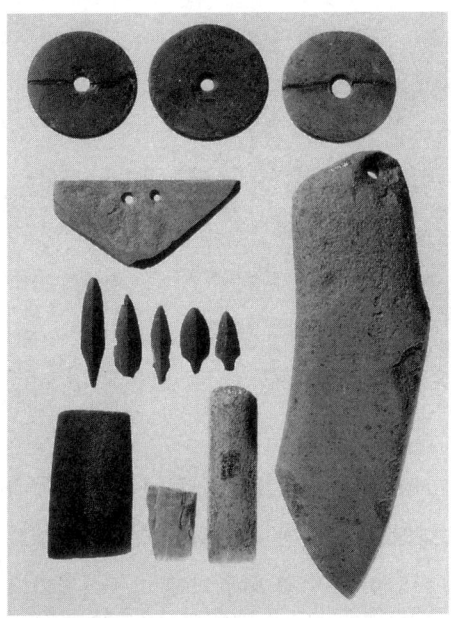

영암 장천리 유적에서 출토된 석기 일괄 장천리 유적에서 출토된 유물은 송국리식 토기, 발형토기의 토기류와 갈돌(石棒), 갈판(碾石), 돌칼(石刀), 가락바퀴(紡錘車), 턱자귀(有段石斧), 홈자귀(有溝石斧), 조갯날돌도끼(兩刃石斧), 대패날, 끌, 숫돌, 석촉, 석창 등의 석기류 등이 있다.

구덩이가 배치된 주거지 만을 송국리형 집자리로 보기도 하지만, 집자리의 평면 형태와 관계없이 타원형 구덩이를 갖춘 모든 집자리를 송국리유형으로 이해하는 것이 일반적이다. 또한 송국리형 집자리 내부의 중앙에는 타원형 구덩이가 확인되는데, 그 기능에 대하여 석기 또는 옥(玉)의 제작공간·노지·제습용 구덩이·집수시설·저장공 등으로 파악되고 있다.

송국리형 집자리는 부여 송국리·서산 휴암리·영암 장천리 등 주로 서남부지방을 중심으로 분포한 것으로 알려졌으나, 최근에 경상도 동남 내륙지방의 황강 및 남강 유역에서 다수 확인되었다. 그 외에 대구·경주·울산·양산 등 영남 동남부지방에서도 송국리형 집자리가 조사되었다.

이와 같이 송국리유형에 속하는 토기와 집자리 등의 청동문화 양식은 충청·전라·경남 지역 일대에 넓게 분포되었다. 그 외에 제주도와 일본 규슈지방에서도 확인되고 있다. 제주도의 경우 제주시 삼양동과 용담동 일대에서 송국리형 주거지가 조사되었는데, 금강 유역에서 기원한 송국리형문화가 서해안을 따라 영산강 유역으로 확산된 후 탐진강과 보성강 유역을 거쳐 전파된 것으로 보고 있다.[167]

송국리식토기 송국리식토기는 달걀 모양의 형태에 납작한 굽 그리고 목이 없이 밖으로 벌어진 아가리를 가진 토기로서 남한지역을 대표하는 청동기시대의 토기이다.

한편 한반도 남부지역은 B.C. 6세기~B.C. 5세기에 이르면 비파형동검이 등장하는 등 사회발전이 가속화되었다. 이와 관련하여 송국리형문화와 비파형동검, 남방식 고인돌이 동일한 주민집단에 의해 만들어졌거나 아니면 이들이 서로 밀접한 관계를 유지한 것으로 보고 있다.[168]

비파형동검은 한반도에서 60여 곳에서 조사되었는데, 석관묘와 지석묘 및 토광묘 등에서 출토되었다. 그 외에 돌무지 속에 청동기를 넣어둔 제사 유적 또는 퇴장(退藏) 유적, 주거지·패총과 같은 생활 유적 등에서 확인되었다. 비파형동검이 석관묘에서 출토된 곳은 백천 대아리·신평 선암리·사리원시 상매리, 부여 송국리 유적이 해당된다.[169]

또한 비파형동검이 지석묘에서 확인된 곳은 승주 우산리·보성 덕치리·여천 적량동·고흥 운대리·여수 오림동 유적 등 전남 동부지역이 중심을 이룬다. 재령 고산리와 연안 금곡동 유적 등은 토광묘에서 확인되

---

167) 김경주, 2009, 「유구와 유물로 본 제주도 송국리문화의 수용과 전개」, 제3회 한국청동기학회 학술대회.
168) 이건무, 2000, 앞의 책, 90쪽.
169) 한편 전북 완주군에서는 桃氏劍 26점이 일괄 출토된 바 있는데, 요령 청동기와 계통을 달리하는 중국식 청동기의 전파 사실을 시사해 준다.

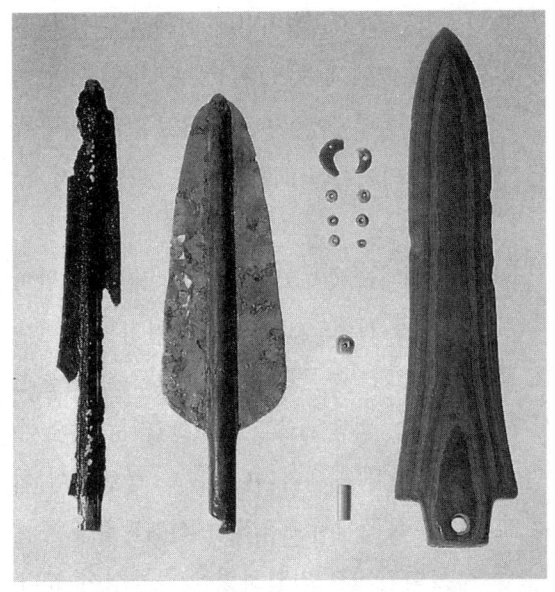

순천 우산리 고인돌 출토 유물 송광면 우산리 고인돌에서는 비파형동검을 비롯한 구슬과 간돌검 등이 출토되었다.

었다. 제사 또는 퇴장 유적에서 확인된 곳은 청도 예전동과 개풍 해평리 등이고, 상주에서도 동검 3점이 출토된 것으로 전해진다.

그런데 송국리형문화와 소위 유구경식(有溝莖式) 비파형동검의 분포권이 일치하고 있어 상호 밀접한 관련이 있는 것으로 짐작한다. 또한 경부(莖部)에 홈이 파진 형식은 요령지방에서는 보이지 않고, 한반도의 중서부와 남부지역에서 한정되어 한반도 중부 이남지역에서 제작된 특수 형식으로 보고 있다.

비파형동검문화가 유입되면서 한반도 중남부지역은 본격적인 청동기시대로 진입하게 되었다. 비파형동검문화의 유입 경로는 잘 알 수 없지만 육로를 이용하여 평안북도 지방을 통해서 남하하였을 가능성은 희박하며, 요동반도 일대에서 서해안을 통해 서북·중서부 지역으로 먼저 들어온 뒤에 각지로 전파되었을 가능성이 높다.

한반도 중남부지역의 비파형동검문화는 요령지방에 비해 단순한 내용을 보이고 있다. 청동 무기로는 동검(銅劍)과 동모(銅矛)·동촉(銅鏃) 만이 보이며,[170] 청동 공구는 도자(刀子)·동부(銅斧)가 조사되었을 뿐 마구류(馬具類)·청동장식(靑銅裝飾)·청동의기류(靑銅儀器類)는 확인되지 않았다.

또한 다량의 청동기가 일괄로 발견되는 경우는 거의 없으며, 동검 만이 마제석검(磨製石劍)·석촉(石鏃)·석부(石斧) 등의 재지적 석기와 공반되어 출토되는 사례가 많다. 출토 유물로는 무문토기편, 석촉(石鏃), 반월형석도(半月形石刀), 타제석부(打製石斧), 석봉(石棒), 지석(砥石) 등이 있다.

송국리형문화는 이주민이 토착집단을 해체하거나 흡수·동화하며 이룩된 것이 아니라, 오히려 토착민이 북쪽에서 유입되는 선진문화를 주체적으로 수용하여 한 차원 높은 사회단계로 진입하였을 가능성이 높다. 청동문화를 소유한 채 남으로 내려온 이주민은 토착사회에 많은 영향을 주었지만, 한반도 중부 이남지역의 송국리형문화의 담당자는 고인돌 등을 주요 매장 양식으로 사용하던 토착민이 중심이 되었다.

전남지역의 송국리형문화 단계의 생활 유적은 주거지를 비롯하여 농경·수렵·어로와 관련되며 지금까지 조사된 것으로는 주거지와 유물산포지 밖에 없다. 전남지역에서 발굴 조사된 주거지는 광주 송암동·영암 장천리·승주 대곡리·우산리·화순 복교리 등이 있으며, 주거지가 노출된 곳은 광주 운암동·장흥 건산리 등을 들 수 있다. 그 외에 주거지로 추정되는 유물산포지는 담양 제월리 등 수십 곳에 이른다.

광주 송암동은 원형 1기·말각방형 1기 등 2기, 영암 장천리에서는

---

170) 동촉은 보성 덕치리 지석묘에서 석검 1점·석촉 29점과 함께 출토되었는데, 비파형동검의 파손품을 재가공하였다. 또한 비파형 동모는 여천 적량동 지석묘에서 비파형동검, 관옥 5점과 공반된 채 발견되었으나 봉부쪽이 결실된 상태였다.

원형·타원형 11기와 고상유구 1기, 승주 대곡리에서는 원형 15기와 장방형계 47기 및 소형유구 60기가 확인되었다. 대곡리 유적은 지금까지 확인된 우리나라에서 최대 규모의 주거지로 알려져 있다.171)

이들 유적에서 확인된 주거지는 땅을 20~40㎝정도 파고 들어간 움집이며, 그 형태는 직경이 대개 4~6m의 원형이나 타원형으로 중앙에 기둥구멍 2개나 4개가 있는 원추형 모양의 움집으로 추정되고 있다. 원형 주거지는 청동기시대의 일반적인 움집과는 그 형태나 내부시설 등에서 큰 차이점을 보이며, 전남을 비롯한 서해안 지역에서 많이 조사되고 있다.

한편 전남지역의 송국리형문화는 영산강 유역을 비롯한 서부지역과 보성강 및 섬진강 유역 등의 동부지역 사이에 차이가 적지 않다. 비파형동검은 전남의 서부지역에서는 지금까지 발견된 사례가 없으며, 남해안을 비롯한 동부지역이 한반도에서 가장 밀집 분포권을 형성하고 있다.172)

보성강 유역과 여천의 지석묘에서는 마제석검을 비롯하여 다양한 석기류와 청동기시대의 유물들이 발견되고 있는데 반하여, 영산강 유역과 서해안 지역에서는 실제의 생활용품이 주로 출토되었다. 또한 보성강 유역과 남해안 지역에서는 석검, 동검, 옥 등의 유사한 문화요소들이 나타나고 있기 때문에 서로간의 밀접한 관계가 있음을 말해준다.173)

이와 같이 전남지방의 전기 청동문화는 동부지역과 서부지역이 각기 상이한 문화전통이 유지되었다. 또한 전남 동부지역은 금강 유역에서

---

171) 徐聲勳·成洛俊, 1990,「대곡리 도롱·한실 주거지」,『昇州 大谷里 집자리』, 국립광주박물관.
172) 전남지역에서 비파형동검은 여수시 적량동에서 7점, 여수시 봉계동과 평여동에서 각 1점씩, 여수시 오림동에서 2점, 고흥 운대리에서 1점, 승주 우산리에서 2점, 보성 덕치리에서 1점 등 보성강 유역과 남해안 일대에 한정되어 15점이 출토되었다.
173) 지건길, 1997,「湖南地方 支石墓의 特徵과 그 文化」,『三韓의 歷史와 文化』, 자유지성사, 303~304쪽.

기원한 송국리유형의 청동문화 외에 공열토기와 구순각목토기 등의 동북지방의 문화가 동해안과 남해안을 통해 유입되었다. 이들 토기는 순천 대곡리·우산리·구산리·남원 고죽동 등의 주거지에서 확인되었다. 또한 섬진강 중·하류 지역은 경남 서부지방에서 주로 확인되는 채문토기와 삼각형 석도가 출토되었다.[174)]

2) 사회경제의 발전과 진국(辰國)의 출현

한반도 중남부지역은 B.C. 6세기를 전후하여 금강 유역 일대에서 송국리형 청동문화가 기원하여 각 지역으로 확산되었다. 송국리유형은 대체적으로 안성천을 북방 한계선으로 하여, 그 이남지역에 해당하는 충청·전라·경상 일대에 주로 분포하고 있다. 그 외에 제주도와 일본의 규슈지방에서도 관련 유적이 확인되었다.

또한 송국리유형은 역삼동-흔암리유형 및 가락동유형의 문화와는 달리 주거지의 면적이 확대되었고, 관련 유적의 숫자가 대폭 늘어나고 있다. 역삼동-흔암리유형 단계에는 사람들이 자연제방이나 충적평야가 발달된 대하천변의 얕은 구릉을 선택하거나 곡간을 낀 구릉의 정상부나 사면에 주로 집자리를 만들었는데, 송국리형 단계에 이르면 해발 40~60m 정도 되는 현재의 자연마을과 가까운 구릉의 사면이나 저지대 등으로 확대되었다. 또한 인구가 크게 증가하면서 사람이 살 수 있는 곳은 대부분 점유되어 취락의 평면적 확대가 포화상태에 이른다.[175)]

송국리유형 단계에 이르러 인구가 증가하고 거주 면적이 확대된 배경은 생업 형태가 집적도 높은 벼농사 위주로 변화한 것에 있다.[176)] 우리나

---

174) 전북대학교 전라문화연구소, 1997,『남원 고죽동유적』; 이상균, 1997,「섬진강유역의 문화유적」,『섬진강유역사연구』, 한국향토사연구전국협의회.
175) 이강승, 2007,「마한사회의 형성과 문화기반」,『백제의 기원과 건국』, 충청남도역사문화연구원, 214쪽.

라의 초기 농경은 황해도 지탑리와 평양 남경 유적 등 신석기시대 후기에 이르러 시작되었는데, 피와 조 등의 잡곡농사가 중심이 되었다. 벼농사 역시 나주 가흥리의 화분과 일산 가와지 및 김포 가현리 등에서 알려진 볍씨 자료 등과 같이 신석기시대 후기에 시작되었다.

그러나 벼농사가 널리 확산된 것은 송국리형문화가 출현한 이후였다. 금강 유역을 비롯한 충남지역의 경우 논산 마전리, 보령 관창리, 부여 송학리 등지에서 벼농사의 흔적이 확인되었다. 또한 전남지역의 벼농사 재배를 보여주는 것은 광주 신창동, 승주 대곡리, 여천 월내동 유적 등이 잘 알려져 있다.[177]

전기 청동기시대에 이르면 사회경제 및 문화 등 전반에 걸쳐 일대 혁신이 일어나게 되었다. 생업은 수렵과 채집 단계를 벗어나 농경이 생활경제의 중심이 되었다. 당시의 곡식은 쌀 외에 보리, 콩, 팥, 조, 피, 수수, 기장 등 오곡이 재배되었다.

농경도구는 반달돌칼·돌낫·돌괭이·돌보습이 있고, 그 외에 나무로 만든 여러 종류가 사용되었다.[178] 또한 청동기시대에는 지구 온난화 이후 점차로 기온이 내려가 해수면이 저하되었는데, 각지에 저습지가 생겨나면서 저수지와 수로를 파서 인공으로 물을 댄 관개시설이 안동 저전리 유적에서 확인되었다.[179]

---

176) 김범철, 2006,「충남지역 송국리문화의 생계경제와 정치경제」,『금강 : 송국리형 문화의 형성과 발전』, 호남·호서고고학회 합동학술대회 발표요지, 95쪽.
177) 조현종, 1993,「청동기시대의 농경」,『全羅南道誌』, 171쪽.
178) 석기로는 간돌검·간활촉·돌창 등 무기들이 무덤에서 많이 출토되며, 홈자귀·돌도끼·돌끌·대패날 등 공구들이 반달 또는 세모돌칼과 돌낫 등 수확용 도구, 일상생활과 밀접한 숫돌·가락바퀴·그물추 등은 집자리에서 주로 출토되었다. 청동기시대의 석기 특징은 무기인 간돌검과 달도끼 등이 처음으로 만들어지고, 공구류의 종류와 형태가 다양해 벌목으로 농경지 확대와 목기 제작이 활발해진 데 있다.
179) 동양대박물관. 2005,「안동 저전리 유적 지도위원회 자료」.

청동기시대의 농경을 알려주는 자료는 집터에서 출토된 탄화미 등의 곡물자료에 한정되었지만, 울산 옥현 유적과 진주 남강댐 수몰지구의 취락 주변에서 경작지로 이용된 논과 밭이 발견되어 농경의 실물 자료를 확보하게 되었다.[180]

괴정동 출토 농경무늬청동기 농경무늬청동기는 규모는 작지만, 독보적인 무늬를 갖고 있다. 또한 제작 시기는 불분명하나 청동기시대 후기부터 초기 철기시대에 농경이 발달한 사실과 당시 사람들의 정신세계까지 간접적으로 보여주는 귀중한 자료이다.

전기 청동시시대의 농경 모습을 가장 잘 보여주는 유물은 대전 괴정동에서 출토된 농경무늬 청동기를 들 수 있다. 농경무늬 청동기는 밭을 가는 사람의 모습이 새겨져 있는데, 여자가 가을걷이를 하면서 이삭을 따는 모습으로 보고 있다.

또한 오른쪽에는 한 사람이 따비를 이용하여 밭을 갈고 있으며, 그 아래에는 밭이 그려져 있다. 밭 아래에는 다른 인물이 괭이를 내리치려는 모습이 그려져 있는데, 따비는 청동기시대 이래 계속 사용되어 온 전통적인 농기구에 속한다. 그 외에 자손의 번창을 기원하는 남자의 성기가 강조되었다.

전기 청동시대에 이르러 논농사의 출현으로 농업 생산량이 증대되고 정착 생활이 가능하게 되었으며, 대규모 취락이 등장하면서 지배층과 하층민 사이에 계층 분화가 심화되었다. 이는 국가 형성의 밑거름이 되었으며, 안정적인 식량 확보로 인한 경제성장은 사회발전의 기틀이 되었다.

---

180) 청동기시대의 농경발전과 사회경제의 변모에 대해서는 다음의 글을 참조하기 바란다. 김권구, 2005,『청동기시대의 영남지역의 농경사회』, 학연문화사 ; 이성주, 2007,『청동기 철기시대 사회변동론』, 학연문화사.

춘천 천전리 유적에서는 수백 개에 달하는 원형 구덩이가 발견되었는데, 청동기시대에 대규모 농경활동을 영위한 증거로 볼 수 있다.

당시 사람들은 강변 또는 물가 가까운 야산의 사면에 장방형 움집을 짓고 살았으며, 농구의 개량으로 농경기술이 발전하여 생산력이 증대되었다. 또한 청동기의 제작에 따른 특수 기술집단의 발생, 교역의 발전 등 사회·경제상이 신석기시대 후기사회와 비교하여 크게 발전하였다.

농업기술의 발달로 생산물은 늘어났으며, 생산물을 놓고 분쟁이 잦아지며 마을을 지키기 위한 방어시설이 만들어지는 등 전쟁이 일반화 되었다. 이와 관련하여 창을 든 사람과 칼을 숭배하는 듯한 두 사람의 모습이 새겨진 여수 오림동 고인돌 암각화가 참조된다.[181]

또한 여러 집단 사이에 갈등이 시작되어 전쟁이 본격화 되었는데, 울주 검단리 유적은 완전한 형태로 조사된 청동기시대 마을터 가운데 대표적인 것으로 평가된다.[182] 검단리 유적은 해발 104~123m 높이의 구릉 중심부에 위치하는데, 마을 전체가 방어용 도랑(環壕)으로 둘러싸여 있음이 확인되었다.

한반도 남부지역은 전기 청동기시대에 이르러 농경의 발전, 무덤의 규모와 껴묻거리의 차이, 청동기와 옥을 제작한 전문 장인의 출현 등을 통해 지배자가 등장하게 되었다. 또한 방직 기술이 개발되었고, 제염이 일반화되는 등 많은 사회 변화를 가져오게 되었다.

당시 사람들이 살았던 주거는 여전히 움집이 이용되었으나, 면적이 넓고 공간 활용이 보다 편리한 방형 혹은 장방형으로 바뀌었다. 또한

---

181) 이영문·정기진, 1993, 『여천 적량동 상적 지석묘』, 전남대학교 박물관, 145쪽.
182) 환호와 목책렬, 망루 등의 방어시설과 함께 전쟁에 의한 화재로 폐기된 주거지들이 확인된 충남 부여 송국리 유적은 청동기시대 후기 전쟁 관련 상황을 가장 잘 보여주는 사례로 볼 수 있다. 이 환호에서는 부족간의 전쟁 때 쓰인 돌을 던지는 투석전용 깬돌들이 많이 발견되었고 화살촉도 발견되었다.

많은 집들이 한 곳에 모여 취락을 형성하였고, 취락의 경계 구분과 방어를 위해 주위에 환호나 목책이 설치되기도 하였다. 이러한 움직임은 곧이어 국가 형성의 태동을 가져왔고, 점차 유력한 세력을 중심으로 이합집산이 거듭되면서 수장권의 강화가 이루어지기 시작하였다.

한반도 남부지역에서 우월한 집단이 주변의 약한 집단을 통제하며 성읍국가로 발전하는 모습은 고인돌의 분포상태를 통해 유추할 수 있다. 전남지역은 고인돌이 소규모의 산간 분지마다 분포되어 있는데, 소규모 고인돌군의 중심에는 대규모 군락이 자리하고 있다.[183] 지석묘는 일정한 지역에 밀집되어 있는데, 직경 18~20km인 대밀집 분포권이 형성된 곳이 25개 지역, 지경 4~6km의 소밀집지는 86개 지역이다.

지석묘를 축조한 사람들은 직경 5km의 범위로 활동 영역을 이루면서 소밀집지 3~6개가 모여 하나의 밀집분포권을 형성하며, 직경 20km 정도의 규모로 대밀집분포권을 형성하였다.[184] 이는 중심부에 위치한 대규모의 군락을 지배하던 집단이 주변의 약한 세력을 통제하면서 성읍국가로 발전하였음을 입증한다.

지석묘는 철기문화를 수용하기 이전 단계인 마한 성립 전야의 사회와 연결된다. 전남지역의 지석묘는 마한 성립 이전의 청동기사회에 토대를 둔 진국(辰國)의 기층문화로 추정하고 있다.[185] 그런데 전남지역에 위치한 마한의 소국 중에서 고랍국(古臘國, 장성)과 사분야국(斯濆邪國, 순천시 낙안면)을 제외하고는 모두 지석묘가 밀집된 지역과 일치한다고 한

---

183) 李榮文, 1993, 「전남지방 지석묘사회의 구조와 영역권문제」, 『한국 선사고고학의 제문제』, 한국고대학회 제4회 학술발표요지, 25쪽.
184) 전남지역에서 700기 이상이 분포되어 있는 곳은 영산강 중하류인 나주 다시와 왕곡 일대(746기), 광양만 南岸인 여천 삼일과 쌍봉 일대(754기), 보성강 西岸인 장흥 관산과 안양 일대(1,439기), 보성강 東岸인 고흥군 동강면 일대(1,633), 보성 복내와 율어(1,446기) 등이다.
185) 최성락, 1993, 『한국 원삼국문화의 연구-전남지방을 중심으로』, 학연문화사.

다.[186]

따라서 마한 소국과 그 이전의 진국(辰國)은 모두 청동기시대의 지석묘문화에 기반한 토착집단의 발전을 통해 이루어졌다. 또한 전기 청동기시대의 지석묘와 석관묘 등에서 비파형동검 등의 위세품이 출토된 사실을 고려하면, 철기문화가 수용되기 이전에 국가 형성의 단초가 마련되었음을 알 수 있다.

Ⅳ. 철기문화의 보급과 마한의 성장

1. 초기 철기문화의 수용과 마한의 기원

한반도 중부지역의 토착사회가 지석묘문화에 기반한 진국 단계에서 벗어나 마한을 비롯한 삼한사회로 진입한 것은 B.C. 4세기를 전후한 시기에 이루어졌다. 진국과 삼한의 관계에 대해서는 사료 마다 차이를 보이고 있는데, 진국이 문헌에 처음 나타난 것은 『사기(史記)』조선전에

> A. 아들을 거쳐 손자 우거왕 때에 이르러서는 유인해 낸 한(漢)나라 망명자의 수가 대단히 많게 되었으며, 천자에게 입견(入見)치 않을뿐만 아니라 진번(眞番) 주변의 여러 나라(衆國)들이 글을 올려 천자에게 알현하고자 하는 것도 또한 가로막고 통하지 못하게 하였다.

라고 하였듯이, 현재 전해지고 있는 교감본에는 진국(辰國)이 아니라 중국(衆國)으로 되어 있다. 그런데 백납본(百衲本, 南宋 紹興本)의 『사기(史記)』와 『한서(漢書)』에는 진국(辰國)으로 기록되었고, 『자치통감(資治通鑑)』

---

186) 이영문, 1993, 앞의 글, 260쪽.

한기(漢紀)에도 진국(辰國)이라 하였다.

진국에 대하여 좀 더 자세한 내용을 기록한 것은 『후한서(後漢書)』 동이전(東夷傳)을 들 수 있다. 동이전 한조(韓條)에는

> B. 한(韓)에는 세 종족이 있으니, 첫째는 마한, 둘째는 진한, 셋째는 변진이다.……(삼한의) 땅을 합하면 사방 4천여 리로, 동쪽과 서쪽은 바다로 한계를 삼으니 모두 옛 진국(辰國)이다. 마한이 가장 강대하여 그 종족들이 함께 추대하여 진왕(辰王)으로 삼는데, 목지국에 도읍하여 전체 삼한지역의 왕으로 군림한다. (삼한) 여러 나라 왕의 선조는 모두 마한 사람이다.

라고 하였듯이, 한반도 중남부지역에 위치한 마한을 비롯하여 삼한이 모두 옛 진국의 땅에 위치하였다는 내용이 기록되어 있다.

그런데 『후한서(後漢書)』 동이전(東夷傳)에는 고조선의 준왕(準王)이 위만(衛滿)에게 나라를 빼앗긴 후 남은 무리 수천 명을 거느리고 바다로 도망한 후 마한을 공격하여 쳐부수고 스스로 한왕(韓王)이 되었다는 기록이 남아 있다.[187] 따라서 마한은 위만이 고조선의 왕위를 차지한 B.C. 193~B.C. 192년 무렵[188]에 앞서 B.C. 3세기 이전에 존재한 것으로 짐작된다.

한편 한반도 서남부 일대에 위치한 마한의 문화기반에 대해서는 송국리유형의 문화가 끝나면서 등장한 점토대토기 및 초기 철기시대 문화와 관련이 있는 것으로 보고 있다. 점토대토기와 철기의 전파를 동일시하는 견해도 없지 않으나, 세형동검을 비롯한 거친무늬거울·이형동기들과 원형 점토대토기[189]가 먼저 출현한 사실을 고려할 필요가 있다.

---

187) 『後漢書』 권85, 列傳75, 東夷傳 韓.
188) 국사편찬위원회, 1989, 『譯註 中國正史朝鮮傳』, 91쪽.

초기 철기문화는 그 보다 약간 늦은 단계에 이르러 동모(銅鉾)와 동과(銅戈), 방울류 청동기들과 고운무늬거울, 단면 삼각형 점토대토기와 함께 등장한다. 이들 문화가 한반도 일대에 전해진 시기는 B.C. 300년 무렵으로, 연나라가 중원의 압박을 받아 고조선에 영향을 미치는 과정에서 전파된 것으로 보고 있다.

초기 철기문화에 앞서 등장한 점토대토기 역시 중국의 요령지방에서 기원하여 한반도로 전파된 것으로 이해하는 외래기원설이 설득력을 얻고 있다.[190] 점토대토기와 초기 철기문화를 소유한 집단이 요동지방에서 약간의 시간적인 격차를 두고 이주하였을 가능성이 높다.[191]

한반도 남부지역은 B.C. 4세기를 전후한 시기에 점토대토기의 전파와 초기 철기문화의 확산 등을 거치며 진국 단계에서 벗어나 삼한사회로 발전하였다. 그러나 마한을 비롯한 삼한사회의 출현에도 불구하고 문화의 제반 양상은 청동기시대를 벗어나 철기문화의 확산에 따른 질적인 비약이 일어난 것은 아니었다.

한반도의 철기문화는 중국 전국시대 철기의 영향을 받아 성립되었으

---

189) 점토대토기란 토기의 구연부에 점토띠를 덧붙인 무문토기를 말한다. 또한 점토띠의 단면 형태를 기준으로 원형점토대토기와 삼각형점토대토기로 구분된다. 원형점토대토기와 함께 출토되는 흑색마연장경호, 두형토기, 파수부호 등은 이전까지 한반도에서는 보이지 않았고, 중국 요령지역에서만 그 예가 확인되어다. 따라서 점토대토기의 출현은 B.C. 3세기를 전후하여 요령지역의 주민이 한반도로 이주하여 새로운 문화가 펼쳐진 사실을 반영한다.
190) 이형원, 2005, 「송국리유형과 수석기유형의 접촉 양상」, 『호서고고학』 12, 16쪽. 한편 요령지역의 점토대토기는 건창 동대장자 적석목관곽묘, 객좌 원림처 석곽묘, 심양 정가와자, 무순 연화보, 철령 구대, 본계 상보촌 석관묘 등의 유적에서 조사되었다. 점토대토기는 비파형동검단계 최말기~중세형동검 단계 초기(B.C. 5~B.C. 4세기)에 요서지역에서 처음으로 조합하기 시작한 다음 B.C. 4세기 요동으로 확산된 것으로 보고 있다(오강원, 2006, 『비파형동검문화와 요령지역의 청동기문화』, 청계, 333쪽).
191) 박순발, 2006, 앞의 글, 249쪽.

며, 초기에는 주조철부(鑄造鐵斧)를 위시하여 농공구류(農工具類)가 우세하였다. 이 단계에는 지역에 따라 철기 사용의 내용이 조금씩 다르고 시간적인 차이도 있다.

청천강 이북지역에서는 철제무기를 사용하였지만, 나머지 지역은 여전히 동검(銅劍)·동모(銅鉾)·동과(銅戈)가 무기의 주종을 이루며 정문경(精文鏡)이나 청동의기(靑銅儀器)가 제작되었다. 또한 농기류와 공구류도 기능적인 면에서 다양화된 연나라의 것이 모두 수용되지 않고 3~4 종류만이 제작되었다.192)

한반도 남부지역이 사회전반에 걸쳐 철기문화 단계로 진전이 이루어진 것은 B.C. 108년에 한사군(漢四郡)이 설치된 이후였다. 그 이전에는 철기문화 확산에 따른 사회변화가 일어나고 있었지만, 세형동검문화로 상징되는 청동기시대 후기 양상이 일반적인 모습이었다. 한반도 남부지역은 초기 철기문화의 전파에 앞서 세형동검을 비롯한 거친무늬거울·이형동기들과 단면 원형의 점토대토기가 확산되었다.

한반도에서 세형동검이 조사된 지역은 전 단계의 비파형동검이 출토된 지역과 뚜렷하게 구분되며, 주거지·매장시설·토기와 같이 생활과 직접 관련된 유구와 유물들이 출토된 것으로 볼 때 문화 전파가 아니라 세형동검문화를 향유하던 집단의 이주를 상정케 한다.193) 세형동검문화의 이주 경로는 대릉하-심양지구로부터 한반도 중서부 해안지역으로 직접 들어왔을 것으로 보는 견해194)와 서해를 통한 해로(海路)와 함께 서북부지역이나 원산만을 경유한 육로를 상정한 견해195)도 없지 않다.

---

192) 崔夢龍, 1997,「철기문화」,『한국사』3, 국사편찬위원회, 456쪽.
193) 김장석, 2002,「이주와 전파의 고고학적 구분 : 시험적 모델의 제시」,『한국상고사학보』38.
194) 이건무, 1994, 앞의 글.
195) 박순발, 1993,「우리나라초기철기문화의 전개과정에 대한 약간의 고찰」,『고고미

따라서 세형동검은 한반도 중남부지역 비파형동검을 계승하여 새롭게 발전한 것이 아니라 대릉하-심양지구와 깊은 연관관계를 맺고 있는 것으로 짐작된다. 이를 증명하듯이 세형동검과 동일한 유적 혹은 비슷한 시기에 등장하는 점토대토기와 흑도장경호, 두형토기와 조합식 우각형파수부호 역시 양 지역에 동일하게 발견되며, 뇌문과 조문경·동착·나팔형동기 등 이형동기(異形銅器)도 모두 분포한다.[196)]

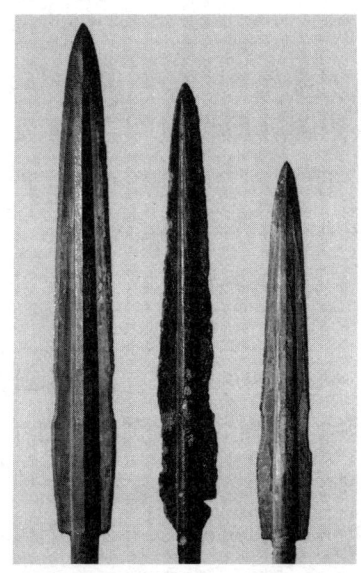

화순 대곡리 유적에서 출토된 세형동검 화순 도곡면 대곡리 무덤 유적에서 출토된 세형동검은 양 끝에 날이 서 있으며, 그 중 1점은 칼날 부분이 손상되어 있다. 동검 중앙에 굵게 나온 등대의 모습이 칼마다 다른 것이 특징이며, 한국에서 출토되는 동검으로는 시기가 늦은 편에 속한다

한반도 서남부지역과 요동반도 일대는 주민의 이주를 통한 문화 전파 방식 외에 교역망이 형성되어 있었다. 이와 관련하여 한반도 서남부지역에서 발견되는 세형동검과 함께 삼각요저 석촉, 석곽묘, 토광묘, 정가와자형호, 점토대토기, 각종 청동 장식 등은 요동반도 윤가촌유형의 유물과 비슷한 양상을 보인 사실이 주목된다.[197)]

한편 청동기시대 후기에 이르면 전기와는 달리 세형동검 외에 잔무늬거울(細紋鏡), 청동꺾창, 청동투겁창, 청동끌, 청동도끼, 청동방울류, 검파두식을 비롯한 다양한 청동 제품이 사용되었다. 전남지역의 경우 영암에서 출토된 것으로 전해지는 용범(鎔范)은 현지에서 청동기가 대량으로

술사론』 3, 충남대고고미술사학과.
196) 조진선, 2005, 『세형동검문화의 연구』, 학연문화사, 216~217쪽.
197) 오강원, 2006, 앞의 책, 511쪽.

생산되었음을 의미한다.[198]

그러나 세형동검으로 상징되는 청동기시대 후기사회로의 변화에도 불구하고 사회경제적인 측면에서 획기적인 변동이 일어난 것은 아니었다. 청동제의 무기와 생활용구는 일반 주민들이 사용한 것은 아니었고, 높은 신분을 상징하는 존재로서 소수의 지배계급 만이 소유하였다. 일반 주민들은 전시대와 마찬가지로 여전히 무문토기와 다양한 석기 및 목기와 같은 도구를 이용하였다.

세형동검문화를 향유하며 지배층으로 군림한 집단 역시 요동반도 일대에서 해로(海路)를 통해 내려온 이주민으로 한정하여 보기에는 문제가 없지 않다. 청동기시대 후기의 지배층은 세형동검문화를 소유한 채 북에서 내려온 이주민 외에 토착집단의 수장층 일부도 선진문화를 흡수하여 새로운 시대의 주인공으로 부상하였다.

세형동검문화를 향유한 집단의 등장을 반영하는 유적들은 최근 보령과 대전, 공주, 부여, 서천 등지에서 확인되고 있다. 이들 유적에서는 북방계 이주민의 문화와 앞선 시대의 문화 요소가 함께 보이는데, 보령 관창리 유적은 재지의 송국리유형을 바탕으로 점토대토기와 흑색마연토기와 같은 외래문화 요소가 유입된 양상을 띤다. 그 반면에 보령 교성리 유적은 점토대토기와 같은 외래 문화요소를 바탕으로 토착적인 송국리유형이 가미된 것으로 보고 있다.

한편 점토대토기문화를 영위한 집단은 정착 초기에는 송국리유형의

---

198) 이 용범은 영암 월출산 주변인 적천리 또는 동구림리에서 출토되어 현재 숭실대학교 박물관에 소장되어 있다. 골석제로 만들어진 세형동검용범 1쌍, 세형동검·동과용범 1쌍, 동부·동반용범, 선형동부용범, 동부용범, 동부·동착용범, 동검사용범, 동검, 동부용범 등 모두 6쌍 12점과 한쪽만 남아 있는 1점, 그리고 한쪽만의 작은 파편 1점 등 14점이다. 이는 모두 15종의 청동기를 주조하였던 용범이며, 15종 외에도 9종의 청동기를 주조하기 위한 틀에 새기다가 만 흔적이 한쪽 면에만 남아 있다.

청동문화를 영위하던 토착집단의 견제를 피해 고지를 점하고 있다가, 점점 저평한 구릉지대로 내려오게 되는데 그 실례는 보령 교성리 유적과 대전 보문산 유적에서 확인된다. 점토대토기문화와 세형동검문화 등의 선진적인 외래문화는 송국리유형의 토착문화와 접촉하여 사회발전의 촉매제 역할을 하게 되었다.

이와 관련하여 송국리형 집자리와 고인돌 등에서 세형동검 및 점토대토기 등이 출토된 사실이 주목된다. 지석묘에서 세형동검문화와 관련된 유물이 출토된 곳은 양평 상자포리 1호, 영암 장천리 1호, 김해 내동, 순천 평중리, 화순 절산리, 봉산 어수구 도마산, 성천 백원리 노동자 9호 고인돌 등 20여 개소에 이른다. 그 외에 장흥 송정리 지석묘에서는 동과편(銅戈片), 속초 조양동 1호지석묘에서는 선형동부, 성천 백원리 노동자 9호 지석묘에서는 동사(銅絲)와 청동장식이 확인되었다.

그 반면에 광주 매월동 동산, 보성 송곡리, 장흥 송정리, 강진 영복리, 의령 석곡리, 안동 지례동, 영양 신원리, 김해 내동 지석묘에서는 원형점토대토기 또는 흑도가 출토되었다. 그 외에 창원 덕천리 지석묘에서는 삼각형점토대옹이 출토되었고, 완주 반교리 8호 지석묘에서는 송국리형 토기와 함께 점토대토기가 출토되었다.

또한 대전 궁동, 대전 노은동, 공주 장원리, 보령 진죽리, 보령 관창리, 군산 도암리, 전주 송촌동, 제주 삼양동 등의 송국리형 주거지에서도 원형점토대토기와 두형토기가 조사되었다. 그리고 제주 삼양동, 고창 산정리, 함평 소명 등의 송국리형 주거지에서는 이보다 늦은 시기의 유물이 출토되었다.

이와 같이 세형동검과 점토대토기를 비롯한 외래적인 문화요소는 송국리유형의 토착사회로 확산되어 나갔다. 지석묘와 송국리유형의 집자리에서 세형동검과 점토대토기 등이 확인된 사실은 토착사회의 성장과정을 반영한다. 이와 관련하여 세형동검문화와 점토대토기문화 요소가 청동기시대 후기에 새로 등장한 석곽묘와 적석목곽묘 외에 전통적인 지석묘에서 확인된 사실이 주목된다.

한반도 중남부지역은 세형동검문화와 점토대토기문화가 유입된 초기에는 선주한 토착집단과 갈등관계를 유지한 사실이 고고자료를 통해 확인된다. 그러나 양 집단은 후대에 이르러 점차 접촉을 늘이며 서로 간에 긴밀한 관계를 맺으며 동화되어 가는 양상을 보인다. 이들이 남긴 무덤 유적들은 모두 낮은 구릉에 단독으로 자리하는데, 세형동검을 비롯하여 거친무늬 거울·방패형동기나 동탁나팔형동기·검파형동기들과 삼각형석촉·흑도장경호·점토대토기·관옥이나 곡옥 등이 셋트로 출토되고 있다.

그 과정은 송국리형문화와 지석묘사회에 기반한 진국 단계를 벗어나 마한을 비롯한 삼한사회의 성장과정을 반영한다. 요령 지방의 점토대토기문화가 파급된 이후 새로이 대두하는 사회를 한(韓)으로 파악하고 있다.[199] 점토대토기문화를 삼한의 전 단계에 해당하는 중국(衆國) 혹은 진국(辰國)과 관련된 것으로 보는 견해도 없지 않다.[200]

세형동검문화는 B.C. 3세기 후반에서 B.C. 2세기 초에 이르면 한반도 중서부지역을 벗어나 서남부와 동남부지역, 한강 유역과 강원도 해안지역, 일본 열도로 확산되어 나갔다. 청동기시대 후기를 상징하는 세형동검문화의 출현은 한반도 남부지역의 토착문화가 내재적 발전을 이룩한 것이 아니라 외부에서 선진문화가 유입되면서 확산된 것이었다.

그러나 한반도 남부지역의 세형동검문화를 담당한 집단이 정복적인

---

199) 박순발, 1998, 「전기마한의 시공간적 위치에 대하여」, 『마한사연구』, 충남대 출판부, 31쪽.
200) 이강승, 2007, 앞의 책, 217쪽.

성격을 띠고 토착세력을 흡수·동화하는 일방적인 과정을 거쳐 마한을 비롯한 삼한사회의 형성을 추동한 것은 아니었다. 전남지역의 경우 영암 장천리 지석묘에서 세형동검이 출토되듯이 토착집단이 자신들의 전통을 유지하며 선진문물을 흡수한 사실이 주목된다.

한반도 중남부지역은 위만의 출현 이전에 고조선의 세형동검문화와 버금가는 높은 수준의 청동기 유물들이 충청, 전라지역에서 집중 출토된다. 충청지방은 전남지역보다 시기적으로 앞선 청동기시대 유적이 집중되어 있기 때문에 요령지방의 청동문화 요소를 받아 들여 세형동검문화를 처음 이룩하였던 것으로 보고 있다.[201]

전남지방은 충청지방에서 형성된 송국리형 청동기문화가 파급되었다. 전남지역은 요령식동검이 지석묘에서 출토되기 때문에 석관묘에서 주로 나오는 다른 지역과는 구분된다. 이 시기에 이르러 지석묘를 축조하였던 집단이 지배세력에서 밀려나고 새로 등장하는 석곽묘가 상부 계층의 묘제로 자리 잡았다. 그러나 지석묘도 계속적으로 축조되었으며, 석곽묘는 발견되는 수가 적기 때문에 널리 사용된 묘제라기보다는 일부 계층에 한정된 묘제로 생각된다.[202]

세형동검 관련 청동기 유물들이 충청, 전라지역에 출현하는 시기도 대동강 유역에 비해 별로 늦지 않다.[203] 전남지역은 세형동검문화 단계에 이르러 충청지역과 더불어 한반도 남부지역의 문화 선진지대로 부상하였다. 전남지역에서 세형동검을 비롯한 세문경, 동과, 동모, 영패류 등 청동기가 일괄로 출토된 유적은 화순 대곡리와 함평 초포리 유적이 대표적이다.

---

201) 李健茂·徐聲勳, 1988, 『함평 초포리유적』, 34쪽.
202) 崔盛洛, 1993, 앞의 책, 92쪽.
203) 이건무, 1992, 「한국 청동의기의 연구」, 『한국고고학보』 23, 196쪽 ; 조진선, 2005, 『세형동검문화의 연구』, 학연문화사, 202~203쪽.

그 외에 영암 신연리에서 동모와 동제검파두식, 나주 청송리에서 세형동검, 고흥 소록도에서 조문경·석부·석촉이 출토되었다. 또한 함평 월산리와 장흥 학송리에서 동과, 강진 치흥리에서 동모가 출토되었고, 영암에서는 세문경·동모·세형동검 등이 출토된 것으로 전해지고 있다.

그런데 전남지방의 경우 세형동검 등 후기 청동기시대 유물은 함평·화순·영암 등 영산강 유역의 중·하류지역에서 주로 확인되고, 앞선 시기의 비파형동검 등 초기 청동 유물은 보성강 유역과 남해안 지역에서 출토되어 지역 간의 차이가 나타난다.

전남지역은 송국리유형의 문화에 기반한 토착사회가 세형동검문화를 받아들이며 초기 마한사회의 중심지로 부상되었다. 마한은 삼한 가운데 가장 이른 시기에 한반도 서남부지역을 중심으로 형성되었고, 그 맹주적 지위를 차지한 선진세력이었다. 『삼국지(三國志)』 동이전(東夷傳) 한조(韓條)에 의하면 마한의 소국들은 규모가 큰 것이 1만 가(家), 작은 것이 수천 가로 총 호수가 10만 호에 이르렀다. 진·변한은 큰 것이 4~5천가, 작은 것이 6~7백가로 총 호수가 4~5만 호이었다.[204]

마한은 진·변한에 비해 인구도 많고, 세형문화 단계에서는 정치·문화적인 발달 정도도 선진적이었다. 금강 유역과 영산강 유역을 중심으로 정치적인 권위와 경제적인 부의 상징인 청동 제품을 다량으로 부장한 분묘 유적들이 집중 분포되고 있는 것이 이를 뒷받침한다. B.C. 2세기가 되면 금강 유역뿐만 아니라 영산강 유역에도 청동방울과 세문경, 동과 등을 부장한 당대 최고위 사람들이 묻힌 무덤이 등장하게 된다.

이와 관련하여 화순 대곡리와 함평 초포리의 석곽묘에서 출토된 세형동검과 팔주령 등 다양한 청동 유물이 참조된다. 팔주령 등 방울류는

---

204) 『三國志』 권30, 東夷傳30, 韓.

샤만(原始宗敎主宰者)의 무구(巫具)로 추정되고, 세형동검 등 무기류는 권력을 소유한 집단의 상징성을 띠고 있다.

이들 무덤의 피장자는 의기와 병기를 바탕으로 주민에게 강제력을 구사하는 최고 권력자로서 제사와 정치를 관장하였던 인물로 짐작된다. 권력층의 위상을 보여주는 유물은 세형동검과 팔주령 외에 광주 신창동 유적에서 확인된 수레를 들 수 있다.

신창동 유적에서는 수레바퀴 일부와 가로걸이대가 확인되었다. 수레는 수장층이 사용하던 권위적 상징물이며, 활발한 물자교역 및 교통체계가 이뤄졌음을 암시하고 있다. 신창동 유적에서는 수레 부속물 외에 현악기인 슬(瑟)과 타악기, 베틀 부속구인 '바디' 등이 출토되어, 마한사람들의 문화와 생활 모습을 살필 수 있는 자료를 제공해주었다.

이와 같이 B.C. 2세기 후반대로 시기가 내려오면 세형동검이 부장된 영산강 유역의 적석목곽묘에서 출토된 청동 유물의 종류와 양은 금강 유역을 앞서기도 한다. 이는 마한의 중심세력이 금강 유역에 국한되지 않고 영산강 유역으로도 확대되었음을 의미한다.

또한 세형동검과 관계가 있는 적석목관묘가 서북한, 동북한, 그리고 일본 규슈지역에도 분포되어 있는 것으로 볼 때 세형동검문화의 원거리 연결망이 형성되었음을 알 수 있다. 영암에서 출토된 청동기 거푸집으로 볼 때 영산강 하구는 청동 제작의 중심지였으며, 인근지역을 벗어나 해상을 통하여 원거리지역까지 교역이 이루어졌다.[205]

그러나 전남 동부지역은 아직까지 세형동검, 세문경, 청동방울 등을 부장한 목관묘 유적이 발견되지 않고 있다. 전남 동부지역은 다른 곳보다 많은 숫자의 지석묘가 군을 이루며 분포하고 있다. 이 지역에 축조된

---

205) 이청규, 1997, 「성립단계의 마한의 모습」, 『삼한의 역사와 문화』, 자유지성사, 77~78쪽.

지석묘의 하한(下限) 연대는 현재 '고인돌공원'이 조성되어 있는 순천시 송광면 우산리에 소재한 지석묘의 경우 B.C. 3세기이며, 전남지역 전체로 서는 B.C. 3세기 말에서 2세기 초로 볼 수 있다. 세형동검을 소유한 세력이 들어서지 않는 곳은 여전히 지석묘의 피장자가 족장이나 그에 버금가는 신분을 유지하였다.

2. 철기문화의 확산과 성읍국가의 발전

중국의 진(晋)나라 진수(陳壽)가 3세기 후반에 편찬한『삼국지』위지 동이전에는 마한지역에 위치한 54 소국의 명칭이 기록되어 있다. 전남지역에도 상당할 만한 숫자의 성읍국가가 존재하였는데, 고랍국(장성)과 불사분야국(순천시 낙안면)을 제외하면 모두 청동기시대의 대표적인 무덤 양식인 지석묘가 밀집 분포된 지역에 위치하였다.[206]

이들 소국은 영산강 유역에 고랍국(장성), 임소반국·신운신국(광산·나주방면), 여래비리국(화순군 능주면), 일리국(영암)이 위치하였다. 그리고 서해안 지역은 막로국(영광), 초산도비리국(진도), 구해국(해남군 마산면) 등이 자리하였다. 남해안 지역에는 불사분야국(순천시 낙안면)·원지국(여수)·건마국(장흥)·초리국(고흥군 남양면)이 있었고, 보성강 유역에는 불운국(보성군 복내면)이 위치하였다.[207]

마한 소국의 위치를 청동기시대에 조성된 지석묘의 분포 상태를 통해 비정하기에는 문제가 없지 않지만, 전남지역의 경우 청동문화를 영위한 집단이 주체적으로 철기문화를 받아들여 성장한 사실을 고려하면 큰 차이는 없을 것으로 짐작된다. 그러나 전남지역의 마한 소국은『삼국지』

---

206) 이영문, 1993, 앞의 글, 260쪽.
207) 신채호, 1925,「前後三韓考」,『朝鮮史硏究草』; 천관우, 1989,『古朝鮮史·三韓史硏究』, 일조각, 423쪽.

전남 화순 벽송리 고인돌 남면 벽송리 고인돌군은 전라남도 기념물 제124호로 지정(1988. 12. 21)된 유적이다. 모두 25기의 고인돌이 마을 앞 국도(15번)와 개천 사이의 경작지에 1열 또는 2열을 이루면서 분포되어 있다.

한전(韓傳)의 기록과 고인돌의 분포상태를 통해 추정되는 것보다 좀 더 많은 성읍국가가 존재하였을 가능성이 높다.

이와 관련하여 마한시대의 소국의 범위를 백제 사비기의 지방통치방식인 방(方) - 군(郡) - 성(城) 제도에서 방(方) 밑의 군(郡)의 규모와 비슷한 것으로 보는 사실이 주목된다. 사비기의 군(郡)은 웅진시대의 담로가 변모된 것으로 보고 있는데,[208] 전남지역에는 모두 15군이 존재하였다. 따라서 전남지역에 분포된 마한의 소국은 15국 정도였을 가능성이 높다.

이들 소국의 성격에 대해서는 종래에는 부족국가로 이해하였는데, 국가발전 과정을 '부족국가→ 부족연맹체국가→ 고대국가' 단계로 발전한

---

[208] 李基白, 1977, 「사비시대 백제의 지방제도」, 『백제사상 익산의 위치』, 제4회 마한·백제문화학술회의 발표요지문, 11쪽.

것으로 보았다. 그러나 부족국가론은 개념의 모호성과 이론적 한계 때문에 그 대안으로 '성읍국가→ 연맹왕국→ 중앙집권적 귀족국가'로 발전한 것으로 이해하는 성읍국가론이 제기되었다.

성읍국가는 여러 집단 가운데 우월한 집단을 중심으로 둘레에 성곽을 쌓고 각종 공공시설을 설치하여 하나의 독립된 국가를 이루었고, 지연을 중심으로 성립된 것으로 보고 있다.[209] 성읍국가는 철기문화가 전파되면서 형성되기 시작하였는데, 마한을 비롯한 삼한사회의 소국 형성은 B.C. 3세기를 전후하여 이루어졌다.

한반도 남부지역은 B.C. 4세기~B.C. 3세기 무렵에 사회문화적 격동이 일어났는데, 그에 편승하여 여러 문화 요소의 변화와 함께 성읍국가가 발흥하였다. 지석묘가 점차 사라지고 토광묘와 적석목관묘가 축조되기 시작하였고, 송국리형토기를 대신하여 원형점토대토기가 일반화되었다. 또한 비파형동검에서 세형동검으로 변화가 일어나고, 적색마연토기의 소멸과 마제석기의 쇠퇴가 현저해진 양상을 보인다.

한반도 남부지역이 본격적인 철기문화 단계에 이른 것은 낙랑군의 설치 및 그 영향력의 확산과 관련된 것으로 이해하고 있다.[210] 이와는

---

209) 李基白, 1976, 『韓國史新論(개정판)』, 일조각, 25~26쪽 ; 千寬宇, 1976, 「三韓의 國家形成(上)」, 『韓國學報』 2, 6~18쪽 ; 李基東, 1990, 「百濟國의 成長과 馬韓倂合」, 『百濟論叢』 2, 50~51쪽.
210) 이남규는 철기의 금속학적 분석을 통해 남한지역의 제철기술은 낙랑과의 접촉을 통하여 도입된 것으로 파악하였다(李南圭, 1992, 「남한 초기철기문화의 일고찰」, 『한국고고학보』 13, 28~53쪽). 그리고 전영래는 남한지역은 한사군의 설치 이후 漢式鏡 등이 유입되면서 철기와 청동기의 혼용이 이루어진 것으로 이해하였다(전영래, 1977, 「한국 청동가문화의 계보와 편년」, 『전북유적조사보고』 7). 이청규는 B.C. 2세기 초~B.C. 2세기 말 사이에 북부지역에 일부 초기현상이 보이고, B.C. 2세기 말~B.C. 1세기 전반에 접어들면서 남부지역에 처음으로 철기가 함께 반출된 것으로 보았다(李淸圭, 1982, 「세형동검의 형식분류 및 그 변천과정에 대하여」, 『한국고고학보』 13, 1~26쪽).

달리 한사군 설치 이전에 중국의 철기문화가 한반도 남부지역까지 파급된 것으로 추정하는 견해도 있다.211) 그 외에 고성 동외동 패총에서 발견된 인문도편(印文陶片)이 중국 화남지방과 관련이 있고, 유리의 전파도 중국과는 다른 루트를 통해서 유입되었을 가능성이 제기되기도 하였다.212) 또한 한반도의 철기문화가 중국 계통과는 다른 북방의 오르도스의 철기문화와 관련된 것으로 보는 견해도 있다.213)

그러나 마한지역은 청동기단계의 진국(辰國)에서 철기문화에 기반을 둔 삼한사회로의 진전에도 불구하고 문화 주체에는 근본적인 변화가 이루어지지 않았다. 마한의 50여 성읍국가 중에서 상당수는 구래의 청동문화 담당집단이 모체가 되어 성장하였다.

마한을 비롯한 삼한사회의 성읍국가는 새로운 금속문화의 유입과 이주민의 정착 등으로 수적인 증가가 이루어졌다. 또한 마한은 소국의 점진적 확대, 소국연맹체의 대두, 정치권력의 성장과 같은 발전적인 측면이 두드러졌다.214)

전남지역의 경우 철기문화가 기존의 세형동검문화 속에서 크게 확산되지 못한 것은 그 세력의 한계를 말해 준다.215) 전남지역은 세형동검문화 단계(초기 철기시대)에는 문화적 선진지대 역할을 하였으나, 고대국가 형성기에 이르러 다른 지역에 비하여 후진적인 면모를 보이게 되었다.

---

211) 철기문화의 시작과 관련이 깊은 打捺文土器가 登窯와 함께 위만조선의 건국을 전후하여 한반도로 유입되었고, 그 여파가 남부지역까지 파급된 것으로 이해한다(崔秉鉉, 1990, 「신라고분의 연구」, 숭전대 박사학위논문, 543~548쪽).
212) 崔盛洛, 1993, 앞의 책, 334쪽.
213) 李鐘宣, 1989, 「후기 오르도스문화와 한국청동기문화」, 『한국상고사학보』 2.
214) 李賢惠, 1997, 「馬韓地域 諸小國의 形成」, 『삼한의 역사와 문화』, 자유지성사, 69쪽.
215) 林永珍, 1995, 「馬韓의 形成과 變遷에 대한 考古學的 考察」, 『三韓의 社會와 文化』, 신서원, 117쪽.

전남지방에서는 청동문화의 말기적인 양상을 찾아볼 수 없는데, 낙동강 유역에서 나타나는 것과 같이 세형동검과 함께 중국 한대(漢代) 혹은 위만조선계의 차마구(車馬具)와 철기문화가 유입된 사례가 발견되고 있지 않다.216)

전남지역에서도 철기의 출현 연대가 B.C. 2세기 후반 이전으로 소급될 가능성은 있으나, 현재의 자료로는 분명한 증거가 없는 실정이다. 전남지역에서 가장 먼저 등장하는 철기는 철도자(鐵刀子)나 단조철부(鍛造鐵斧) 등이 있는데, 이들 철기는 B.C. 1세기 무렵부터 상당량의 사용 흔적이 확인된다. 그 후로 철조(鐵釣)·철촉(鐵鏃)·철겸(鐵鎌) 등 비교적 다양한 철기가 등장하였으나 농·공구류가 주류를 이루었고, 다른 지역과는 달리 철제 무기가 발달되지 못한 특징이 있다.

이에 대해서는 단순히 유적의 미발견 때문이 아니라 전남지방에 토광묘를 사용한 집단의 유입이 늦었거나 그 세력이 미약하였던 것으로 해석된다. 전남지방은 일상적인 철도자·철부·철괭이 등 농공구(農工具) 등이 주류를 이루는데 비해, 낙동강 유역에서는 일찍부터 무기류가 나타난다.217)

전남지역은 세련된 형태를 보이는 낙랑의 철기 제작 기법과는 달리 가장 원시적인 방법이 사용되는 등 자체적인 생산이 이루어졌다.218) 전남지역은 기원을 전후하여 철기가 본격적으로 제작되면서 청동기는 명맥만 유지하다가 사라지고 세형동검문화는 막을 내리게 되었다.

---

216) 영남지역의 B.C. 3세기~B.C. 2세기대의 물질문화는 질과 양 측면에 있어서 마한지역보다 뒤쳐졌지만, B.C. 1세기대에 오면 청동기뿐만 아니라 특히 철기문화에서 우위를 점하게 되었다. 이는 낙랑군의 설치와 함께 서북한 지역의 선진문화가 영남지역으로 유입되면서 초래된 현상으로 볼 수 있다.
217) 崔盛洛, 1993, 앞의 책, 247쪽.
218) 최성락, 1993, 위의 책, 203쪽.

전남지역의 철기문화 확산 과정은 해남 군곡리 유적을 통해서 살펴볼 수 있다. 군곡리 유적은 1986년부터 1988년에 걸쳐 목포대 박물관이 조사하였는데, 백포만에 돌출된 해발 27.8m의 해안 구릉에 위치하며 시기별로 5기층으로 구분되고 있다. 군곡리 유적의 제Ⅱ기층에서는 손칼(刀子)·도끼(斧)·화살촉·낫·송곳 등의 철제류가 출토되어 철기문화의 확산을 보여준다.[219]

한편 전남지역을 비롯한 삼한사회는 노천에서 가마를 제작하던 단계에서 벗어나 굴가마가 사용되고, 회전판을 이용하여 다양한 기종의 토기를 대량 생산할 수 있게 되었다. 또한 섭씨 1000℃ 이상의 고열로 구운 단단한 토기들이 대량 생산되었는데, 경질무문토기와 타날문토기 등을 들 수 있다.

무덤의 축조 형태도 토광묘(목관묘와 목곽묘)가 일반화 되었는데, 서남부지역에서는 주구를 가진 토광묘(주구 토광묘)가 등장하였다. 그 반면에 동남부지역에서는 기원후 2세기 중엽 무렵에 목관묘에서 목곽묘로 변화가 일어났다.

전남지역은 영산강 유역을 중심으로 옹관묘와 토광묘(목관묘)가 공존하다가 3세기 후반 이후 옹관묘가 대형화 되었다. 영광 군동 유적의 주구토광묘의 연대가 B.C. 3세기 중엽 이전을 상한으로 하고, 그 하한이 A.D. 2세기 무렵까지 해당되는 사실이 참조된다.

당시 사람들이 살았던 집자리는 청동기시대와 마찬가지로 움집이 대

---

[219] 제Ⅰ기층에서는 공열토기와 단면원형 점토대토기, 제Ⅲ기층에서는 복골과 토제 曲玉, 제Ⅳ기층에서는 단면삼각형 점토대토기, 제Ⅴ기층에서는 단면삼각형 점토대토기류 외에 와질토기류가 주로 출토되었다. 해당 유적의 시기를 보면 제Ⅰ기층은 단면원형 점토대토기로 보아 B.C. 3세기를 전후한 시기, 제Ⅱ기층은 B.C. 2세기를 전후한 시기에서 A.D. 1세기 중엽까지, 제Ⅲ기층은 A.D. 1세기 후반, 제Ⅳ기층은 A.D. 2세기 전반, 제Ⅴ기층은 A.D. 3세기 전반 무렵으로 추정하고 있다.

부분이었으나, 움 깊이가 얕고 지상가옥이 나타나기 시작하였다. 광주 오룡동 유적에서는 집자리 24채가 조사되었는데, 대부분이 구릉의 한쪽 경사면을 이용해 집단을 이루면서 하나의 마을을 이루었다.

집자리의 구조는 방형이나 장방형의 형태를 이루며, 내부의 북쪽에 치우쳐서 화덕자리(爐址)를 갖고 있다. 또한 바닥은 두께 2cm 내외로 흑갈색 점토에 적갈색 소토를 섞어 다지고, 벽면에는 두께 2~2.5cm의 점토를 발랐으며, 집자리 내부에 벽선을 따라 도랑을 갖고 있는 것이 적지 않다.

삼한 사람들의 주거지는 A.D. 4세기~5세기대에 조성된 무안 양장리 유적 단계에 이르면 수혈집자리와 함께 지상가옥에 쓰인 건축부재가 다량 출토되는 등 고상가옥이 보편화되기에 이른다.[220] 신석기시대에서 청동기시대까지는 사람들이 움집에서 거주하였으나, 삼한시대에 이르러 농경사회에 적합한 지상주거의 목조건축에서 생활하게 되었다.

전남지역은 철기문화 확산에 따라 다양한 철제 도구의 사용, 주거 환경 및 묘제의 변화, 토기 제작 방식의 개선 등이 일어났다. 그러나 전남지역의 토착사회는 국가 형성의 전체적인 면에서 볼 때 다른 지역의 발전상황에 비하여 상대적인 정체 상태에 머물러 있었다.

전남지역을 비롯한 한반도 일대는 A.D. 100~250년 사이에 한랭기로 접어들어, 냉해가 극심해지고 곡물 생산량이 급감하는 등 사회경제적 위기에 직면하였다. 내륙에서 농사를 짓던 사람들이 해안으로 터전을 옮기게 되면서 바다를 이용한 해양자원의 이용이 증가하게 되었다. 이와 관련하여 기원을 전후하여 남해안 지역에 패총이 다시 늘어나는 현상이 참조된다. 또한 해양 자원의 활용과 더불어 해로(海路)를 이용한 활발한 교역이 이루어졌는데, 전남지역의 경우 해남 군곡리와 여수 돌산 및 거문

---

220) 李榮文·李正鎬·李暎澈, 1999,『務安 良將里 遺蹟』, 木浦大學校 博物館.

도 패총에서 관련 유물이 발견된다.

해남 군곡리 패총에서 중국 신나라 때에 만들어진 화천(貨泉), 돌산 패총에서 철도자·철부, 거문도 패총에서 중국 화폐인 오수전(五銖錢)이 조사되었다. 그 외에 경남 사천 늑도 패총에서 반량전(半兩錢), 창원 성산 패총에서 오수전, 김해 패총에서 화천이 각각 확인되었다. 또한 제주도 산지항에서도 중국계 동전들이 한식경(漢式鏡)을 비롯한 여러 유물과 함께 출토된 바가 있고, 일본지역에서도 중국계 유물이 많은 유적에서 발견되었다.

중국 화폐가 출토된 지역과 패총이 발견된 지역을 연결하면 군현에서 한반도 남부의 해안을 거쳐 일본까지 연결된 고대의 무역로(貿易路)를 파악할 수 있다.[221] 낙랑군 등의 중국 군현의 설치를 전후하여 한반도 서북부에서 일본에 이르는 해로(海路)가 만들어졌는데, 한반도 남부지역을 경유하여 일본 방면으로 새로운 철기문화가 유입되는 통로 역할을 하였다.

한반도의 서남해안은 조류(潮流)의 흐름이 매우 빠르고 방향의 편차가 심하여, 물길에 익숙한 개별적 해상집단이 각 지역의 해상권을 장악하였다.[222] 해남 군곡리 패총 등에서 화천(貨泉), 복골(卜骨) 등 중국계 유물이 다수 발견되는 것도 이와 무관하지 않다. 한반도와 중국을 잇는 고대 항로는 전북 완주 상림리에서 발견된 도씨검(桃氏劍)을 통해 볼 때 늦어도 B.C. 4세기~B.C. 3세기 무렵부터 열려 있었다.[223]

이 바닷길의 중간 지점에 위치한 군곡리, 돌산도와 거문도, 사천 늑도는 문화의 이동 통로였고,[224] 해상세력들은 지정학적 이점을 이용하여 중개

---

221) 지건길, 1990, 「南海岸地方 漢代貨幣」, 『창산김정기박사화갑기념논총』, 534쪽.
222) 尹明喆, 1998, 「서해안일대의 환경에 대한 검토」, 『부안 죽막동 제사유적 연구』, 국립전주박물관, 111쪽.
223) 全榮來, 1976, 「완주 상림리 출토 中國式銅劍」, 『전북유적조사보고』 5, 11쪽.

무역과 대외교섭을 주도하면서 성장하였다. 또한 중국 화폐가 발견된 군곡리와 거문도 등은 중간 기항지의 역할과 무역시장이 개설된 국제적인 교류의 무대가 되었다.

전남을 비롯한 삼한지역의 사람들은 한랭기가 초래한 가혹한 생활환경 속에서도 철제 도구의 발전과 도작농경의 확대 및 수리시설의 확충 등을 통해 사회발전을 가속하였다. 그 와중에 점차 지역별로 정치적 구심체가 등장하고 소국 간의 연맹체가 형성되기 시작하였는데,225) 삼한사회의 수장으로 대두한 인물이 목지국의 진왕이었다.

진왕의 실체에 대해서는 잘 알 수 없지만, 삼한의 여러 소국과 종주(宗主)·부용(附庸) 관계를 토대로 군현과의 대외교섭에 있어서 주도적인 역할을 한 것으로 보고 있다.226) 진왕이 삼한사회를 대표하여 군현과 교류하면서

> A. 진왕은 목지국을 통치한다. 신지(臣智)에게는 간혹 우대하는 호칭인 신운견지보(臣雲遣支報) 안야축지(安邪踧支) 분신리아불례(濆臣離兒不例) 구사진지렴(拘邪秦支廉)의 칭호를 더한다. 그들의 관직에는 위솔선(魏率善)·읍군(邑君)·귀의후(歸義侯)·중랑장(中郎將)·도위(都尉)·백장(伯長)이 있다.227)

라고 하였듯이, 마한 신운신국(臣雲新國)·변진 안야국(安邪國)·마한 구사진지렴(拘邪秦支廉)·변진 구야국(拘邪國) 등 몇몇 소국의 군호(君號)를 겸한 것은 그 사실을 반영한다.228)

---

224) 최성락·이해준, 1986, 「해남지방의 문화적 배경」, 『해남군의 문화유적』, 14쪽.
225) 李賢惠, 1997, 「삼한의 정치와 사회」, 『한국사』 4, 국사편찬위원회, 264쪽.
226) 李丙燾, 1976, 「'蓋國'과 '辰國'問題」, 『韓國古代史硏究』, 박영사, 240~241쪽.
227) 『三國志』 권30, 魏書30, 烏丸鮮卑東夷傳, 韓.
228) 李基白·李基東, 1982, 앞의 책, 94쪽.

그러나 진왕(辰王)은 자체의 권력 기반과 통치조직을 통하여 삼한사회를 지배한 것이 아니라, 삼한 소국과 군현 사이의 대외교섭을 주도하면서 성장하였다. 진왕의 영향력은 군현이 약화되면서 마한 중심의 교역권이 붕괴되고, 철기 보급을 통하여 각 지역별로 새로운 교역의 대상과 중심지가 대두되면서 약화되었다.229) 한반도 남부지방의 토착세력에 대한 진왕의 영향력이 발휘된 것은 2세기 중반까지였으며 그 이후에는 상징성 정도만 유지되었다.230)

진왕의 권위는 순망치한(脣亡齒寒)의 관계에 있던 낙랑군이 2세기 중엽에 이르러 쇠퇴하며 날로 약화되었고, 삼한 각지의 토착세력은 그 영향력에서 벗어나 독자적인 발전을 꾀하였다. 진왕의 영향력 약화와 더불어 백제와 신라가 유력한 세력으로 등장하기 시작하였다.231) 그에 반비례하여 삼한사회에 대하여 영향력을 발휘하던 진왕의 권위는 약화되었고, 백제와 신라 및 가야가 두각을 나타내며 그 수장이 진왕의 역할을 대신하기 시작하였다.232)

한편 전남을 비롯한 한반도 서남부지역 토착사회의 발전 양상은 당시의 모습을 기록하고 있는 『삼국사기』백제본기와 『삼국지』한전의 사료

---

229) 李賢惠, 1984, 『삼한사회 형성과정 연구』, 일조각, 171쪽.
230) 文安植, 2002, 『백제의 영역확장과 지방통치』, 신서원, 38쪽.
231) 예컨대 백제의 경우 2세기 중엽에 이르면 목지국과 더불어 유력한 小國으로 부각되었다.『後漢書』韓傳에는 "韓은 모두 78개 나라로서 伯濟는 그 중의 하나이다"라고 하여 각 소국들의 명칭은 생략하였지만, 백제를 특별히 언급하고 있다. 마한의 여러 소국 가운데 伯濟國을 거명한 것은 목지국과 함께 마한의 유력한 소국으로 인식된 것을 반영한다(文昌魯, 2005, 「마한의 세력 범위와 백제」, 『한성백제총서』, 87쪽).
232) 이와는 달리 辰王의 실체를 後漢 이후 혹은 3세기 초 帶方郡 설치와 더불어 군현의 韓族對策에 대응하여 토착세력 사이의 이해를 조정하면서 대외교섭권을 장악한 在地機關의 수장으로 보는 견해도 없지 않다(武田幸男, 1994, 「魏志東夷傳における馬韓」, 『文山金三龍博士古稀紀念論叢』, 355쪽).

에 큰 차이가 있다. 『삼국사기』에 따르면 백제는 시조 온조왕 27년에 이미 마한을 멸망시켰고, 3세기 중엽의 고이왕 때에는 6좌평제와 16관등제가 확립될 만큼 완비된 국가체제를 가진 것으로 되어 있다.

그러나 『삼국지』 동이전 한조에 의하면 마한이 3세기 중엽까지 존재하였고, 전남지역 역시 백제에 병합되지 않고 여러 소국들이 병립한 것으로 기술되어 있다.

이와 관련하여 초기 백제사를 연구하는 관점은 『삼국사기』 백제본기를 이해하는 방식에 따라 부정론(허구론), 신빙론(긍정론), 수정론(절충론) 등이 있다. 허구론은 일제시대에 진전좌우길(津田左右吉) 등의 일본인 학자들이 주로 제기하였다. 이들은 일본고대사 연구를 위한 기초작업의 일환으로 백제사를 연구하여 12대 계왕 이전의 사료는 조작된 전설의 시대에 불과한 것으로 이해하였다.[233]

그 반면에 백제본기의 초기사료를 그대로 믿는 신빙론은 백제가 온조왕 때에 마한 전역을 차지한 것으로 이해한다. 또한 백제는 2세기 말에 이르러 낙랑보다 강력한 지배권을 행사하게 되었고, 3세기 중엽에 이르면 고이왕의 내정개혁을 통하여 중앙집권적인 전제왕국이 형성된 것으로 보고 있다.[234]

수정론은 백제본기의 초기기록 중에서 고이왕 때부터의 사료는 믿을 수 있는 것으로 파악한다. 또한 백제가 연맹왕국으로 성장한 것은 3세기 중엽에 있었던 중국군현과의 무력충돌이 계기가 되었으며, 280년 이래 몇 차례에 걸친 서진(西晉)과의 통교는 연맹왕국 완성의 한 표징(標徵)으

---

[233] 津田左右吉, 1921, 「百濟における日本書紀記錄」, 『滿鮮地理歷史硏究報告』 8 ; 太田亮, 1928, 『日本古代史新硏究』 ; 今西龍, 1934, 『百濟史硏究』, 近澤書店.
[234] 李鍾旭, 1976, 「百濟의 國家形成―三國史記 百濟本紀를 중심으로―」, 『大邱史學』 11 ; 金元龍, 1975, 「百濟建國地로서의 한강하류지역」, 『百濟文化』 7·8合 ; 崔夢龍, 1985, 「한성시대 백제의 도읍지와 영역」, 『진단학보』 60.

로 보고 있다.235)

백제의 성장 과정은 『삼국사기』의 초기기록에 대한 이해 방식에 따라 연구자 별로 큰 차이가 있다. 그러나 백제가 안성천을 넘어 노령산맥 이북의 전북지역을 석권한 것은 비류왕대로 보고 있으며, 전남지역은 그 다음의 근초고왕대에 이르러 복속된 것으로 이해하는 것이 일반적이다.236) 또한 백제의 직접적인 지배력이 전남지역에 미친 시기를 6세기 중엽으로 보는 견해도 없지 않다.237)

그에 앞서 백제는 313년에 군현이 축출된 후 건국 이래 숙적이었던 영서(嶺西)의 말갈세력(靺鞨勢力)238)을 복속하였으며, 말갈세력을 제압한 후 마한과 경계가 되었던 안성천을 넘어 차령산맥과 금강 유역을 거쳐 호남평야 일대까지 석권하였다.239)

백제가 천안 일대의 목지국과 익산지역의 건마국 등 마한의 중심세력을 복속한 시기는 거의 차이가 없었다. 이는 백제가 전북 김제지역에 진출하여 벽골제를 320~350년경에 축조한 것에서도 입증된다.240) 따라

---

235) 李丙燾, 1936, 「三韓問題의 新考察」, 『震檀學報』 6 ; 李基白・李基東共著, 1982, 『韓國史講座Ⅰ』 고대편, 일조각, 137쪽 ; 金哲埈, 1982, 「百濟建國考」, 『百濟硏究』 특집호 ; 盧重國, 1988, 『百濟政治史硏究』, 일조각.
236) 李丙燾, 1976, 앞의 책, 512~515쪽.
237) 林永珍, 1997, 「호남지역 석실분과 백제의 관계」, 『호남고고학의 제문제』, 21회 한국고고학전국대회, 58쪽.
238) 본서에서 말하는 말갈이란 『三國史記』 百濟本紀에 보이는 말갈세력을 의미한다. 이들은 영서지역에 거주하던 토착집단이었다. 영서 말갈의 공간적 범위는 남・북한강 유역과 태백고원 지대라 할 수 있는데, 이 지역은 고구려 계통의 무기단식 적석총의 조영지와 대략 일치한다. 그러나 백제의 영향력 확대로 영서지역에 적석총이 축조된 것은 아니었고, 말갈인들 역시 백제의 건국 주체와 동일한 고구려계 유이민 집단이었다(文安植, 2000, 「百濟의 領域擴張과 邊方勢力의 推移」, 동국대 대학원 박사학위논문, 103~104쪽).
239) 文安植, 2002, 앞의 책, 230쪽.
240) 尹武炳, 1992, 「김제벽골제 발굴보고」, 『백제고고학연구』, 학연문화사, 362쪽.

서 전남지역의 토착세력은 아무리 빨라도 4세기 중반까지는 백제와 무관하게 독자적인 발전을 지속하였다.

제2장 백제의 발전과
마한 토착사회의 동향

Ⅰ. 중국군현의 설치와 전남지역의 변화

1. 신미국의 발전과 연맹체 형성

 한반도 서남부에 위치한 마한의 소국들이 백제의 지배를 받기 시작한 것은 4세기 초반에 이르러 군현이 축출된 이후였다. 백제가 진출하기 이전까지 마한지역의 토착사회는 독자적인 세력을 유지하였다. 그러나 전남지역 토착사회는 연맹체 형성의 징표가 잘 보이지 않는다.

 한반도 남부지역은 옹관묘·토광묘 및 석곽묘 등을 축조한 여러 집단이 공존하는 시기가 오랜 동안 지속되었다. 이들은 처음에는 공존하였지만 차츰 지역별로 다르게 그 세력을 확대해 나갔다. 낙동강 유역은 토광묘를 중심으로, 전남지방에서는 옹관묘를 중심으로 독자적인 지배층을 형성하였다.[1]

 전남지역 고대문화의 지표가 되는 고고학적 자료는 옹관고분을 들 수 있다.[2] 옹관고분은 다른 지역에서는 유례를 찾아볼 수 없는 영산강

---

1) 崔盛洛, 1993, 『한국 원삼국문화의 연구-전남지방을 중심으로』, 학연문화사, 252쪽.
2) 옹관묘는 흙으로 빚어 구운 용기를 가지고 주검을 묻은 것으로 세계 각지에서 발견되며 시기와 지역에 따라 다양한 모습을 띤다. 용기가 대부분 항아리모양의 토기이므로 옹관묘 또는 독무덤이라 하며 기와를 쓴 것을 와관묘, 상자모양을 도관, 화장용기를 골호 또는 뼈단지라 하여 구별하기도 한다. 일반적으로 옹관묘

유역 특유의 묘제이다. 옹관고분은 초대형의 전용 옹관을 사용하고 규모가 큰 분구를 조성하였는데, 일상용 소형 항아리를 사용하고 분구의 흔적이 거의 없는 옹관묘와는 질적으로 다르다. 또한 삼국 및 가야지역의 왕릉급 고분과 비교하여 분구의 규모는 비견되지만, 축조 양식은 완전히 다른 면모를 보여준다.

옹관고분의 분포 범위는 영산강 유역의 중심지인 나주와 영암을 위시로 하여 함평·무안·담양·화순·광주와 강진·영광 일대까지 걸쳐 있다. 특히 화순[3]과 함평[4]에서는 B.C. 2세기경 마한 초기단계의 대표적인 청동유물이 일괄적으로 출토되어 일찍부터 몇 개의 세력이 전남지역에 자리 잡고 있었음을 보여준다.

전남지역에서 옹관고분이 주로 축조된 지역은 영산강 유역이 해당되는데, 매장형태를 보면 가족묘와 공동묘의 형태를 유지하였다. 이는 권력을 집중하여 강력한 영도력을 발휘하는 수장이 존재하지 못했음을 의미한다. 또한 전남지역은 농경을 기반으로 한 공동체의식이 다른 지역보다 오래 지속되었다.

전남지역 토착세력 사이의 분립성은 특정세력이 확고한 지배력을 행사하여 연맹체 수장으로 성장하지 못하였고, 그 밖의 주변세력 역시 나름의 발전을 이루면서 독자적인 자율성을 확보하였기 때문에 나타난 특징이다. 이러한 모습은 다른 지역의 고분이 점차 대형화되면서 다량의 철제 무기와 마구(馬具)가 출토되는 것과 비교하여 큰 차이가 있다.[5]

는 죽은 유아나 어린이용 또는 딸린무덤으로 사용되었다. 그런데 영산강 유역에서는 성인용으로 크게 유행하면서 매장전용의 독을 만들어 썼고 대형의 봉토 속에 묻힌 점에서 특별하다. 즉 대형의 봉토를 가진 소위 고총고분이 축조되던 시기에 영산강 유역에서는 매장주체 시설이 전용 독널로 된 옹관고분이 축조되었다.

3) 趙由典, 1984,「전남 화순 靑銅遺物一括出土遺蹟」,『尹武炳博士華甲紀念論叢』.
4) 李健茂·徐聲勳, 1988,『함평 초포리유적』, 국립광주박물관.

영암 옥야리고분군 옥야리 상촌 마을의 북쪽에 동서로 뻗어 마을을 감싸고 있는 구릉에 있는 무덤들로, 남해포로 가는 옛 도로의 양쪽에 분포한다. 봉분의 형태는 긴 타원형이고, 영산강 유역 독무덤의 일반적인 양식과 마찬가지로 봉분 자락에 도랑이 둘러져 있다. 옥야리 고분들은 3세기 후반에서 4세기 후반에 걸쳐 형성된 것으로 추정된다.

 한편 섬진강 유역과 보성강 유역을 비롯한 전남 동부지역은 산악지대가 펼쳐져 있는데, 서부의 영산강 유역과는 자연 지형에 의해 구분되고 단절되었다. 따라서 전남지역 고대사회는 동부와 서부의 교류가 활발하지 못했으며, 그 문화도 각기 다른 색깔을 보인다.

 전남의 서부지역은 3세기 후반에 이르러 영산강 유역을 중심으로 하여 옹관분(甕棺墳)이 대형화되는 고총고분(高塚古墳) 단계로 발전하기 시작하였지만,[6] 동부지역은 3세기~4세기 무렵에 축조된 고총고분이 발견되지 않고 있다. 전남 동부지역은 서부지역에 비하여 세력의 결집이 미약하

---

 5) 현재까지 옹관고분의 조사에서 馬具는 전혀 보이고 있지 않다. 이러한 양상은 옹관고분을 이어서 축조되는 백제계 석실분에서 馬具가 빈번하게 출토되고 있는 것과는 큰 차이를 보인다(成洛俊, 1993, 「원삼국시대」, 『전라남도지』 2, 294쪽).
 6) 안승주, 1983, 「백제 옹관묘에 관한 연구」, 『百濟文化』 15, 32쪽.

였으며, 그만큼 토착세력의 성장도 뒤쳐졌다.

전남지역의 토착사회는 서부지역과 동부지역 사이에 발전의 격차가 뚜렷하고, 두 지역을 망라할 수 있는 권력집단이 형성되지 못하였다. 다만『진서(晉書)』장화전(張華傳)에 의하면

> A. 동이(東夷) 마한(馬韓)의 신미제국(新彌諸國)은 산에 의지하고 바다를 끼고 있었으며 유주(幽州)와 4천여 리(里)였는데, 역대로 내부하지 않던 20여 국이 함께 사신을 보내 조공을 바쳐왔다.7)

라고 하였듯이, 신미국(新彌國)이 주변의 20여 소국을 이끌고 진(晉)과 접촉한 사실이 기록되어 있다.

사료 A는 진(晉)의 통일과 유주자사(幽州刺史)로 임명된 장화(張華)의 적극적인 대외정책의 추진으로 접촉이 단절되어 있던 신미국 등이 다시 조공관계를 맺게 된 사실을 전한다. 신미국의 실체에 대해서는 전남지역 토착집단의 맹주세력으로 보고 있으며,8) 전남지역의 20여 소국은 신미국을 중심으로 연맹체를 형성하였을 가능성이 높다.

신미국의 위치는 전남지역 고대사회의 중심지인 영암 시종면과 나주 반남면 일대로 추정하였다. 최근에는 그 위치를 해남군 현산면 일대로 비정하는 견해가 제시되었다.9) 현산면 일대의 해상세력은 3세기 이전부터 교류의 파트너로서 중국사회에 알려져 있었으며,10) 전남지역 토착집단이 중국군현 및 주변집단과 접촉하는 구심체 역할을 수행하였다.

신미국이 문헌에 최초로 등장한 것은『삼국지』동이전 한전의 신운신

---

7) 『晉書』권36, 列傳6, 張華.
8) 盧重國, 1988,『백제정치사연구』, 일조각, 119~120쪽.
9) 李道學, 1995,『백제 고대국가 연구』, 一志社, 350쪽.
10) 姜鳳龍, 1999,「3~5세기 영산강유역 '甕棺古墳社會'와 그 성격」,『歷史敎育』69.

국(新雲新國)이다. 신미국과 신운신국의 관계에 대해서는 정확한 계승관계를 알 수 없지만, 목지국의 진왕(辰王)을 우대하는 호칭인 "신운견지보(臣雲遣支報) 안야축지(安邪踧支) 분신리아불례(濆臣離兒不例) 구야진지렴(拘邪秦支廉)"에 보이는 신운견지보와 관련된 것으로 짐작된다. 이를 구체적으로 살펴보면 신운신국의 견지(=험측), 변진 안야국의 축지(=신지), 신분활국의 불례(=번예), 변진 구야국의 진지(=신지)로 이해된다.[11]

신운신국은 영산강 하류의 나주 부근으로 추정하기도 하지만,[12] 후대에 보이는 신미국과 관련하여 해남 백포만 일대가 아닌가 한다. 또한 안야국과 구야국은 각기 낙동강 하류의 함안과 김해로 추정되며, 이들을 신지로 칭한 것은 신운신국의 견지=험측보다 세력이 컸음을 의미한다.

중국군현은 삼한사회의 수장층 중에서 세력이 큰 사람은 신지, 그 다음은 순서대로 견지·읍차·부례라고 하였다. 신운신국의 수장을 견지=험측이라 칭한 것으로 볼 때, 그 세력이 한강 하류지역의 백제국이나 낙동강 하류지역의 금관가야에 미치지 못했음을 알 수 있다. 신운신국을 대표하는 수장층의 권력뿐만 아니라 전남지역의 사회경제 생활 역시 한강 하류지역이나 낙동강 유역의 토착사회에 미치지 못하였다.

전남지역 토착사회의 모습은 소국을 대표하는 주수(主帥)가 있었을지라도 읍락에 뒤섞여 살았기 때문에 통치기강이 확립되지 못한 상황이었다. 당시의 중국인들은 삼한사회를

 B. 거처는 초가에 토실(土室)을 만들어 사는데, 그 모양은 마치 무덤과 같았으며, 그 문은 윗 부분에 있다. 온 집안 식구가 그 속에 함께 살며, 장유와 남녀의 구별이 없다.……그 나라 북방의 (중국) 군(郡)에

---

11) 李丙燾, 1959, 『韓國史(古代篇)』, 진단학회, 300쪽.
12) 李丙燾, 1959, 위의 책, 300쪽.

가까운 제국(諸國)은 그런대로 약간의 예속이 있지만, 멀리 떨어져 있는 지역은 흡사 죄수와 노비가 모여 사는 곳과 같다.13)

라고 기록하였는데, 군현에서 멀리 떨어진 전남지역 등은 한강 유역의 백제보다는 사회경제와 문화생활이 낙후되었다.

그러나 전남지역의 토착사회는 3세기 후반에 이르러 변화를 겪게 되었다. 낙랑군의 축출 이전에 백제를 포함한 한족세력(韓族勢力)의 대중교섭(對中交涉)은 군현과의 교류나 이를 매개로 하는 것이 일반적이었다. 다만 261년의 사실을 적기한 "낙랑이한예맥(樂浪夷韓濊貊)이 각각 그들의 종속(種屬)을 거느리고 와서 조공하였다"14)의 사료를 통하여 한족세력이 군현을 통한 간접적인 교역에 만족하지 않고 위(魏)나라 본국까지 왕래하였고, 본격적인 원거리 교섭에 참여한 것으로 보기도 한다.15)

그러나 한족세력의 대중관계(對中關係)는 군현을 대상으로 하여 전개되는 것이 일반적이었다. 한족세력(韓族勢力)의 중국에 대한 조공은 한반도에 설치된 낙랑 등의 군현을 예방하는 것으로 시작되었고, 군현은 이들을 맞이하여 그 업무를 주관하였다. 군현은 토착세력의 국왕이라든가 정사(正使) 또는 차사(次使)가 격식을 갖추고 조공 사절을 이끌고 온 경우를 제외하고는 황제의 대리자 위치에서 자체적으로 업무를 처리하였다.16)

조위(曹魏)를 계승한 진(晉)이 낙랑군과 대방군을 관할하면서 삼한사회는 큰 전환기를 맞이하게 되었다. 한반도에 위치한 낙랑과 대방도 유주(幽

---

13) 『三國志』 권30, 魏志30, 東夷傳, 韓.
14) 『三國志』 魏書, 三小帝紀4, 陳留王 景元 2年.
15) 金壽泰, 1998, 「3세기 중·후반 백제의 발전과 馬韓」, 『마한사연구』 백제연구논총 6, 충남대 백제연구소, 196쪽.
16) 權五重, 1992, 『낙랑군연구』, 일조각, 162~163쪽.

州)의 관할 하에 있었다. 진(晉)은 274년에 요서(遼西), 요동(遼東), 한반도에 이르는 지역을 분할하여 평주(平州)를 설치하였다. 그리고 평주를 관할하는 평주주사(平州刺史)와는 별도로 동이교위(東夷校尉)를 두어 주변에 있던 이민족과의 교섭을 전담하게 하였다.

위(魏)는 촉(蜀)·오(吳)와 대치한 상황에서 남방물자에 큰 관심을 가졌던 반면에, 서진(西晉)은 280년 대륙을 통일하면서 중국 자체 내에서 물자를 자급할 수 있게 되어 대외교섭의 필요성이 감소되었다.17) 삼한의 토착세력은 중국 군현에서 공급되는 교역품의 감소와 외래 물품에 대한 수요 증대로 한반도를 벗어나 진(晉)에 견사(遣使)하는 원거리 국제교역에 나서게 되었다.18) 삼한의 각 소국은 276년에 마한(馬韓)이 진(晉)에 사절을 보낸 것을 시작으로 290년까지 여러 차례에 걸쳐 조공을 하였다.

삼한의 소국들이 사절을 파견한 곳은 진(晉)의 수도가 아니라, 요동의 양평(陽平)에 있던 동이교위부(東夷校尉府)였다. 이는 삼한사회가 낙랑군과 대방군을 통한 교역에 만족하지 않고, 요동까지 왕래함으로써 본격적인 원거리 국제교역에 참여하였음을 뜻한다.19)

마한의 경우 『진서(晉書)』 등에 의하면 총 17회에 걸쳐 동이교위부에 조공하였으며, 조공국의 숫자 또한 연도에 따라 상당한 차이를 보이고 있다. 마한의 중심세력이었던 목지국이나 백제 등 특정 국가의 조공관계만이 아니라, 다른 국가의 사례도 함께 기록되었을 가능성이 높다.

서진(西晉)에 사절을 보낸 마한세력은 한강 하류지역의 백제를 비롯하여 각 지역의 소국들이 포함되었다. 태강(太康) 연간(280~289)에 이루어진 대외교섭 중에서 277~281년까지는 백제국 중심의 마한, 282년부터는

---

17) 宣石悅, 2001, 『新羅國家成立過程研究』, 도서출판 혜안, 104쪽.
18) 李賢惠, 1998, 『한국고대의 생산과 교역』, 일조각, 290쪽.
19) 李賢惠, 1998, 위의 책, 290쪽.

신미국 등 영산강 유역 토착세력으로 보고 있다.20) 신미국이 교섭에 적극적으로 나선 것은 외래 교역품에 대한 수요 증가를 원거리교역을 통하여 해결하려고 했기 때문이다.

신미국이 동이교위부로 사절을 보낼 수 있었던 것은 토착사회의 성장이 이루어졌기 때문에 가능하였다. 그러나 장화(張華)가 282년에 유주(幽州)를 담당하는 책임자로 임명되어 동방지역에 대한 적극적인 무납정책(撫納政策)을 추진한 것도 다른 원인이 되었다. 신미국은 서남해의 바닷길을 통제할 수 있는 해남 백포만에 위치한 지정학적 조건을 이용하여 주변 소국들의 대외교섭을 주선·통제하면서 성장하였다.21)

신미국은 3세기 후반에 이르러 전남지역 토착집단의 중심세력으로 발전하였고, 그 수장은 대외교섭을 관장하면서 '신미제국(新彌諸國)' 연맹체사회를 대표하는 위상을 갖게 되었다. 또한 신미국은 『삼국지』왜인전의 '국국유시(國國有市) 교역유무(交易有無)'라는 기록과 같이, 전남지역 토착사회의 읍락 상호간의 물자교역이 이루어지는 교역의 중심무대가 되었다.

신미국은 전남지역의 토착사회를 대표하여 진(晉)과의 원거리 대외교섭을 주도하였다. 진(晉)은 만리장성 외곽에 있는 동북의 변방지역에 유주(幽州)를 설치하였는데, 그 후 요서와 요동 및 한반도에 이르는 지역을 분할하여 별도로 평주(平州)를 두었다. 또한 평주를 관할하는 평주자사(平州刺史)와는 별도로 동이교위를 두어 주변에 있던 이민족과의 교섭을 전담하게 하였다.

해남반도의 신미국에서 출발하여 양평(陽平)의 동이교위부까지의 거리는 멀고도 험한 노정이었다. 삼한의 토착세력 중에서 위(魏)가 관할하던

---

20) 盧重國, 1990, 「목지국에 대한 일고찰」, 『백제논총』 2, 88쪽.
21) 李道學, 1995, 앞의 책, 349~352쪽.

대방군에 인수(印綬)와 의책(衣幘)을 착용하고 조알(朝謁)한 사람이 천여 명에 이를 정도였다.22)

그러나 한반도 서남해에서 요동의 동이교위부까지는 거리가 멀고 그만큼 위험부담도 컸기 때문에 교역활동의 조직화가 요구되었다. 또한 원거리 국제교역은 다량의 물품을 수집하고 관리할 수 있는 내부조직의 발달과 항해에 필요한 교통수단과 기술축적이 필요하였다.

신미국은 원거리 교역을 위한 조직과 기술을 갖추면서 정치권력의 집중화를 이루어 나갔다. 신미국은 동이교위부와 무역관계를 가질 정도의 확대된 정치체를 운영하면서 전남지역 토착사회의 맹주 역할을 하였다. 신미국은 백제국이나 사로국과 마찬가지로 원거리 국제교역을 위한 조직화된 전문적인 교역체계가 운용되었다.

신미국이 상당한 위험이 수반되는 장거리 여행을 무릅쓰고 토산물을 가지고 조공한 것은 상응하는 대가가 있었기 때문이다. 그것은 중국 정부만이 취급하는 일정한 물품을 획득하는 데 목적이 있었고, 조공(朝貢)과 하사(下賜)라는 형식을 통한 물자교역으로 경제적 이익이 보장되었기 때문이다.23)

신미국은 철(鐵)·포(布)·해산물(海産物) 등과 같은 원자재에 해당하는 물건을 가지고 가서 조공하였다. 동이교위부는 관직을 제수하는 동시에 인수(印綬)·의책(衣幘)·철제무기와 농기구·청동거울 등의 중국제 물품을 제공하였다. 이러한 물품들은 토착세력 수장층의 정치적인 권위를 높여주는 위신재(威信財)였다. 동이교위부와 신미국의 교섭은 중국측에서 보면 조공관계일 수 있지만, 한족세력은 원거리 교역이 주된 목적이었다.24)

---

22) 『三國志』 권30, 魏書30, 烏丸鮮卑東夷傳30, 韓.
23) 李賢惠, 1998, 앞의 책, 266쪽.

신미국의 성장을 중부지역에 자리 잡았던 마한세력이 전남지방으로 이동함으로써 생겨난 현상으로 보는 견해도 있다. 마한은 백제의 성장과 팽창에 따라 중심지를 이동하였는데, 그 방향은 북에서 남으로 즉, 직산→익산→영산강 유역 순으로 이루어진 것으로 보고 있다.25) 그러나 마한의 중심지 이동은 영도세력이 남하한 것이 아니라, 마한의 약화라는 시대적인 추세 속에서 백제와의 접경지대에서 보다 멀리 떨어진 변경세력이 새로운 주도집단으로 부각된 것으로 이해하는 것이 타당하다.

신미국은 철기문화의 확산과 더불어 군현세력의 재편, 백제의 성장과 같은 외적조건의 변화에 적응하면서 전남지역 토착사회의 연맹체 형성을 주도하였다. 이와 관련하여 전남지역의 분묘 형태가 3세기 중반까지 옹관묘와 토광묘(목관묘)가 공존하다가 3세기 후반에 이르러 옹관묘가 대형화되어 고총고분 단계로 발전한 사실이 주목된다. 옹관고분이 출현한 것은 여러 읍락 중에서 국읍(國邑)이나 별읍(別邑)이 출현하고, 그 내부에서 지배적인 친족집단이 분화되어 위계화(位階化)가 성립되었음을 반영한다.

한편 신미국의 수장은 연맹왕국의 통치자로『진서(晉書)』등에 주(主), 왕(王)으로 지칭된 백제의 국왕과는 권력의 성장도에서 큰 차이를 보인다.26) 신미국의 수장은 연맹체 내부의 소국 지배층을 압도하지 못하였고, 소국들도 각각의 국명을 갖는 등 독자성을 유지하였다.

---

24) 李鍾旭, 1993,『고조선사연구』, 일조각, 277쪽.
25) 盧重國, 1988,「마한의 성립과 변천」,『마한·백제문화』10, 35~38쪽 ; 崔盛洛, 1993, 앞의 책, 247쪽.
26)『晉書』에 보이는 3세기 후반 마한의 朝貢 史料에 대해서는 그 표현과 관계 없이 백제의 활동을 기록한 것으로 보는 것이 일반적이다(李基東, 1987,「마한영역에서의 백제의 성장」,『마한·백제문화』10, 62쪽). 그러나 그 기록을 백제가 아닌 마한에 관한 것으로 파악하기도 한다(兪元載, 1994,「晉書의 馬韓과 百濟」,『한국상고사학보』17).

신미국이 주도한 연맹체사회는 맹주국과 소국이 지배-피지배의 수직관계를 이루지 못하였고, 비록 힘의 우열은 있지만 수평관계를 이루었다. 다만 신미국은 주변 소국의 대외교섭과 무역활동 등을 통제하는 형태로 맹주국의 역할을 하였을 뿐이다.

그런데 신미국이 위치한 백포만 부근에서는 대형의 옹관고분이 발견되지 않고 있다. 그 대신에 백포리의 두모 패총과 송지면의 군곡리 패총, 화산면의 안호리 패총, 평호리의 대인동 패총 등이 남아 있다.27) 군곡리 패총 부근에서는 주거지와 야철지 및 토기 요지가 조사되었고, 남동쪽으로 500m 떨어진 군안골에서도 옹관묘가 발견되었다. 이곳에서는 전용옹관의 특징을 보이는 길이 2.2m의 합구식(合口式) 대형옹관이 발견되었고, 그 남쪽 고개 너머에 있는 미야리에서도 옹관묘군이 조사되었다.28)

그러나 이들 유적은 전남지역 연맹체사회의 영도세력이었던 신미국 수장층의 분묘로 보기에는 미흡한 면이 없지 않다. 이 때문에 백포만과 군곡리 일대를 대신하여 고총고분(高塚古墳)이 밀집된 해남 북일지역을 신미국의 근거지로 보기도 한다.29) 또한 함평 예덕리 만가촌 일대의 저평한 구릉상에 위치한 9기의 고분군을 신미국과 연관시켜 생각하기도 한다.30)

---

27) 崔盛洛, 1988,「해남지방의 선사유적-고분」, 108~111쪽.
28) 목포대학교박물관, 1989,『해남 군곡리패총』Ⅲ, 11쪽.
29) 李道學, 1995, 앞의 책, 351쪽.
30) 이곳에서는 외형상으로 관찰된 9기의 고분 외에 3기 이상의 분구가 추가로 확인되었다. 특히 7호분의 주구 퇴적토에서 조사된 대형 합구식 옹관은 外反長頸甕을 이용한 것으로 영산강 유역의 옹관묘 중에서 비교적 빠른 유형에 속한다. 이로 보아 7호분이 축조된 연대는 2세기대까지 상정할 수 있으며, 나머지도 3세기를 벗어나지 않기 때문에 영산강 유역에서 가장 빠른 단계의 대형고분이라고 한다 (林永珍, 1996,「咸平 禮德里 萬家村古墳과 榮山江流域 古墳의 周溝」, 제39회 전국 역사학대회 발표요지).

2. 낙랑·대방의 축출과 토착사회의 변모

1) 서남해지역 토착사회의 동향

낙랑군과 대방군은 4세기를 전후하여 토착세력에 대한 분할정책을 구사하거나 조공관계 등을 통괄하던 역할이 상실되어 갔다. 서신(西晉)은 혜제(惠帝 : 재위 290~306) 때에 이르러 '팔왕의 난(八王의 亂)'으로 불리는 왕실의 골육상잔이 일어나고, 그 여파로 혜제가 죽고 회제(懷帝)가 즉위하였다. 진(晉)의 변방통치가 약화되면서 이민족의 봉기가 잇달았다. 진(晉)의 이민족 통치가 약화되자 요동지역의 경우도 선비족(鮮卑族)과 고구려가 세력을 확장하였다.[31]

이와 같은 정세변화는 한반도에 위치한 낙랑과 대방군에도 당연히 영향을 미쳤다. 3세기 초에 설치된 이후 한(韓)과 왜(倭)에 대한 조공(朝貢) 등을 관장[32]하던 대방군은 세력이 약화되고 말았다. 한족세력(韓族勢力)은 진(晉)이 남천(南遷)한 직후 동이교위부(東夷校尉府)마저 붕괴되면서 대외교섭이 불가능하게 되었고, 낙랑과 대방 일대는 주민의 반독립적인 거주지역으로 변모되어 갔다.[33] 또한 한반도 서남해안을 이용하여 빈번하게 이루어졌던 공식적인 대외교섭과 문화의 이동도 일시적인 정체상태로 접어들었다.

---

31) 孔錫龜, 1998, 『高句麗 領域擴張史 硏究』, 서경문화사, 21쪽.
32) 3세기 초반에 대방군이 설치되면서 고구려의 남하에 대한 견제는 낙랑군, 한족세력에 대한 관계는 대방군에서 전담하는 분담형태를 취하였다. 그러나 대방군의 설치는 고구려의 후방의 견제, 남방 한족세력과의 교섭창구 확보에 있었다. 따라서 한족 토착세력의 對郡縣關係는 대방군에서 전담하였다(文安植, 2002, 『백제의 영역확장과 지방통치』, 신서원, 40쪽).
33) 낙랑과 대방군의 멸망 이후 兩郡地域에 대한 고구려의 지배형태는 고고학적 자료를 통해서도 알 수 있다. 즉, 357년에 축조된 안악 3호분과 408년에 축조된 덕흥리 고분의 주인공의 정치적인 위상을 통해서 이해할 수 있다. 안악 3호분의 주인공이 반독립적인 상태였다면, 덕흥리 고분의 주인공은 고구려의 통제를 받는 상황이었다고 한다(孔錫龜, 1990, 『백제연구』 21, 충남대 백제연구소).

이는 마한지역에서 출토된 중국제 청자 등의 고고자료를 통해서도 증명된다. 3세기 후반의 것으로 알려진 몽촌토성 출토 전문도기(錢文陶器), 홍성 신금성 출토 전문도기, 익산 태봉사지 출토 서진경(西晉鏡) 등의 중국제 위신재(威信財)는 마한의 소국들이 독자적인 교역이나 조공 등을 통해서 구입한 것이다.

그러나 4세기 이후의 동진제(東晉製) 물품은 몽촌토성, 풍납토성, 석촌동고분군에서 출토된 사례가 많으며 원주 법천리, 천안 화성리 등지에서도 발견된다. 이들은 백제 중앙에 의해 수입된 후 지방의 토착세력에게 분배된 것이다.[34]

백제가 영산강 유역을 차지한 것은 4세기 후반 근초고왕의 경략을 통해서 이루어졌다. 따라서 영산강 유역의 토착세력은 백제를 통하여 선진적인 문화를 수입할 수 없었고 공식적인 외교무대에서 배제되었다. 다만 영산강 유역 토착세력은 중국, 가야, 왜국으로 이어지는 재래의 항로를 통하여 상당기간 동안 사적인 교역관계를 지속하였을 뿐이다.

군현이 한반도에서 축출되면서 그 옛 땅은 고구려의 직접적인 지배영역에 편입되기보다는 반독립적인 상태의 주거집단으로 변모하였고, 중국계 호족들은 본국과 지속적인 상업 관계를 유지하였다. 중국계 호족의 무역 활동은 비단 백제에만 국한되지 않고, 전 시대를 계승하면서 서남해 지역의 토착세력들과도 계속적으로 유지되었다. 이 교역체계는 군현의 축출과 백제의 성장에 따라 다소 약화되었지만, 부안군 변산면 격포리 죽막동 제사유적에서 출토된 유물의 성격을 볼 때 6세기 초까지 유지되었다.[35]

---

34) 權五榮, 1988, 앞의 글.
35) 韓永熙 外, 1992, 「부안 죽막동 제사유적 발굴조사 진전보고」, 『고고학지』 4, 157쪽.

백제 역시 근초고왕 27년에 있었던 송(宋)과의 공식적인 국교교섭 이전에는 군현지역에 잔존한 호족들을 통하여 중국과 접촉을 유지하였다.36) 군현에서 한반도 남부의 해안을 거쳐 일본까지 연결된 고대 교통로의 중간 지점에 위치하여 중개무역과 대외교섭을 주도하면서 성장을 구가하던 해남반도의 신미국도 국제정세의 변모에 따라 그 운명을 같이 할 수밖에 없었다. 신미국은 4세기 초에 군현이 축출되면서 해로(海路)를 통한 대외교섭과 무역 등의 교류관계가 단절되자 점차 몰락하였다.

신미국이 약화되면서 해남 북일지역의 옹관고분 축조집단에게 해상활동의 주도권을 넘겨주게 되었다. 백포만과 인접한 곳에 위치한 군곡리 패총의 하한(下限)은 4세기 전반으로 편년되는데, 이는 4세기 전반 군곡리 지역이 가졌던 무역 중개지 역할과 그 기능이 감소하면서 쇠퇴한 것을 반영한 것으로 보고 있다.37)

군현의 축출을 전후로 하여 해남 서북권역에 해당하는 백포만 일대의 신미국이 쇠퇴하였고, 옹관묘·석관묘·즙석봉토분·석실분 등이 다양하게 조성되어 있는 동부권역의 북일지역으로 중심 거점이 옮겨가게 되었다. 북일지역의 옹관고분은 그 규모가 영암 시종과 나주 반남에 필적할만한 점에서 상당한 세력이 존재하였음을 보여준다.

백포만의 신미국이 약화되면서 제주와 통하는 탐진에 인접한 해남 북일면 신월리토성에 거주하던 집단이 대두하여 교섭의 주체로서 성장한 것으로 보기도 한다.38) 신월리는 현재는 매립되어 바다로부터 멀리 떨어져 육지화 되었지만 1918년 일본참모본부에서 간행한 지도에는 바다와

---

36) 小田富士雄, 1994, 「百濟古墳の系譜」, 『文山金三龍博士古稀紀念 馬韓百濟文化와 彌勒思想』, 원광대출판부, 397쪽.
37) 崔盛洛, 1989, 『해남군곡리패총』Ⅲ, 목포대학교 박물관, 80쪽.
38) 宋泰甲, 1999, 『해남반도의 고대사회와 대외관계』, 목포대 대학원 석사학위논문, 12쪽.

연접되어 있다.39) 이곳에 위치한 신월리토성은 해발 42.3m에 자리잡고 있으며, 그 둘레가 약 400m를 상회한다.

신월리토성은 강진만의 해로(海路)를 통해 접근하는 적의 동태를 감시할 수 있고, 이 일대의 해안선을 한 눈에 조망할 수 있다. 또한 협소한 내륙이지만 신월리, 방산리, 용일리, 내동리로의 육로를 통한 이동상황도 확인할 수 있는 목부분에 입지하고 있어 이웃한 성마산성과는 서로 보완적 관계를 상정해 볼 수 있다.40)

성마산성은 신월리토성에서 서남 방향으로 950m 정도 떨어진 해발 84m의 성마산의 정상을 둘러싸고 있는 테뫼식으로 둘레가 약 300m 정도이다. 산성의 정상에서는 남해 바다가 한 눈에 조망되어 완도, 고금도 등 연안을 항해하는 선박들을 관찰할 수 있는 좋은 입지를 갖추고 있다. 성마산성은 신월리 성수동 입구까지 이어지는 만(灣)을 따라 형성된 해로를 통한 내륙으로의 접근을 감시할 수 있으며, 인근의 신월리토성·좌곡산봉수지 등과도 연락을 취할 수 있는 중간 지점에 위치한다.41)

좌곡산봉수대는 내동리와 방산리의 경계지점인 해발 101.7m의 봉대산에 위치하여, 북일지역과 강진으로 출입할 수 있는 도암만 일대의 내륙, 고금도 등 연안지역을 항해하는 선박들을 조망할 수 있는 좋은 입지조건을 갖추고 있다. 이곳에서 4세기를 전후한 시기의 출토 유물이 확인되지 않았지만, 방어에 유리한 입지적인 조건 때문에 망루 등의 역할로 활용되었을 가능성이 농후하다.

---

39) 이중환의 『擇里志』(팔도총론, 전라도편)을 보면, 해남·강진은 탐라에서 바닷길로 나오는 목이 되어서, 말·소·피혁·말총 등을 판매하는 이익이 있다고 하였다. 조선시대의 경우 제주에서 말을 싣고 온 배가 해남 利津에 정박하여 말을 내리게 하였다.
40) 국립광주박물관, 2001, 『해남 방산리 장고봉고분 시굴조사보고서』, 88쪽.
41) 국립광주박물관, 2001, 위의 책, 88쪽.

광주 월계동 장고분 월계동 장고분은 영산강 상류의 충적평야를 낀 낮은 구릉지대 장구촌 마을에 위치한다. 이곳에서 출토된 유물은 금귀고리, 쇠화살촉, 원통형토기 등이 수습되었다. 월계동고분은 고대 한일 관계사 연구에 귀중한 자료를 제공하고 있다.

　북일면 신월리 주변에는 고분군이 밀집 조성되어 있다. 그 대표적인 예를 보면 신월리 방형즙석분, 방산리 신방 석실분, 방산리 장고분, 용일리 용운고분군, 독수리봉 고분군, 내동리 외도 고분군 등이 있다. 이들 고분군과 주변의 산성은 유기적인 관계를 맺고 있다.

　신월리토성의 주변에 대한 지표조사에서 적갈색연질, 회청색경질 등 다량의 토기편이 채집되었다. 신월리토성과 4세기를 전후로 활약한 이 지역 토착세력과의 관계는 체계적인 발굴조사가 이루어져야 정확한 내용을 알 수 있을 것이다.

　신월리 주변의 고분군과 산성이 4세기를 전후한 시기에 축조된 것으로 보기는 다소 어려운 실정이지만, 북일지역이 서남해안의 중심세력으로 부상하면서 점차 그 형태를 갖추기 시작했을 것으로 추정된다. 군현의 축출과 더불어 신미국이 약화되면서 신월리 일대의 토착세력이 유리한 지정학적 조건을 적극적으로 활용하여 두각을 나타내게 되었다.

신미국은 군현과 가야·왜를 잇는 서남해안 해로상의 요충지에 위치하여 대외교섭을 통하여 번영을 구가하였다. 그 반면에 북일집단은 강진의 도암만을 중심으로 완도, 제주, 해남, 강진지역을 연결하는 남해안의 해상활동을 통하여 성장하였다. 이들은 백제의 남하에 밀려 전북 일원의 마한세력이 정복되면서 역사의 전면에 부상하게 되었다. 백제가 영산강 유역을 확보한 것은 근초고왕의 경략(經略)을 통하여 실현되었다.[42]

2) 영산강 유역 토착사회의 동향

신미국의 몰락과 병행하여 새롭게 대두한 세력은 영암 시종과 나주 반남세력이었다. 이들은 영산강의 수로(水路)를 통하여 토착세력간의 물자교류를 주도하였으며, 평야를 끼고 있었다. 삼한시대에는 아직 영산강 유역의 소택지를 평야로 활용하지 못하였고, 영산강 수로를 통하여 바닷물이 유입되었기 때문에 강물을 농업용수로 활용하기도 어려웠다. 사람들은 구릉 위에 거주지를 마련하고, 저습지(低濕地)나 곡간평지(谷間平地)에서 농경을 하였다.

영산강 유역 토착세력의 성장과정에 대해서는 관련 사료가 없기 때문에, 고분의 상태나 규모 및 출토 유물을 통하여 추정하고 있다. 영암 시종면과 나주 반남면은 현재는 두 지역이 시군(市郡)을 달리하고 있지만 삼포강의 남안(南岸)을 따라 상류에서 하류에 걸쳐 서로 연접해 있어, 고대에는 하나의 생활문화권을 이루었을 가능성이 높다.[43] 또한 대형

---

42) 李丙燾, 1976, 『한국고대사연구』, 박영사, 512~515쪽.
43) 시종면은 1914년 군과 면을 통폐합할 때 나주군 종남면·반남면 일부와 완도군 명산면 일부, 북이종면의 일부를 합하여 시종면이라 하였다. 구릉지가 대부분이며 하천은 단류하고 평야는 북쪽 삼포강 유역과 소하천의 유역에 산재하고 있다.

옹관분이 주로 이 지역에 가장 집중되어 있기 때문에 영산강 유역 토착세력의 중심지였을 것으로 보는 데에는 이견이 없다.

시종 일대의 옹관분에는 옹관(甕棺)과 목관(木棺) 또는 목곽(木槨)이 한 분구(墳丘) 중에 들어 있었으나 점차 옹관 위주로 바뀌었고, 반남으로 옮겨가면서 옹관 일색으로 변하였다.44) 그리고 옹관 고분의 편년으로 볼 때 시종지역의 경우는 3~4세기, 반남지역은 5~6세기로 구분되어 그 중심세력의 이동 가능성도 상정된다.45)

영암군은 북서부로 영산강이 서남해로 흘러 내려가며, 깊숙하게 들어온 바닷물이 군서면과 시종면 일대에 넓은 내해(內海)를 형성하였다. 또한 영암은 저평하게 발달한 구릉의 사이사이를 해수(海水)가 밀고 올라와 곳곳에 작은 반도와 만(灣)이 발달하였는데, 이들 구릉에서 바다가 보이는 지점의 곳곳에 고분들이 조영되어 있다.

지금은 영산강하구언 공사로 넓은 농경지가 형성되면서 지형조건이 크게 변하고 말았다.46) 시종지역의 일부 고분군은 현재는 바닷가에서

그러나 영산강하구언이 완성됨에 따라 남해안 일대에 간척지 평야가 넓게 펼쳐졌다. 시종면 사람들은 면에 장이 없었을 때는 10리를 걸어서 나주 반남장을 이용할 만큼 반남과 생활권을 같이 하였다. 간척지가 만들어지기 전에는 도포면 해창까지 배가 드나들었다(고석규, 1997, 「영산강 유역의 장시와 교역」, 『영산강유역사연구』, 한국향토사연구전국의회, 667쪽).

44) 成洛俊, 1997, 「백제의 지방통치와 전남지방 고분의 상관성」, 『백제의 중앙과 지방』, 충남대 백제문화연구소, 239쪽.
45) 徐聲勳·成洛俊, 1988, 『나주반남고분군』, 광주박물관.
46) 영산강 유역 종합개발사업이 1971년부터 시작되어 제1단계 사업으로 나주, 담양, 장성, 광주 등 4개 댐이 축조되었다. 그리고 1978년부터 제2단계 사업으로 영암군 삼호면 산호리에서 나불도, 닭섬, 문도를 거쳐 무안군 삼양면 옥암리 복흥산 기슭에 이르는 길이 4,351m의 하구언공사가 시작되어 1981년 2월 물막이 공사가 완공되자 영산강의 흐름은 새로운 면을 맞이하게 되었다. 개발에 의해 가뭄과 홍수 피해를 막고 농경지를 늘려 많은 이익을 보게 되었지만, 한편으로는 이 지역이 조수의 영향을 전혀 받지 못하게 됨에 따라 생태계가 급변하고 수운 기능을 상실하게 되어 강변 주민들의 생활형태에는 부정적인 결과도 나타났다.

상당히 떨어져 있는 경우도 있지만, 간척사업이 이루어지기 전에는 가까운 곳까지 바닷물이 들어왔다.

　시종면의 고분군은 8곳에 50기 이상이 분포되어 있다.[47] 이를 구체적으로 살펴보면 금지리 본촌 3기, 신연리 뒷모실 14기 이상, 옥야리 597-1번지 일대 28기, 옥야리 장동 3기, 만수리 산 120번지 4기, 내동리 산 6-3번지 2기, 내동리 쌍무덤고분군 4기, 태간리 입석 737번지 1기가 현재까지 확인되었다.

　이들 중에서 대표적인 유적 중의 하나인 옥야리고분군은 2기가 발굴되었다. 이곳에서는 광구호(廣口壺)·철도자(鐵刀子)·옥류(玉類) 등 3세기 후반경에 사용된 유물이 출토되었는데, 6호분 1호 및 2호 옹관은 조금 늦은 4세기 전반경으로, 4호 옹관은 이보다도 더 늦은 4세기 후반경으로 추정하고 있다.[48]

　또한 시종면 내동리 원내동에 위치한 성틀봉토성은 산의 정상부에 평탄면을 만들어 성내(城內)와 성외(城外)를 구분하는 토벽을 쌓고, 산 경사면 반대편에는 4~5단으로 이루어진 돌담을 낮게 축조하였다. 정상의 유적은 거의 다 파괴되었으나 도랑과 토성의 흔적은 찾아 볼 수 있다. 성틀봉토성은 가까운 곳에 위치한 내동리, 옥야리, 신연리 고분군들과 연관되어 토착세력들의 근거지 또는 피난지로 이용되었다.

　　1970년대에 이르러 영산강 수로는 상류의 댐건설 이후부터 하상이 높아지고 중류는 모래 채취와 유로의 직선화로 인하여 하상이 낮아졌으며 하류 부근의 퇴적현상이 급증하는 등 큰 변화가 일어났다. 상류 댐의 저수로 인하여 수량이 감소하고 유역내 산업시설의 증가로 인하여 강의 오염이 심각하게 되었으며, 하구언이 조수를 절단함에 따라 하류쪽의 수위도 매우 저하되어 영산포의 선창가는 얕은 여울물로 변해 버렸다. 영산포는 1977년 10월 마지막 배가 떠남으로써 수운 기능이 완전 중지되었다(김경수, 「영산강유역의 수운」, 『영산강유역사연구』, 한국향토사연구전국협의회, 639쪽).
47) 林永珍·趙鎭先, 2000, 『전남지역 고분 측량보고서』, 전라남도, 142~185쪽.
48) 목포대박물관, 1991, 『영암옥야리고분』, 60쪽.

이와 같이 해로와 수로 그리고 육로가 접하는 곳에 위치한 시종면 일대는 주요 고분에서 출토된 유물의 성격으로 볼 때 3세기 후반에 이르면 상당한 권한을 가진 토착세력이 존재하였음을 알 수 있다. 시종세력이 전남지역에서 두각을 나타내게 된 것은 신미국이 몰락한 4세기 초반 이후로 추정된다. 신미국이 약화된 이후 서남해안에서는 해남의 북일세력이, 영산강 유역에서는 영암의 시종세력이 전면에 부상하였다.

시종세력은 4세기 초·중엽부터 시작하여 이웃한 반남세력에게 주도권을 넘겨준 5세기 중반까지 가장 번성하였다. 또한 이들은 농경과 영산강 유역 깊숙이 들어온 내해(內海)를 이용한 해상활동을 통하여 번영의 토대를 갖추었다.

5세기 중엽이 되면서 영산강 유역 토착사회의 주도권은 점차 반남세력이 장악하게 되었다. 반남세력은 잉여생산물의 집적과 토착세력 사이의 역내교역(域內交易)에서 파생되는 이익을 독점하면서 유력한 집단으로 성장하였다. 영산강 유역 토착사회의 주도권은 시종의 성틀봉토성을 거쳐 비옥한 평야가 위치하고 내부세력의 동향을 통제할 수 있는 반남의 자미산성 일대로 점차 옮겨가게 되었다.

자미산에는 정상을 에워싸고 있는 토성의 흔적이 확연하게 드러나고 있다. 이 토성은 축조 기법상 정상부를 중심으로 주위를 수직으로 깎아 내려 계단을 이루게 한 전형적인 테뫼식 토성이다. 자미산성의 주변에는 대안리 12기, 신촌리 9기, 덕산리 15기에 달하는 고분들이 군집상태로 분포되어 있다.

자미산성은 영산강의 큰 지류인 삼포강이 에워싸고 완만한 구릉성 평지가 펼쳐져 있는 평야지대의 한 가운데에 위치한다. 이곳은 영산강과 바다의 수로에 접해 있어서 영산강 유역과 서남해안지역으로 통하는 요지에 해당한다.

제2장 백제의 발전과 마한 토착사회의 동향 135

나주 반남 덕산리고분군 원경 나주 반남면 덕산리고분군은 자미산의 남쪽에서 동북쪽으로 이어지는 낮은 구릉에 10여 기가 분포되어 있다. 분구 형태는 원형, 방대형, 장방형 등 다양하지만 대부분 원형을 이룬다. 그 규모는 직경 10m 내외(1호분)에서 45m 내외(3호분)에 이른다.

    향토사가 정승원씨에 의하면, "지금은 목포 하구언이 축조되면서 해수(海水)의 역류(逆流)가 차단되어 내륙화 되었지만, 그 이전에는 삼포강을 타고 해수가 자미산 주변까지 올라왔다. 또한 상류에서 강물을 타고 흘러내리는 토사로 말미암아 유로(流路)도 바뀌고 하상(河床)이 높아졌지만, 자미산 주변의 석천리·상대·월낭·신기 등 주변 마을을 경지 정리할 때에 수많은 선박의 조각이 지하층에서 발견되어 이 일대가 해변이었음이 입증되었다. 따라서 백제시대의 자미산은 3면이 바다로 둘러싸인 곳으로, 영산강의 본류가 멀리 세 방향으로 에워싸고 영산강 본류에서 시종면을 거쳐 반남으로 통하는 인후지대(咽喉地帶)였다"고 한다.49)
    그러나 영산강 유역의 토착사회는 국가 형성의 전체적인 면에서 볼

---

49) 정승원, 1991, 「紫微山城考」, 『전남문화』 4, 31~44쪽.

때 다른 지역의 발전상황에 비하여 상당히 낙후되었다. 영산강 유역의 토착사회는 지리적인 단절 때문에 정체 상태에 머물렀다. 영산강 유역의 토착사회는 3세기 후반의 고총고분 단계로 진입하면서 계층분화가 가속화되고 지역별로 권력 집중이 일정 정도 진척되었다.

그러나 영산강 유역 전체를 망라하는 영역국가와 권력을 집중한 수장층이 출현할 만큼 발전된 정도는 아니었다. 영산강 유역 중심세력이라 할 수 있는 시종과 반남지역의 외곽에 분포한 토착집단도 상당 정도의 세력을 유지하면서 건재하였다.

전남지역에는 시종과 반남 외에도 해남・함평・영광・강진・화순 등 각지에 옹관고총 다장묘(多葬墓)를 축조한 다수의 집단이 병렬적으로 존재하였다. 반남과 시종 외에 해남에서 가야계통의 철정(鐵鋌)과 철모(鐵鉾)가 확인된 화산면의 부길리 유적,[50] 옹관고분이 집중적으로 분포되어 있고 원삼국시대 여러 갈래의 유물이 출토된 옥녀봉토성과 연결되는 삼산면 원진리 유적[51]을 주목할 필요가 있다.

또한 함평지역도 해상활동에 유리한 지형적 조건을 갖춘 함평만의 장년리를 중심으로 한 협소한 지역 내에 하느리・석성리・진양리 등의 옹관고분이 밀집 분포한 것으로 볼 때 상당한 세력이 존재하였다.[52] 시종과 반남세력의 성장과 더불어 그 외곽의 해남지역에선 신미국을 대신하여 북일지역 토착세력의 지위가 강화되었고, 함평만 일대의 토착세력도 주목할 만한 위상을 갖기에 이르렀다.

영산강 유역 토착세력 사이의 분립성은 시종과 반남세력이 확고한 지배력을 행사하여 연맹체 수장으로 성장하지 못한 점과 그 밖의 주변세

---

50) 成洛俊, 1993, 「해남 부길리 甕棺遺構」, 『호남고고학보』 1.
51) 成洛俊・申相孝, 1989, 「해남 원진리 옹관묘」, 『영암 와우리 옹관묘』, 국립광주박물관.
52) 崔盛洛・李正鎬, 1993, 「함평군의 선사유적・고분」, 『함평군의 문화유적』.

력 역시 나름의 발전을 이루면서 독자적인 자율성을 확보하였기 때문에 가능하였다. 또한 옹관고분에서 마구(馬具)나 철제 무기 등이 거의 출토되지 않는 것53)은 강력한 군사력을 바탕으로 공권력을 행사하고 집행할 수 있는 국가권력의 형성이 미약했음을 반영한다.

이러한 모습은 다른 지역의 고분이 점차 대형화되면서 다량의 철제무기와 마구(馬具)가 출토되는 것과 비교하여 큰 차이가 있다. 또한 영산강 유역의 거대한 옹관고분의 매장형태도 가족묘나 공동묘의 형태를 유지하고 있기 때문에 권력의 집중과 성장을 반영하는 것으로 볼 수 없다.

3) 섬진강 유역 토착사회의 동향

섬진강은 남북한을 합쳐 9번째로 긴 강으로, 전북을 동서로 가르는 호남정맥의 동쪽 경사면에 있는 진안군 백운면 신암리 원신암에서 발원한다. 섬진강은 남쪽으로 흘러 69개의 제1지류, 120개의 제2지류, 53개의 제3지류 그리고 15개의 제4지류를 받아들여 흐르다가 광양만에 이르러 바다로 유입된다.54)

섬진강 유역은 현행 행정구역상으로는 전북 진안군 일부(백운면·성수면·마령면), 장수군 일부(반암면·산서면), 정읍시의 일부(산내면), 임

---

53) 현재까지 옹관고분의 조사에서 馬具는 전혀 보이고 있지 않다. 이러한 양상은 옹관고분을 이어서 축조되는 백제계 석실분에서 馬具가 빈번하게 출토된 것과는 큰 차이를 보인다(成洛俊, 1993, 「원삼국시대」, 『전라남도지』 2, 294쪽).
54) 섬진강은 전북 진안군과 장수군의 경계인 팔공산에서 발원하여 진안군 백운면과 마령면 등에 충적지를 만들고, 임실군 운암면에서 갈담저수지로 흘러든다. 곡성읍 북쪽에서 남원시를 지나 흘러드는 요천과 합류한 후 남동으로 흐르다가 압록 근처에서 보성강과 합류한다. 그 이후 지리산 남부의 협곡을 지나 경남·전남의 道界를 이루면서 光陽灣으로 흘러 들어간다. 대체로 강의 너비가 좁고 강바닥의 암반이 많이 노출되어 있어 항해하는 데는 불편하며, 전체 길이는 212.3km이다. 영산강 유역은 비옥한 곡창지대가 펼쳐져 있지만, 섬진강 유역은 순천, 광양, 구례, 보성 등 전남 동부지역의 산악지대를 주로 포함하고 있다.

실군과 순창군과 남원시의 대부분 지역, 전남의 장흥군 일부(동부지역), 화순군 일부(동복면·이서면·남면·북면), 보성군의 대부분(벌교읍 제외), 순천시 일부(주암면·송광면·황전면), 곡성군, 구례군과 경남 하동군이 포함된다.

섬진강 유역의 동쪽에는 낙동강 유역, 서쪽에는 영산강 유역과 동진강 유역, 북쪽에는 금강 유역과 만경강 유역이 접하고 있다. 그리고 전체 유역 면적 4,896.5㎢ 중에서 전남이 47%, 전북이 44%, 경남이 9%를 차지하고 있다.

섬진강 유역의 인구는 농경지의 면적이 상대적으로 적기 때문에 다른 4대강에 비해 예로부터 그리 많지 않았다. 그리고 섬진강 유역은 고산준령(高山峻嶺)으로 둘러 싸여 상류쪽 연안과 계곡에 좁은 농경지가 흩어져 있고, 중류의 남원·구례·곡성 일대에 평야가 약간 발달되어 있을 뿐 다른 강의 유역에 비해 넓은 평야는 거의 없다.[55]

이로 말미암아 섬진강 유역은 고대사회에 있어서 토착세력의 성장이 미약하였고, 고분 등의 축조 규모나 상태도 영산강 유역 등에 비하여 현저히 격이 떨어지고 있다.[56] 섬진강 유역은 다른 지역에 비하여 발전 속도가 뒤쳐졌으며, 각지의 성읍국가를 통합한 연맹체의 형성을 이루지 못하였다.

섬진강 유역을 공간적 범위로 하는 연맹체사회가 형성되지 못한 이유는 인구가 적고, 평야지역이 협소하여 경제적 토대가 미약했기 때문이다.

---

55) 한국향토사연구전국협의회, 1997, 『섬진강유역사연구』, 26쪽.
56) 전근대시대에 있어서 섬진강 유역은 영산강 유역에 비하여 인구수와 경제력에서 상당히 뒤쳐졌다. 吳達運의 『海錦集』에 따르면 광주, 나주, 순창, 담양, 남원, 능주 등을 호남의 부유한 지방으로 꼽고 있다. 여기서 현재의 전라북도에 속하는 남원과 순창을 제외하면 모두 영산강 유역의 고을이다. 다만 섬진강 유역의 다른 지역과는 달리 중상류에 속하는 남원만이 부유한 고을에 속하였다.

또한 섬진강 유역의 토착사회는 신미국이 위치한 해남반도의 백포만 일대나 금관가야의 번영의 토대가 되었던 김해지역과 비교하여 대외교섭 상의 이점을 누리지도 못하였다.

신미국이나 금관가야를 통해 볼 때 남부지방에서 4세기 이전 연맹체 형성을 주도한 세력은 주로 해안가에 위치하였다. 따라서 섬진강 유역의 경우도 남해안과 가까운 곳에 지역사회의 구심체 역할을 하는 집단이 형성되었을 가능성이 없지 않다.

섬진강 하류지역에서 고대사회에 성장 가능성이 가장 컸던 곳은 하동 포구 부근을 들 수 있다. 하동은 조선시대 말기에 이르기까지 섬진강 물길의 혜택을 받아 번영을 누렸으며, 하동읍의 5일장은 조선에서 다섯 손가락 안에 꼽히는 큰 장터이었다. 운송수단이 발전하지 못했던 시절에 하동 포구는 뱃길을 통하여 각처의 물산이 모여든 곳이었다.

또한 하동진(河東津)은 섬진강 수운의 중심지로 수심이 깊고 강물이 완만히 흘러 하역과 정박이 편리하였다. 그 배후지인 남원, 곡성, 구례, 순천, 광양, 하동 등 6군에서 소출되는 곡물류는 하동 포구를 통하여 경남과 전남의 해안지대로 보내졌다.[57]

섬진강 하구에 위치한 하동이 대외교섭상의 포구로서 각광을 받은 것은 5세기 후반 이후였다. 하동지역은 백제, 신라, 가야가 서로 차지하기 위하여 치열하게 접전을 벌였던 지역이다. 하동이 국제적인 관심을 받게 된 것은 토착사회의 성장에 따른 결과보다는 백제와 왜, 가야 등 주변 강국들의 대외교섭 창구로서 중요한 역할을 하였기 때문이었다.[58] 따라

---

57) 한국향토사연구전국협의회, 1997, 『섬진강유역사연구』, 729쪽.
58) 가야지역의 해상교역은 5세기 후반 이후 섬진강 하구 등으로 교역중심지의 이동이 상정되며, 그 과정에서 古自國은 영산강세력 및 왜와의 관계를 지속시키며 나름대로 독자적인 교역망을 형성하였다(권주현, 2000, 「'古自國'의 歷史的 展開와 그 文化」, 『가야 각국사의 재구성』, 327쪽).

서 고대국가 형성기에 하동의 토착세력이 섬진강 유역의 연맹체 형성을 주도할 만큼 성장한 것은 아니었다.

한편 전남 서부지역은 군현의 축출과 더불어 신미국이 약화되고, 해남의 북일세력과 영암의 시종세력이 구심체 역할을 하였다. 시종세력은 비옥한 농경지를 배후에 두고 영산강 수로를 장악하면서 맹주로 부상하였다. 해로를 통제하기 위하여 바닷가에 위치한 신미국 대신에 영산 내해(內海)의 끝자락에 위치한 시종으로 서부지역의 중심지가 옮겨간 것이다.

섬진강 유역의 경우 이러한 움직임이 있었다면 지정학적 조건으로 볼 때 구례가 가장 유리하였을 것이다. 이중환이 저술한 『택리지(擇里志)』에 의하면 섬진강 유역에 위치한 구례는

> A. 남원부의 동남쪽엔 성원(星園)이 있는데 최씨들이 대를 이어 살아온 집들이 있으며, 자못 시냇물과 산의 경치가 아름답다. 그 남쪽은 구례현인데 성원에서 구례까지 통하여 하나의 들을 이루니, 여기에는 일무(一畝)에 일종(一種)을 거두는 논이 많다. 구례 서쪽에는 천경의 경치가 좋은 봉동이 있고, 그 동쪽에는 경치 좋은 화엄사와 연곡사가 있으며 그 남쪽에는 구만촌(九灣村)이 펼쳐져 있다. 임실에서 구례에 이르는 강가에는 위 아래로 경치 좋기로 이름난 고장이 많고 큰 마을도 많지만, 특히 구례의 구만촌이 시냇가에 있어서 강산과 토지와 거룻배에 의한 해산물의 이로움이 있으므로 가장 살만한 곳이다.[59]

라고 하였듯이, 농토가 비옥하고 배로 항해가 가능하였음을 밝히고 있다. 구례의 남쪽 구만촌은 거룻배를 이용하여 생선과 소금 등을 얻을 수가 있었기 때문에, 고대사회에 있어서 토착세력의 성장에 유리한 조건을

---

59) 이중환, 「八道總論」, 『擇里志』.

구비하였다.

그러나 구례의 대산리와 갑산리에서 옹관의 파편이 발견60)된 것을 제외하고는 3~4세기에 조영된 고분의 흔적을 찾을 수 없다. 또한 영산강 유역 시종세력에 필적할 만한 고분이나 출토 유물을 발견할 수 없기 때문에 섬진강 유역 토착세력의 성장은 서부지역에 미치지 못했던 것으로 생각된다.

이 지역에 연맹체사회의 형성을 주도할 수 있을 정도의 세력이 출현하지 못한 이유 중의 하나로 섬진강의 강상수운(江上水運)의 어려움을 들수 있다. 고대사회에서 물자 교류나 운송은 육상교통보다는 수운이 훨씬 중요하였다. 그러나 섬진강 유역은 경사가 급하고 수량의 계절 변동이 심하였고, 가항거리도 상대적으로 짧아 운송능력이 크지 못하였다. 1920년에 작성된『치수급수리답사서(治水及水利踏査書)』에 의하면

> B. 항행구역(航行區域)은 곡성군 오곡면 대리에서 강구(江口)까지 약 17.5리에 이르지만, 대리에서 압록원까지 2.5리 간은 강폭이 좁고 급류가 흐르며 암초가 9개소나 있어서 소흘수선(小吃水船)도 평수시(平水時)에 항행이 곤란하며 사실상 압록원이 상류로 거슬러 올라가는 운행의 종점이라고 할 수 있다. 지천(支川)에도 평수시에 운행할 수 있는 구간은 없다.61)

라고 하였듯이, 수운을 통하여 섬진강 하류에서 상류 쪽으로 통행하는 것은 대단히 어려웠다. 육상 도로의 경우도 지리산과 노령의 험준한 산악이 가로막고 있어 영산강 유역보다 교통이 훨씬 어려웠다. 비록 조선시대

---

60) 최성락·박철원, 1994,「구례군의 선사유적·고분」,『구례군의 문화유적』, 49~98쪽.
61) 朝鮮總督府, 1920,「航行區域」,『治水及水利踏査書』.

의 기록이지만 섬진강을 따라 뻗어 있는 도로는

> C. 섬진강이 장곡(長谷)을 이루며 흘러가는 좌안(左岸)에 좁고 험난한 세로(細路)가 수십 리에 뻗쳐 있는데, 이 길은 군사가 통행할 경우 일인일기(一人一騎)로 일렬종대를 이루고 갈 경우에나 간신히 통과할 수 있을 정도였다. 또한 사납게 흐르는 강류의 형세와 들쭉날쭉 생긴 유역의 굴곡이 견아상착(犬牙相錯)을 이룬 곳이다.[62]

라고 하였듯이, 좁고 험난한 세로(細路)가 수십 리에 뻗쳐 있기 때문에 상류와 하류를 망라한 연맹체를 형성하고, 이를 통제할 수 있는 맹주세력의 출현이 상대적으로 어려웠다.[63]

섬진강 유역의 고대사회는 다른 지역이 연맹왕국 단계에 도달하고 있을 때에도 통합세력을 형성하지 못하였다. 이 같은 분열 상태에 있던 섬진강 유역의 토착사회는 근초고왕의 경략을 받아 백제의 지배를 받게 되었다.

Ⅱ. 백제의 전남지역 경략과 변방통치

1. 근초고왕의 남정과 마한 잔여세력 복속

백제의 남진은 한동안 노령산맥을 넘지 못하고 호남평야 일대를 석권

---

62) 「谷城縣監金熙采擬疏」, 『藍田公兩世實記』.
63) 섬진강 중상류에 위치한 남원지역은 5세기 후반 이후 가야 문화를 기반으로 하여 발전하였던 토착세력의 수장층의 분묘로 추정되는 30여 기의 대형급 고총이 조성되어 있다. 그 규모와 기수로는 대가야의 중심지역이었던 고령 지산동 以西 地域에서 최대규모를 이룬다(윤덕향, 1989, 『斗洛里 發掘調査報告書』, 전북대 박물관). 그러나 이때에 이르러서도 남원지역의 토착 수장층이 섬진강 유역의 상하류지역을 망라한 수창층으로 군림한 것으로 보기는 어렵다.

하는 선에서 그쳤다. 마한의 주요 지역이 비류왕 때에 백제에 복속된 것과는 달리 전북의 일부지역과 전남지역은 자립을 유지하였다. 근초고왕은 즉위 후 중앙집권적 귀족국가를 완성하고 전국을 담로제로 일원화하여 효율적인 지방통치를 꾀하였다.

근초고왕은 담로제를 통하여 지방통치에 안정을 기한 후 백제가 점령하지 못한 마한의 잔여세력에 대한 공략에 나섰다. 근초고왕이 추진한 남방 경략에는 마한 출신의 목씨(木氏)와 사씨(沙氏) 등이 주도적으로 참여하였다. 근초고왕은 목씨와 사씨 등의 마한 출신을 앞세워 남방지역 경략에 나섰다. 또한 백제의 남정(南征)에는 기마전(騎馬戰)에 익숙한 영서 말갈세력의 병력이 동원되었을 가능성이 높다.

말갈은 일찍부터 백제 공격에 기병을 동원하는 등 기마전에 익숙한 집단이었다.[64] 백제는 말갈 출신 외에도 경장기병을 중심으로 한 기마부대를 상당수 보유하였다. 또한 무기체계에 있어서도 격렬한 기마전에 유리한 세경화(細莖化)된 도(刀)와 실용적인 목병도(木柄刀)를 널리 보급하여 효율적인 군사적전을 수행하였다.[65]

그러나 근초고왕의 남방지역 경략에 대해서는 직접적인 사료는 남아 있지 않아 자세한 사정을 알 수 없는 형편이다. 다만 『일본서기』 신공기(神功紀) 49년 조에 보이는 왜(倭)의 삼한 정벌 기사를 근초고왕이 파견한 백제군의 남정(南征)에 관한 사실로 보고 있다.

이병도(李丙燾)는 신공기(神功紀)에 보이는 사료를 재해석하면서 그 주체를 백제로 바꾸고, 시기를 120년 인하하여 근초고왕 24년(369)에 이루어진 것으로 파악하였다.[66] 한국 고대사학계는 다소간의 견해 차이는

---

64) 『三國史記』 권23, 百濟本紀1, 肖古王 49年.
65) 成正鏞, 2000, 「중서부 마한지역의 백제영역화과정 연구」, 서울대학원 미술사학과 박사학위논문, 105쪽.
66) 李丙燾, 1976, 앞의 책, 512~515쪽.

있으나 백제가 근초고왕 때에 이르러 마한 잔여세력을 복속한 것으로 파악한 이병도의 주장을 받아들이고 있다.67)

백제군은 한성을 출발하여 남으로 내려와 전북 동부지역을 석권한 후 가야지역을 경략하고, 그 후 서진하여 전남지역을 장악한 것으로 추정된다. 백제의 남방지역 진출은

> A. 춘삼월에 황전별(荒田別)과 녹아별(鹿我別)을 장군(將軍)으로 삼았다. 구저(久氐) 등과 함께 병사를 갖추어 건너가, 탁순국(卓淳國)에 이르러 신라를 공격하고자 하였다. 이때 누군가 "군사의 수가 적어서 신라를 물리칠 수 없다"고 하였다. 다시 사백노궤(沙白蓋盧)로 하여금 군사를 늘려 줄 것을 청하였다. 곧 목라근자(木羅斤資)와 사사노궤(沙沙奴跪 : 이 두 사람은 그 성씨를 알지 못한다. 다만 목라근자는 백제의 장군이다)에게 명하여 정병(精兵)을 이끌고 사백개로와 함께 가게 하였다. 함께 탁순(卓淳)에 모여서 신라를 공격하여 물리치고자 하였다. 그래서 비자발(比自㶱)·남가라(南加羅)·탁국(喙國)·안라(安羅)·다라(多羅)·탁순(卓淳)·가라(加羅)의 칠국을 평

---

67) 그러나 神功紀의 기사를 5세기 때에 발생한 것으로 해석하여 백제의 영산강 유역에 대한 공략이 이 무렵에 추진된 것으로 보는 견해도 있다(山尾幸久, 1989, 『古代の日朝關係』, 塙書房 ; 金起燮, 1995, 「近肖古王代 남해안진출설에 대한 재검토」, 『백제문화』 24 ; 田中俊明, 1997, 「웅진시대 백제의 영역재편과 왕·후제」, 『백제의 중앙과 지방』, 충남대 백제연구소 ; 李根雨, 1997, 「웅진시대 백제의 남방경역에 대하여」, 『백제연구』 27). 또한 영산강 유역의 토착집단이 6세기를 전후하여 백제의 지배에 들어갔다고 보기도 한다(姜鳳龍, 1998, 「5~6세기 영산강유역 옹관고분사회의 해체」, 『백제의 지방통치』, 학연문화사). 한편 고고학계는 영산강 유역에 존재하는 대형옹관분이 5세기 중반 내지 6세기 중엽까지 지속된 점을 들어 역사학계와 입장을 달리한다(成洛俊, 1983, 「영산강유역의 옹관묘 연구」, 『百濟文化』 15 ; 李榮文, 1984, 「전남지방 백제고분연구」, 『향토문화유적조사』 4 ; 李正鎬, 1996, 「영산강유역 옹관고분의 분류와 변천과정」, 『한국상고사학보』 22 ; 林永珍, 1997, 「전남지역석실분의 立地와 石室構造」, 제5회 호남고고학회 학술대회 발표요지 ; 朴淳發, 1999, 「한성백제의 지방과 중앙」, 『백제의 중앙과 지방』, 충남대학교 백제문화연구소).

정하였다. 이에 병사를 서쪽으로 이동시켜 고해진(古奚津)에 이르러 남만(南蠻) 침미다례(忱彌多禮)를 도륙(屠戮)하여 백제에게 주었다. 이때 왕 초고(肖古)와 왕자 귀수(貴須)가 역시 군사를 이끌고 나아가 맞으니 비리(比利)·벽중(辟中)·포미(布彌)·지반(支半)·고사(古四) 의 읍(邑)이 스스로 항복하여 왔다.68)

라고 하였듯이, 가야의 7국을 평정하고 고해진을 돌아 침미다례를 도륙하자 비리·벽중 등의 소국들이 항복하면서 끝나게 되었다.

백제는 먼저 전북 동부지역을 석권한 후 남원 등의 토착세력을 길잡이로 삼아 가야지역 경략에 나섰다. 백제의 남정군은 공주와 전주 등을 거쳐 슬치69) 등을 통해 전북 동부에 위치한 임실지역으로 먼저 진군했을 것으로 추정된다. 백제군은 임실을 거쳐 곧이어 남원과 장수 등의 전북 동부지역을 장악하였다.

백제군은 지역별로 할거상태에 있던 전북 동부지역의 마한세력을 어렵지 않게 제압할 수 있었다. 백제가 전북 동부지역을 장악한 과정과 그 추이에 대해서는 잘 알 수 없다. 그러나 전북 동부지역은 근초고왕의 경략을 받아 독자적인 성장을 더 이상 이루지 못하고 백제의 지배를 받게 되었다. 이는 진안군을 비롯하여 남원시, 임실군, 순창군, 곡성군 등에서 조사된 말무덤 혹은 몰무덤의 축조 양태를 통해 추정할 수 있다. 이곳에서는 봉토의 직경이 10m 내외되는 40여 기의 말무덤이 조사되었는데, 중대형의 고총단계로 발달하기 이전에 백제의 영향권에 편입되어 더 이상의 봉토분이 조성되지 못하였다.70) 백제군은 남원을 비롯한 섬진

---

68) 『日本書紀』권9, 神功紀, 49年 春 三月.
69) 슬치는 임실군 관촌면 슬치리에 있으며, 현재 남원에서 전주로 연결되는 고속도로도 이 고개를 넘어간다.
70) 현재 봉토가 보존된 곳은 남원 사석리에 8기의 말무덤이 남아 있다. 현지에서 말무덤이라 불리는 것은 남원 입암리·방산리, 순창 고원리에서 7기 내외, 곡성

강 유역에 속하는 전북 동부지역을 장악한 후 운봉고원에서 팔령치를 넘어 경남 함양으로 진출하면서 가야세력과 접촉하게 되었다.

한편 신공기(神功紀)를 통해 유추할 수 있는 백제의 가야지역 경략에 대해서는 여러 가지 다양한 의견이 제기되었다. 근초고왕의 가야 경략에 대해서 부정하는 견해도 없지 않지만,[71] 사실로 인정하는 견해도 적지 않다.[72]

이를 근초고왕대의 사실이 아니라『일본서기』편찬시 행해진 일본에 대한 백제 유민의 영합적 기술로 보기도 한다. 즉, 6세기 전반 백제가 가야지역에 세력을 확장한 사실을 마치 일본이 주체가 되어 가야제국을 평정한 것처럼 그 시기를 소급하여 신공기에 배치한 것으로 이해하는 것이다.[73] 또한 5세기 중엽 이후의 사실이 소급·반영된 것으로 보거나,[74] 성왕 때의 가야지역에 대한 백제의 의도가 투영된 것으로 이해하는 견해도 있다.[75]

그러나 백제의 가야 7국 정벌은 군대를 동원한 침입이라기보다는 탁순, 비자발 등과 동맹을 맺거나 통교한 역사적 사실을 설화적으로 표현한 것으로 추정된다.[76] 백제의 가야 7국 평정은 고구려가 신라와 친밀한

주산리에서 7기 내외의 말무덤이 있었다고 전한다(郭長根, 2005, 앞의 글, 87쪽 각주 25).
71) 李丙燾, 1976, 앞의 책, 512~515쪽 ; 金泰植, 1994,「廣開土王陵碑文의 任那加羅와 '安羅人戍兵'」,『한국고대사논총』6, 83쪽.
72) 千寬宇, 1977·1978,「復元加耶史」,『文學과 知性』28·29·31 ; 李基東, 1990,「백제의 발흥과 對倭國關係의 성립」,『고대 한일문화교류 연구』, 한국정신문화연구원.
73) 延敏洙, 1998,『古代韓日關係史』, 혜안, 141쪽.
74) 이영식, 1995,「백제의 가야진출과정」,『한국고대사논총』7, 199쪽.
75) 李根雨, 1994,「『日本書紀』에 引用된 百濟三書에 관한 硏究」, 한국정신문화연구원 박사학위논문, 54쪽.
76) 金泰植, 1993,『가야연맹사』, 일조각, 333쪽.

관계를 맺자, 가야를 자국의 편으로 끌어들이기 위한 일련의 과정을 보여주고 있다.

백제가 탁순 등에 진출할 수 있었던 것은 신라의 남진과 김해가야의 세력 확대에 따른 불안요소의 증대에 편승하였다. 또한 탁순을 비롯한 가야제국은 군현의 소멸 이후 북방 선진지역과의 교류가 축소됨에 따라 이를 타개하기 위해서도 백제와 교류가 필요하였다.

백제는 낙동강 서쪽지역에 대한 정치적 진출을 시도함으로써 신라의 가야지역 진출을 견제함과 동시에 왜와의 교역거점을 확보하려고 하였다.[77] 백제는 섬진강 하류지역에 위치한 하동의 다사성(多沙城)을 장악하여 왕래하는 '역(驛)'으로 삼아[78] 가야와의 통교 거점으로 활용하였다.

백제는 가야세력의 독자성을 인정하면서 공납과 군사 지원 등 신속(臣屬)하는 방향을 추구하였다.[79] 따라서 신공기(神功紀) 49년 조에 보이는 백제의 가라 7국 평정은 남부 가야에 대한 교역권의 장악이나 공납관계의 설정으로 파악된다.[80] 또한 백제와 가야만의 관계가 아니라 왜까지 연결되는 교역체계의 확보[81]로 생각할 여지도 없지 않다. 백제는 군현의 축출 이후 무너진 한반도 남부와 왜를 잇는 교역체계를 탁순을 매개로 하여 새롭게 연결하려고 하였다.

근초고왕이 보낸 남정군의 주력은 남원 등지에 주둔하고 사절단이 가야지역을 방문하여 교역과 공납 등에 관한 제반사항에 대하여 협상을 벌인 것으로 추정된다. 백제군은 가야제국과의 협상이 순탄하게 진행되

---

77) 姜鐘元, 2002, 『4세기 백제사연구』, 서경문화사, 231쪽.
78) 『日本書紀』 권9, 神功紀, 50年 夏 五月.
79) 李炯基, 2000, 「대가야의 연맹구조에 대한 시론」, 『한국고대사연구』 18, 17쪽.
80) 盧重國, 1988, 앞의 책, 121쪽.
81) 李賢惠, 1988, 「4세기 가야사회의 교역체계의 변천」, 『한국고대사연구』 1, 172쪽 ; 金泰植, 1997, 앞의 글, 48~54쪽.

자, 남원에서 섬진강 연안을 따라 곡성-구례-순천-광양 방향으로 남하하면서 그 하류지역을 석권하였다.

백제는 탁순을 비롯한 가야 7국과 통교하여 동맹을 맺은 후 섬진강 하류지역을 거쳐 전남 서남부지역으로 향하였다. 전남지역의 토착사회가 국제무대에 알려질 정도로 성장한 것은 3세기 후반에 이르러 신미국(新彌國)이 중심이 되어 지역연맹체를 형성한 이후였다. 군현의 축출을 전후로 하여 해남 서북권역에 해당하는 백포만 일대의 신미국이 쇠퇴하였고, 동부권역의 북일지역으로 중심 거점이 옮겨가게 되었다.

백제가 주된 공격 대상으로 삼았던 침미다례(忱彌多禮)는 서남해지역 해상세력의 맹주로 군림하던 북일의 신월리집단으로 생각된다.[82] 침미다례에 대해서는 연구자들에 따라 다소의 견해 차이가 있다. 먼저 침미다례를 하나의 정치체로 볼 것인가, 아니면 침미와 다례라는 두 개의 정치체로 파악할 것인가에 대한 차이가 있다. 침미다례를 침미와 다례로 나누어 전자를 강진, 후자를 보성으로 구분하는 견해도 있다.[83]

그러나 『일본서기』 신공기 49년 조의 침미다례와 응신(應神) 8년 조에 인용된 『백제기(百濟記)』에 모두 침미다례로 표기되었기 때문에 침미다례를 단수로 파악하는 것이 타당하다. 그 위치에 대해서는 제주도로 생각하는 견해[84]도 없지 않지만, 강진[85]이나 해남[86] 등으로 보는 것이 일반적이다. 침미다례는 서남해지역 해상활동의 주도권을 장악한 북일면 신월리의 해상세력으로 생각된다. 그리고 백제군이 침미다례를 공격하기 이전에 장악한 고해진은 강진 군동면 일대로 추정된다.[87]

---

82) 문안식·이대석 공저, 2004, 『한국고대의 지방사회』, 혜안, 69~72쪽.
83) 全榮來, 1985, 「백제 남방경역의 변천」, 『千寬宇선생 환력기념한국사학논총』.
84) 三品彰英, 1962, 『日本書紀朝鮮關係記事考證』上, 吉川弘文館, 154~155쪽.
85) 李丙燾, 1976, 앞의 책, 512쪽.
86) 盧重國, 1988, 앞의 책, 118쪽.

섬진강 유역에서 강진과 해남 등의 전남 서남부지역으로 통하는 경로는 강안(江岸)을 따라 쉽게 연결된다. 이곳에는 호남정맥이 그다지 험준하지 않고, 그 중간에 양쪽지역을 직접 연결해 주는 통로가 발달해 있다.

또한 섬진강의 제일 큰 지류인 보성강을 비롯하여 추령천(秋嶺川)·경천(鏡川)·옥과천(玉果川) 등의 지류가 지름길로서 충분한 역할을 하였다. 백제군은 순천 등에서 출발하여 보성과 장흥을 거쳐 강진의 군동면에 도착한 것으로 판단된다.

백제는 침미다례와 인접한 강진 군동면의 고해진에 병력을 집결하여 총공격을 준비하였다. 이에 맞서 침미다례도 결사항전의 각오로 백제에 대항하였다. 백제의 진격에 맞서 다른 지역의 토착세력들이 큰 저항 없이 항복한 것과는 달리 신월리세력은 결사적인 항전을 벌였다. 왜냐하면 백제의 최종 목표가 자신들이 장악하고 있던 서남해지역의 해상교역권의 박탈과 가야, 왜로 이어지는 대외교역로의 확보에 있음을 잘 알고 있었기 때문이다.

백제는 침미다례를 공격하여 저항하는 사람들은 가차 없이 도륙하였다. 백제가 침미다례를 철저하게 파괴한 것은 그 저항이 심하였기 때문에 보복 차원에서 이루어졌다. 그러나 이들의 대외교섭권을 박탈하고 그 영향력 하에 있는 집단들을 위압하려는 측면도 간과할 수 없다. 백제는 북일에 위치한 침미다례가 중국-가야-왜를 잇는 대외교섭을 주도하면서 서남해지역에 큰 영향력을 미쳤기 때문에 단호하게 응징하였다.[88]

---

87) 고해진이 위치한 곳으로 알려진 강진도 영산강 유역 특유의 옹관고분의 축조 사례가 알려진 지역이다. 옹관고분의 입지조건은 대부분 배가 드나들 수 있는 곳에 위치하고 있다. 강이나 바다에서 쉽게 눈에 띄는 곳에 고분을 축조한 것은 축조집단의 활동이 물과 깊게 관련된 것에서 비롯되었을 가능성이 있다. 강진군에서 옹관고분이 축조된 지역은 강진만과 접하고 있는 군동면 호계리, 나천리, 풍동리, 영관리 일대에 수십 기가 분포되어 있기 때문에, 이곳 부근에 고해진이 위치하였을 가능성이 있다.

침미다례와 비리, 벽중 등의 전북 서남부지역 해상세력은 김제-부안
-고창-함평-해남-강진 등을 잇는 해안을 따라 연결되었다. 이들은
침미다례를 중심으로 하여 서남해의 여러 만(灣)과 내해(內海)를 중심으로
독자적인 세력권을 형성하였다.

근초고왕의 경략에서 '남만(南蠻)'으로 지칭된 지역은 북일에서 김제까
지를 범위로 하는 서남해지역으로 생각된다. 또한 침미다례가 백제에
무너진 뒤 스스로 항복을 한 비리·벽중 등의 소국들이 부안·김제로
추정되는 것[89]도 그러한 사실을 증명한다.

백제가 북일의 침미다례를 도륙한 것은 서남해지역 해상활동의 중심
세력이었기 때문이다. 또한 백제가 침미다례를 점령한 것은 강진·해남
지역을 장악하여 경남 남부지역으로 이어지는 대왜교역로(對倭交易路)를
개설하기 위한 거점으로 활용하려는 목적 때문이었다.[90]

백제는 침미다례를 제압하여 해상세력의 재기와 준동을 방지하고 그
주변지역에 대한 영향력을 확대하여 나갔다. 근초고왕이 추진한 영산강
유역의 마한 잔여세력 경략(經略)은 소기의 목적을 달성하였다.

백제는 낙동강 유역에 진출하여 종래 본가야(本加耶)가 장악하고 있던
교역 중개지의 위치를 차지함으로써, 중국·가야·왜로 이어지는 교역
루트를 확보하였다.[91] 백제는 침미다례가 장악하고 있던 교역체계를 해

---

88) 문안식·이대석 공저, 2004, 앞의 책, 76쪽.
89) 千寬宇, 1979, 앞의 글, 216쪽.
90) 金英心, 1997, 앞의 글, 28~29쪽.
91) 한반도에서 倭로 가는 航路는 『三國志』 倭人傳에 의하면 대방군에서 출발하여
서해와 남해를 거쳐 김해 狗邪韓國의 北岸에 도착한 후 다시 바다를 건너 對馬島
에 이르렀다(『三國志』 권30, 魏書30, 烏丸鮮卑東夷傳, 倭人). 또한 백제와 왜국의
대외교섭을 가야지역의 卓淳國이 주선하였음은 주지의 사실이다(『日本書紀』
권9, 神功紀 46년 春 3月 乙亥). 즉, 백제와 가야 남부지방의 외교관계가 먼저
이루어지고, 가야의 탁순국이 중개하는 형태로 백제와 왜국의 통교관계는 시작
되었다.

체하여 가야의 대외교섭 창구에 부속시켰고, 탐라와의 교섭이나 가야를 잇는 부차적인 위상을 갖도록 재편하였다. 백제는 침미다례가 유지하고 있던 중국·가야·왜와의 교역루트를 차단할 목적으로 대외교섭 창구를 직접 장악하였다.

근초고왕의 경략(經略)을 받고 서남해지역의 해상권을 장악하고 있던 침미다례는 큰 타격을 받아 몰락하고 말았다. 백제는 해상세력의 거점을 장악하여 독자적인 대외교섭권을 박탈하고 이를 대신할 만한 교두보를 확보하는 것에 만족하고, 그 예봉(銳鋒)은 신흥세력으로 떠오르고 있던 영암 시종과 반남 등을 향하지 않았던 것으로 보기도 한다.[92]

그러나 시종세력은 내륙 깊숙이 들어온 영암만을 이용한 해상활동이 성장의 기반이 되었던 사실을 고려할 필요가 있다. 오늘날의 지형으로 볼 때 시종은 내륙의 한 가운데 위치하지만 당시는 해안지역이었다.[93] 따라서 시종세력을 평야지대에 위치한 내륙세력으로 보는 것은 당시의 지형을 고려하지 않고 있다.

근초고왕은 전남지역을 경략하면서 북일의 침미다례를 정벌하여 그 기반을 해체하였듯이, 시종세력에 대해서도 일정한 제재를 하였다. 신미국이 약화된 후 서남해지역에서 신월리세력이 부상함과 동시에 영산강 유역의 주도권을 장악한 집단은 영암의 시종세력이었다. 시종세력은 영산강 유역 깊숙이 들어온 내해(內海)를 이용한 해상활동과 토착세력 사이

---

92) 權五榮, 1999, 『복암리고분군』, 전남대박물관, 310쪽.
93) 서해의 조수는 영암 시종을 지나 나주지역까지 미쳤다. 『新增東國輿地勝覽』 나주목 조에 의하면 "仰巖은 錦江의 남안에 있는데, 노자암으로 불리기도 하였다. 그 밑에는 물이 깊어 헤아릴 수 없는 데 속설에 용이 있다고 한다. 바위의 밑에 구멍이 있는데 조수가 밀려 갔을 때는 보인다……錦江津은 목포 혹은 남포라고 한다. 곧 광탄의 하류인데 州의 남쪽 11리에 있다……금강은 나주 동남쪽을 경유하여 회진현 남쪽을 지나 서쪽으로 바다에 들어간다" 라고 하여, 나주지역까지 만조시에 바닷물이 유입되었음을 알 수 있다.

의 역내교역을 주도하면서 번영을 구가하였다.

그러나 시종세력이 영산강 유역 토착사회를 망라하는 영역국가로 발전한 것은 아니었다. 시종집단의 외곽에 위치한 주변의 토착사회도 상당할 정도의 독자적인 세력을 유지하였다. 영산강 유역 토착사회는 근초고왕의 경략(經略)을 받아 변모하게 되었다. 근초고왕의 경략은 가야를 거쳐 남해안을 따라 전남지방으로 향하면서 주로 해상세력을 제압하는 것에 목적을 두고, 독자적인 교섭권을 박탈하여 대외교역 등을 중앙에서 독점하려고 하였다.

근초고왕은 침미다례의 독자적인 세력기반을 해체시킨 데 이어 시종세력에 대해서도 유사한 조치를 하였다. 근초고왕은 서남해지역의 해상권을 장악하고 있던 침미다례에 대해서는 강공책을 구사하였지만, 시종세력은 무력적인 제재를 가하지 않았다. 근초고왕은 시종세력을 약화시키고 반남세력을 후원하여 영산강 유역 토착사회에 대한 영향력을 유지하려고 하였다.

백제는 반남의 수장층과 공납관계를 맺어 공물을 징수하고, 해안의 교섭거점은 직접 지배하거나 친백제세력(親百濟勢力)에게 위탁 관리하도록 하였다. 영산강 유역의 여러 지역에 축조된 옹관분은 이러한 관계를 반영하고 있다. 규모가 매우 큰 옹관분의 경우 분구(墳丘)의 크기로 미루어 볼 때 주인공의 권력 집중도가 상대적으로 높은 상태였음에도 불구하고, 부장품이 빈약한 것은 잉여산물의 상당한 분량이 공물 등의 형태로 빠져나갔음을 시사한다.[94]

반남의 수장층은 백제의 관등이나 위신재를 받고 지방의 지배자로 군림하였다. 반남세력이 영산강 유역의 맹주로 부상한 것은 독자적인

---

94) 李賢惠, 2000, 「4~5세기 영산강유역 토착세력의 성격」, 『역사학보』 166, 30쪽.

성장보다는 백제의 정치적 후원에 의한 것으로 생각된다. 백제가 수도에서 원거리에 위치한 영산강 유역의 토착사회를 직접 지배하는 것은 매우 어려운 문제였다. 백제는 반남세력을 전면에 내세워 공납관계를 맺고 간접통치를 하였다.

영산강 유역 토착사회의 주도권은 시종을 거쳐 좀더 넓은 평야가 존재하고, 주변세력의 동향을 감시할 수 있는 자미산성에 가까운 반남지역으로 옮겨가게 되었다. 자미산성의 주변에는 대안리 12기, 신촌리 9기, 덕산리 15기 등 고분이 군집상태로 분포되어 있다. 자미산성은 정상부를 중심으로 그 주위를 수직으로 깎아 내려 계단을 이루게 한 전형적인 테뫼식 토성이다.

자미산성은 영산강의 큰 지류인 삼포강이 에워싸고 완만한 구릉성 평지가 펼쳐져 있는 평야지대의 한 가운데에 위치한다. 자미산은 반남면의 중심부에 위치하여 흥덕리, 대안리, 신촌리 3개 마을에 걸쳐 있는 고도 94.5m의 비교적 낮은 산이지만, 주변지대가 해발 10m 이내의 낮은 구릉지대이므로 상대적인 고도 감각으로는 높은 산이라 할 수 있다. 산의 정상에 오르면 시야에 가리는 것이 없이 동으로 무등산, 북으로 금성산, 남으로 월출산, 서로 목포 영산강하구언이 보이는 일망무제의 경관이 눈 아래 펼쳐진다.

삼포강은 영암군 신북면 명동리 백룡산(418m) 북서쪽 분무골에서 발원하여 나주시 반남면 하촌리를 감돌아 덕산리 아래로 흘러 영암과 나주의 경계가 되면서 북류한다. 반남면 신촌리 평촌 앞들에서는 벌고개와 쑥고개에서 흘러와 성내마을을 거쳐 고분군을 지나온 물을 합하게 된다. 이어 나주 공산면에서 흘러온 금곡천과 합류되고, 신연리를 거쳐 온 시종천을 합하면서 영암만으로 유입된다.

이곳부터는 1970년대에 영산강하구언이 축조되어 갯골이 유로화 되었으나, 그 이전에는 강이 아니라 바다에 가까웠다.95) 시종면 옥야리 남해신당에 있었던 남해포를 지나 내동천96)과 합류한다. 그리고 옛 영산강하구점(양도·염소섬)으로 나주, 무안, 영암의 경계가 된 나주 동강 장동리 낭코(남곶·나선곶)에서 영산강에 합류한다.97) 또한 삼포강 연변에 위치한 시종면 옥야리, 와우리, 내동리와 반남면의 홍덕리, 대안리, 신촌리 등은 영산강 유역의 대표적인 옹관고분이 위치한 지역이다.

이와 같이 반남세력은 뱃길이 사통팔달한 천혜의 입지적 조건을 갖춘 곳에 자리잡았다. 자미산성은 주변세력의 동향과 뱃길을 장악할 수 잇는 천험의 요새이었다. 반남세력은 자미산성을 중심으로 하여 주변의 농경지에서 생산된 농산물, 인근의 내해(內海)에서 생산된 소금과 해산물을 바탕으로 경제적 기반을 마련하였다.

또한 반남세력은 해로(海路)와 수로(水路)가 만나는 요충지에 위치한 지리적 이점을 이용하여 역내무역(域內貿易)과 대외무역(對外貿易)을 주도하였다.98) 강을 이용한 교통로의 중심지는 큰 강의 지류가 만나는 곳이나, 강의 하구와 바다가 만나는 지점에 형성되었다.

---

95) 1928년에 일본해군 수로국이 작성한 『한국연안수로지』에 의하면 하구언이 축조되기 이전에 목포에서 몽탄나루까지는 조수의 영향이 크기 때문에 內海라고 할만하나, 高潮時의 경우에만 그러하였고 저조시에는 수로의 폭이 겨우 0.5~1km에 불과하였다. 썰물 때의 이 수로는 마치 갯골과 같으며 그 주위에는 넓은 갯벌이 드러난다. 이때는 작은 배만 겨우 수로를 통하여 운항할 수 있다고 한다.
96) 내동천은 현재는 갯벌이 농경지로 변해 시종면 와우리 계산포 새우머리 수문을 흐르는 새로운 유로가 형성되었다.
97) 장보웅, 1997, 「영산강유역의 자연지리적 환경」, 『영산강유역사연구』, 한국향토사연구전국협의회, 43쪽.
98) 나주의 지리적 조건과 상업활동에 대하여 조선초기의 기록인 『新增東國輿地勝覽』 제35권, 羅州牧篇의 宮室 碧梧軒을 보면 "나주는 전라도에서 가장 커서 땅이 넓고 民物이 번성하다. 땅이 또한 바닷가라 메벼가 많이 나고, 물산이 풍성하여 전라도의 조세가 모이는 곳이고, 사방의 상인들이 몰려든다"라고 하여, 나주가 바닷가에 위치한 상업의 요지였음을 알 수 있다.

반남지역은 강의 하구와 바다가 만나는 영산강 유역의 대표적인 포구가 위치하였다.99) 백제의 후원을 얻은 반남세력은 평야지대에서 산출되는 농산물과 영산강 수로를 장악하여 막대한 재부(財富)를 축적하였다. 다른 지역의 규모를 압도하고 있는 반남면 신촌리·대안리·덕산리의 고분군은 이를 반영한다.

한편 반남의 외곽에 위치한 해상세력은 근초고왕의 경략으로 타격을 받고 약화되었지만, 백제의 영향력이 상실되면 독자적인 교역활동 등을 통하여 재래의 기반을 회복할 수 있는 여력이 남아 있었다. 또한 백제의 영향력이 확대되면서 해상세력의 독자적인 교역활동은 크게 약화되었지만 완전히 단절된 것은 아니었다.

예컨대 해남 삼산면 봉학리·원진리·부길리 등의 옹관고분에서 출토된 철정(鐵鋌)과 철모(鐵矛)는 해상세력들이 가야 등과 대외관계를 유지하고 있었음을 반영한다.100) 철정은 화폐적 기능101)과 위신재로서 왕자(王子)의 위엄을 나타내는 역할을 하였기 때문에,102) 철소재를 자체 제작하거나 수입을 독점한 집단은 주변에 대하여 일정한 영향력을 행사할 수 있었다.

또한 영암 와우리와 영광 화평리 옹관분에서는 각각 가야나 신라에서 유행하던 판상철부(板狀鐵斧)와 철정(鐵鋌) 등이 출토되었다. 그리고 가야계 축성양식을 따른 해남 죽금성의 주변지역에서도 가야계 토기류가

---

99) 반남지역에 포구가 위치한 사실은 후대의 기록인 『高麗史』를 통해서도 알 수 있다. 太祖 卽位年 기사에 의하면 "태조는 드디어 광주 서남지경 반남현 포구에 이르러 적의 경내에 첩보망을 펼쳐 놓았다"고 하여 반남지역에 포구가 있었음을 기록하고 있다.
100) 成洛俊, 1994, 「해남부길리 옹관유구」, 『호남고고학보』 1.
101) 林孝澤, 1985, 「副葬鐵鋌考」, 『동의사학』 2.
102) 西谷正, 1995, 『加倻諸國의 鐵』종합토론문, 인제대학교 가야문화연구소, 212~213쪽.

출토되었다.103) 이러한 고고자료들은 전남 서남해지역과 서부 경남지역이 상당한 교류관계를 지속하였음을 보여준다.

근초고왕의 경략 이후 반남세력의 대두와 그 외곽집단의 약화라는 전반적인 추세에도 불구하고, 해상세력은 대외교섭을 지속하면서 그 기반을 일정 정도 유지하였다. 백제도 군현을 설치하여 지방관을 파견하거나 직접지배가 불가능한 상태에서 반남세력을 내세워 간접지배를 하는 것에 만족하였다. 따라서 백제의 집권력이 약화되어 변방에 대한 통제가 약화되면, 변방세력은 그 영향력을 벗어나 독자적인 대외교섭을 추구할 수 있는 여지가 남아 있었다.

2. 왕·후제 시행과 전남지역 토착사회의 변화

1) 왕·후제 시행과 그 범위

백제는 근초고왕대에 율령체제에 입각한 통치구조가 확립되면서 중앙집권적 귀족국가체제로 발전하였다.104) 근초고왕대에는 귀족국가체제를 유지하기 위하여 관등제가 체계적으로 정비되었다.105) 또한 지역의 실정에 따라 5부제·공납지배·담로제로 각각 구분되어 실시되던 지방통치 방식이 담로제로 일원화되어 중앙집권력이 강화되었다.106)

---

103) 李道學, 1995, 앞의 책, 340쪽.
104) 李基東, 1979, 「고대국가의 역사인식」, 『한국사론』 6.
105) 근초고왕대에 정비된 관등의 구체적인 내용은 파악하기 어렵지만 사비시대에 완비된 16관등 가운데 文督과 武督을 제외한 나머지는 설치된 것으로 보고 있다(盧重國, 1988, 『백제정치사연구』, 일조각, 219쪽). 다만 그 기본 골격이 형성된 것은 근초고왕대에 앞서 고이왕대를 전후하여 이루어진 것으로 파악하는 견해도 있다(盧泰敦, 1977, 「삼국의 정치구조와 사회·경제」, 『한국사』 2, 국사편찬위원회, 220쪽).
106) 文安植, 2000, 「백제의 영역확장과 변방세력의 추이」, 동국대 대학원 박사학위논문, 148쪽.

그러나 근구수왕 후반기부터 고구려의 남하정책에 밀리기 시작하였고, 침류왕 때부터는 귀족세력이 발호하여 왕권이 크게 위축되었다.[107] 백제의 혼란한 상황은 개로왕이 즉위하면서 변화가 이루어지기 시작하였다.

개로왕은 비유왕이 정변에 희생되어 사망하자 곤지(昆支)와 문주(文周) 등의 근친 왕족과 목금(沐衿) 등 일부 귀족세력의 도움을 받아 왕위에 올랐다. 개로왕은 즉위 과정에서 정국 주도권을 장악한 것을 계기로 근초고왕대에 정비된 관등제를 근간으로 중국과 북방 유목민족의 관작제를 활용하여 전제왕권을 지향하는 국정운영을 도모하였다.[108]

그리하여 백제는 개로왕의 즉위 후에 왕권이 강화되고 정치적 안정을 이루었다. 개로왕은 왕권이 강화되고 국정이 안정되자 흔들리고 있던 지방통치 분야에 대해서도 관심을 갖게 되었다. 개로왕은 왕·후제를 실시하여 기존의 지방통치방식인 담로제의 한계를 보완하고 지방사회의 재편을 꾀하였다. 그러나 왕·후제에 대해서는 관련 사료가 부족하여 전말을 파악하기 어려운 실정이다.

스에마쓰(末松保和)는 중앙정부가 지방을 통치하기 위하여 왕·후제를 시행한 것이 아니라 웅진천도 후 장악한 전라지역에 대한 지배권을 대외적으로 공인받기 위해 송(宋)에 '왕·후' 호(號)의 관작을 요청한 것으로 파악하였다.[109] 또한 백제가 왕·후제를 시행한 목적은 지방통치와는

---

107) 침류왕은 불교의 수용에 따른 집권세력 사이의 갈등으로 즉위 2년 만에 사망하였고(盧重國, 1988, 앞의 책, 132~133쪽), 진사왕은 對高句麗戰의 패전에 대한 책임을 지고 축출되기에 이르렀다(梁起錫, 1990, 「百濟專制王權成立過程硏究」, 단국대 대학원 박사학위논문, 76쪽). 또한 幼弱한 구이신왕 때에는 木滿致가 국정을 전횡하였고(『日本書紀』 권10, 應神紀 25年), 비유왕도 말기에 정변이 발생하여 사망에 이르렀다(千寬宇, 1976, 「백제의 국가형성(下)」, 『한국학보』 3, 138쪽).
108) 坂元義種, 1968, 「5世紀の百済大王とその王·侯」, 『朝鮮史研究會論文集』 4.
109) 末松保和, 1961, 『任那興亡史』, 吉川弘文館.

무관하고 중국과의 의례적인 관계110)나 요서지역 경략을 위한 수단으로 보는 견해111)도 있다.

그런데 동성왕대에 해당하는 490년과 495년에 남제(南齊)에 책봉을 요청한 사례를 보면 왕·후의 임기가 정해져 있고 임지(任地)를 옮기는 사실이 발견된다. 또한 왕·후가 책봉된 지명군(地名群)이 치우쳐 있고, 동일한 시기에 책봉된 왕·후의 봉지(封地)가 겹치지 않고 있다.112) 따라서 왕·후제는 의례적(儀禮的)인 외교관계나 유공자(有功者)를 격려하고 포상하려는 목적 외에도 지방통치를 위한 수단으로 활용되었을 가능성이 높다.

백제에서 왕·후제가 시행된 시기에 대해서도 견해 차이가 적지 않다. 백제가 한식(漢式) 관제(官制)인 왕·후제를 시행한 사실을 알려주는 최초의 사료는 개로왕이 472년에 예례(餘禮)를 불사후(弗斯侯)로 사서(私署)113)한 기록이다.114) 이 사료를 근거로 하여 왕·후제의 기원을 여례(餘禮)가 불사후(弗斯侯)에 책봉된 것을 시기(時期)로 파악하는 견해가 있다.115)

---

110) 梁起錫, 1984,「五世紀 百濟의 王·侯·太守制에 대하여」,『사학연구』 38.
111) 백제의 요서경략설을 긍정적으로 받아들이는 입장에서는 王·侯制 및 太守制를 통하여 백제군의 화북 진출설을 논하고 있다(金庠基, 1967,「백제의 요서경략에 대하여」,『백산학보』 3 ; 方善柱, 1971,「백제군의 화북진출과 그 배경」,『백산학보』 3). 또한 요서진출을 제한된 의미로 받아들여 단순한 '무역권의 인정'이라는 측면에서 이해하는 경우도 있다(盧重國, 1978,「백제왕실의 남천과 지배세력의 변천」,『한국사론』 4 ; 李明揆, 1983,「백제 대외관계에 관한 一試論」,『사학연구』 37).
112)『南齊書』 권58, 列傳39, 東南夷, 百濟.
113) 私署는 사사로이 官職을 준다는 뜻으로, '行'·'行職'·'行署' 등도 같은 용례이다. 백제의 왕은 신하들에게 假授한 爵號를 정식으로 除授해 줄 것을 요청하는 것이 관례였다.
114)『魏書』 권100, 列傳88, 百濟.
115) 坂元義種, 1968, 앞의 글. 한편『日本書紀』 仁德紀 41년 條의 '始分國郡疆場具錄鄕土所出'의 기록을 473년에 이루어진 사실로 판단하여, 이 때에 이르러 王·侯制가 시행된 것으로 보는 견해도 있다. 즉, 王·侯制와 담로제는 동일한 제도인데

그러나 왕·후제는 웅진천도 후 동성왕대에 이르러 시행된 것으로 파악하는 것이 일반적이다.116) 또한 그 기원을 여례(餘禮)의 불사후(弗斯侯) 책봉에서 구하는 논자들도 왕·후제가 본격적으로 시행된 것은 동성왕대로 보고 있다.117)

그러나 왕·후제의 기원을 여례가 불사후로 책봉된 것에서 구하는 것은 문제가 없지 않다. 왜냐하면 여례를 불사후에 책봉한 것은 왕·후제의 기원이 아니라 제도로서 정착된 것을 반영한 것으로 추정되기 때문이다.

여례의 불사후 책봉은 북위(北魏)로 사행(使行)을 떠나기 이전에 기타의 왕·후들과 함께 다른 이유에 의하여 시행되었을 가능성이 높다.118) 따라서 왕·후제는 웅진천도 후에 본격적으로 실시된 것이 아니라 개로왕대부터 적극 활용된 것으로 추정된다.

왕·후제에 대해서는 『송서(宋書)』·『위서(魏書)』·『주서(周書)』의 백제전 등에 일부 관련 사료가 전한다. 『위서(魏書)』 백제전에는 개로왕이 472년에 여례(餘禮)를 관군장군(冠軍將軍) 부마도위(駙馬都尉) 불사후(弗斯侯) 장사(長史)로 사서(私署)하여 북위(北魏)에 청병사로 파견한 사실이

史書에 따라 달리 표현된 것이라고 한다(金英心, 1990, 「5~6세기 백제의 지방통치체제」, 『한국사론』 22). 王·侯制와 담로제를 동일한 제도로 파악하는 데는 인식을 같이 하지만, 그 기원을 근초고왕 때의 영산강 유역 지배에서 구하는 견해도 있다(李鎔彬, 2002, 『백제 지방통치제도 연구』, 서경, 128쪽).
116) 鄭載潤, 1992, 「웅진·사비시대 백제의 지방통치제」, 『한국상고사학보』 10 ; 李根雨, 1997, 「웅진시대 백제의 남방경역에 대하여」, 『백제연구』 27.
117) 개로왕대에 미완성으로 끝난 좌·우현왕제가 동성왕대에 이르러 왕·후제로 확대된 것으로 파악하는 견해도 있다(鄭載潤, 1999, 「웅진시대 백제 정치사의 전개와 그 특성」, 서강대 대학원 박사학위논문, 99쪽).
118) 백제에서 시행된 王·侯制를 4세기 말까지 실시되었던 城-村體制를 계승하여 5세기 때의 전일적인 지방통치방식인 王·侯·太守制로 활용된 것으로 생각하기도 한다(武田幸男, 1980, 「6世紀における朝鮮三國の國家體制」, 『東アジア世界における日本古代史講座』 4).

기록되어 있다.119) 그에 앞서 개로왕이 458년에 여기(餘紀)와 여곤(餘昆)을 각각 우현왕(右賢王)과 좌현왕(左賢王)에 책봉한 사실도 남아 있다.120)

개로왕이 여기와 여곤을 책봉한 우현왕(右賢王)과 좌현왕(左賢王)은 흉노나 돌궐 등 북방 유목민족의 관작(官爵)이었다.121) 따라서 남아 있는 사료를 통해 볼 때 여례(餘禮)를 불사후(弗斯侯)에 책봉한 것이 한식(漢式) 관작(官爵)을 활용한 왕·후제의 기원이 된다. 다만 개로왕이 458년에 송(宋)에 보낸 상표문에

A. 대명(大明) 2년, 경(慶)이 사신을 보내 표문을 올려 말하기를, 신의 나라는 대대로 특별한 은혜를 입고 문무의 훌륭한 신하들이 대대로 조정의 관작을 받았습니다. 행관군장군우현왕(行冠軍將軍右賢王) 여기(餘紀) 등 11명은 충성스럽고 부지런하여 높은 지위에 나아감이 마땅하오니 엎드려 바라옵건대 가엾게 여기시어 모두 관직을 내려 주십시오."라고 하였다. 이에 행관군장군우현왕(行冠軍將軍右賢王) 여기(餘紀)를 관군장군(冠軍將軍)으로 삼고, 행정로장군좌현왕(行征虜將軍左賢王) 여곤(餘昆)과 행정로장군(行征虜將軍) 여훈(餘暈)을 모두 정로장군(征虜將軍)으로, 행보국장군(行輔國將軍) 여도(餘都)와 여애(餘乂)를 모두 보국장군(輔國將軍)으로, 행용양장군(行龍驤將軍) 목금(沐衿)과 여작(餘爵)을 모두 용양장군(龍驤將軍)으로, 행용삭장군(行寧朔將軍) 여류(餘流)와 미귀(麋貴)를 모두 영삭장군(寧朔將軍)으로, 행건무장군(行建武將軍) 우서(于西)와 여루(餘婁)를 모두 건무장군(建武將軍)으로 삼았다.122)

---

119) 『魏書』 권100, 列傳88, 百濟國.
120) 『宋書』 권97, 列傳57, 夷蠻 東夷, 百濟.
121) 坂元義種, 1968, 앞의 글, 56쪽 ; 護雅夫, 1971, 「北アジア·古代遊牧國家の構造」, 『岩波講座世界歷史』 6, 岩波書店.
122) 『宋書』 권97, 列傳57, 夷蠻 東夷, 百濟.

라고 하였듯이, 그 이전부터 중국의 작호(爵號)를 받았을 가능성은 있다.

그러나 구체적인 자료가 남아 있지 않아 자세한 것은 알 수 없지만 중국의 작호를 받았을 경우도 '장군(將軍)'에 불과하고, '왕·후'는 받지 않은 것으로 추정된다. 중국의 역대 왕조는 백제의 국왕에 대해서만 '장군' 또는 '대장군'의 작호에 특정지역의 '태수' 및 '백제왕'을 첨가하여 제수하였다.[123]

백제의 국왕이 왕족이나 귀족에게 왕·후의 작호를 수여한 것은 『남제서(南齊書)』 백제전에 의하면 주로 전공을 세운 중신(重臣)을 기리고 명성과 공업을 후대에 보존시키려는 목적 때문이었다.[124] 개로왕이 여례를 불사후로 책봉한 것도 부마도위(駙馬都尉)라는 신분 외에 상당한 공적을 세웠기 때문으로 추정된다.

이에 대해서는 개로왕이 469년(동왕 15) 8월에 장수를 보내 고구려의 남쪽 변경을 공격하였으며, 10월에 쌍현성을 수리하고 청목령에 대책(大柵)을 설치한 사실[125]이 참조된다. 백제는 392년(진사왕 8)에 청목령과 석현성·관미성 등의 요충지를 고구려에 상실하였다. 아신왕 때에 이르러 실지(失地)를 회복하기 위하여 여러 차례에 걸쳐 북벌을 단행하였으나 끝내 뜻을 이루지 못하였다.[126]

개로왕은 석현성을 비롯한 고구려의 요새들을 점령하면서 청목령으로 진출하였다.[127] 개로왕은 청목령에 목책을 설치한 후 북한산성의 군사들

---

123) 예컨대 근초고왕은 鎭東將軍領樂浪太守(『晉書』 권9, 帝紀9, 簡文帝 咸安 2年)에 책봉되었고, 전지왕과 비유왕도 각각 使持節都督百濟諸軍事鎭東大將軍(『宋書』 권97, 列傳57, 夷蠻 東夷, 百濟)이 제수되었다. 다만 근초고왕이 제수 받은 鎭東將軍領樂浪太守의 爵號는 비유왕 때에 중국에 사절로 파견된 馮野夫가 西河太守에 제수된 경우와는 의미가 다른 것으로 보인다.
124) 『南齊書』 권58, 列傳39, 東南夷, 百濟.
125) 『三國史記』 권25, 百濟本紀3, 蓋鹵王 15年.
126) 『三國史記』 권25, 百濟本紀3, 阿莘王 2年·7年.

을 나누어 지키게 하였다.[128] 개로왕의 청목령 진출은 백제인의 고토회복이라는 오랜 열망이 현실화 된 것이며, 고구려의 압박에 밀려 그동안 취해 왔던 수세적인 입장에서 벗어나 공세로 전환하였음을 보여 주는 사례이다.[129]

개로왕은 청목령 장악에 만족하지 않고 근초고왕대에 백제가 차지하였던 예성강 중·상류지역으로 진출을 시도하였다. 개로왕은 단독으로 군사작전을 감행하지 않고 동맹을 맺고 있던 신라와 긴밀한 관계를 맺고 행동을 같이 하였다.[130] 개로왕은 청목령 진출 과정에서 공훈을 세운 유공자를 포상하고 기리기 위하여 '왕·후'의 작호를 제수하였고, 여례도 고구려 공격에 참여하여 불사후에 책봉되었을 가능성이 높다.

이와 같이 왕·후제는 늦어도 개로왕 15년(469) 무렵에는 시행된 것으로 추정된다. 그런데 왕·후제의 시행과 지방통치방식의 변화는 밀접한 상관관계가 있었다. 왕·후제는 백제의 왕권이 위축되고 고구려에 밀려

---

127) 청목령 일대와 그 남쪽에는 백제가 축조한 10여 곳 이상의 성곽이 존재하였다. 광개토왕은 392년 7월에 석현성을 비롯하여 10여 성을 함락하였는데, 석현성은 開豊郡 嶺南面 深川里의 속칭 청석골에 있던 청석령에 위치한 것으로 보고 있으며, 그 나머지 10여 성은 예성강 이남과 임진강 이북 사이에 분포한 것으로 추정한(김윤우, 1995, 「광개토왕의 남하정복지에 대한 일고찰」, 『고구려 남진경영사의 연구』, 백산자료원, 234쪽).
128) 『三國史記』 권25, 百濟本紀3, 蓋鹵王 15年.
129) 文安植, 2005, 「개로왕의 왕권강화와 국정운영의 변화에 대하여」, 『史學硏究』 78, 63쪽.
130) 신라는 470년(자비왕 13) 보은에 三年山城을 축조한 데 이어, 474년(자비왕 17)에는 沙尸城·仇禮城·一牟城·沓達城을 축조하였다. 사시성과 구례성은 충북 옥천, 일모성은 청원군 문의, 답달성은 상주 부근으로 비정하고 있다(申瀅植, 1984, 「신라 지방제도의 발전과 軍主」, 『한국고대사의 신연구』, 일조각, 208쪽). 이는 신라가 상주-보은-옥천-문의로 연결되는 교통로의 요지에 성곽을 축조하여 충북 남부지역에 군사적 거점을 마련한 것을 의미한다(徐榮一, 1999, 『신라 육상교통로 연구』, 학연문화사, 80~82쪽). 그리하여 신라는 중원지역을 비롯한 남한강 유역을 장악하고 있는 고구려에 대하여 압박을 가하였다.

침체된 상황에서 흔들리고 있던 지방통치를 강화하기 위하여 실시되었다.

 백제에서 왕·후제가 시행된 시기(時期)는 지방통치방식의 변화가 이루어진 무렵으로 볼 수 있다. 또한 백제군이 469년에 임진강을 건너 예성강 남안의 청목령으로 진출한 것은 일련의 국정운영 변화가 성과를 거두고, 왕·후제의 시행을 통해 지방통치가 강화되면서 인적·물적 지배기반이 확충되고 국력이 회복되었기 때문에 가능하였다.

 개로왕대의 왕·후제 시행과 지방통치방식의 변화는 국력회복에 도움이 되어 백제가 수세에서 벗어나 공세로 전환하는 계기가 되었다. 따라서 개로왕대의 왕·후제 시행은 469년에 청목령으로 진출하기 이전에 이루어졌을 가능성이 높다. 그 시기를 알려주는 사료는 남아 있지 않지만, 중앙정계가 재편되어 국정이 안정되고 지방통치 분야에 관심을 기울이게 된 이후로 추정된다.

 개로왕이 강력한 왕권을 행사하게 된 것은 461년에 곤지(昆支)에게 청병사의 역할을 부여하여 왜국으로 파견한 이후였다.[131] 개로왕은 곤지의 도왜(渡倭)를 계기로 국정을 장악한 후 중앙집권력이 약화되어 동요하고 있던 지방통치 분야에 전력을 집중하였다.[132] 따라서 개로왕이 지방통

---

131) 곤지가 왜국에 건너 간 것은 유사시에 대비하려는 請兵使 역할로 보기도 하지만(梁起錫, 1981,「三國時代 人質의 性格에 대하여」,『史學志』15, 55~56쪽), 지배세력 간의 대립에서 기인한 정략적인 추방으로 이해하는 견해도 있다(延敏洙, 1998,『古代韓日關係史』, 혜안, 411~417쪽).
132) 개로왕은 즉위 후 한성시대의 대표적인 귀족세력이었던 解氏와 眞氏 등을 배제하고 왕실과 자신의 즉위에 도움을 준 沐衿 등의 신진세력을 내세워 지배세력을 재편하였다. 이 과정에서 개로왕은 餘紀와 餘昆(곤지)을 각각 右賢王과 左賢王에 제수하여 병권을 담당하도록 하는 등 왕실중심의 지배체제를 구축하였다. 그러나 개로왕은 왕실중심의 지배체제를 구축하여 왕권강화와 국정안정을 이루었지만, 자신의 즉위에 큰 역할을 하였고 군사적 실권마저 보유한 昆支의 존재에 부담감을 갖고 있었다(文安植, 2005,「개로왕의 왕권강화와 국정운영의 변화에

치 분야에 적극적인 관심을 기울이게 된 461년 무렵에 왕·후제가 시작되었다.133)

2) 수작자(受爵者)의 신분과 시행 범위

백제의 어려운 대내외적인 상황도 기존의 지방통치방식을 보완할 수 있는 새로운 제도의 성립을 필요로 하였다. 한성시대 백제의 지방통치방식은 담로제로 보는 것이 일반적이다.134) 그러나 담로제를 통한 지방통치는 한성시대 후기에 이르러 국력이 쇠퇴하고 중앙집권력이 약화되면서 근본적인 한계에 봉착하였다.

백제는 고구려와의 전쟁에서 필요한 인적·물적 자원을 주로 지방에서 조달하였는데, 이는 소농민의 수탈로 이어져 민생파탄에 직면하였다. 또한 전국의 모든 담로에 중앙정부가 관리를 파견하는 것도 현실적으로 어려운 일이었다. 담로제는 거점지배 방식에 그쳤기 때문에 토착세력의 권한을 중앙의 통치권 속에 완전히 편제하거나 흡수하지 못하였다.135)

백제가 지방의 담로에 관리를 파견한 곳은 교통의 요충지나 전략적

대하여」, 『사학연구』 78, 50~53쪽).
133) 文安植, 2005, 앞의 글, 55쪽.
134) 백제가 담로제를 실시한 시기에 대해서는 건국 초기(李丙燾, 1954, 『한국사』 고대편, 546쪽), 近肖古王 전후(李道學, 1990, 「한성 후기의 백제 왕권과 지배체제의 정비」, 『백제논총』 2 ; 盧重國, 1991, 「백제 무녕왕대의 집권력 강화와 경제기반의 확대」, 『백제문화』 21, 16~21쪽 ; 金周成, 1993, 「백제 지방 통치조직의 변화와 지방사회의 재편」, 『국사관논총』 35), 근초고왕 24년(李鎔彬, 2002, 앞의 책, 104쪽), 蓋鹵王 때를 전후한 5세기 중엽(武田幸男, 1980, 「6世紀における朝鮮三國の國家體制」, 『東アジア世界における日本古代史講座』 4 ; 金英心, 1990, 앞의 글 ; 金起燮, 1997, 「백제 한성시대 통치체제연구」, 한국정신문화연구원 한국학대학원 박사학위논문, 189쪽), 武寧王代(李基白, 1973, 「백제사상의 무녕왕」, 『무녕왕릉』, 문화재관리국 ; 鄭載潤, 1992, 앞의 글 ; 田中俊明, 1996, 「백제 지방통치에 대한 제문제」, 『백제의 중앙과 지방』, 충남대 백제연구소) 등이 있다.
135) 金周成, 1993, 위의 글, 30~41쪽.

거점지역에 불과하였다. 중앙에서 관리가 파견되지 못한 지역은 토착세력을 담로의 책임자로 임용하였다.136) 그 외에도 왕족이나 귀족들도 자신의 출신지역이나 연고가 있는 지방을 사적(私的)으로 지배하였다.

따라서 중앙정부의 직접지배를 받는 지역이 많지 않고 왕족이나 귀족의 사적인 지배를 받거나 현지 토착세력의 통제를 받는 곳이 대부분이었다. 중앙에서 담로의 책임자를 파견하거나 귀족 등의 지배를 받고 있는 지역도 조세수취, 요역징발 등을 위하여 토착세력의 도움을 받을 수밖에 없었다.

개로왕은 지방통치의 한계를 탈피하기 위하여 중앙정계를 재편한 후 보다 많은 지역에 관리를 파견하여 사적(私的)인 대민지배(對民支配)를 약화시키려고 하였다. 개로왕은 지방통치를 강화하여 지방민에 대한 수탈을 억제하고 조세수취 등에 있어서 일정한 기준을 따르도록 하여 민생을 안정시켰다.137) 또한 담로에 파견된 지방관을 중심으로 각 지역의 실정과 담세능력을 고려한 수취를 시행하였다.138)

---

136) 金英心, 1990, 앞의 글, 86쪽.
137) 백제의 지방제도 정비에 따른 각 지역의 특산물을 비롯한 주요 산물의 실태 파악에 대해서는 국내측의 사서에는 보이지 않고『日本書紀』仁德紀 41年 조에 '始分國郡疆場 具錄鄕土所出'하였다는 기록이 남아 있다. 그 시기에 대해서는 仁德 41년에 해당하는 353년(근초고왕 8) 무렵에 중앙집권적 귀족국가가 완성됨에 따라 중앙과 지방의 제반 제도가 정비되고, 그 영역을 처음으로 나누어 지방의 所出을 파악하는 등 담로제가 성립된 것으로 보고 있다(盧重國, 앞의 책, 1988, 233~236쪽). 그러나『日本書紀』초기기록의 편년방식에 따라 2周甲 引下하여 473년(개로왕 19)에 해당되는 것으로 파악하는 견해도 있다(金英心, 1990, 앞의 글, 84~85쪽 ; 金起燮, 1997, 앞의 글, 201쪽). 따라서 늦어도 개로왕대에는 각 지역의 所出을 일률적으로 파악하고 실정에 맞게 수취하였을 것으로 보인다.
138)『周書』백제전에 의하면 베·명주·삼베 및 쌀 등을 그 해의 풍흉을 헤아려 차등 있게 납부하도록 되어 있다. 또한『北史』백제전에는 백제의 세계가 고구려와 유사하였다는 기록이 남아 있는데, 고구려는『隋書』고구려전에 의하면 경제적인 빈부를 기준으로 하여 3등호제가 실시되고 있었다. 그러나 백제에서 일률적인 조세기준이 마련된 것은 사비천도 이후에 가능하였다. 다만 그 이전에도

이를 통해 개로왕은 중앙의 귀족과 지방 토착세력에 의한 자의적인 대민수탈(對民收奪)을 억제하고 편호소민(編戶小民)의 성장을 촉진하였다.139) 그러나 개로왕 때에 전정호구(田丁戶口)를 기준으로 하여 지방통치 조직을 재편하여 방군성제와 같은 완비된 지방행정을 실시한 것은 아니었다.140) 개로왕대에는 전국에 걸쳐 전일적인 지방행정을 실시할 수 있는 여건이 마련되지 못하였다.

영서지역을 필두로 하여 전북의 일부지역과 전남지역은 백제의 국력이 쇠퇴하여 영향력이 미치지 못하였다. 영서의 말갈세력141)은 군현이 축출된 후 백제의 지배를 받았으나 4세기 후반에 고구려의 영향력 하에 들어갔다.

말갈은 고구려의 부용세력으로 전락되어 남진(南進)의 전위세력으로

    도미전에서 편호소민의 존재를 확인할 수 있듯이, 5세기 후반에는 人丁을 편호하여 수취의 기준으로 삼아 인두세를 부과한 것으로 보고 있다(梁起錫, 1995, 「백제의 정치·경제와 사회」, 『한국사 6-삼국의 정치와 사회Ⅱ(백제)』, 국사편찬위원회, 206쪽).

139) 백제는 4세기 이후 철제로 된 농업토목 용구의 사용에 따라 농업생산력이 발전하면서 사적 소유가 진전되고, 경작지에 대한 공동체 소유가 소멸되어 개별적인 토지사유가 가능하게 되었다. 특히 우경이 보급되어 토질이 개선되고 노동력이 절감되어 집체적인 방식에서 벗어나 점차 소농 중심의 농업경영 추세를 보이게 되었다(전덕재, 1990, 「4~6세기 농업생산력의 발달과 사회변동」, 『역사와 현실』 4, 역사비평사, 27쪽 ; 安秉佑, 1992, 「6~7세기의 토지제도」, 『한국고대사논총』 4, 278쪽).

140) 개로왕대의 조세수취는 여전히 간접 징수방식에 머물렀고, 사비천도 후 5방제가 실시되면서 생산을 담당하고 있던 개인과 개별호에게 직접 세금을 징수하는 형태로 변화되었다(김주성, 1993, 앞의 글, 52쪽).

141) 여기서 말하는 영서의 말갈은 『三國史記』 百濟本紀에 보이는 말갈세력을 의미한다. 이들은 영서지역에 거주하던 토착집단으로 공간적 범위는 남·북한강 유역과 태백고원 지대라 할 수 있는데, 이 지역은 고구려 계통의 무기단식적석총의 조영지와 대략 일치한다. 그러나 백제의 영향력 확대로 영서지역에 적석총이 축조된 것은 아니었고, 말갈들 역시 백제의 건국 주체와 동일한 고구려계 유이민 집단이었다(文安植, 2000, 앞의 글, 103~104쪽).

이용되었다. 이는 387년(진사왕 3) 가을에 백제와 말갈이 관미령에서 싸웠 다는 사료를 통해서 짐작된다.142) 고구려의 말갈지배는 6세기 중엽에 이르러 신라의 진흥왕이 한강유역으로 진출하기 전까지 유지되었다.143)

또한 전북 동부지역도 5세기 중엽에 대가야의 세력권으로 편입되었다. 백제의 약세와 맞물려 대가야가 소백산맥을 넘어 전북 동부지역으로 세력을 확장하였다.144) 대가야는 백제가 고구려에 밀려 침체에 빠진 상황 을 틈타 소백산맥을 넘어 남원을 비롯하여 무주, 진안, 장수 등을 장악하였 다.145)

이와 같은 양상은 노령 이남에 위치한 전남지역도 유사한 면모를 띠고 전개되었다. 전남지역은 근초고왕의 경략을 받은 이후 공납관계를 매개 로 한 간접지배를 받았다.146) 그러나 백제가 고구려에 밀려 쇠퇴를 거듭하 고 귀족세력이 발호하여 변방통치가 약화되자 전남지역의 토착세력도 독자적인 대외활동을 시작하였다.

전남지역은 5세기 중엽 이후 장고분이나 백제 계통과는 다른 형태의 석실분147)이 조영되고 대가야계 토기가 곳곳에서 조사되고 있다.148) 이는 전남지역 토착사회가 백제의 영향력에서 벗어나 독자적인 대외교섭을

---

142) 『三國史記』 권25, 百濟本紀3, 辰斯王 3年.
143) 文安植, 1996, 「嶺西濊文化圈의 設定과 歷史地理的 背景」, 『동국사학』 30.
144) 박천수, 1999, 「고고학 자료를 통해 본 대가야」, 『고고학을 통해본 가야』, 제23회 한국고고학전국대회 발표요지, 56쪽.
145) 이는 5세기 중엽을 전후하여 전북 동부지역에 가야계 토기가 출현하여 재지계와 혼재되고, 그 후 재지계 토기가 고령양식 일색으로 바뀐 사실을 통해 알 수 있다(이희준, 1995, 「토기로 본 대가야의 권역과 변천」, 『가야사연구』, 경상북도).
146) 權五榮, 1986, 「초기백제의 성장과정에 관한 일고찰」, 『한국사론』 15, 서울대 국사학과.
147) 林永珍, 1991, 「영산강유역 횡혈식석실분의 수용과정」, 『전남문화재』 3, 38~63쪽.
148) 전남지역에서 출토 사례가 늘어나고 있는 대가야계 유물은 서부 경남지역과 밀접한 관계를 반영한다. 대가야 계통의 토기는 장성 영천리, 광주 월계동·쌍암 동 등의 영산강유역과 승주 대곡리 등에서 출토되고 있다.

추진하면서 대가야나 왜를 비롯한 기타 세력과 다양한 관계를 맺었음을 반영한다.149)

또한 김제를 비롯한 전북의 서남부지역 토착세력도 백제의 지배를 벗어나 독자적인 대외활동을 전개하면서 자활을 추구하였다. 백제가 전북 서남부지역을 다시 장악한 것은 웅진천도 후 동성왕대에 이루어졌다. 그리하여 개로왕이 즉위한 5세기 중엽에 이르면 백제는 영서지역, 전북의 동부지역과 서남부지역 및 전남지역에 대한 영향력 행사가 어렵게 되었다.

그 외에 안성천 이남에서 노령 이북 사이에 위치한 옛 마한의 중심지역에 대한 지배력도 약화되었다. 이는 익산 입점리, 공주 수촌리, 서산 부장리, 천안 용원리 등에서 출토된 금동관이나 금동관모 등의 최상위급 위세품을 통해 유추된다.150) 이들 위세품은 중앙정부가 토착세력의 수장층에

---

149) 부안군 변산면 죽막동 출토 유물들은 영산강유역 일대의 옹관고분 조영집단을 중심으로 하는 在地人이 倭, 加耶의 다양한 세력과 접촉한 상황을 보여준다(林永珍, 1997, 「전남지역 석실분의 立地와 石室構造」, 제5회 호남고고학회 학술대회 발표요지, 57쪽). 죽막동 제사유적에서 출토된 유물의 성격으로 볼 때 그러한 관계는 6세기 초까지 유지되었는데(韓永熙 外, 1992, 「부안 죽막동 제사유적 발굴조사 진전보고」, 『고고학지』 4, 157쪽), 이들의 중심에 서남해의 해상세력이 있었던 것으로 판단된다.

150) 입점리고분군의 중심연대는 5세기 중엽으로 추정되고 있는데, 1호분에서 금동신발·금동관모 등의 유물이 출토되었다(崔完奎·李永德, 2001, 『익산 입점리 백제고분군』, 원광대학교 마한·백제문화연구소). 공주 수촌리 4호분에서도 한성함락 이전에 제작된 것으로 추정되는 금동관모, 금동신발, 금제이식, 환두대도를 비롯한 다량의 위신재가 출토되었다(충남발전연구원, 2003, 『공주수촌리유적』). 또한 서산 부장리 5호분에서는 2003년에 수촌리에서 출토된 금동관과 제작연대가 거의 같은 것으로 추정되는 금동관모와 쇠로 만든 초두 등 백제시대 유물이 조사되었다(충청남도 역사문화원, 2005, 「서산 음암면 부장리유적」 현장설명회 자료). 그 외에 천안의 용원리 유적에서도 금동봉황문환두대도를 비롯하여 금동관모 장식이 조사되었다(공주대학교 박물관, 1998, 『천안 용원리유적 발굴조사 개략보고』).

게 영향력을 행사하기 위하여 하사되었을 가능성이 높다.151)

　백제는 옛 마한지역에 대한 직접지배가 불가능한 상황에서 입점리 등의 수장층을 후원하여 영향력 확대를 도모하였다. 백제가 토착세력 수장층에게 금동관을 하사한 지역은 옛 마한지역 중에서 세력이 강대하였던 집단이 주로 거주한 곳이 대상이 되었다. 이는 백제의 옛 마한지역에 대한 직접통치가 어려운 상황에 직면하였음을 반영한다.

　백제는 금동관 등을 하사하면서 토착집단의 세력재편을 꾀하였다. 백제는 중앙정부에 우호적인 토착세력을 대상으로 위세품을 하사하여 영향력 확대를 도모하였다. 백제는 토착세력 중에서 영향력이 크고 세력이 강한 수장에게 금동관을 하사하기보다는 중앙정부에 우호적인 인물을 후원하였을 가능성이 높다. 이를 통해 직접적인 지방통치를 실시하기 어려운 상태에서 간접지배의 효과를 극대화하였다.

　한편 백제는 토착세력 수장층에게 금동관 등의 위신재를 하사하여 지방통치의 효율을 제고한 방식 외에도 왕·후제를 병행하여 실시한 것으로 추정된다. 개로왕이 부마도위(駙馬都尉) 여례(餘禮)를 불사후(弗斯侯)로 책봉한 것은 토착세력에게 금동관 등을 하사한 것과는 다른 양상을 보인다.

　백제가 중앙에서 왕·후를 책봉하여 지방으로 파견한 곳은 전략적 요충지나 영향력이 큰 토착세력이 존재하지 않은 지역으로 추정된다. 양자는 시기적으로 볼 때 위세품을 하사하여 토착세력을 활용하는 방식

---

151) 예컨대 수촌리에서 출토된 금동관모 등은 당시 최고의 위상을 지닌 威勢品으로서 피장자가 왕 다음 가는 위상을 지니고 있었으며, 경제적·정치적으로 상당히 독립적인 성격을 지닌 在地基盤을 가진 유력한 귀족세력이었음을 반영한다. 또한 유물 가운데 금동제품과 중국제 도자기 등은 중앙에서 하사 받은 것으로 중앙과 정치적으로 긴밀한 관계에 있었음을 보여준다(강종원, 2005, 「수촌리 백제고분 조영세력 검토」, 『백제연구』 42).

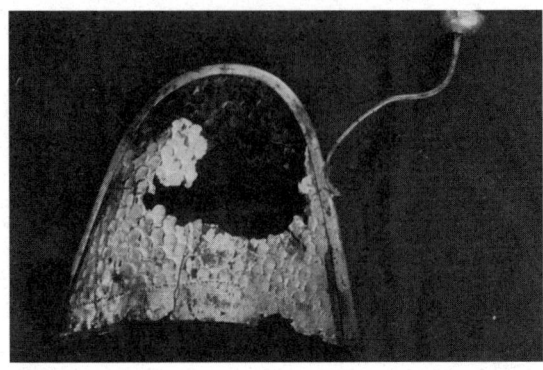

익산 입점리고분군 출토 금동관 입점리고분군에서 대표적인 무덤은 86-1호분과 98-1호분이다. 입점리 86-1호분에서는 금동제 관대, 금동제 관모(金銅製冠帽), 금동제 신발(飾履), 은제 말띠드리개(杏葉), 철제 마구류, 청자 네귀달린 항아리, 백제토기 등 다양한 종류의 유물이 출토되었다.

이 선행하였고, 그것의 한계를 보완하는 형태로 왕·후제가 시행되었을 가능성이 높다.

　백제는 중앙집권적 귀족국가체제를 형성한 근초고왕대를 전후하여 마한의 수장층 일부를 중앙의 귀족집단으로 편입하였다. 그 대표적인 집단으로 목씨세력을 들 수 있는데, 구이신왕 때에는 목만치가 국정을 장악152)할 정도로 한성에서 뿌리를 내렸다. 그 외에도 옛 마한 출신의 수장층 중에서 상당수가 한성으로 이주하여 신진 귀족세력으로 성장하였다.153)

　중앙으로 진출하지 못한 수장층은 지방에 남아 있으면서 영향력을 유지하였다. 백제가 옛 마한 중심지역의 토착세력을 대상으로 하여 위세품을 하사한 집단은 이들의 일부로 판단된다. 따라서 백제가 금동관을 하사한 것은 개로왕대의 왕·후제 시행에 선행하였을 가능성이 높다.

　그러나 입점리고분군의 중심연대가 5세기 중엽임을 고려하면154) 양자의 시기 차이가 많이 나는 것은 아닐 것이다. 왕·후제를 통한 지방통치와

---

152) 『日本書紀』 권10, 應神紀 25年.
153) 文東錫, 1996, 「한강유역에서 백제의 국가형성」, 『역사와 현실』 21, 208쪽.
154) 崔完奎·李永德, 2001, 앞의 책.

위세품의 하사를 통한 지방사회의 재편은 시기적으로 병행되었을 가능성이 높다.

금동관 등의 하사를 통해서 지방사회의 재편과 통치의 효율을 도모한 방식을 왕·후제의 범주 속에 포함시켜도 큰 무리는 없을 것 같다. 또한 중앙에서 파견된 왕·후나 위세품이 하사된 토착세력 모두 왕(王) 또는 후(侯)로 호칭되면서 중앙의 백제 대왕(大王)에게 신속하였다.

이와 같이 개로왕대에 왕·후제가 시행된 범위는 안성천 이남과 노령 이북에 위치한 옛 마한의 중심지역에서 실시되었다. 그러나 백제의 영향력이 상실된 김제 등의 전북 서남부지역과 남원 등의 동부지역은 제외되었다.155) 또한 왕·후에 제수된 인물은 중앙의 왕족이나 귀족 및 지방의 대세력가 등이 중심이 되었다.156)

한편 왕·후제를 담로제와 연관시켜 생각하는 견해도 적지 않다.157) 양자는 중앙에서 왕족이나 귀족을 파견하는 측면에서 동일한 성격을 갖고 있으며, 동일한 제도를 사서(史書)에 따라 달리 표현한 것으로 파악한다.158)

---

155) 필자는 개로왕대의 왕·후제 시행 범위를 금강 이남과 노령 이북지역 사이에 국한된 것으로 종래 인식하였다(文安植, 2005, 앞의 글, 60쪽). 금강 이북지역에서도 중앙정부의 지배력이 약하거나 토착세력이 강한 일부 지역에서 시행되었을 가능성이 있는 것으로 판단하였다. 그러나 금강 이북지역에서도 최근에 서산 부장리에서 조사된 금동관모와 더불어 기존의 천안 용원리 유적의 금동관모 장식을 염두에 두면 전면적인 시행이 이루어졌을 가능성이 높은 것으로 판단된다.
156) 王·侯에 책봉된 사람은 중앙의 왕족과 高官이 임명된 것으로 이해한다(坂元義種, 1968, 앞의 글, 101~102쪽). 그 외에도 지방의 영향력이 큰 토착세력이 포함된 것으로 보기도 하며(金英心, 1990, 앞의 글, 85~86쪽). 舊馬韓의 여러 國邑의 대표자가 임명되었다는 견해도 있다(車勇杰, 1978, 「백제의 祭天祀地와 정치체제의 변화」, 『韓國學報』 11, 67쪽).
157) 坂元義種, 1968, 앞의 글, 96~102쪽 ; 千寬宇, 1979, 「馬韓諸國의 位置試論」, 『東洋學』 9, 206쪽 ; 李基白·李基東, 1982, 앞의 책, 178~179쪽.

이들의 견해에 따르면 왕·후는 담로의 책임자와 동일하며 『양서(梁書)』 백제전159)을 토대로 하여 국왕과 밀접한 관계가 있는 '자제종족(子弟宗族)' 이 임명된 것으로 이해한다. 또한 '자제종족'은 국왕과 직접적인 혈연관계가 있는 왕족 외에도, 왕실과의 혼인을 통해 인척관계를 맺은 이성(異姓) 귀족도 포함된 것으로 보고 있다.160)

그 외에 『일본서기』 흠명기(欽明紀)에 전하는 성왕의 회고담161)을 통해 지방의 수장층과도 의제적인 혈연관계를 맺은 것으로 보기도 한다.162) 이들의 견해는 문면(文面)대로의 단편적인 사료 해석에 치우치지 않고 저간의 사정을 반영하여 타당성이 있는 것으로 생각된다. 또한 백제가 사비로 천도하면서 방군성제(方郡城制)를 실시하였을 때 담로를 군(郡)으로 재편한 것에 대해서도 대부분 동의하고 있다.163) 그 전환은 지역규모의 동일성보다는 중간통치단위로서 군이 담당한 역할의 계승관계에 의거한 측면이 크다.164)

그런데 담로의 책임자로 파견된 사람의 신분과 지위가 근친 왕족이나 최고위급 귀족이 임명된 왕·후와 비교하여 현격한 차이가 있다. 즉,

---

158) 『梁書』 백제전에 보이는 담로는 475년 이후에서 534년 이전의 시기를 대상으로 하고 『宋書』·『南齊書』·『魏書』의 백제전에 보이는 王·侯號는 458년에서 495년 사이의 王·侯制를 서술하고 있다고 한다. 또한 담로제와 왕·후제는 존속했던 시기가 겹치고 있으며, 『梁書』는 전국에 있는 22담로에 대한 핵심적인 서술이고, 『宋書』 등의 기록은 각 담로의 구체적인 사례로 보고 있다(李鎔彬, 앞의 책, 2002, 113쪽).
159) 『梁書』 권54, 列傳48, 諸夷 東夷, 百濟.
160) 盧重國, 1988, 앞의 책, 182쪽 ; 李鎔彬, 2002, 앞의 책, 113쪽.
161) 『日本書紀』 권18, 欽明紀 2年.
162) 金英心, 1990, 앞의 글, 87쪽.
163) 李基白, 1977, 「사비시대 백제의 지방제도」, 『백제사상 익산의 위치』 제4회 마한·백제문화 학술회의 발표요지문, 11쪽 ; 유원재, 1999, 「백제의 마한정복과 지배방법」, 『영산강유역의 고대사회』, 학연문화사, 154쪽.
164) 金英心, 1990, 앞의 글, 107쪽.

군(郡)의 장(長)은 군장(郡將)[165] 혹은 군령(郡令)[166]이라고 불렸는데 4품 덕솔(德率)의 관등을 지닌 자가 파견되었다. 상급의 방(方)에는 2품(品)의 달솔(達率) 관등을 보유한 방령(方領)이 책임자로 임명되었다.[167] 따라서 중앙에서 담로에 파견된 책임자도 대체로 4품 정도의 관등을 소유한 인물이 임명되었을 가능성이 높다.

백제는 근초고왕대에 관등제가 성립되었기 때문에 개로왕대의 중앙과 지방의 관료 임명에 있어서 관등의 제한을 엄격히 받았다. 담로에 파견된 자들의 관등은 동성왕대에 위사좌평 백가(苩加)가 가림성의 성주로 파견된 것[168]을 사례로 들어 솔계(率系)의 관등이나 좌평의 관등으로 보는 견해도 있다.[169]

그러나 동일한 시기에 사정성(沙井城)에는 한솔(扞率) 비타(毗陀)가 파견[170]되어 관등의 차이를 보인다. 백가는 1품에 해당하는 좌평의 관등을 소유한 것에 비하여, 비타는 5품의 한솔(扞率) 관등을 보유하여 품계에서 큰 차이를 보인다.

또한 지방의 일반 담로에 1품의 좌평이 파견된 것으로 보기에는 문제가 따른다. 동성왕 때에 백가가 가림성의 성주로 파견된 것은 담로의 책임자로 나아간 것이 아니라, 왕도방위를 급선무로 하는 군진(軍鎭)의 지휘관 역할이 부여된 것이었다.[171] 동성왕이 백가를 가림성으로 내보낸 것은 정적을 지방으로 추방하는 성격도 없지 않았다.

---

165) 『周書』 권49, 列傳41, 異域上, 百濟.
166) 『日本書紀』 권18, 欽明紀 4年 11月.
167) 『周書』 권49, 列傳41, 異域上, 百濟.
168) 『三國史記』 권26, 百濟本紀4, 東城王 23年.
169) 盧重國, 1996, 「백제의 정치·경제와 사회」, 『한국사 6-삼국의 정치와 사회 II(백제)』, 국사편찬위원회, 182쪽.
170) 『三國史記』 권26, 百濟本紀4, 東城王 20年.
171) 田中俊明, 1997, 앞의 글, 271쪽.

부여 임천면 성흥산성 전경 성흥산성은 백제의 수도였던 웅진성과 사비성을 지키기 위하여 금강 하류 부근에 쌓은 석성(石城)이다. 산 정상에서는 강경읍을 비롯한 금강 하류 일대가 한눈에 보이며, 성의 형태는 산꼭대기를 둘러쌓은 테뫼식으로, 돌과 흙을 함께 사용하여 성벽을 쌓았다. 백제 동성왕 23년(501)에 위사좌평 백가가 쌓았다고 전하는데, 가림성이라고도 한다.

따라서 좌평의 관등을 지닌 백가가 가림성의 성주로 파견된 사례를 들어 담로 책임자의 신분과 지위를 논하는 것은 무리가 따른다. 또한 방령(方領)이 2품의 달솔 관등을 소유한 것을 고려하면 담로에 1품의 좌평 관등을 보유한 사람이 책임자로 파견된 것으로 보기는 어렵다.[172]

---

172) 담로제와 방군성제가 시기를 달리하기 때문에 高位의 품계를 보유한 인물이 담로에 파견되었을 가능성도 없지 않다. 그러나 『梁書』의 담로 관련기사가 520년 전후의 상황을 전하고, 방군성제가 538년 사비천도를 전후하여 실시된 것을 고려하면 시기적으로 큰 차이가 나는 것은 아니다. 또한 方이 담로와 격을 같이하는 郡이 『翰苑』 및 『隋書』와 같이 6·7 또는 10개 정도를 합하여 상층 단위를 이루었고, 그곳에 2품의 方領이 파견된 것을 고려하면 담로에 1품이나 2품 정도의 고위 관등을 지닌 인물이 파견되었을 가능성은 거의 없다.

담로에는 비타의 사례와 같이 5품의 한솔 관등을 소유한 인물이 파견되었을 가능성이 높다. 담로에 꼭 5품 정도의 관등을 보유한 사람이 파견된 것은 아니고, 대략 4~6품 정도의 하위 솔계(率系)의 관등을 지닌 인물이 파견되었다. 담로의 규모와 비중은 동일하지 않으며 담로에 파견된 지방관의 등급에도 차이가 있었다.173) 백제의 지방통치체제가 방군성제로 정비되고 일원화되면서 방과 군에 각각 2품의 달솔과 4품의 덕솔이 파견되는 규정이 확립되었다.

이와 같이 볼 때 담로에 파견된 인물과 왕·후에 제수된 사람의 품계는 상당한 차이가 있었다. 왜냐하면 담로에 파견된 자들이 4품 이하의 하위 품계인 것에 비하여 왕·후에 책봉된 여례(餘禮)는 왕족으로 부마의 신분이었고, 동성왕 때에도 왕족과 중앙의 실세 귀족들이 왕·후에 임명되었기 때문이다.174)

왕·후제와 담로제는 수작자(受爵者)나 책임자가 보유한 관등의 고저(高低)로 볼 때 상하관계를 이루었을 가능성이 높다. 왕·후제는 담로제와는 일정 기간 동안 병행해 실시되었지만 동일한 지방통치방식은 아니었고, 상하관계를 이루면서 상호 보완적인 면모를 지녔다.175)

왕·후에는 핵심 왕족이나 고위 관등을 지닌 귀족세력이 임명되었고,

---

173) **盧重國**, 1991, 「한성시대 백제의 담로제 실시와 편제기준」, 『계명사학』 2, 27~29쪽.
174) 개로왕과 동성왕은 각각 鎭東大將軍의 爵號를 제수 받았으며, 그들은 宋이나 南齊에 대하여 王·侯에 임명된 인물들에게 3품과 4품에 해당하는 '將軍'號의 추인을 요청하였다. 또한 의자왕대에도 王庶子 41명을 좌평으로 삼아 각각 식읍을 주었다(『三國史記』 권28, 百濟本紀6, 義慈王 17년)라는 사료를 참조하면, 왕족이나 최고위 귀족세력이 임명된 王·侯와 백제의 4품 德率 관등을 소지한 자가 임명된 담로의 책임자와는 신분과 지위 및 위상이 달랐을 것으로 생각된다. 즉, 고위 관등을 소유한 인물을 德率 관등을 소유한 사람이 파견된 담로의 책임자로 임명하였을 가능성은 거의 없다.
175) 담로제의 한계와 왕·후제의 시행을 통한 보완관계는 다음의 글을 참조하기 바란다. 文安植, 2005, 앞의 글, 53~61쪽.

담로에는 4품 정도의 관등을 소유한 인물이 책임자로 파견되었다. 지방 출신은 익산 입점리와 공주 수촌리 등의 영향력이 큰 토착세력의 수장층이 왕·후에 임명되고, 그에 미치지 못한 경우에는 담로의 책임자나 그를 보좌하는 실무자로 활용되었다.

3) 웅진천도와 시행범위의 확대

백제는 475년 9월에 장수왕의 공격을 받아 한성이 함락되고 개로왕과 태후 및 왕자 등이 모두 전사하였으며 남녀 8천 명이 포로가 되어 고구려로 끌려가는 참화를 당하였다.[176] 개로왕의 전사 후 왕위에 오른 문주왕은 웅진으로 천도하였으나 즉위한 지 4년 만에 해구(解仇)에게 살해되고,[177] 그를 계승한 13세의 삼근왕도 3년 만에 사망[178]하는 등 백제는 혼란이 극심하였다.

백제의 혼란을 틈타 변방지역의 토착세력은 가야와 긴밀한 관계를 유지하거나 왜국 등과의 독자적인 대외교섭을 전개하였다. 동성왕이 479년에 즉위하면서 백제의 혼란은 극복되기 시작하였다. 동성왕은 웅진천도 초기의 정치적 불안을 종식시키고 실추된 왕권을 강화하였다.

동성왕은 금강 유역의 토착집단인 사씨(沙氏), 연씨(燕氏), 백씨(白氏) 등의 신진세력을 중앙의 귀족으로 편입하여 한성에서 내려 온 진씨나 해씨 등의 구귀족세력과 세력균형을 꾀하였다.[179] 공주와 인접한 익산

---

176) 『三國史記』 권26, 百濟本紀4, 文周王 前文.
177) 『三國史記』 권26, 百濟本紀4, 文周王 4年.
178) 『三國史記』 권26, 百濟本紀4, 三斤王 3年.
179) 연씨의 세력 근거지에 대해서는 온양의 湯井城(李基白, 1978, 앞의 글, 40~41쪽 ; 兪元載, 1992, 「백제 탕정성 연구」, 『백제논총』 3, 72~80쪽), 또는 大豆城(盧重國, 1978, 「백제 왕실의 남천과 지배세력의 변천」, 『한국사론』 4, 서울대 국사학과, 102쪽)으로 보고 있다. 사씨는 부여지방을 근거지로 하였고(盧重國, 1978, 위의 글, 98~100쪽), 백씨는 웅진지방을 기반으로 성장하였다(李基白, 1978, 앞의 글).

등의 금강 하류지역의 토착세력도 웅진천도 이후 신진 귀족세력으로 편입되었다.

　금강 이남지역도 왕·후제가 소멸되고 중앙에서 파견된 관리가 지방을 통치하는 담로제가 시행되었다. 웅진 인근지역에 거주하던 대세력가는 귀족으로 편입되어 점차 대성(大姓) 8족으로 성장하였다. 중소세력은 중앙에서 파견된 담로의 책임자를 보좌하면서 조세수취나 군역동원 등의 실무를 담당하였다.

　동성왕은 정국이 안정되고 중앙정계가 재편되자 백제의 지배를 벗어난 변방지역에 대한 진출에 박차를 가하였다. 동성왕의 변방지역 진출은 한강 하류지역, 서남해지역 및 전남 내륙지역을 대상으로 추진되었다. 동성왕의 서남해지역과 전남 내륙지역 진출은 490년과 495년에 이루어진 면중왕(面中王) 등의 왕·후 책봉을 통해서 살펴볼 수 있다. 『남제서(南齊書)』 백제전에 의하면

A-1. 엎드려 바라옵건대, 은혜를 베푸시어 임시로 내린 관직을 정식으로 인정하여 주십시오. 영삭장군 면중왕 저근(姐瑾)은 정치를 두루 잘 보좌하였고 무공 또한 뛰어났으니, 이제 임시로 관군장군 도한왕이라 하였고, 건위장군 팔중후 여고(餘古)는 젊었을 때부터 임금을 도와 충성과 공로가 진작 드러났으므로, 이제 임시로 영삭장군 아착왕이라 하였고, 건위장군 여력(餘歷)은 천성이 충성되고 정성스러워 문무가 함께 두드러졌으므로, 이제 임시로 용양장군 매로왕이라 하였으며, 광무장군 여고(餘固)는 정치에 공로가 있고 국정을 빛내고 드날렸으므로, 이제 임시로 건위장군불사후라 하였습니다.

2. 지금 천하가 조용해진 것은 실상 [사법(沙法)] 명(名) 등의 꾀이오니 그 공훈을 찾아 마땅히 표창해 주어야 할 것입니다. 이제 사법명을 가행(假行) 정노장군 매라왕으로, 찬수류(贊首流)를 가행 안국장군 벽중왕으로, 해례곤(解禮昆)을 가행 무위장군 불중후로 삼고, 목

간나(木干那)는 과거에 군공이 있는 데다, 또 성문(城門)과 선박을 때려 부수었으므로 행광위장군 면중후로 삼았습니다. 엎드려 바라옵건대 천은(天恩)을 베푸시어 특별히 관작을 제수하여 주십시오."
라고 하였다.180)

라고 하였듯이, 동성왕이 저근(姐瑾) 등의 왕·후 책봉을 요청한 사료가 남아 있다.181) 동성왕이 남제(南齊)에 대하여 저근 등의 책봉을 요청한 지역은 전북 서남부와 전남 서남연안 일대로 보고 있다.182) 동성왕이 저근 등을 왕·후에 책봉한 490년 이전에 백제가 서남해지역을 장악한 것을 의미한다.

동성왕은 웅진천도 과정에서 초래된 혼란을 수습하면서 백제의 영향력에서 벗어나 있던 서남해지역과 전남의 내륙지역을 장악하여 왕·후제를 시행하였다.183) 그러나 백제는 동성왕대에 섬진강 유역에 속하는 전북 동부지역과 전남 동부지역을 장악하지 못하였다. 백제가 이들 지역으로 진출한 것은 무령왕대인 512년과 513년 무렵에 이루어졌다.184) 이 때문에

---

180) 『南齊書』 권58, 列傳39, 東南夷, 百濟.
181) 그런데 姐瑾이 490년의 책봉시에 寧朔將軍 面中王에서 冠軍將軍 都將軍 都漢王으로 작위가 승급된 것으로 볼 때, 490년 이전에도 상당수의 王·侯가 존재하였을 가능성을 보여준다. 이들은 개로왕 집권 후기 내지 문주왕과 삼근왕대에 제수되었거나 아니면 동성왕 즉위 초반에 王·侯에 임명된 것으로 추정된다.
182) 末松保和, 1949, 앞의 책, 110~113쪽.
183) 동성왕이 495년에 찬수류를 辟中王에 임명하였는데, 벽중을 김제로 보는 것에 거의 모든 연구자들이 동의하고 있다. 따라서 김제지역은 늦어도 495년 이전에 백제에 복속되었음을 알 수 있다. 또한 전남지역도 동성왕이 面中王을 책봉한 490년과 495년 무렵에 백제에 다시 복속되었을 가능성이 높다.
184) 백제의 섬진강 하류지역 진출 과정에 대해서는 문헌에 직접 전하는 사료가 남아 있지 않다. 다만『日本書紀』繼體紀 6년(512) 조에 기록된 '上哆唎·下哆唎·娑陀·牟婁의 '任那四縣' 할양 기사를 통하여 추정할 따름이다. 그 위치에 대해서는 낙동강 중상류설(천관우, 1991, 『가야사연구』, 일조각, 43쪽)과 전남 일대로 보는 견해(末松保和, 앞의 책, 1949, 115~123쪽), 섬진강 유역으로 좁혀 보는 견해(酒井

동성왕대에 실시된 왕·후제의 공간적 범위는 서남해지역과 전남의 내륙지역으로 국한되었다. 동성왕이 이들 지역을 장악한 후 곧바로 담로제를 실시하지 못하고 왕·후제를 시행한 것은 지방통치의 한계를 보여준다.

동성왕대에 왕·후에 임명된 인물은 사료 A와 같이 주로 중앙의 왕족과 귀족이 대상이 되었다. 나주 반남면 신촌리 9호분의 금동관과 함평 월야면 예덕리 신덕고분에서 출토된 것으로 알려진 금동관편(金銅冠片)[185]으로 볼 때 토착세력도 왕·후에 임명되었다.

토착세력의 수장층이 왕·후로 임명된 경우 중국의 관작을 제수하는 방식을 따르지 않고, 금동관 등의 위세품을 하사한 점에서 중앙 출신과는 차이가 있었다.[186] 개로왕대에는 주로 지방의 토착세력이 왕·후로 활용된 것에 비하여, 동성왕대에는 주로 중앙의 왕족이나 귀족세력들이 책봉되었다.

한편 서남해지역의 해상세력은 백제의 왕·후제 시행과 영향력 확대에 맞서 저항을 꾀하였다. 해상세력은 일정한 거점을 중심으로 영역을 확장

改藏, 1970, 『日本書紀の朝鮮地名』, 親和) 등이 있다. 그러나 '任那四縣'의 위치는 백제가 약화되었을 때 대가야의 영향력이 미친 섬진강 서쪽의 여수·구례·순천·광양 등지로 보는 것이 타당하다. 왜냐하면 백제가 남원과 임실 등의 섬진강 중상류지역으로 진출한 것은 그 이듬해인 513년이고(『日本書紀』 권17, 繼體紀 7년 11월), 낙동강 유역으로 진출한 것은 530년 무렵에 함안의 안라가야에 郡令과 城主를 두면서 이루어졌기 때문이다(『日本書紀』 권17, 繼體紀 25년 12월). 따라서 백제가 동성왕대에 왕·후제를 시행한 범위에서 섬진강 유역에 속하는 전북의 동부지역과 전남의 동부지역은 제외할 필요가 있다.

185) 함평군사 편찬위원회, 1999, 「마한·백제의 유적과 유물」, 『함평군사(1)』, 506쪽.
186) 백제가 신촌리 등의 전남지역 토착세력에게 금동관을 하사한 것은 입점리 등의 금강 하류지역 토착세력에게 내려준 것과는 시기 차이가 있다. 입점리고분군의 중심연대가 5세기 중엽으로 추정되는 것(崔完奎·李永德, 앞의 책, 2001)에 비하여, 신촌리 9호분에서 출토된 금동관이 6세기 초에 만들어진 것(朴普鉉, 1997, 「금동관으로 본 나주 신촌리9호분 을관의 연대문제」 제30회 백제연구공개강좌, 충남대 백제연구소)은 이와 무관하지 않으며, 익산지역과 나주지역의 왕·후제 시행 시기가 차이가 있었음을 의미한다.

하면서 중앙정부에 맞서는 형태를 취하지 않고 해안과 도서 및 바다를 무대로 하였기 때문에 제압하기 어려웠다.

백제는 해상세력이 전통적으로 익숙한 해로(海路)를 통하여 독자적인 대외교섭을 추진하자 상당한 부담이 되었다. 동성왕은 이러한 상황을 타개하기 위하여

> B. 8월에 왕은 탐라(탐라는 곧 탐모라이다)가 공물과 조세를 바치지 아니하자 친히 정벌하려고 무진주에 이르렀다. 탐라가 이를 듣고 사신을 보내 죄를 빌었으므로 그만두었다.[187]

라고 하였듯이, 탐라가 공물과 조세를 바치지 않는 것을 구실로 삼아 무진주(광주)까지 친정(親征)하였다. 동성왕의 무진주 친정은 서남해(西南海)에서 큰 영향력을 행사하고 있던 탐라가 주된 경략의 대상이었다.[188]

사료 B에 보이는 '탐라'에 대하여 제주도로 보지 않고 해남과 강진 일대의 토착세력으로 보는 견해도 있다.[189] 백제의 진출에 맞서 서남해지역 해상세력의 중심이 되었던 집단은 해남 북일의 탐모라(耽牟羅)[190]였다.

---

187) 『三國史記』 권26, 百濟本紀4, 東城王 20年.
188) 동성왕대에 추진된 무진주 친정에 관한 사료를 토대로 '옹관고분사회'를 이루고 있던 영산강 유역의 토착집단이 6세기를 전후하여 백제의 지배에 들어간 것으로 보는 견해도 있다(姜鳳龍, 1998, 「5~6세기 영산강유역 '옹관고분사회'의 해체」, 『백제의 지방통치』, 학연문화사).
189) 李根雨, 앞의 글, 1997, 53쪽. 한편 『日本書紀』 繼體紀에 의하면 南海 가운데에 위치한 탐라가 백제와 처음으로 통한 것은 508년이었다(『日本書紀』 권17, 繼體紀 2年 12月). 『三國史記』에는 동성왕이 무진주까지 친히 정벌에 나서자 탐라가 그 소식을 듣고 498년에 항복한 것으로 기록되었지만(『三國史記』 권20, 百濟本紀 4, 東城王 20年), 『日本書紀』에는 10여 년이 더 지난 508년(武寧王 8, 繼體 2)이 되어서야 탐라가 백제와 통한 것으로 기록되었다. 이 같은 양국 사서의 연대 차이는 탐라라는 그 대상 자체가 이질적인 집단이었기 때문으로 생각된다.
190) 탐모라의 위치는 옹관묘·석관묘·장고분·석실분 등의 여러 묘제가 다양하게 조성되어 있는 해남 북일지역으로 추정된다. 서남해지역 해상세력의 수장국에

탐모라는 강진만을 거점으로 하여 서남해지역의 해안 및 도서를 장악하여 고창·부안·김제 등의 전북 서남부의 해안지역까지 영향력을 행사한 것으로 추정된다.

전북 고창은 청동기시대 이래 전남지역과 밀접한 관계를 맺고 있었다. 고창의 송룡리·예지리 및 신덕리와 부안의 당하리에서는 영산강유역의 전형적인 묘제인 대형의 전용 옹관이 출토되어 이를 입증해 준다.[191]

김제지역도 고창이나 부안과 마찬가지로 전남지역의 해상세력과 밀접한 관계를 맺고 있었다. 김제는 항로상의 중계역할 외에 수로를 통해서 내륙으로 연결되는 요충지이었다. 전북 서남 해안지역은 김제를 중심으로 하여 동진강을 통해서 정읍·고창 등 내륙 평야지역으로 연결되었다.[192]

서남해지역의 해상세력은 육지 깊숙이 들어온 만(灣)과 내해(內海)를 연결하면서 탐모라를 중심으로 세력권을 형성하였다. 이들은 바닷길을 통하여 상호 밀접한 관계를 맺었으며, 백제의 중앙집권력이 약화되어 변방통치가 이완되자 독자적인 대외활동을 도모하였다. 전남지역은 5세기 중엽부터 백제양식과 다른 계통의 석실분[193]이나 일본의 전방후원분

대해서는 여러 史書에 다양한 명칭으로 불려졌다.『梁書』에는 枕羅,『日本書紀』에는 枕彌多禮,『三國史記』는 耽牟羅國 혹은 耽牟羅라는 국명이 사용되었다. 그러나 枕羅와 忱彌多禮는 외국의 사료에서 사용된 국명이고, 탐라국은 제주도의 古名과 같기 때문에 탐모라로 통일하고자 한다. 그리고 耽牟羅의 '牟羅'는 신라에서도 村을 상징하는 말로 사용되었다.『梁書』신라전에는 王城을 '健牟羅',『新唐書』신라전에는 城을 '侵牟羅'로 불렀다는 사실을 전하고 있다.

191) 전북 서남부의 정읍·부안지역과 전남의 영산강 유역은 거대한 墳丘 위쪽에 甕棺과 石室을 쓰는 독자적인 세력이 자리 잡고 있었다(林永珍, 2003,「백제의 성장과 마한세력, 그리고 倭」,『古代の河內と百濟』, 枚方歷史フォーラム實行委員會, 60쪽).
192) 尹明哲, 2001,「후백제의 해양활동과 대외교류」,『후백제 견훤정권과 전주』, 주류성, 302쪽.
193) 종래 모두 동일한 백제계통의 것으로 생각되던 영산강 유역의 석실분은 5세기

(前方後圓墳)과 유사한 장고분(長鼓墳)이 축조되었다.194)

또한 해남군 현산면 월송리 조산고분에서 출토된 고고자료를 통해서도 왜국과의 활발한 교류관계가 입증된다.195) 그 외에 전남지역에서 출토 사례가 늘어나고 있는 대가야계 유물은 서부 경남지역과 밀접한 관계를 반영한다. 이들 지역에서 출토된 대가야계 유물은 교역품으로 파악되는 판상철부(板狀鐵斧)나 철정(鐵鋌)을 제외한 물품은 대체로 5세기 후반에서 6세기 초의 것으로 추정된다.196)

이러한 양상은 전남지역의 해상세력이 백제의 영향력에서 벗어나 독자적인 대외교섭을 적극적으로 추진한 것을 반영한다. 동성왕이 무진주까지 친정에 나선 까닭은 탐모라 등을 위압하여 해상세력의 발호와 독자적인 대외교섭을 차단하려는 목적 때문이었다.

반남집단을 비롯한 전남 내륙지역의 토착세력이 대세를 따라 왕·후제의 시행을 별다른 저항 없이 받아들인 반면에, 해상세력은 백제의 지배를 거부하고 독자적인 대외교섭을 추구하면서 자활을 꾀하였다. 탐모라를 비롯한 서남해지역의 해상세력은 독자적인 대외교섭을 차단하려는 중앙정부의 간섭을 쉽게 받아들일 수 없었다.

백제의 중앙정부는 외교권을 장악한 상태에서 전남지역의 해상세력이 독자적으로 대외교섭을 추구하는 것을 용납할 수 없었다. 왜냐하면 외교

중엽에서 6세기 초에 이르는 초기 석실분과 6세기 중엽 이후에 사용되기 시작하는 후기 석실분의 두 계통으로 구분된다. 그 가운데 후기 석실분만이 백제계통일 뿐 초기 석실분은 백제와는 다른 계통의 것으로 볼 수 있다고 한다(林永珍, 1997, 앞의 글).
194) 근래에 이르러 전남·광주지방에서 발견 조사되고 있는 장고분은 흔히 전방후원분으로 지칭되기도 한다. 이 묘제는 1986년 해남군 북일면 장고산고분이 최초로 거론된 이후 10여 곳 이상이 확인되었고, 그 중에서 5기가 조사되었다.
195) 曺根佑, 1994, 「전남지방의 석실분 연구」, 영남대 대학원 석사학위논문, 48쪽.
196) 林永珍, 1998, 「죽막동 토기와 영산강유역 토기의 비교고찰」, 『부안 죽막동 제사유적연구』, 국립전주박물관, 287쪽.

교섭과 대외교역 등에 관한 권한은 중앙정부의 전유물이었기 때문이다. 그러나 탐모라는 동성왕이 친히 군사를 이끌고 무진주까지 내려오자 저항을 포기하고 굴복하였다. 동성왕은 무력 충돌 없이 탐모라를 복속하여 중앙정부의 권위를 확보하고 해상세력의 독자적인 대외교섭을 차단하는 데 성공하였다.

이로써 동성왕이 서남해지역과 전남 내륙지역을 대상으로 하여 실시하였던 왕·후제는 뿌리를 확고하게 내리게 되었다. 왕·후제는 토착세력의 존재 그 자체를 부정한 것이 아니었고, 이들의 재지기반을 이용하여 지방통치의 효율성을 도모하였다. 서남해의 해상세력은 중앙정부의 통제와 왕·후제의 시행에도 불구하고 재지사회의 실력자로 계속 군림하였다. 백제의 중앙정부도 토착세력의 기득권을 인정하며 공존하는 방향을 택하였다.[197]

동성왕은 왕·후제를 시행하여 서남해지역과 전남 내륙의 토착세력을 견제하고 중앙정부의 영향력을 확대하였다. 백제의 영향력 확대에 따른 전남지역의 변모 양상은 고고 유적과 유물로도 입증된다. 영산강 유역에서 백제양식은 한성기(漢城期)에도 흑색마연토기·초기 개배·직구소호 등을 중심으로 보이지만, 5세기 말 이후에는 여러 분야에서 백제양식이 본격적으로 유입되어 확산되기 시작하였다.[198]

---

197) 이는 백제가 서남해지역을 장악한 후에 해당되는 6세기 초반 경에 축조된 것으로 알려진 해남 현산면 월송리 조산고분에서 출토된 다양한 유물을 통해서 유추할 수 있다. 조산고분에서는 백제와 倭를 비롯한 기타 지역과 밀접한 관계를 반영하는 유물들이 출토되었다(徐聲勳·成洛俊, 1984,『해남 월송리조산고분』, 국립광주박물관·백제문화개발연구원). 이는 동성왕이 서남해지역을 장악하여 王·侯制를 실시하였음에도 불구하고 해상세력이 일정 정도 독자적인 대외교섭을 계속 하였음을 의미한다.
198) 서현주, 2005,「웅진·사비기의 백제와 영산강유역」,『백제의 邊境』, 백제연구 국내학술회의, 162쪽.

이는 동성왕대의 왕·후제 실시를 계기로 하여 중앙의 문화양식이 점차 지방사회로 침투해 들어가기 시작했음을 반영한다. 그러나 서남해 지역을 비롯한 전남지역의 토착세력은 왕·후제의 시행에도 불구하고 그 틈바구니 속에서 세력기반을 유지하였다. 백제의 지배를 받은 다른 지역과는 달리 전남지역은 6세기 중엽까지 독자적인 문화전통을 유지할 수 있었다. 이는 영산강 유역을 중심으로 대형옹관분이 6세기 중엽까지 지속된 점을 통해서 입증된다.

한편 백제의 지배층은 탐모라를 비롯한 신복속지의 주민을 차별적으로 인식하였다. 520년대 무렵의 상황을 전하고 있는 『양직공도(梁職貢圖)』199) 에는 백제 사신의 초상과 함께 간단한 설명문이 실려 있는데

C. 주변의 소국으로서 반파(叛波)·탁(卓)·다라(多羅)·전라(前羅)·사라(斯羅)·지미(止迷)·마련(麻連)·상기문(上己文)·하침라(下枕羅) 등이 있어 부용한다.

라고 하였듯이, 기문과 함께 침라(탐모라)가 백제의 부용국으로 기록되어 있다. 백제는 침라를 자국의 영역에 속하는 지방으로 인식한 것이 아니라, 반파·탁·다라 등의 가야 소국 및 사라(신라)200)와 마찬가지로 별개의

---

199) 職貢圖는 梁의 元帝(재위 552~554)로 즉위하게 되는 蕭繹이 荊州刺史로 재임하던 중(526~536) 직접 외국 사신들의 모습을 그림으로 그리고 간략한 설명을 첨가하였다. 그런데 521년 餘隆(무녕왕)의 사신 파견 이후의 기사를 싣고 있기 때문에, 이 무렵 백제 사신이 가지고 온 정보를 토대로 작성한 것으로 보고 있다(田中俊明, 1997, 앞의 글, 272쪽). 이와는 달리 蕭繹의 재임기간을 고려하여 526년부터 534년 사이에 작성된 것으로 이해하는 견해도 있다(金英心, 1990, 앞의 글, 67쪽).
200) 이들의 위치에 대해서는 叛波(성주 또는 고령)·卓(대구 또는 창원)·多羅(합천)·前羅(경산)·斯羅(경주)·止迷(강진)·麻連(광양)으로 추정된다. 이에 대해서는 다음의 글을 참조하기 바란다(金起燮, 2000, 『백제와 근초고왕』, 학연문화사, 171~173쪽).

국가로 이해하였다. 백제는 탐모라를 자국으로 인식하지 않고 외방(外方)의 부용국으로 파악한 것이다.

백제가 침라를 부용국으로 파악한 것은 종주-예속관계를 맺은 것으로 이해할 필요가 있다. 이는 『일본서기』 신공기에 보이는 남만(南蠻) 침미다례201)라는 인식과도 무관하지 않다. 백제는 시대의 차이가 있지만 침라 또는 침미다례를 남만에 위치한 복속국으로 파악하였다.202) 또한 남원으로 비정되는 기문(己汶)을 비롯한 섬진강 유역에 속하는 전북의 동부지역도 당연히 외방의 부용국으로 인식하였다.

이렇게 본다면 『양서(梁書)』에 기록된 22담로가 설치된 범위에서 탐모라의 세력권은 배제되어야 한다.203) 백제의 지방통치 제도인 담로제와 파견지역을 거론하면서 자국의 부용국인 외방지역까지 포함시켰을 가능성은 거의 없다. 만약 백제가 담로를 설치한 지역에 침라가 들어간다면 그 외에도 반파·탁·다라 등은 물론이고 사라까지 포함해야 될 것이다.

---

201) 『日本書紀』 권9, 神功紀, 49年 春 三月.
202) 근초고왕대에 忱彌多禮가 영향력을 행사한 南蠻의 범위는 강진만과 그 부근을 중심으로 하여 서남 해안선을 따라 해남-무안-함평-영광-고창-부안-김제까지 이르렀다. 그리고 忱彌多禮가 백제에게 패배한 후 스스로 항복한 比利·辟中·布彌·支半·古四는 南蠻의 범위에 속하였다(文安植, 2002, 앞의 책, 241쪽).
203) 백제가 북으로 황해도에서 남으로 전라도까지 차지한 시기에는 담로의 수가 50여 개 이상을 상회하였다가 웅진으로 천도한 후 영역이 축소되면서 『梁書』전에 보이듯이 22개가 된 것으로 보는 견해가 있다(盧重國, 1995, 앞의 글, 181쪽). 그러나 백제가 한성시대에 황해도의 군현 故地와 전라도까지 동일한 담로제를 통하여 지방을 통치하였는지는 의문이 든다. 이와는 달리 담로의 관할 범위를 마한의 一國보다 넓은 지역이었고, 백제가 멸망 당시 군의 수가 37개였음을 고려하여 담로가 군으로 변화한 것이 아니라 전혀 새로운 편성이 이루어진 것으로 보는 견해도 있다(田中俊明, 1997, 앞의 글, 274쪽). 그러나 『梁書』에 보이는 22담로는 백제가 멸망할 무렵의 37군에서 전남지역의 15군을 제외하면 일치하는 사실을 주목할 필요가 있다(林永珍, 1997, 앞의 글, 37~59쪽). 다만 담로제가 실시되지 못한 지역은 전남지역 외에 전북의 일부지역이 포함되어야 하기 때문에 상기의 견해가 정확한 실정을 반영하는 것은 아니다.

따라서 백제가 담로제를 실시한 지역에서 침라(탐모라)의 영향력 하에 있던 세력은 물론이고, 섬진강 유역에 속하는 전북 동부지역과 전남 동부지역도 제외되었다.[204]

그 대신에 백제는 이들 지역을 장악한 후 간접지배 형태를 띤 왕·후제를 실시하였다. 『양직공도(梁職貢圖)』에 침라와 기문이 반파·탁·다라·전라·사라·지미·마련 등과 마찬가지로 부용국으로 기록된 것은 그러한 사실을 반증한다.[205] 그러나 『양직공도』와 『양서』에 전하는 백제국에 관한 내용이 520년 무렵의 상황을 전하고 있지만, 전남지역에 대한 정확한 실정을 반영하는 것은 아니었다.

백제는 늦어도 490년과 495년 무렵에 서남해지역의 대부분을 장악하였고, 498년에는 동성왕이 무진주를 친정하여 탐모라의 항복을 받았다. 전남지역이 늦어도 6세기를 전후한 시기에는 백제의 지배에 들어간 것으로 볼 때, 520년 무렵의 사실을 전하는 『양직공도』에 침라가 가라제국(加耶諸國)의 몇몇 소국 등과 함께 부용국으로 적기된 것은 모순이 발견된다.

---

204) 한편 전남 동부지역은 섬진강 유역과 남해안지역으로 구분되는데, 백제의 진출과 관련하여 지역적 차이를 적지 않게 보인다. 섬진강 유역에 속하는 구례, 곡성 및 섬진강하구와 인접한 여수·순천·광양이 백제에 복속된 시기는 『日本書紀』 繼體紀 6년(512) 조에 기록된 '任那四縣'의 할양 기사와 관련시켜 무령왕대로 보고 있다. 그러나 고흥반도는 최근에 조사가 이루어진 고흥 길두리 안동고분에서 출토된 금동관 등의 유물로 볼 때 늦어도 5세기 말엽에는 백제의 진출이 이루어진 것으로 판단된다. 안동고분의 조사자는 축조시기를 5세기 중엽으로 보고 있지만(전남대 박물관, 2006, 「고흥 길두리고분 추가발굴조사」, 지도위원회 의자료), 5세기 후반으로 보는 것이 일반적이다. 그러나 길두리 안동고분에서 출토된 금동관은 왕·후제 시행과 관련 있는 유물이며, 백제가 늦어도 5세기 말에 고흥반도로 진출하여 왕·후제를 시행한 사실을 반영하는 것으로 추정된다.
205) 『梁職貢圖』에 기술된 梁에 대한 백제의 주장은 당시의 국내외 정세와 부합되지 못한 일방적인 내용을 담고 있다. 예컨대 백제의 주변 소국으로 주장되는 枕羅·止迷·麻連 등과 叛波(대가야)·斯羅(신라)의 국내외적 위상은 비교할 수 없는 큰 차이가 있다. 그럼에도 불구하고 『梁職貢圖』는 백제측의 일방적인 주장을 받아들여 이들 국가를 주변 소국으로 기록한 한계도 보이고 있다.

왜냐하면 『양직공도』에는 침라를 백제 외방의 부용국으로 기술하였고, 『양서』는 22담로가 설치된 범위에서 전남지역을 배제하고 있기 때문이다.

이는 『양직공도』를 저술한 소역(蕭繹)에게 백제국의 사정을 전해준 사절의 상황인식에서 그 이유를 찾을 수 있다. 백제의 지배층은 침라(탐모라)를 비롯한 전남지역을 외방의 부용국으로 인식하였다. 이는 백제가 전남지역으로 진출한 지 30년 이상의 시간이 흘렀음에도 불구하고 중앙의 문화양식과 다른 토착사회의 이질적인 문화전통이 계속 유지되고 있었기 때문이다.

백제인의 차별적인 인식은 전국을 대상으로 하여 동일한 방군성제가 6세기 중엽에 실시되어 중앙의 문화양식이 확산됨에 따라 토착사회의 문화 전통이 약화되면서 사라져갔다. 백제가 6세기 중엽 방군성제를 실시하여 직접지배를 도모하면서 전남지역 토착사회는 큰 변화를 맞게 되었다. 백제는 전남지역을 포함한 전국에 지방관을 파견하여 직접지배를 실시하였다. 백제의 지방지배는 한 단계 더 발전하게 되었으며, 전남지역의 경우 변방사회를 재편하려는 의도와 부합되어 실질적인 변화가 이루어지는 계기가 되었다.[206]

3. 방군성제 실시와 토착사회의 변화

1) 방군성제의 실시와 공납지배 청산

백제는 6세기 중엽 방군성제를 실시하면서 전국에 걸친 직접지배를 도모하였다. 백제는 전남지역에도 지방관을 파견하여 직접지배를 실시

---

[206] 文安植, 2002, 「百濟의 方郡城制의 實施와 全南地域 土着社會의 變化」, 『전남사학』 19.

하였다. 백제는 전남지역 토착세력의 전통적인 기반을 해체하고 변방사회를 재편하려고 하였다. 전남지역 토착사회의 수장층은 중앙에서 파견된 지방관을 보좌하는 하급 실무관료로 전락하고 말았다.

방군성제는 성왕이 사비로 천도한 이후에 실시되었다. 백제의 지방통치는 담로제에서 방군성제로 바뀌게 되었다.207) 백제의 5방(方)은

> A. 그 나라는 동쪽으로는 신라에 닿고 북쪽으로는 고구려와 접한다. 서남쪽으로는 모두 대해(大海)로 경계되고, 소해(小海)의 남쪽에 위치하는데, 동서의 거리는 450리이며 남북의 거리는 900여 리이다. 그 도성은 거발성(居拔城)으로 고마성(固麻城)이라고 부른다. 지방에는 또 5방이 있다. 중방은 고사성(古沙城), 동방은 득안성(得安城), 남방은 구지하성(久知下城), 서방은 도선성(刀先城), 북방은 웅진성(熊津城)이라 한다.208)

라고 하였듯이 중방 고사성·동방 득안성·남방 구지하성·서방 도선성·북방 웅진성으로 구성되었다. 그리고 각 방에는 방령 1인과 방좌(方佐) 2인이 파견되었고, 방은 6·7 내지 10여 개의 군으로 이루어졌다.

군은 방과 기본 성격은 동등하나 군사적 측면에서는 방령의 관할을 받았다. 군의 장은 군장 또는 군령이라고 하였는데, 한 군에 파견된 군장은 3명이었다. 군장의 복수제는 군사와 행정업무를 분담하기 위해서 나온 조처였다.209)

방과 군의 통제를 받는 하위의 지방조직은 200~250개를 헤아리는 성(城) 또는 현(縣)이었는데, 여기에 파견된 지방관은 성주(城主) 또는 도사

---

207) 盧重國, 1988, 『百濟政治史硏究』, 일조각, 247~250쪽.
208) 『北史』 권94, 列傳82, 百濟.
209) 金周成, 1995, 「사비천도와 지배체제의 재편」, 『한국사』 6, 국사편찬위원회, 84쪽.

(道使)였다. 현의 수가 많은 것은 곧 토착세력들의 전통적 세력기반이 그만큼 약화되고 축소된 것을 의미한다.

　백제는 지방조직의 편제에서 전정호구(田丁戶口)의 다과(多寡)라고 하는 보다 객관적인 기준을 마련하였다. 전국적인 규모의 호구와 전정의 파악은 각 지방관의 책임 하에 이루어졌으며, 객관적인 기준 위에서 지방통치조직을 다시 편제할 수 있었다.210)

　지방을 방군성제로 일원화하였고, 지방관이 파견되어 중앙집권력이 한층 강화되었다. 전남지역 통치는 반남세력의 간접지배를 위한 거점으로서의 기능을 해체하고, 그 외곽 각지의 중소세력과 직접 연결하는 형태로 추진되었다.

　이는 지방의 수장층을 이용하던 구래(舊來)의 지방지배를 지양하고, 방군성제를 실시하여 일원적 대민지배가 가능하게 된 사실을 반영한다. 방군성제 실시는 제도상의 변화에만 그치지 않고, 전남지역의 경우 변방사회를 재편하려는 의도와 부합되어 실질적인 변모가 이루어지는 계기가 되었다.

　백제는 전국에 걸쳐 5방(方) 37군(郡) 200성(城)을 설치하였는데, 전남의 각 지역에도 군(郡)과 성(城)을 두었다. 전남지역은 방군성제가 시행되면서 남방(南方)의 소속으로 편제되었다. 백제가 전남지역에 군(郡)과 성(城)을 설치하면서 토착사회에 대한 영향력은 더욱 확대되었다.

　백제가 전남지역에 설치한 군과 성은

　　B. 무진주(또는 노지라고도 하였다), 미동부리현, 복룡현. 굴지현. 분차군(또는 부사라고도 하였다), 조조례현, 동로현, 두힐현, 비사현. 복홀군 마사량현, 계천현, 오차현, 고마미지현. 추자혜군, 과지현(또는 과

---

210) 盧重國, 1995, 앞의 글, 183~187쪽.

혜라고도 하였다), 율지현. 월나군, 반나부리현, 아로곡현, 고미현, 고시이현, 구사진혜현, 소비혜현. 무시이군, 상로현, 모량부리현, 송미지현. 감평군(또는 무평이라고 하였다), 원촌현, 마로현, 돌산현. 욕내군, 둔지현, 구차례현, 두부지현. 이릉부리군(또는 죽수부리 또는 인부리라고 하였다). 파부리군, 잉리아현(또는 해빈이라고 하였다). 발나군, 두힐현, 실어산현, 수천현(또는 수입이라고도 하였다). 도무군, 고서이현, 동음현, 새금현(또는 투빈이라고도 하였다), 황술현. 물아혜군, 굴내현, 다지현, 도제현(또는 음해라고도 하였다). 인진도군(바다의 섬이다), 도산현(바다의 섬이다 혹은 원산이라고도 하였다), 매구리현(바다의 섬이다). 아차산군, 갈초현(또는 하로, 또는 곡야라고도 하였다), 고록지현(또는 개로라고도 하였다), 거지산현(또는 안릉이라고 하였다). 나이군.211)

라고 하였듯이 군이 14곳, 성(또는 현)이 44곳에 이르렀다. 그러나 사료 B는 신라가 삼국을 통일한 후 9주 5소경을 설치하면서 전남지역을 재편한 사실을 기록하고 있다.

신라는 고구려와 백제의 고토와 원래의 신라지역에 각각 3주씩을 설치하여 9주로 편성하였다. 신라는 삼국을 통일한 후 9주를 중심으로 지방의 영역을 분정하였다. 그러나 일부지역의 영역 조정을 제외하고는 전대의 형태를 그대로 계승하였기 때문에 백제시대의 전남지역 양상과 큰 차이가 없다.

다만 무진주는 신라가 통일한 이후에 전남지역 통치의 치소(治所)로 삼은 곳이었기에 논외로 할 필요가 있다. 무진주의 관할 하에 있던 미동부리현, 복룡현, 굴지현은 오늘날의 나주시 남평면, 광주시 광산구 평동, 담양군 고서면 고읍리에 위치하였다.

---

211) 『三國史記』 권37, 雜誌6, 地理4, 百濟.

분차군은 순천시 낙안면에 치소를 두었고, 그 관할하에 있던 조조례현, 동로현, 두힐현, 비사현은 각각 고흥군 남양면, 보성군 복내면, 고흥군 두원면, 고흥군 동강면에 위치하였다.

복흘군은 보성군을 중심으로 하였고, 마사량현, 계천현, 오차현, 고마지현은 각각 보성군 웅치면, 장흥군 장평면, 장흥군 대덕읍·용산면, 장흥군 장흥읍 일대에 위치하였다.

추자혜군은 담양군 무정면 오봉리를 중심으로 하였고, 과지현은 곡성군 옥과면, 율지현은 담양군 금성면 원율리에 위치하였다.

월나군은 영암군 군서면 도갑리를 치소로 하였고, 반나부리현, 아로곡현, 고미현, 고시이현, 구사진혜현, 소비혜현은 각각 나주시 반남면, 나주시 노안면, 영암군 미암면, 장성군 북일면 오산리, 장성군 진원면, 장성군 삼계면 사창리에 위치하였다.

무시이군은 영광군 영광읍을 중심으로 하였고, 상로현, 모량부리현, 송미지현은 각각 전북 고창군 무장면, 고창군 고창읍, 고창군 의장면에 위치하였다.

감평군은 순천시를 중심으로 하였고, 원촌현, 마로현, 돌산현은 각각 여수시, 광양군 광양읍, 여수시 돌산읍에 위치하였다.

욕내군은 곡성군을 중심으로 하였고, 둔지현, 구차례현, 두부지현은 각각 순천시 주암면, 구례군 구례읍, 화순군 동복면에 위치하였다.

이릉부리군은 화순군 능주면에 위치하였다.

파부리군은 보성군 복내면을 중심으로 하였고, 그 관할하의 잉리아현은 화순군 화순읍에 위치하였다.

발라군은 나주시를 중심으로 하였고, 두힐현, 실어산현, 수천현은 각각 나주시 다시면 신풍리, 나주시 봉황면 천전리, 광주시 광산구 본량·임곡 마을에 위치하였다.

도무군은 강진군을 중심으로 하였고, 고서이현, 동음현, 새금현, 황술현은 각각 해남군 현산면, 강진군 강진면, 해남군 해남읍, 해남군 황산면에 위치하였다.

　물아혜군은 무안군 무안읍 고절리를 중심으로 하였고, 굴내현, 다지현, 도제현은 각각 함평군 함평읍 성남리, 함평군 해보면 상곡리, 무안군 해제면에 위치하였다.

　인진도군은 진도군 일원에 위치하였고, 도산현과 매구리현은 각각 인근의 도서지방에 위치하였다.

　아차산군은 목포 압해도를 중심으로 하였고, 갈초현, 고록지현, 거지산현은 각각 영광 군남면, 신안군 임자면, 무안군 장산면에 위치하였다.

　그리고 나이군은 경북 영주군이므로 백제의 땅이 아니라 고구려 지역에 속하였다.

　백제의 군과 성이 설치된 곳은 전남의 거의 모든 지역을 망라하고 있다. 백제는 반남의 수장층을 이용한 간접지배를 지양하고, 그 외곽의 중소세력과 결합하면서 전일적인 지방지배를 관철할 수 있었다.

　사비시대에 솔급(率級)의 관등을 소유한 지방관에게 내려준 은제화형 관식(銀製花形冠飾)이 나주 흥덕리와 복암리 석실분에서 출토된 것은 이러한 사실을 입증해 준다. 은제관식은 백제의 16관등 중에서 6품인 나솔(奈率) 이상의 관인(官人)이 착용하였는데,[212] 영산강 유역에서 이를 착용한 사람은 지방관적 성격을 띠고 있었다.[213]

　복암리 석실분 등에서 은제관식이 출토된 것은 백제의 직접지배 양상을 보여주는 것이며,[214] 소형화·규격화된 백제식 석실분이 전남지역

---

212) 『周書』 권49, 列傳41, 異域上 百濟.
213) 李南奭, 1995, 「고분 출토 冠飾의 정치사적 의미」, 『百濟 石室墳 硏究』, 학연문화사, 491쪽.
214) 金洛中, 2000, 「5~6세기 영산강유역 정치체의 성격」, 『백제연구』 32, 75쪽.

곳곳에 조성된 것도 지방지배가 그 만큼 강화되었음을 의미한다. 백제는 반남의 수장층을 전면에 내세워 간접적인 공납제를 시행하던 변방통치의 한계를 벗어나 각지의 중소세력을 지방관으로 임명하여 직접지배를 도모하였다.

2) 전남지역 재편과 토착세력의 추이

백제가 각지의 중소 지방세력과 밀접한 관계를 맺게 된 결과 6세기 중엽 이후에 이르러 백제식석실분(후기 횡혈식석실분)이 전남지역 곳곳에 조성되기에 이르렀다.[215] 백제가 반남세력을 이용하여 공납지배를 실시한 기간 동안에는 재지의 토착세력이 일반 백성을 직접 장악하였다면, 방군성제가 실시되면서 그 권한의 상당 부분이 국가권력의 수중으로 이전되었다.[216]

이는 전시대의 전남지역 양상과 비교하여 큰 차이를 보여준다. 영산강 유역을 비롯한 서부지역 뿐만 아니라 섬진강 유역을 포함한 동부지역 및 남해안 일대까지 백제의 군과 성이 설치되었다. 서부지역에 비하여 토착세력의 성장이 뒤졌던 섬진강 유역은 근초고왕의 경략 이후에도 큰 변화가 없었다. 이는 6세기 전반에 이르러서도 전남의 동부지역에 토착세력의 성장을 반영하는 고총고분의 축조가 미약한 사실을 통해서 입증된다.

백제의 방군성제 실시를 계기로 하여 동부와 남해안 일대의 후진성이 극복되어 지역별 차이가 해소되었다. 백제의 전남지역 직접지배는 사회경제적인 발전이 이루어졌기 때문에 가능하였다. 이 무렵의 농업경제는

---

[215] 林永珍, 1997, 「호남지역 석실분과 백제의 관계」, 『호남고고학의 제문제』 21회 한국고고학 전국대회, 56쪽.
[216] 金周成, 1995, 「사비천도와 지배체제의 재편」, 『한국사』 6, 국사편찬위원회, 85쪽.

무안군 몽탄면 양장리 도림산 마을에 위치한 백제시대 복합농경유적을 통하여 알 수 있다. 이 유적은 승달산에서 흘러내려온 작은 가지성 구릉이 유적의 양편으로 자리하고 그 중앙에는 곡간평지가 펼쳐져 있다.

양장리 유적은 청동기시대부터 통일신라시대까지 일정한 규모의 생활 유적이 지속적으로 이루어진 곳이다. 기원후 4~5세기대에 만들어진 주거지·수로·농경관련 시설 등은 영산강 유역 대형옹관묘 축조집단이 농경문화를 배경으로 성장한 사실을 입증한다.[217] 전남지역의 농경문화는 영산강 유역뿐만 아니라 섬진강 유역을 포함한 전남 동부지역과 남해안 지역도 상당한 발전을 이루었다.

백제는 사회경제적인 발전을 토대로 하여 전남의 거의 모든 지역에 군과 성을 설치하여 직접지배를 하였다. 전남지역의 석실분은 서부지역에 120곳, 남부지역에 35곳, 섬진강 유역에 8곳의 유적이 조사되었다. 전남지역의 석실분은 주로 영광·함평·무안·영암·해남·장흥·보성·고흥 등 대하천이나 바다를 낀 지역에 집중 분포한다. 사람들은 산간 내륙보다는 주로 하천이나 바닷가와 인접한 곳에 살았다.[218]

백제는 지방지배의 거점이 되는 곳에 성곽을 축조하는 등 거점을 마련하였다. 백제의 군과 성이 설치된 지역과 인접한 곳에는 백제식석실분이 축조되었다. 거대한 석실분을 축조하기 위해서는 상당할 정도의 경제력이 필요하였고, 농업 등의 경제력이 향상되었기 때문에 남해안이나 동부지역에서도 고분의 축조가 가능하였다. 예컨대 장흥 충열리고분군에서는 석실분 5기가 발견되었는데, 6세기에서 7세기 사이에 걸쳐 축조된 토착유력자들의 무덤으로 추정된다.[219]

---

217) 李榮文·李正鎬·李暎澈, 1999, 『務安 良將里 遺蹟』, 木浦大學校 博物館.
218) 林永珍, 1997, 「전남지역 석실봉토분의 백제계통론 재고」, 『호남고고학보』 6, 129쪽.
219) 崔盛洛·韓盛旭, 1990, 『長興忠烈里遺蹟』, 목포대 박물관.

백제는 방군성제를 실시하면서 점차 해상교통 위주에서 벗어나 육상 교통도 중시하였다. 백제의 전남지역 진출은 처음에는 육로보다는 해상을 통하여 포구(浦口) 등의 거점을 확보하는 형태로 이루어졌다. 백제는 평면적이고 전방위적인 것이 아니라 해안을 통하여 교두보를 설치하여 거점을 확보하는 형식으로 전남지역을 장악해 나갔다.

백제는 전남지역 통치의 중심지 역할을 하는 남방의[220] 치소(治所)와 군과 성을 연결하는 도로망의 확보와 연결이 중요하게 되었다. 백제의 남방은 교통의 요충지에 위치하였을 가능성이 높다.

또한 백제의 각 방은 6·7~10여 개의 군에서 1만 명 정도의 병력을 유지하였다. 그리고 각 군은 대략 700·800~1,200명의 병력을 거느리고 있었다. 중앙의 동원명령은 방을 통해서 군에 하달되었고, 병력동원은 역순으로 이루어졌다.[221] 남방의 치소는 전남의 서부지역과 동부지역 및 남부지역에서 병력을 동원하기에 가장 편리한 무진주 혹은 그 인접지역에 위치하였을 가능성이 높다.

삼국시대에 무진주는 주변의 다른 지역에 비하여 발전이 상대적으로 뒤쳐진 곳이었다. 무진주가 전남지역 통치의 구심이 된 것은 신라가 삼국을 통합한 이후였다. 신라는 신문왕 6년(686)에 무진주를 설치하였고, 경덕왕이 다시 무주(武州)로 고쳤다. 그 영현(領縣)으로 현웅현·용산현·기양현 3곳을 두었다. 그러나 오늘날의 광주지역은 늪지대가 많았기 때문에 거주하기에 부적합하였다.

---

[220] 남방의 위치에 대해서는 전북 금구(今西龍, 1934, 「百濟五方五部考」, 『百濟史研究』, 近澤書店), 전북 남원(全榮來, 1988, 「百濟地方制度와 城郭」, 『백제연구』 19), 전남 구례(末松保和, 1961, 『任那興亡史』, 吉川弘文館), 전남 장성(李丙燾, 1977, 『國譯三國史記』, 을유문화사) 등으로 보는 견해가 있다.

[221] 金周成, 1993, 「백제 지방통치조직의 변화와 지방사회의 재편」, 『국사관논총』 35, 41쪽.

따라서 백제시대에는 장성 불대산(602m) 허리에 자리잡은 진원고을을 중심으로 무등산 기슭까지를 관할하였을 가능성이 있다.[222] 무진주와 인접한 장성지역은 장성읍 영천리고분군[223]과 삼서면 학성리고분군[224] 등 백제식석실분과 진원산성 등의 성곽이 존재한다.

진원면은 후백제를 건국한 견훤이 탄생한 곳으로 전해지는 등 백제와 밀접한 관계가 있다.[225] 진원면 진원리 고산마을 뒤쪽 구릉의 끝자락에는 2기의 석실분이 존재하며, 그 뒷산에는 남방의 치소로 추정되는 진원산성이 위치한다.

진원산성은 조선시대에는 진원현의 읍성(邑城)으로 이용되었다. 진원산성은 진원현의 진산(鎭山)인 불대산의 동쪽 기슭의 속칭 '대절봉'에 자리잡고 있으며, 남쪽으로는 넓은 평야지대가 펼쳐져 있다. 대절봉은 해발 40m의 구릉성 산지로 북서쪽과 남동쪽에 각각 봉우리가 솟아 있고, 가운데 부분이 낮아서 전체적으로 마안형(馬鞍形)의 지형을 이루고 있다. 성벽은 산의 정상부를 돌아가며 바깥쪽 경사면을 삭토한 후 내탁법(內托法)에 의해 외면(外面) 만을 돌로 축조하였다.

진원산성은 『신증동국여지승람』에는 백제시대 행정명인 구사진혜현의 약칭인 '구진성'으로 기록되어 있다. 이 산성의 둘레는 문헌마다 차이가 있는데 『신증동국여지승람』은 400척(약 190m), 『대동지지』는 1,400척(약 660m)으로 기록되어 있다. 그러나 실제적인 계측거리는 약 800m 정도

---

222) 김정호, 1999, 『걸어서 가던 한양 옛길』, 향지사, 193쪽.
223) 李榮文, 1990, 『長城 鈴泉里 橫穴式 石室墳』, 全南大學校博物館.
224) 林永珍・崔仁善・黃鎬均・趙鎭先, 1995, 『長城 鶴星里 古墳群』, 全南大學校博物館・長城郡.
225) 견훤은 상주지방의 호족 阿慈介의 큰아들로 태어난 것으로 전해지고 있다. 다만 『三國遺事』권2, 紀異2, 後百濟 甄萱 條에는 古記를 인용하여 견훤이 光州 北村에서 태어난 것으로 기록되어 있다. 여기서 광주 북촌은 오늘날의 장성 진원면 일대로 볼 수 있다.

로서『대동지지』의 기록과 대체로 근사치를 보인다.226)

백제의 산성은 주변에 넓은 뜰이나 하천을 끼고 있으며, 그곳을 향해 돌출된 지역의 맨 끝단 산봉우리에 자리하는 것이 특징이다. 진원산성은 백제시대 산성의 입지조건과 일치하며『한원(翰苑)』에 전하는 국남(國南) 360리에 위치하면서 그 둘레는 '방일백삼십보(方一百三十步)(720m)'227)라는 기록과도 거의 부합된다. 장성지역에는 진원산성 외에도 유탕리의 이척산성, 선적리의 삼성산성, 사창리의 삼계성지, 부성리의 부성리성지, 죽청리의 벽오산성, 수성리의 망첨산성지 등 백제시대의 산성이 존재한다.228)

장성은 오늘날도 서울에서 광주나 전남지역으로 가는 교통의 요충지에 해당된다. 조선시대에도 한양을 가려면 광주에서 오치를 지나 용전을 거쳐 장성 목호재 밑 영신역에서 자거나 말을 바꿔 타고 장성댐 밑에 위치한 창암역으로 향했다.

영신역에서 5리 지점에 개천을 건너는 다리가 있었고, 여기서 남쪽으로 가는 길목에 장성군 남면 행정리 승가동이 있었다. 이 마을은 진원과 장성·하남·임곡으로 통하는 교통의 길목이었고, 일제 말기까지도 장이 섰다고 한다.229)

진원고을은 장성 읍내보다 번창했던 고을이었다. 백제 때의 고을 이름인 '구사진혜현'과 구지하성의 음이 비슷한 것도 백제의 남방이 진원에 위치한 사실을 반증한다. 장성은 노령고개를 넘어 전남지역의 곳곳으로 연결되는 교통의 중심지였고, 백제의 남방 치소였던 구지하성은 그 길목

---

226) 고용규, 1999,「장성군의 관방유적」,『장성군의 문화유적』, 장성군·조선대 박물관, 376쪽.
227)『翰苑』권30, '蕃夷部' 所引, 括地志.
228) 고용규, 1999, 앞의 글.
229) 김경수, 1995,『영산강삼백오십리』, 향지사, 192~193쪽.

을 관할하는 진원산성에 위치하였다.

또한 진원은 진원천을 통하여 쉽게 영산강 본류와 연결되기 때문에 해상을 통해서도 접근이 용이한 지역이었다. 진원천은 진원면과 장성읍 유탕리의 경계에 있는 상봉(627m)의 동쪽 골짜기에서 발원하여 남쪽으로 흘러 새미들에 이르러 진원저수지에 담긴다.

이어 진원리의 고산과 홍동, 광안마을 사이로 내려 연동, 묘동마을 진원탑 바로 옆을 지나 송림들을 적시고 산동리 우동들, 작동들, 고내들에 물을 대주고 광주 북구 대촌동 삼소지를 지나 장성머리들을 거쳐 영산강에 합류한다.230) 진원리에서 삼소지까지는 10.16km에 불과한 매우 가까운 거리이다.

백제의 수도 부여에서 출발한 사람들은 영암 시종의 남해만 부근에서 정박한 후,231) 소형선박에 승선한 후 영산강 수로를 통하여 남방이 위치한 장성 진원까지 손쉽게 도달할 수 있었다.

백제는 장성의 진원산성에 남방의 치소를 두고 전남지역을 통치하였다. 장성은 영산강 유역의 최상류에 위치한 지방으로 백제의 지배에도 불구하고 오랫동안 전남지역 토착세력의 중심적인 위치를 차지하였던 나주지역의 외곽에 해당된다. 백제가 장성지역에 남방의 치소를 둔 것은 방군성제의 실시에도 불구하고 나주지역을 직접 지배하는 것이 어려웠기 때문이었다.

백제는 영산강 유역의 중심세력이었던 나주의 반남집단 등을 견제할 수 있고, 내륙 교통의 중심지에 위치한 장성의 진원지방에 남방의 치소를 두었다. 백제의 전남지역 지배양상은 고고자료를 통해서도 입증되고 있

---

230) 김경수, 1995, 앞의 책, 65쪽.
231) 1922년 일본 육군참모본부에 의하여 작성된 지도에 의하면 시종부근까지 남해만 이 펼쳐져 있고, 삼포강 하류가 바로 바다로 연결되어 있음을 알 수 있다.

다. 전남지역에 석실분이 도입되는 과정은 옹관고분이 밀집된 지역이 아닌 그 외곽부터 축조되었다. 백제계통의 석실분은 5세기 말에서 6세기 초에 걸쳐 영산강 유역의 상류지역에 먼저 수용된 후 6세기 초·중반에는 그 하류지역, 6세기 중·후반~7세기 중반에 이르러 연안 도서지방으로 확산되었다.[232] 백제는 방군성제를 실시하면서 나주지역보다는 그 외곽에 위치한 진원산성에 통치의 거점을 마련한 후, 토착세력의 영향력이 강한 지역으로 지배력을 확대하였다.

한편 백제의 방군성제의 실시와 직접지배에도 불구하고 나주 다시면 복암리집단 등은 토착적인 기반을 유지하였다. 이는 복암리석실분의 축조 양식과 출토 유물을 통해서 입증된다. 복암리 3호분은 옹관묘·영산강식석실분·백제식석실묘가 한 분구(墳丘) 안에 공존한 상태에서 은제관식이 출토된 것으로 볼 때 토착세력이 상당할 정도의 권한을 계속 유지하였음을 보여준다. 피장자는 하나의 분구에 옹관고분을 축조한 지방세력이 계속 묻히며 석실분을 수용한 것으로 볼 때 중앙에서 파견된 지방관이 아니라 토착세력으로 추정된다.[233]

전남지역의 토착세력은 지역에 따라 다양한 차이가 있었지만, 백제가 방군성제를 실시한 이후에도 재래의 전통기반을 일정 정도 유지하였다. 복암리 3호분에서 출토된 규두대도(圭頭大刀)는 토착세력이 방군성제라는 보다 진전된 지방지배에도 불구하고 독자적인 대외교섭[234]을 유지하

---

232) 曺根祐, 1996, 「전남지방의 석실분 연구」, 『한국상고사학보』 21, 한국상고사학회.
233) 金洛中, 2000, 「5~6세기 영산강유역 정치체의 성격」, 『백제연구』 32, 64쪽.
234) 규두대도란 일본 고분시대 장식대도의 일형식으로서 柄頭 頂部의 형태가 '〈'자형으로 각진 것을 말하는데 현재까지 일본에서만 출토되었는데, 복암리 석실분 제5·7호 석실에서 각 1점씩 2점이 출토되었다(金洛中, 2000, 「5~6세기 영산강유역 정치체의 성격」, 『백제연구』 32, 66쪽). 영산강 유역의 토착사회는 6세기 중엽 이후 석실이 소형화·규격화되고 은제관식이 출토되는 등 백제의 직접지배를 받으면서도, 규두대도가 복암리고분군에서 출토된 것으로 볼 때 독자적인 교섭

였음을 보여준다.

한편 전남지역의 군과 성 중에서 상당수가 바닷가나 도서지방에 위치한 점도 주목된다. 이는 백제가 육상교통을 위주로 남방의 통치를 추진하면서도 해상교통을 여전히 중시하였음을 의미한다. 백제는 해상을 통하여 가야, 왜 등으로 향하는 항로의 안전을 도모하기 위하여 서남해안의 중요한 도서지방에 군과 성을 설치하였다. 백제는 장산도·압해도·진도·돌산도 등에 거지산현·아차산군·인진도군·돌산현을 설치하였다.

전남지역은 문화양식 등의 사회문화 전반에 걸쳐 백제화가 서서히 이루어졌지만, 토착사회가 해체되어 철저한 지방지배가 실시된 것은 아니었다. 전남지방의 곳곳에 조영되어 있는 백제식석실분에 매장된 고분의 주인공들은 중앙에서 파견된 지방관이 아니라 토착세력들이었다.[235]

백제는 방령(方領)과 성주(城主)를 모두 중앙에서 파견하지 않았다. 백제는 군(郡) 단위까지 중앙에서 관리를 파견하였다. 또한 신라와 인접한 동부지역의 여수·순천·광양 등지의 일부 산성[236]에도 성주를 파견하

　　활동이 가능했음을 의미한다.
235) 백제식 석실분으로 알려진 함평 월계리 석계고분군은 석실이 반지하식으로 부분적이나마 봉토의 존재가 확인되며, 확실한 羨道와 墓道를 갖춘 6호분을 제외하면 나머지는 짧은 연도를 가지고 있다. 석실의 장축방향은 기본적으로 남북이며 최하단에 판석이나 비교적 잘 다듬은 장대석을 놓고 그 위는 할석을 쌓아 좁혀 올라가는 구조로 91-6호분의 경우 천장은 판상 장대석 6매를 석실과 연도에 덮었다. 이와 비슷한 구조의 석실분이 보령이나 논산, 공주지역에서 조사되었는데, 영산강 유역 대형옹관묘의 유물과 계통이나 조합상의 큰 차이가 없기 때문에 피장자는 대형옹관묘를 쓰던 토착세력이었다(全南大學校博物館·咸平郡, 1993, 「咸平 月溪里 石溪古墳群Ⅰ」).
236) 전남 동부지역의 백제시대 산성은 해발 100~255m 사이의 낮은 산에 분포하고 있으며, 그 규모는 264~550m 정도로 소규모이다. 그리고 백제시대 산성들은 수륙교통의 편리함도 고려되었지만, 視界의 양호함을 가장 우선 순위로 두었다. 주변지역을 한 눈에 감시할 수 있는 곳에 산성을 축조하여 적의 길목을 차단하는

였다.

 그러나 다른 지역의 성주는 토착세력이 임명된 것으로 보인다. 전남지역의 곳곳에 조성된 백제식석실분의 피장자는 바로 이들이 아닐까 한다. 전남지역은 백제의 지배에도 불구하고 토착사회의 강인한 전통이 유지되었다. 또한 백제에 뒤늦게 편입되었기 때문에 '백제인'이라는 귀속의식이 상대적으로 미약하였다.

적극적인 방어시설로 삼았다(崔仁善, 2000, 「순천시의 성곽과 봉수유적」, 『순천시의 문화유적(Ⅱ)』, 순천대학교 박물관·순천시). 전남 동부지역에 축조된 백제산성은 순천시 검단산성·성암산성·영봉산성, 광양시 마로산성·불암산성, 여수시 고락산성·척산산성·선원동산성, 고흥군 독치성·남양리산성·백치성, 구례군 봉선산성·합미산성 등이 알려져 있다.

제3장 백제의 멸망과 통일신라시대의 호남

Ⅰ. 전남 동부지역 진출과 토착세력의 추이

1. 전남 동부지역 진출과 그 추이

백제가 전남 동부지역을 차지한 시기는 해당 기록이 남아 있지 않아 잘 알 수 없다. 『삼국사기』 백제본기에 의하면 마한의 모든 영역을 점령한 것은 온조왕 27년(A.D. 9)에 이루어졌다.[1] 그러나 백제본기의 초기 사료는 그대로 믿을 수 없으며, 안성천을 넘어 마한 영역으로 진출하기 시작한 시기는 3세기 후반 이후로 보는 것이 일반적이다.[2]

백제의 마한지역 진출은 충남과 전북을 비롯한 중심지역과 노령 이남의 변방지역 사이에 시기 차이가 적지 않았다. 백제는 천안 일대에 위치한 목지국과 익산지역의 건마국 등 마한의 중심세력을 큰 시간적 차이 없이 제압하면서 영역을 남으로 확대하였다. 백제가 전북의 대부분 지역을 차지한 것은 늦어도 4세기 전반에 이루어졌다.[3]

백제의 남진은 노령산맥을 넘지 못하고 한 동안 정지되었다가 4세기 후반 이후 다시 추진되었다. 백제의 전남지역 복속은 『일본서기』 신공기(神功紀)[4]에 보이는 삼한 정벌 기사를 통해 유추하고 있다.

---

1) 『三國史記』 권23, 百濟本紀1, 溫祚王 27年.
2) 盧重國, 1990, 「목지국에 대한 일고찰」, 『백제논총』 2, 87쪽.
3) 이는 백제가 전북 김제지역에 진출하여 벽골제를 320~350년경에 축조한 것에서도 입증된다(尹武炳, 1992, 「김제 벽골제 발굴보고」, 『백제고고학연구』, 학연문화사, 362쪽).

한국 고대사학계는 다소간의 견해 차이는 있으나 백제가 근초고왕 때에 이르러 마한 잔여세력을 복속한 것으로 주장한 견해를 받아들이고 있다.5) 백제는 근초고왕대에 이르러 마한 잔여세력을 복속하면서 남해안 지역까지 확보하였다.

그러나 근초고왕의 전남지역 경략은 토착사회에 대하여 일시적인 영향력을 행사한 것에 불과하였다. 근초고왕의 남정(南征)은 일회에 걸친 군사적인 강습(强襲)에 불과하였고,6) 전남지역은 공납을 매개로 하여 간접지배를 받게 되었다.7)

백제는 5세기를 전후하여 고구려에 밀려 쇠퇴를 거듭하고 귀족세력이 발호하여 변방통치가 약화되었다. 백제는 5세기 중엽에 이르면 전북의 동부지역과 서남부지역 및 전남지역에 대한 영향력이 크게 쇠퇴하였다.8)

백제의 쇠퇴를 틈타 가야세력이 전남 동부지역으로 진출하여 영향력을 확대하였다. 가야가 전남 동부지역으로 진출하기 시작한 것은 아라가야의 교역활동에서 비롯되었다. 아라가야는 4세기 후반부터 바닷길을 통해 전남 동부지역의 토착세력과 교역관계를 맺었다.9)

가야세력은 보성만을 넘어 서남해지역과도 교류관계를 맺었다. 영암

---

4) 『日本書紀』 권9, 神功紀 49年.
5) 千寬宇, 1977, 「復元加耶史(中)」, 『文學과 知性』 8-3, 1977, 916쪽 ; 全榮來, 1985, 「백제 남방경역의 변천」, 『천관우선생 환력기념한국사학논총』 ; 李基東, 1996, 「백제사회의 지역공동체와 국가권력」, 『백제연구』 26.
6) 李基東, 1994, 「백제사회의 지역공동체와 국가권력」, 『백제사회의 諸問題』 제7회 백제연구 국제학술회의, 충남대 백제연구소, 142~143쪽.
7) 權五榮, 1986, 「초기백제의 성장과정에 관한 일고찰」, 『한국사론』 15, 서울대 국사학과.
8) 文安植, 2005, 「개로왕의 왕권강화와 국정운영의 변화에 대하여」, 『史學研究』 78.
9) 지금까지 전남 동부지역에서 확인된 아라가야계 토기는 여수 장도, 구례 용두리, 광양 용강리 등지에서 수습되었으며, 그 시기는 4세기 말에서 5세기 전반까지로 추정된다(李東熙, 2005, 앞의 글, 195쪽).

와우리와 영광 화평리 옹관분에서는 각각 가야나 신라에서 유행하던 판상철부(板狀鐵斧)와 철정(鐵鋌)이 출토되었으며,[10] 가야계 축성양식을 따른 해남 죽금성의 주변 지역에서도 가야계 토기류가 출토되었다.[11]

가야세력이 전남 동부지역으로 본격 진출한 것은 5세기 중엽 소가야에 의해 추진되었다. 소가야계 토기는 전남 동부지역의 보성 조성리, 여수 화장동, 여수 죽포리, 여수 고락산성, 순천 검단산성, 순천 용당동, 순천 죽내리, 순천 운평리, 구례 용두리 유적 등에서 확인되었다. 소가야의 진출은 지배관계를 동반하는 정치적 측면보다는 교역의 확대에 주된 목적이 있었다.[12]

가야세력이 전남 동부지역을 정치적으로 지배하게 된 것은 5세기 후반에 대가야가 진출하면서였다.[13] 대가야는 5세기 중엽부터 고령·거창·함양·남원·구례·하동 등을 연결하는 교역루트를 개척하기 시작하여, 5세기 후엽에는 이들 지역을 장악해 대가야세력권을 형성한 것으로 보고 있다.[14]

대가야는 전남 동부지역으로 진출하면서 구례와 광양의 동부지역[15] 등 섬진강 하류지역을 먼저 차지하였다. 대가야는 섬진강 하류지역을

---

10) 李正鎬, 1996, 「영산강유역 옹관고분의 분류와 변천과정」, 『한국상고사학보』 22, 45쪽.
11) 李道學, 1995, 『백제고대국가연구』, 일지사, 340쪽.
12) 보성 조성리 유적에서는 소가야계로 판단되는 鉢形器臺와 三角透窓高杯 2점이 조사되었다(최인선 외, 2004, 『보성 조성리 유적』, 순천대 박물관). 그런데 이들 소가야계 토기는 교역품일 가능성이 높은 것으로 보고 있다(李東熙, 2005, 앞의 글, 181쪽).
13) 金泰植, 1997, 「가야 연맹의 발전」, 『한국사』 7, 국사편찬위원회, 339쪽.
14) 朴天守, 1996, 「대가야의 고대국가 형성」, 『碩晤尹容鎭敎授 停年退任紀念論叢』.
15) 광양은 1995년 1월 1일자로 동광양시와 광양군이 통합되어 광양시가 되었다. 동광양시는 섬진강 하류지역에 속하고, 광양군은 남해안지역에 해당된다. 양 지역은 호남정맥으로 분리되어 생활권과 문화권을 달리하였다.

차지한 후 호남정맥을 넘어 광양읍과 그 인근지역 및 여수, 순천 등의 남해안지역을 장악하였다.[16]

대가야가 전남 동부지역을 장악한 사실은 고고자료 외에 『일본서기』 계체기(繼體紀)에 보이는 임나 4현 할양 기사[17]와 『삼국사기』 잡지(雜志)[18]에 전하는 우륵 12곡에 거론된 물혜(勿慧, 광양)와 달이(達已, 여수) 등의 소국이 위치한 사실[19]을 통해서도 입증된다.

대가야는 섬진강 하구에 위치한 대사진을 장악하면서 성장의 계기를 마련하였다. 대가야는 신라가 5세기 전반에 이르러 낙동강 수로를 장악[20]하면서 대외교섭에 난관이 조성되었다. 대가야는 전남 동부지역을 확보하는 것으로 활로를 모색하였는데, 남원지역을 거쳐 섬진강 하구로 내려와 하동의 대사 또는 다사를 장악하였다.[21]

대가야는 남강 상류지역에 위치한 거창과 함양 등을 확보한 후 구례와 하동을 석권하여 섬진강 하구의 대사진을 이용하게 되었다. 대가야는

---

16) 순천시 남면에 위치한 운평리고분군은 수혈석곽과 유개장경호, 광구장경호 등으로 볼 때 대가야의 영향을 받은 사실을 알 수 있다(순천대박물관, 2006, 「순천운평리고분 발굴조사 자문위원회 자료」). 운평고분군은 오늘날 순천시 중심지에서 4~5㎞ 떨어진 곳의 구릉에 위치하지만, 당시에는 광양만이 灣入된 해변의 구릉위에 축조된 것으로 판단된다. 따라서 운평고분군에 묻힌 수장층은 대가야와 활발한 대외관계를 맺고 성장을 이룬 해상세력일 가능성이 높다. 이들은 대가야의 정치적 지배를 받으면서 그 권위와 후원을 바탕으로 성장하였다.
17) 『日本書紀』 권17, 繼體紀 6年 12月.
18) 『三國史記』 권32, 雜志1, 樂.
19) 김태식, 2002, 『미완의 문명 7백년 가야사』, 푸른역사, 262~263쪽.
20) 신라는 4세기 말엽에 창녕지역, 5세기에 접어들어는 성주지역을 간접지배 하였다. 신라가 창녕과 성주를 차지하면서 낙동강 수로는 신라에 의해 통제되기에 이르렀다(盧重國, 2004, 「대가야의 역사」, 『대가야의 유적과 유물』, 대가야박물관, 166쪽).
21) 대가야에서 섬진강 하구에 위치한 대외교섭 통로인 대사진 등의 포구로 가는 길은 고령-거창-함양-남원-섬진강-하동 루트로 보는 견해(田中俊明, 1992, 『大加耶聯盟の興亡と'任那'』, 吉川弘文館, 75~77쪽)와 고령-거창-함양-운봉-섬진강-하동 루트(朴天守, 1996, 앞의 글, 390쪽) 등으로 보고 있다.

하동의 대사진을 통하여 왜국과의 교섭을 주도하면서 가야세력의 맹주로 군림하였다.

한편 백제가 침체에서 벗어나 전남 동부지역으로 다시 진출하기 시작한 것은 5세기 말에 이르러서였다. 백제가 전남지역으로 진출할 수 있을 만큼 국력이 회복된 것은 문주왕과 삼근왕을 거쳐 동성왕이 즉위한 이후였다.

동성왕은 왕권이 강화되고 정국이 안정을 되찾자 약화된 지방통치를 개선하고 재지세력을 통제하기 위하여 전력을 기울이게 되었다. 동성왕은 먼저 금강 유역의 토착집단인 사씨(沙氏), 연씨(燕氏), 백씨(白氏) 등의 지방세력을 귀족으로 편입하여 한성에서 내려 온 진씨(眞氏)나 해씨(解氏) 등의 구귀족세력과의 세력균형을 꾀하였다.[22] 그 외에 익산 등의 금강 하류지역의 토착세력도 웅진천도 이후 신진 귀족세력으로 편입되었다.

이때를 전후하여 백제의 지방통치 방식은 담로제로 일원화되었다. 토착세력을 활용하여 간접 통치하던 왕·후제가 소멸되고, 중앙에서 파견된 관리가 통치하는 담로제가 전일적인 지방통치 방식으로 정착되었다.[23] 그러나 백제의 혼란을 틈타 자활을 꾀한 노령 이남에 위치한 전남지역은 담로제를 실시할 수 있는 여건이 조성되지 못하였다.

백제는 중앙에서 지방관을 파견하지 못하고 노령 이북지역에서 소멸된 왕·후제를 이용하여 전남지역을 간접 통치하였다. 동성왕이 전남지역으로 진출하여 왕·후제를 시행한 것은 그 치세의 후반기에 이르러 가능하였다.

그러나 백제는 전남지역을 모두 차지하지 못하고 서남해지역과 내륙

---

22) 盧重國, 1978, 「백제 왕실의 남천과 지배세력의 변천」, 『한국사론』 4, 75쪽.
23) 文安植, 2006, 「백제의 王·侯制施行과 地方統治方式의 變化」, 『역사학연구』 27, 56~65쪽.

지역을 거쳐 고흥반도까지 진출하는 데 그쳤다. 최근에 고흥군 포두면 길두리고분에서 출토된 금동관은 5세기 말에 백제가 고흥반도를 장악한 사실을 보여준다.[24]

고흥반도는 남원에서 구례와 광양 및 순천을 거쳐 남으로 내려오는 육로와 남해안을 이용한 해상루트가 만나는 곳이다. 또한 고흥반도는 보성 및 장흥과 함께 남해안지역에 속하며, 광양만과 사천만을 거쳐 진주 등의 가야 남부지역으로 연결된다. 그 외에 인접한 광양에서 섬진강 포구를 통해 남원(운봉)-함양-거창을 거쳐 고령의 대가야로 연결되는 강상수운(江上水運) 요충지에 해당된다.

백제가 고흥반도의 길두리 해상세력을 주목한 것은 육상과 해상 교통을 연결하는 요충지를 장악하기 위해서였다. 백제는 길두리를 포함한 고흥반도를 장악하여 순천과 여수 및 광양 등을 점유하고 있던 대가야를 견제하였다.

대가야는 5세기 후반에 이르러 구례와 광양 등지의 섬진강 하류지역까지 영향력을 확대하였다.[25] 그 영향력은 전남 동부지역에 분포한 구례 용두리고분군(토지면), 곡성 방송리고분군(석곡면), 승주 회룡리고분군(황전면), 여수 미평동고분군 등 대가야 양식을 따르는 고분이 축조된 사실을 통해 입증된다.[26]

대가야는 호남정맥을 넘어 순천, 여수, 광양 등지를 장악하여 임나 4현을 두었다. 대가야는 국왕 하지(荷知)가 479년에 남제(南齊)에 사신을

---

24) 길두리 금동관의 제작 시기에 대해서 발굴을 담당한 조사자는 5세기 중엽으로 보고 있지만(전남대 박물관, 「고흥 안동고분 시굴조사 회의자료」, 문화재청 보도자료(2006. 3. 24. 참조), 5세기 후반 이후로 보는 것이 일반적이다.
25) 金泰植, 1997, 앞의 글, 339쪽.
26) 朴天守, 2004, 「토기로 본 대가야권의 형성과 전개」, 『대가야의 유적과 유물』, 대가야박물관, 219쪽.

보내 '보국장군본국왕(輔國將軍本國王)'의 작호(爵號)27)를 받는 등 절정기를 구가하였다.

2. 대가야의 축출과 성곽의 축조

백제가 고흥반도를 넘어 구례와 곡성, 광양 등의 섬진강 하류지역과 여수반도 및 순천지역을 장악한 것은 무령왕대에 이르러 실현되었다. 백제의 전남 동부지역 진출은 『일본서기』 계체기(繼體紀) 7년(512) 조에

> A. 백제가 사신을 보내 조(調)를 바쳤다. 따로 표를 올려 임나의 상치리(上哆唎)·하치리(下哆唎)·사타(娑陀)·모루(牟婁)의 4현을 청했다. 치리국수(哆唎國守) 수적신압산(穗積臣押山)이 "이 4현은 백제와 인접해 있고 일본과는 멀리 떨어져 있습니다. (백제와는) 아침저녁으로 쉽게 통하기 쉽고 (어느 나라의) 닭과 개인지를 구별할 수 없을 정도이니 지금 백제에게 주어 같은 나라로 만들면 것이 굳게 지키는 계책이 이보다 나은 것이 없을 것입니다."28)

라고 하였듯이, 상치리·하치리·사타·모루의 '임나4현' 할양 기사를 통하여 추정된다. 그 위치에 대해서는 경남 일원설,29) 전남 서부설,30) 충남과 전북설,31) 부산 일원설,32) 낙동강 중·상류설,33) 섬진강 유역으로 좁혀 보는 견해34) 등이 있다.

---

27) 『南齊書』 권58, 東南夷列傳, 加羅國.
28) 『日本書紀』 권17, 繼體紀 6年 12月.
29) 今西龍, 1919, 「加羅疆域考」, 『史林』 4-3·4.
30) 末松保和, 1949, 앞의 책, 115~123쪽.
31) 鮎貝房之進, 1937, 「日本書紀 朝鮮關係 地名攷」, 『雜攷』 7, 32~44쪽.
32) 허만성, 1989, 「일본서기 계체 6년조의 임나 4현 할양기사에 대한 일고찰」, 『성심외국어전문대학논문집』, 29쪽.
33) 千寬宇, 1991, 『가야사연구』, 일조각, 43쪽.

그러나 '임나 4현'의 위치는 백제가 약화되었을 때 대가야의 영향력이 미친 섬진강 하류의 여수·순천·광양 등지로 보는 것이 타당할 것 같다. 왜냐하면 백제가 동부를 제외한 전남지역을 석권한 것은 동성왕 때에 이루어졌고, 낙동강 유역으로 진출한 것은 성왕대에 해당되는 530년 무렵에 함안의 안라가야에 군령(郡令)과 성주(城主)를 파견하면서 이루어졌기 때문이다.[35]

임나 4현의 위치에 대해서 상치리는 여수반도, 하치리는 여수 돌산도, 사타는 순천, 모루는 광양으로 추정된다.[36] 광양 마로산성에서 수습된 '마로관(馬老官)'이라고 새겨진 명문기와[37]는 모루 또는 마로가 광양지역에 위치했음을 입증한다.

임나 4현의 할양 기사는 백제가 전남 동부지역을 영향력 하에 둔 대가야를 축출하는 과정을 반영하고 있다. 왜국이 4현을 백제에 주었다는 내용은 사실이 아니고, 백제가 진출하여 장악한 것을 왜가 사여한 것으로 기록되어 있을 뿐이다.

백제는 동성왕대에 길두리고분이 위치한 고흥반도까지 진출하였고, 무령왕대인 512년 무렵에 이르러 남해안 권역에 속하는 여수, 순천 및 광양 등을 장악하였다. 백제는 그 이듬해에 구례와 곡성 등의 섬진강 하류지역을 거쳐 남원과 임실 등의 중·상류지역으로 진출하였다.[38] 백제는 대가야가 고령-거창-함양-남원(운봉)-곡성-구례를 거쳐 내려

---

34) 酒井改藏, 1970, 『日本書紀の朝鮮地名』, 親和 ; 全榮來, 1985, 「백제 남방경역의 변천」, 『천관우선생 환력기념 한국사학기념논총』, 146쪽 ; 金泰植, 2000, 「역사학에서 본 고령 가락국사」, 『가야각국사의 재구성』, 혜안, 75쪽 ; 文安植, 2002, 앞의 책, 264쪽.
35) 『日本書紀』 권17, 繼體紀 25年 12月 細注.
36) 전영래, 1985, 앞의 글.
37) 崔仁善·李順葉, 2005, 『광양 마로산성 I』, 광양시·순천대박물관.
38) 『日本書紀』 권17, 繼體紀 7年 11月.

온 방향을 거슬러 올라갔다.

백제는 섬진강 유역을 차지하여 진안과 임실에서 익산으로 연결되는 교통로를 장악함으로써, 공주와 부여에서 대전→ 익산→ 진안→ 임실→ 구례→ 순천·광양→ 여수로 연결되는 육상교통로를 확보하였다.39) 백제가 섬진강 중·하류지역과 남강 중류지역을 석권하자 곧이어 대가야의 반격이 이루어졌다.

대가야는 백제의 공세를 차단하고 섬진강 유역에 대한 영향력을 다시 회복하기 위하여 군대를 파견하였다. 대가야는 백제를 축출하고

> B. 따로 아뢰기를 "반파국(伴跛國)이 우리나라 기문(己汶)의 땅을 빼앗았습니다. 엎드려 청하건대 천은(天恩)으로 본래 속했던 곳으로 되돌려 주게 해주십시오"라고 하였다.40)

라고 하였듯이, 다시 기문을 차지하게 되었다. 기문의 위치에 대해서는 남원,41) 임실,42) 백두대간 동쪽의 임천강과 남강 중류지역43) 등으로 보고 있다.

이를 보다 세분하여 상기문(上己汶) 혹은 상기물(上奇物)은 장수군 번암면, 하기문(下己汶) 혹은 하기물(下奇物)은 남원으로 비정하기도 한다.44) 반파는 절름발이라는 뜻으로 사용된 대가야의 비칭(卑稱)인데, 당시에

---

39) 백제의 육상 진출로는 기와의 내면에 승석문이 시문된 백제기와가 출토되는 유적을 연결하여 설정할 수 있다(李東熙, 2005, 앞의 글, 265~266쪽).
40) 『日本書紀』 권17, 繼體紀 7年 6月.
41) 今西龍, 1937, 『朝鮮古史の硏究』.
42) 金泰植, 1985, 「5세기 후반 대가야의 발전에 대한 연구」, 『한국사론』 12.
43) 郭長根, 2006, 「웅진기 백제와 가야의 역학관계 연구」, 『백제연구』 44.
44) 이근우, 2003, 「웅진·사비기의 백제와 대가야」, 『고대 동아세아와 백제』, 충남대 백제연구소, 318쪽.

백제가 대가야에 대해 적개심이 높았기 때문에 어감이 좋지 않은 말을 사용하였다.45)

그러나 대가야의 기문지역 영유는 오래가지 못하고 백제의 반격을 받아 종식되고 말았다. 백제는 513년 늦어도 516년까지는 기문지역을 완전히 점령하고 하동의 대사진(帶沙津)을 놓고 대가야와 각축을 벌였다.46) 백제는 섬진강 중·상류지역과 하구의 서쪽지역을 석권하였고 그 동쪽지역으로 진출하는 과정에서 대사(帶沙)를 놓고 대가야와 대립하였다.

백제는 섬진강을 건너 대사진으로 진출하면서 왜국을 끌어들였다. 백제는 일찍이 아신왕대에 태자 전지를 왜국에 파견47)한 이래 왕실외교를 통해 밀접한 관계를 맺어 왔다. 백제가 왜국으로 태자 등의 최고위급 인물을 파견한 것은 청병 등을 위한 목적 때문이었다.48) 그 반면에 왜국은 남조-백제로 이어지는 선진문물의 수입루트를 통하여 문화적 후진성을 극복하였다.49)

백제와 왜국의 우호관계는 왜국에서 성장하였던 무령왕이 즉위한 후 더욱 깊어졌다. 무령왕은 505년(同王 5)에 태자 순타(淳陀) 혹은 사아군(斯我君)을 왜국에 보내 양국관계를 더욱 돈독히 하였다.50) 왜국은 대가야의

---

45) 伴跛는 대가야의 別稱으로 '반피'가 아니라 '반파'로 읽고 있다. 『梁職貢圖』百濟國使傳에도 '叛波'라는 나라가 보이는데, 跛의 음인 '피·파' 중에 '절름발이'라는 뜻의 '파'를 써서 音借하였다(金泰植, 1993, 『가야연맹사』, 일조각, 103쪽).
46) 이근우, 2003, 앞의 글, 320~322쪽.
47) 『三國史記』 권25, 百濟本紀3, 阿莘王 6年.
48) 梁起錫, 「三國時代 人質의 性格에 대하여」, 『史學志』 15, 1981.
49) 왜군의 출병은 백제로부터 선진 문물의 수용을 목적으로 하는 일종의 傭兵의 성격을 띠었으며(鬼頭淸明, 1976, 「任那日本部의 檢討」, 『日本古代國家の形成と東アジア』, 校倉書房), 이를 바탕으로 백제와 왜국 왕권은 특수한 관계를 맺은 것으로 보고 있다(金鉉球, 1985, 『大和政權の對外關係研究』, 吉川弘文館).
50) 『日本書紀』 권17, 繼體紀 7年 4月.

협력 요청을 거부하고 백제를 지지하여 514년에 물부련(物部連)이 이끄는 500명의 수군을 다사진에 파견하였다.51)

대가야는 백제와 왜국의 합동작전에 대해서 원한을 품고 대비를 하였다.52) 백제가 하동의 대사진을 차지하자, 대가야는 대중(對中)·대왜교섭(對倭交涉)에 필요한 포구를 상실하는 어려움을 겪게 되었다.53) 백제가 6세기 전반에 접어들어 본격적인 교역에 나섬에 따라 대가야의 대왜교섭은 쇠퇴하였다.

백제는 대가야의 적극적인 대항에도 불구하고 522년 무렵에는 섬진강을 건너 대사를 장악하는 데 성공하였다. 백제가 대사를 차지하자 대가야의 독자적인 대외교섭은 어려운 상황에 직면하게 되었다. 백제가 대사(帶沙)를 장악한 것은 사료 상으로 볼 때 계체(繼體) 7년(513)에 이루어졌다.54)

그러나 백제가 실질적으로 대사를 확보한 것은 9년 뒤인 522년 무렵으로 보고 있다. 이는 522년에 가라국이 청혼하자 신라왕이 이찬(伊湌) 비조부(比助夫)의 누이를 보냈다는 사료,55) 가라가 대사를 상실한 이후 신라와 우호관계를 맺은 계체(繼體) 23년(529) 조의 내용을 통해 추정된다.56)

백제는 대사지역을 장악하여 서부 경남지역으로 진출할 수 있는 거점을 확보하게 되었다. 대사진의 장악은 남해안을 통한 대(對)왜국 교통로의 장악을 의미하고, 진주와 함안으로 진출할 수 있는 교두보의 확보라는 점에서도 큰 의의가 있었다.57)

---

51) 『日本書紀』 권17, 繼體紀 9年 2月.
52) 『日本書紀』 권17, 繼體紀 7年 6月.
53) 박천수, 2002, 「고고자료를 통해 본 고대 한반도와 일본열도의 상호작용」, 『한국고대사연구』 27, 한국고대사학회, 92~96쪽.
54) 『日本書紀』 권17, 繼體紀 7年 春3月.
55) 『三國史記』 권4, 新羅本紀4, 法興王 9年.
56) 『日本書紀』 권17, 繼體紀 23年 春3月.
57) 延敏洙, 1998, 『古代韓日關係史』, 혜안, 184쪽.

이에 맞서 대가야는 거창에 축성하여 소백산맥을 넘어 백제로 통하는 육십령로를 막았고, 하동에 축성하여 지리산 남록을 건너 백제로 통하는 남해안로를 차단하였다.58) 거창에 축성한 것은 백제가 남원과 임실, 장수 등의 전북 동부지역을 장악한 후 소백산맥을 넘어 서부 경남지역으로 진출하는 루트를 차단하기 위해서였다. 또한 대가야는 백제가 섬진강을 건너 대가야세력권으로 진출하는 것을 차단하기 위해 하동지역에 축성하여 맞섰다.

백제 역시 전북 동부지역에 성곽을 축조하거나 대가야가 사용하던 것을 수축하여 거점으로 활용하였다. 백제는 섬진강 중·상류에 위치한 전북 동부지역뿐만 아니라 섬진강 하류지역과 남해안지역에도 성곽을 축조하여 방어와 공격을 위한 거점을 마련하였다.

현재 전남 동부지역에서 조사된 백제계 성곽은 순천시, 여수시, 곡성군, 구례군, 보성군, 고흥군 일대에서 18곳이 확인되었다. 백제는 주변지역을 한 눈에 감시할 수 있는 곳에 산성을 축조하여 적의 길목을 차단하는 적극적인 방어시설로 삼았다.59)

이들 성곽은 주로 사비기에 해당되는 6세기 중엽 이후에 축조된 것으로 보고 있다.60) 백제계 산성은 방군성제를 실시하면서 지방통치를 강화한 성왕의 사비천도 이후에 축조된 것으로 판단된다. 그 중에서 마로산성을 비롯한 일부는 방군성제의 실시에 앞서 웅진기에 축조된 것으로 추정된다.

이는 마로산성 기슭에 자리 잡은 용강리 백제고분에서 웅진기 후기에

---

58) 金泰植, 1993, 앞의 책, 128쪽.
59) 崔仁善, 2000, 「순천시의 성곽과 봉수유적」, 『순천시의 문화유적(Ⅱ)』, 순천대학교 박물관·순천시.
60) 최인선·조근우·이순엽, 2003, 『여수 고락산성Ⅰ』, 순천대 박물관 ; 최인선 외, 2004, 『순천 검단산성Ⅰ』, 순천대 박물관.

광양 마로산성 전경 마로산성은 테뫼식과 협축식으로 이루어진 산성으로 자연 지형을 잘 이용하였다. 전체 길이는 550m이고, 면적은 18,945㎡이다. 명문기와가 여러 점 출토되었는데, 마로(馬老)·관(官)·군역관(軍易官) 등이 기록되어 있다.

해당되는 백제토기가 여러 점 확인되고, 성의 내부에서 가야계 토기가 출토되지 않는 점을 통해 유추된다.[61] 또한 용강리 25호 석곽묘에서 광구호와 대접이 출토된 점, 15호 석곽묘에서 출토된 광구호가 소형화되고 구경부가 축약되면서 평저(平底)인 것도 웅진기 후기로 편년하는 근거로 들 수 있다.[62]

마로산성은 백제가 임나 4현을 차지한 512년 이후에 축조되었다. 마로산성을 비롯한 남해안의 연안에 위치한 성곽은 국경 방어의 목적 외에 해상 교통로 및 대외교섭 창구 보호를 위해 활용되었다.

마로산성은 섬진강 하구와 광양만이 한눈에 조망되는 해로의 요충지에 위치한다. 백제는 마로산성과 그 인근에 위치한 광양만의 포구를 가야

---

61) 李東熙, 2005, 앞의 글, 221쪽.
62) 순천대 박물관, 2002, 『광양 용강리유적 I』, 148쪽.

와 신라 및 왜국으로 연결되는 해상통교의 거점으로 활용하였다.[63]

또한 마로산성은 대가야가 대사진을 이용하여 중국세력과 접촉하는 것을 견제하는 해상감시 역할을 병행하였다. 마로산성은 6세기 전반에 축조되어 통일신라 후기까지 지속적으로 사용되었다.[64] 백제는 마로산성을 축조하여 대가야의 해상진출을 봉쇄하고, 이곳을 거점으로 경남 서부지역 진출을 꾀하였다.

백제는 530년 무렵에는 함안의 안라가야에 구례모라성(함안군 칠원면[65])을 축조하여 군령과 성주를 두면서 낙동강 유역까지 진출하였다.[66] 백제의 함안지역 진출은 전남 동부지역에서 출발하여 하동과 진주를 통과하였을 것으로 판단된다.[67]

백제가 안라가야에 군령과 성주를 파견한 것은 하동 외에 함양·산청·진주·고성 등의 경남 서부지역을 거의 대부분 장악하였음을 의미한다. 백제는 함안의 안라가야와 고성의 소가야 등을 장악하면서 고령의 대가야를 압박하였다.

백제는 전남 동부지역을 장악한 후 마로산성을 비롯한 일부 성곽을 축조하여 대가야가 장악한 서부 경남지역 진출을 위한 거점으로 활용하였다. 또한 하동의 대사진을 차지하기 위하여 백제와 왜국 및 대가야 사이에 긴장감이 조성된 것도 마로산성과 같은 군사거점의 설치를 필요

---

63) 마로산성은 후삼국시대의 전개와 더불어 중국 및 왜국과의 삼각 교역에 필요한 거점역할을 하였다(李道學, 2006, 「신라말 견훤의 세력 형성과 교역」, 『신라문화』 28, 225쪽).
64) 崔仁善·李順葉, 2005, 『광양 마로산성Ⅰ』, 광양시·순천대박물관.
65) 大山誠一, 1980, 「所謂 '任那日本部'の成立について(下)」, 『古代文化』 32-11, 39쪽.
66) 『日本書紀』 권17, 繼體紀 24년 秋九月.
67) 백제의 안라 진출에 대해서는 『日本書紀』 권17, 繼體紀 25년 12월 조의 細注에 인용된 『百濟本記』 소재의 기사가 전한다. 백제는 전남 동부지역을 출발하여 섬진강을 건너 하동으로 상륙하여 진주 남강의 南岸을 거쳐 함안까지 진출하였을 가능성이 높다(金泰植, 1993, 앞의 책, 203~204쪽).

로 하였다.68)

 그러나 백제는 웅진기에 지방관을 파견하여 전남 동부지역을 지배하지 못하였다. 백제가 직접지배를 관철한 것은 방군성제를 실시한 사비천도 이후이며, 그 이전에는 토착사회의 수장층을 이용한 간접지배 형태의 공납지배를 실시하였다.69)

 마로산성은 백제가 섬진강을 건너 대사진을 장악하고 함안의 안라가야까지 진출하면서 그 중요성이 점차 감소하게 되었다. 백제가 가야지역을 차지하면서 마로산성의 전진기지 역할은 쇠퇴하였고, 대외교섭의 창구 역할도 하동의 대사진에 넘겨주게 되었다.

---

68) 한편 백제가 530년 무렵에 가야지역으로 진출하여 함안에 久禮牟羅城을 축조(『日本書紀』권17, 繼體紀 24年 秋9月)한 사실을 고려하면, 대부분의 백제계 성곽이 축조된 사비시대에 앞서 마로산성이 웅진기(475~538)에 축성되었을 가능성을 높여준다.
69) 전남지역의 소국들은 520년 무렵의 상황을 전하는 『梁職貢圖』에 加耶諸國의 몇몇 집단 등과 함께 부용국으로 기록되어 있다. 職貢圖는 521년 餘隆(무령왕)의 사신 파견 이후의 기사를 싣고 있기 때문에, 이 무렵 백제 사신이 가지고 온 정보를 토대로 작성한 것으로 보고 있다(田中俊明, 1997, 「웅진시대 백제의 영역 재편과 왕·후제」, 『백제의 중앙과 지방』, 충남대학교 백제연구소, 272쪽). 이 무렵 백제의 지배층은 전남지역에 위치한 止迷·麻連·下枕羅를 內地가 아니라 外方의 부용국으로 인식하였다. 그 중에서 麻連은 임나4현 중에서 牟婁로 추정되는데(金起燮, 2000, 『백제와 근초고왕』, 학연문화사, 171~173쪽), 마로산성에서 '馬老官'이라고 새겨진 명문기와가 출토된 것으로 볼 때 광양지역의 토착집단으로 판단된다. 백제의 간접 통치는 사비천도 이후 방군성제가 실시되면서 변화가 이루어지기 시작하였다(文安植, 2002, 「百濟의 方郡城制의 實施와 全南地域 土着社會의 變化」, 『전남사학』 19).

Ⅱ. 신라의 삼국통합과 전남지역의 변모

1. 제·라(濟·羅)의 대립과 남해안지역의 동향

　마로산성은 530년대에 이르러 백제가 함안을 비롯한 경남 서부의 일부 지역을 장악하면서 전략적 가치가 약화되었다. 백제가 함안에 거점을 두고 함양·산청·진주·고성 일대를 장악하였지만, 경남 서부지역을 둘러싸고 백제와 가야 및 신라 사이에 조성된 정세는 유동적이었다. 가야지역은 신라와 백제의 군사적 진출로 말미암아 분할 통치되는 양분화 현상이 일어났다.70)

　대가야는 백제가 전북 동부지역과 전남 동부지역을 장악하고 소백산맥과 섬진강을 넘어 영향력을 확대하자 신라와 연합을 시도하였다. 백제와 신라는 각각 함안의 안라가야와 고령의 대가야를 앞세워 치열한 대립을 펼쳤다. 백제는 함안을 중심으로 함양·산청·진주·하동·고성을 영향력 하에 두었으며, 신라는 거창·합천·의령·마산·창원·김해지역을 차지하였다.

　가야연맹은 백제와 신라 사이에서 상호간의 경쟁관계를 이용하여 독립을 유지하는 방안을 외교적으로 모색하였다. 가야지역은 540년 무렵에 약 10개의 소국들이 대가야와 안라가야를 중심으로 분립된 상태로 있었다. 그러나 548년에 벌어진 독산성 전투에서 고구려가 패배하고 안라(安羅) 및 왜신관(倭新館)의 계략이 드러나면서 가야연맹은 백제의 압력을 이기지 못하고 550년을 전후로 하여 부용세력으로 전락되었다.71)

　가야지역을 둘러싸고 전개된 백제와 신라의 대립은 백제의 잠정적인 승리로 귀착되었다. 백제와 신라는 동맹관계를 유지하고 있었기 때문에

---

70) 延敏洙, 1998, 앞의 책, 204~206쪽.
71) 金泰植, 1993, 앞의 책, 316~317쪽.

고령 지산동고분군 지산동고분은 고령읍을 병풍처럼 둘러싸고 있는 주산(해발 311m)의 남동쪽 능선 상에 200여 기의 크고 작은 무덤이 밀집되어 있다. 윗부분에는 지름 20m가 넘는 대형고분이 배치되어 있으며, 산 아래로 내려가면서 고분의 규모가 작아지는 배치를 보인다. 주산의 남쪽 제일 큰 무덤이 금림왕릉이라 전해 내려오고 있으며, 이외의 대형고분들도 왕의 무덤으로 추정되고 있다.

전면적인 무력충돌은 일어나지 않았다. 양국은 가야지역을 차지하기 위하여 치열한 대립을 펼치면서도 고구려의 남하를 저지하고 한강 유역으로 진출하기 위하여 동맹관계를 유지하였다.

  백제와 신라의 우호관계가 결정적으로 악화된 것은 551년 이후였다. 그에 앞서 백제는 신라와 더불어 연합군을 편성하여 고구려에게 상실한 한강 유역을 회복하였다.[72] 진흥왕은 한강 상류지역을 확보한 것에 만족하지 않고, 고구려와 밀약을 맺고 백제가 회복한 지역마저 차지하였다.[73]

  성왕은 신라에 보복하기 위하여 군사를 일으켰으나 충북 옥천에 위치한 관산성에서 대패를 당하였다. 백제는 관산성 전투에서 성왕과 4명의

---

72) 『三國史記』 권44, 列傳4, 居柒夫.
73) 『日本書紀』 권19, 欽明紀 13年 5月 戊辰.

좌평을 비롯하여 2만 9천 6백 명이 전사하였다.74) 관산성 전투에서 신라가 승리하자, 백제와 연합하였던 대가야는 패망의 길로 접어들었다.

진흥왕은 562년에 이사부를 파견하여 낙동강을 건너 대가야를 정벌하였다. 대가야의 항복은 주변에 위치한 가야제국(加耶諸國)의 향배에 결정적인 영향을 끼쳤다. 대가야가 신라의 급습을 받고 멸망되자 대부분의 주변 소국들도 항복하고 말았다. 대가야의 멸망을 전후로 하여 안라국(함안), 사이기국(부림), 다라국(합천), 졸마국(진주), 고차국(고성), 자타국(거창), 산반하국(초계), 걸찬국(단성), 임례국(함양) 등의 가야 10국은 멸망하고 말았다.75)

백제가 신라에 밀려 섬진강 서안(西岸)으로 후퇴하면서 전남 동부지역의 전략적 가치가 다시 높아지게 되었다. 백제가 전남 동부지역의 곳곳에 성곽을 축조한 것은 이와 무관하지 않은 것으로 판단된다. 전남 서부 및 내륙지역에서 백제계 산성이 거의 조사되지 않은 것과는 달리, 동부지역은 18곳 이상의 백제계 산성이 확인되었다.

전남 동부지역에 분포되어 있는 백제계 산성들은 섬진강을 경계로 신라와 대치하면서 축조되었다. 백제가 전남 동부지역에 산성을 축조한 것은 방군성제를 실시하면서 지방통치의 변화가 이루어졌기 때문에 가능하였다.

백제는 웅진 천도 후 노령 이북지역은 담로제를 통하여 일원적으로 통치하였지만, 전남 동부지역은 지방관 파견이 어려웠기 때문에 간접지배를 실시하였다. 백제가 전남지역으로 진출한 후 상당한 시간이 흘렀음에도 불구하고, 중앙의 문화양식과 다른 토착사회의 이질적인 문화전통이 계속 유지되고 있었기 때문에 직접지배가 어려웠다.76)

---

74) 『三國史記』 권4, 新羅本紀4, 眞興王 15年.
75) 『日本書紀』 권19, 欽明紀 23年 春正月.

백제의 지방통치 방식이 근본적으로 변화된 것은 사비 천도를 전후하여 방군성제를 실시하면서였다. 성왕은 종래의 담로제를 개편하여 전국을 동방·서방·남방·북방·중방의 5방(方)으로 나누고, 그 밑에 7~10개의 군을 두는 방군성제를 실시하였다.77) 성왕은 전남지역을 포함한 전국에 걸쳐 지방관을 파견하여 직접지배를 실시하였다.

백제는 방군성제를 실시하면서 전남 동부지역에 분차군, 감평군, 욕내군, 복홀군, 파부리군 등 5군을 두었다. 분차군은 지금의 순천시 및 낙안읍 일대를 치소로 하여, 조조례현(고흥군 남양면)·동로현(보성군 조성면)·두힐현(고흥군 두원면)·비사현(고흥군 동강면)의 4개 현을 관할하였다.

감평군은 순천의 남부지역에 치소를 두고, 원촌현(여수시 삼일면)·마로현(광양시 광양읍)·돌산현(여수시 돌산읍)의 3개 현을 관할하였다. 욕내군은 곡성에 치소를 두고, 둔지현(순천시 주암면)·구차례현(구례군 구례읍)·두부지현(화순군 동복면) 3개 현을 관할하였다. 그리고 보성군 일원에 복홀군, 보성군 복내면에 일원을 중심으로 파부리군을 설치하였다.78)

백제의 방군성제 실시에 따른 군-현(성)의 설치로 전남 동부지역 지배는 한 단계 더 발전하게 되었다. 백제의 군-성(현) 설치와 전남 동부지역에 축조된 백제계 성곽은 일정한 연관이 있는 것으로 파악된다. 백제는 전남 동부지역에 군-성(현)을 두면서 치소와 방어의 거점을 마련하기 위해 성곽을 설치하였다. 전남 동부지역에서 조사된 백제시대에 축조된 성곽 중에서 일부는 군과 성의 치소로 활용되었다.79)

---

76) 文安植, 2006,「백제의 王·侯制 시행과 지방통치방식의 변화」,『역사학연구』 27, 65쪽.
77) 盧重國, 앞의 책, 1988, 247~250쪽.
78) 『三國史記』 권37, 雜誌6, 地理4, 百濟.
79) 예컨대 남양리산성은 고흥군 남양면 남양리에 위치하고 있다. 이곳은 백제시대에

그러나 백제계 산성은 제·라의 대립 격화에 따른 방어망 구축과 교통로를 보호하기 위하여 축조된 것이 대부분이었다. 불암산성(광양시 진상면 비평리)과 봉성산성(구례읍 봉서리)은 신라가 하동 부근에서 섬진강을 건너 광양과 구례 방향으로 진출하는 것을 방어하기 위해 축조되었다. 봉성산성은 합미산성(구례군 산동면 신학리)과 더불어 신라가 남원에서 구례를 거쳐 순천 방향으로 진출하는 것을 차단하는 역할도 병행하였다.

합미산성은 남원에서 구례로 넘어오는 길목에 위치한다. 구례에서 남원으로 넘어가려면 반드시 합미산성의 바로 아래에 있는 국도 19호선을 통과해야 하였다.[80] 당동리산성(곡성군 죽곡면 당동리) 역시 남원과 곡성을 연결하는 교통로를 보호하는 역할을 하였다.

순천의 성암산성(황전면 죽내리)은 곡성과 구례 방향으로 연결되는 교통로를 보호하는 역할을 하였다. 죽내리는 순천에서 구례로 넘어가는 길목으로 지리상 요충지이며, 계곡이 발달되어 있다.[81] 또한 성암산성이 위치한 순천 황전면과 당동리산성이 위치한 곡성 죽곡면은 지리적으로 접하고 있다.

이들 산성이 신라가 남원에서 곡성과 구례를 거쳐 순천 방향으로 진출하는 것을 방어하기 위해 축조되었다면, 그 시기는 관산성 전투가 일어난 6세기 후반 이후로 판단된다. 신라는 관산성 전투에서 성왕을 살해한 후 그 여세를 몰아 대가야를 멸한 후 가야지역을 모두 차지하였다.

신라는 백제군을 가야지역에서 몰아내고 함양을 거쳐 남원의 운봉고

조조례현이 설치되었던 곳으로, 남양리산성은 縣의 治所로 활용되었을 가능성이 높다(崔仁善, 2006,「전남지방의 백제산성과 마로산성」,『한국성곽학보』10, 44쪽). 또한 여수 선원동산성도 아주 낮은 야산에 위치하고 印章瓦가 출토된 점으로 보아 치소였을 가능성이 높은 것으로 보고 있다(여수시·순천대 남도문화연구소, 2003,『여수시의 山城』, 96쪽).

80) 崔仁善, 2002,「전남 동부지역의 백제산성 연구」,『文化史學』18, 9쪽.
81) 崔仁善, 2006, 앞의 글, 42쪽.

원까지 진출하였다. 백제가 남원과 임실·진안·장수 등을 장악하고, 신라는 운봉고원을 차지한 상태에서 양국의 대치가 한동안 지속되었다.[82] 백제가 소백산맥과 섬진강을 건너 다시 가야지역으로 진출한 것은 50여 년이 지난 무왕대에 이르러 추진되었다.

무왕은 602년에 아막성을 함락하고 운봉을 넘어 함양지역으로 진출하려는 계획이 실패한 후 신라의 반격을 받게 되었다.[83] 신라는 옛 가야지역으로 진출하려는 백제를 저지하기 위하여 소타·외석·천산·옹잠의 4성을 쌓아 대비하였다.[84] 신라는 아막성과 소타성 등을 연결하여 백제가 남원 방면에서 가야지역으로 진출하려는 것을 방어하였다.

신라는 여기에 그치지 않고 백제를 공격하여 가야지역으로 진출하려는 무왕의 의도를 차단하려고 하였다. 신라는 백제 장수 해수(解讎)가 이끈 4만 대군을 궤멸[85]시킨 후 백제에 대한 공세를 취해 나갔다. 신라는 운봉고원을 내려와 한 때 대가야가 영향력을 행사하였던 남원이나 임실, 무주, 진안 등의 전북 동부지역으로 진출을 도모하였다.[86]

무왕은 신라의 공격을 차단하기 위하여 각산성(角山城)[87]을 임실지역[88]에 축조하여 운봉 일대에 주둔한 신라군에 맞섰다. 무왕의 옛 가야지역 진출은 소기의 성과를 거두지 못하고, 신라의 반격에 밀려 남원과 임실 및 장수 일대에서 일진일퇴의 공방전을 전개하였다.

---

82) 文安植, 2006, 『백제의 흥망과 전쟁』, 혜안, 380쪽.
83) 『三國史記』 권27, 百濟本紀5, 武王 3年.
84) 『三國史記』 권27, 百濟本紀5, 武王 3年.
85) 『三國史記』 권27, 百濟本紀5, 武王 3年.
86) 文安植, 2006, 앞의 책, 385쪽.
87) 『三國史記』 권27, 百濟本紀5, 武王 6年.
88) 각산성은 임실군 관촌면 오원천 양편 기슭에 뿔처럼 솟아 있는 세 군데의 산성, 즉 대리산성과 배뫼산성 및 방현리산성으로 보고 있다(전영래, 1996, 『백촌강에서 대야성까지』, 신아출판사, 119쪽).

백제는 신라의 공격에 대비하기 위하여 각산성 외에 곡성과 구례 및 순천지역에 봉성산성, 합미산성, 당동리산성, 성암산성 등의 성곽을 무왕대에 축조한 것으로 추정된다. 이들 성곽은 위덕왕 치세에 축조되었을 가능성도 없지 않다. 위덕왕의 45년 치세는 고구려와 신라 양국과 큰 충돌 없이 평화를 구가한 시기였으며 신라와 3차례, 고구려와 2차례의 전쟁을 치른 것을 제외하고는 거의 전쟁이 없었다.

그러나 전란이 없고 평화가 깃든 위덕왕대에 많은 인력이 동원되고 막대한 물자가 소모되는 축성 작업이 여러 곳에 걸쳐 동시에 이루어졌을 가능성은 희박하다. 또한 위덕왕 때에 정국을 주도한 것은 국왕보다는 귀족세력이었고, 이들은 적극적인 대외정책보다는 현상유지를 원하였다.[89] 따라서 행정 치소로 활용된 성곽 외에 공격과 방어를 목적으로 한 대다수 산성들은 백제와 신라 사이에 공방전이 크게 벌어진 무왕대 이후에 축조된 것으로 판단된다.

또한 백제는 신라가 해상을 통하여 남해안지역으로 진출하는 것을 차단하기 위해 적지 않은 성곽을 축조하였다. 보성의 회령포성(회천면 봉강리)·전동산성(벌교읍 전동리) 및 고흥의 독치성(포두면 봉림리)·남양리산성(남양면 남양리)·백치성(도화면 신호리)·한동리산성(풍양면 한동리) 등은 신라가 광양만과 순천만을 거쳐 남해안지역으로 상륙하는 것을 방어하기 위하여 축조된 것으로 판단된다.

조선시대에 편찬된 『신증흥양지(新增興陽誌)』에는 고흥의 독치성과 백치성이 해적을 방비하고 재물을 약탈당하지 않기 위하여 축조된 사실

---

[89] 위덕왕은 관산성 패전에 대한 귀족들의 책임 추궁을 받아 정치적 곤경에 빠지게 되었고, 그 반면에 귀족세력의 정치적 발언권이 증대되었다. 그 결과 백제는 왕권이 약화되고 귀족을 중심으로 국정이 운영되는 형태로 바뀌게 되었다(金周成, 1996, 「백제 사비시대 정치사 연구」, 전남대 대학원 박사학위논문).

이 기록되어 있다. 이를 통해 남해안지역에 위치한 독치성 등이 해양 방어를 위해 축조되었음을 유추할 수 있다. 또한 백치성과 독치성 주변에는 백제시대의 안동고분, 황산동고분, 동호덕고분이 위치하고 있다.[90]

검단산성, 고락산성, 척산산성, 성암산성, 난봉산성, 마로산성 등의 인근 지역에도 백제 후기에 속하는 고분들이 상당수 위치한다. 이들 고분들은 6세기 중반 이후의 석곽묘와 횡구식 석실분으로 주변의 산성과 밀접한 관계를 맺고 있다.[91] 피장자들은 백제가 방군성제를 실시한 이후 군(郡) 밑에 해당하는 현(또는 성)의 책임자로 판단된다.

한편 여수의 고락산성·척산산성·선원동산성은 여수반도를 보호하기 위하여 축조되었다. 이들 성곽들은 남쪽 해안에서 내륙으로 가는 길목을 바라보는 낮은 야산에 위치하며, 바다에 가까운 편이지만 어느 정도 내륙으로 들어와 은폐되어 있다. 순천의 성암산성, 광양의 불암산성도 이와 유사한 형태를 띠고 있다.[92]

돌산의 월암산성은 여수반도의 보호와 남해안의 해로 장악을 위한 거점 역할을 하였다. 이곳은 여수반도로 진입하는 해상교통로의 입구로 남해안을 잇는 해로의 요충지에 해당된다.[93] 전남 동부지역의 백제계

---

90) 최성락·조근우·박철원, 1991, 「고흥지방의 선사유적·고분」, 『고흥군의 문화유적』, 목포대 박물관, 92~94쪽.
91) 최인선·변동명·박태홍, 2001, 『고흥군의 호국유적 I 』, 순천대 박물관·고흥군, 247쪽.
92) 여수시·순천대 남도문화연구소, 2003, 『여수시의 山城』, 13쪽.
93) 철기시대로 접어들어 중국 화폐가 출토된 지역과 패총이 발견된 지역을 연결하면 낙랑 등의 한반도 소재 군현에서 남부의 해안을 거쳐 일본까지 연결된 고대의 貿易路를 파악할 수 있다(지건길, 1990, 「南海岸地方 漢代貨幣」, 『창산김정기박사 화갑기념논총』, 534쪽). 여수 돌산 송도의 패총에서는 철도자·철부 등이 발견되어, 예로부터 군현과 왜를 연결하는 바닷길의 중간지점에 위치한 문화의 이동 통로였음을 알 수 있다(최성락·이해준, 1986, 「해남지방의 문화적 배경」, 『해남군의 문화유적』, 14쪽).

산성 중에서 신라의 해상진출 차단과 해로 보호를 위해 가장 중시된 것은 광양의 마로산성과 순천의 검단산성이었다.

백제와 신라가 6세기 중엽 이후 섬진강을 경계로 국경을 마주하면서 마로산성의 전략적 가치는 한층 높아지게 되었다. 백제는 마로산성을 보호하고 보조역할을 수행하기 위하여 광양만의 건너편에 검단산성을 축조하였다. 양자의 관계는 성곽의 규모와 입지 조건으로 볼 때 마로산성이 중심이 되고,[94] 검단산성이 보조역할을 한 것으로 판단된다.

검단산성은 남해안을 향하고 있기 때문에 해양방어를 위한 시계 확보에 유리하였다. 검단산은 해발 138.4m의 낮은 산이지만 여수반도와 순천을 연결하는 길목으로 광양만이 한 눈에 펼쳐 보이는 요충지에 위치하였다. 검단산성은 광양만을 이용하여 상륙한 적군이 육로를 통하여 여수반도로 접근하는 것을 차단하는 역할도 병행하였다.

신라는 섬진강과 험준한 호남정맥을 넘는 육로를 이용하여 전남 동부 지역으로 진출하는 데 여러 가지 제약이 따랐다. 신라는 섬진강을 따라 그 서안(西岸)으로 흘러내린 고산준령의 호남정맥을 넘어 육로를 이용하여 광양과 순천 등지로 진출하는 것이 쉽지 않았다. 그 대신에 선박과 해로를 이용하여 상륙전을 감행하는 것이 수송 여건, 운송비용과 시간 등의 여러 측면을 고려할 때 상대적으로 유리하였다.

백제는 마로산성과 검단산성을 활용하여 광양만을 통해 접근하는 적군을 차단하고 해로를 감시하였다. 이들 산성은 광양만 부근에 위치한

---

94) 검단산성의 둘레는 430m이며, 마로산성은 550m에 이른다. 검단산성은 체성의 둘레가 작기 때문에 내부의 면적도 협소하며, 대규모의 병력이 주둔하지 못하고 일부 군사들만 생활하였다(순천시·순천대박물관, 2004,『순천 검단산성 I 』, 152쪽). 그 반면에 마로산성은 마로현의 縣治로 활용되었을 뿐만 아니라, 후삼국시대에도 견훤이 남해안을 통한 교역의 거점으로 활용(李道學, 2006,「신라말 견훤의 세력형성과 교역」,『신라문화』 28, 223쪽)할 정도의 위상을 갖고 있었다.

백제의 대외교섭 창구를 보호하는 역할도 병행하였다. 검단산성의 정상에 서면 광양제철소가 위치한 섬진강 하구가 한 눈에 조망된다. 섬진강 하구와 광양만은 지리적으로 인접하며 북에서 흘러내린 호남정맥의 끝부분에서 서로 연결되어 사실상 동일한 해역으로 볼 수 있다.

마로산성과 검단산성은 백제가 가야지역을 차지하기 위하여 신라와 치열한 대립을 펼쳤을 때 병참기지가 되었다. 백제는 이곳에서 남해만을 통해 진주 또는 고성 등의 옛 가야지역으로 진출하였다. 백제는 험준한 소백산맥의 고갯마루를 넘어 군량과 군수 물자를 수송하는 육로보다는 해로를 이용했을 가능성이 높다.[95]

백제는 무왕이 함양과 거창·산청 등에 교두보를 확보한 데 이어, 의자왕이 즉위한 후에 미후성 등 40여 성[96]을 공취하고 대야성을 함락하는 성과를 올렸다. 신라는 대백제(對百濟) 방어거점을 낙동강 동안(東岸)에 있는 압량주(押梁州, 경북 경산)로 대거 후퇴할 수밖에 없었다.

김유신은 644년에 가혜성(加兮城, 고령군 우곡면[97]), 성열성(省熱城, 의령군 부림면[98]), 동화성(同火城, 구미시 인의동[99])을 비롯한 7성을 회복하였다.[100] 또한 고령 방면에서 낙동강을 건너 대구지역으로 통하는 중요한

---

95) 백제는 무왕과 의자왕대에 소백산맥을 넘어 옛 가야지역으로 진출을 도모하였다. 그 외에도 백제는 전남 동부지역의 군사적 거점에서 해로를 통해 인접한 사천만에 상륙하여 진주와 고성 방향으로 진출하면서 군사활동을 전개하거나 병참보급품을 수송한 것으로 추정된다.
96) 40성의 위치에 대해서는 지금의 88고속도로 주변에 소재한 신라의 성으로 보기도 하며(이도학, 1997, 앞의 책, 213쪽), 무왕이 624년에 차지한 함양의 속함성 등 6城으로부터 동쪽인 의령, 합천, 거창, 고령, 성산, 칠곡, 구미 등 낙동강 以西의 대부분 지역으로 이해하는 경우도 있다(金秉南, 2001,「백제 영토변천사 연구」, 전북대학원 박사학위논문, 192쪽).
97) 金秉南, 2001, 위의 글, 192쪽.
98) 金泰植, 1993, 앞의 책, 292쪽.
99) 全榮來, 1985, 앞의 글, 156쪽.
100) 『三國史記』 권41, 列傳1, 金庾信 上.

포구인 가혜진(加兮津)도 장악하였다.[101]

의자왕은 645년에 당나라의 원정을 신라가 후원하기 위하여 고구려의 후방으로 쳐들어간 틈을 이용하여 반격에 나섰다. 백제는 신라의 주력이 고구려를 공격하자, 신라의 서부 국경지대를 공격하여 7성을 빼앗았다.[102] 백제가 공취한 7성의 정확한 위치를 알 수 없지만,[103] 김유신 열전에 백제의 대군이 매리포성(밀양시 삼랑진읍)을 공격하였다는 기사[104]와 관련이 있는 것으로 생각된다.

백제가 매리포성을 공격한 것은 남해안을 따라 우회하여 낙동강 하류지역을 장악하여 신라군의 서진(西進)을 차단하려는 조치였다.[105] 백제는 밀양의 삼랑진에 위치한 매리포성의 공격에 그치지 않고, 김해시 진례면에 위치한 진례성을 공격하여 차지하였다.[106] 백제가 밀양의 매리포성과 김해의 진례성을 차지한 것은 수군을 동원한 상륙작전을 통해 이루어졌다.

백제는 신라가 확고하게 장악하고 있던 창녕과 창원지역을 돌파하지 않고, 마로산성 부근의 포구에서 수군을 보내 남해만과 진해만을 거쳐 상륙작전을 감행한 것으로 판단된다. 백제는 일찍부터 수군을 동원한 상륙작전을 감행하여 적국의 후방을 기습하는 작전을 구사하였다.

아신왕은 404년에 광개토왕릉비에 보이듯이 왜군과 함께 연합함대를 구성한 후 대방지역에 상륙하여 임진강과 예성강 유역에 주력이 배치된

---

101) 『三國史記』 권41, 列傳1, 金庾信 上.
102) 『三國史記』 권41, 列傳1, 金庾信 上.
103) 『舊唐書』 신라전에는 백제가 신라의 10성을 빼앗은 것으로 되어 있다.
104) 『三國史記』 권41, 列傳1, 金庾信 上.
105) 金秉南, 2001, 앞의 글, 195쪽.
106) 백제가 진례성을 점령한 것은 김유신이 반격을 가하여 진례 등 9성을 무찔러 9천여 명을 목베고 600명을 포로로 잡았다는 사료(『三國史記』 권41, 列傳1, 金庾信 上)를 통해 입증된다.

고구려군의 허점을 노리기도 하였다. 아신왕의 요청을 받고 한반도로 파병된 왜군은 남해안의 양산방면을 먼저 공격하였다.107) 왜군의 한반도 출병에 따른 전략 수립과 안내 역할은 왜국으로 건너간 백제인들이 담당하였을 것이다.

이와 같이 백제는 일찍부터 수군을 동원한 적국의 후방을 공격하는 작전을 구사하였다. 백제는 왜군과 함께 고구려와 신라를 대상으로 수군을 동원한 상륙작전을 수행한 경험이 있었다. 따라서 의자왕대의 삼랑진의 매리포성과 김해의 진례성 공격도 수군을 동원한 상륙작전으로 추정된다. 또한 후삼국시대에 고려의 왕건도 수군을 보내 남해안의 도서지방을 공격하여 후백제의 배후를 견제하는 작전을 구사하였다.108)

백제는 마로산성의 인근 포구에서 수군을 보내 남해안을 거쳐 김해지역에 상륙하여 진례성을 함락한 것으로 판단된다. 또한 백제는 김해지역에서 낙동강을 거슬러 올라가 강변에 위치한 삼랑진의 매리포성을 함락하였을 가능성이 높다.

백제군은 매리포성과 진례성을 장악하면서 낙동강 서쪽에 위치한 경남지역을 거의 대부분 석권하는 쾌거를 올렸다. 백제는 합천의 대야성

---

107) 『日本書紀』神功紀에 의하면 왜국은 신라에 대한 보복으로 蹈鞴津에 나아가 草羅城을 공격했다고 한다(『日本書紀』권9, 神功紀 5년). 도비는 繼體紀 23년(『日本書紀』권17, 繼體天皇 23년)에 공략한 多多羅로 지금의 부산 다대포에 해당하고, 草羅城은 삽량으로 현재의 경남 양산으로 보고 있다(三品彰英, 1962, 『日本書紀朝鮮關係記事考證』上卷, 吉川弘文館, 85쪽).
108) 왕건은 927년 4월에 해군장군 英昌, 能式 등을 시켜 수군을 거느리고 가서 남해안 지역을 공격하게 하였다. 英昌 등이 이끈 수군은 康州의 해상세력의 영향력 하에 있던 轉伊山(경남 남해읍), 老浦(남해군 삼동면 난음리), 平西山(남해군 남면 평산리), 突山(전남 여수시 돌산읍) 등 4개 鄕을 함락시키고 사람들을 포로로 잡았다(『高麗史』권1, 世家1, 太祖 10년 3월). 왕건이 수군을 보내 康州 관하에 있던 남해와 돌산 등을 점령한 것은 후백제의 배후를 견제하기 위한 측면이 강하였다.

방향에서는 육군이 작전을 벌이고, 남해안지역에서는 수군이 상륙작전을 강행하는 등 양면 공격을 펼쳐 낙동강 동쪽지역을 장악해 나갔다.

그러나 백제의 낙동강 하류지역 진출은 김유신의 분전에 밀려 악성(嶽城) 등 12성과 진례(進禮) 등 9성이 함락되면서 실패로 끝나고 말았다.[109] 백제는 신라에 밀려 낙동강 하류지역에서 밀려났지만, 거창을 비롯한 서부 경남의 일부 지역은 계속 장악하였다.[110] 백제는 멸망할 때까지 섬진강 동쪽에 위치한 하동과 함양, 거창 등지를 유지하였다.

전남 동부지역은 백제와 신라의 국경선에서 떨어져 있었기 때문에 양국 사이의 공방전이 전개되지 않았다. 백제는 옛 가야지역을 사이에 두고 벌어진 공방전에 필요한 군수물자와 병력의 일부를 마로산성 등에서 해로를 이용하여 수송하였다. 마로산성의 병참기지 활용은 백제와 신라가 해상을 활용해 펼친 대립의 일면을 보여주는 점에서 의의가 적지 않다.

2. 신라의 삼국통합과 전남지역 동향

1) 백제의 멸망과 부흥운동의 전개

백제와 신라는 고구려의 남진에 맞서 433년(신라 눌지왕 17, 백제 비유왕 7)에 나제동맹을 맺고 공동으로 대응하였다.[111] 나제동맹은 평양으로 천도한 후 강력하게 추진된 장수왕의 남진정책에 대처하기 위한 것이었

---

109) 『三國史記』 권41, 列傳1, 金庾信 上
110) 백제가 망한 후 부흥운동이 일어나 항전 끝에 최후를 장식한 곳은 거창읍 상림리의 건흥산에 위치한 거열산성이었다. 거열성에 주둔한 백제부흥군은 663년에 金欽純, 天存 등이 이끄는 신라군에게 무너지고 말았다(『三國史記』 권6, 新羅本紀6, 文武王 3年). 이를 통해 볼 때 김유신이 낙동강을 건너 대야성을 회복하자 백제군은 함양과 거창 방면으로 퇴각하여 신라와 대치하였음을 알 수 있다.
111) 『三國史記』 권3, 新羅本紀3, 訥祗麻立干 17年.

다. 또한 백제와 신라는 493년(신라 소지왕 15, 백제 동성왕 15)에는 백제의 요청으로 국혼(國婚)을 맺고112) 공수동맹(攻守同盟)을 체결하였다.

양국의 동맹관계는 6세기 중반까지 오랫동안 유지되었다. 그러나 백제가 차지한 한강 하류지역을 진흥왕이 553년에 습취(襲取)하면서 양국은 대립국면으로 접어들었다.113) 백제의 성왕은 신라의 배반에 분격하여 공격에 나섰으나, 관산성 전투의 패배로 국왕 자신의 전사와 함께 29,600명이 몰살당하는 등 막대한 피해를 입고 말았다.114)

이 전투에서 엄청난 손실을 입은 백제는 한 동안 수세에 놓여 있었다. 성왕을 계승한 위덕왕 때에는 왕권이 쇠약해지는 등 백제는 그 후유증에서 벗어나지 못하였다. 백제는 위덕왕 24년(577)에 벌어진 전투115)를 제외하고는 거의 50년 동안 신라와 전쟁이 없었다.

백제가 신라에 대해 적극적인 공세를 취한 것은 7세기 초반 무왕 때 이르러 가능하였다. 나제 양국관계가 긴박해짐에 따라 국경 부근에 축성이 더욱 많아졌으며, 양국은 주로 옛 가야지역에서 전쟁을 치렀다. 백제는 교착상태에 빠진 돌파구를 남원-함양 선에서 구하여 서곡성과 독산성을 공격하였다.116) 백제군은 함양을 돌파한 후 남으로부터 우회하여 낙동강 서변(西邊)을 공격함으로써 북쪽 소백산맥 일대의 교착상태를 타개하려고 하였다.117)

백제의 신라 공격은 무왕을 계승한 의자왕 때에 이르러 더욱 강화되었다. 의자왕은 무왕이 다져놓은 기반 위에서 '해동증자(海東曾子)'로 불릴

---

112) 『三國史記』 권3, 新羅本紀3, 炤知麻立干 15年.
113) 『三國史記』 권4, 新羅本紀4, 眞興王 14年.
114) 『三國史記』 권4, 新羅本紀4, 眞興王 15年.
115) 『三國史記』 권27, 百濟本紀5, 威德王 24年.
116) 『三國史記』 권27, 百濟本紀5, 武王 34·37年.
117) 全榮來, 1985, 「百濟 南方境域의 變遷」, 『千寬宇先生還曆記念韓國史論叢』, 153쪽.

만큼 투철한 유교정신을 바탕으로 왕권강화를 추진하였다. 의자왕은 즉위한 다음 해에

> A. 백제 조문사의 종자(從子) 등이, "……금년 정월에 국왕의 어머니가 죽었고, 또 아우 왕자의 아들 교기(翹岐)와 누이동생 4명, 내좌평(內佐平) 기미(岐味) 그리고 이름 높은 사람 40여 명이 섬으로 추방되었습니다."라고 하였다.118)

라고 하였듯이, 종친인 교기(翹岐)와 내신좌평 기미(岐味) 등 유력층 40여 명을 추방하는 등 귀족세력을 약화시키면서 국왕 중심의 국가운영체제를 확립하였다. 또한 의자왕은 642년(同王 2)에 장군(將軍) 윤충(允忠)으로 하여금 1만 군사를 거느리고 대야성을 공격하게 하여 함락시킨 후 성주인 품석(品釋)을 살해하고, 남녀 1천여 명을 포로로 하였다.119) 백제의 승세는 무왕과 의자왕 때의 공방전 속에서 백제의 선제공격이 20회, 신라가 5회 이므로 백제의 공격이 많았던 것에서도 엿볼 수 있다.

이와 같이 7세기에 접어들어 백제와 신라 양국의 전투는 주로 옛 가야 지역에서 이루어졌다. 전남지역에서는 전투가 벌어지지 않았기 때문에 전란의 직접적인 영향이 미치지 않았다. 전남지역은 삼국간에 총력적인 양상을 띠고 전개된 항쟁 속에 백제의 물적·인적 수취기반이 되었다.

백제의 의자왕은 대야성을 함락하는 등 승세를 잡자 자만심에 사로잡히게 되었고, 위기에 처한 신라는 당나라와 가까워지게 되었다. 신라는 백제와 고구려의 침입에 시달리면서 당과의 제휴가 불가피하였고, 고구려 정벌에 실패한 당은 신라와 연대가 필요하였다. 당은 삼국간의 항쟁을

---

118) 『日本書紀』 권24, 皇極天皇 元年, 二月, 丁亥.
119) 『三國史記』 권28, 百濟本紀6, 義慈王 2年.

화해시키려고 중재에 나섰으며, 신라를 번신(藩臣)이라고 두둔하면서 백제에 압력을 가하였다. 백제는 이에 반발하여 당과 외교관계를 단절하고 말았다.120)

의자왕의 향락생활과 궁중 내부의 분열은 백제를 약화시켰고, 잦은 전쟁으로 인한 국력 소모와 나당연합군의 압력으로 상황은 날로 악화되어 갔다. 나당연합군의 공격을 받은 백제는 효과적인 대응책을 마련할 수 없었다. 당군은 전략적 요충지인 기벌포를 통과하고, 신라군도 탄현(炭峴)을 무사히 통과하고 말았다.121)

의자왕은 계백이 거느린 5천명의 결사대마저 신라군에게 패배하고, 나당연합군이 사비성으로 들어오자

> B. 당나라 군사를 실은 배들은 조수를 타고 꼬리에 꼬리를 물고 나아가며 북을 치고 떠들어댔다. 정방이 보병과 기병을 거느리고 곧장 그 도성으로 진격하여 30리쯤 되는 곳에 머물렀다. 우리 군사는 모든 병력을 다 모아 이를 막았으나 또 패하여 죽은 자가 1만여 명이었다. 당나라 군사가 승세를 타고 성으로 육박하자 왕은 면하지 못할 것을 알고 탄식하며 "성충의 말을 듣지 않아 이 지경에 이른 것을 후회한다."고 말하고는 드디어 태자 효와 함께 북쪽 변경으로 달아났다. 정방이 성을 포위하니 왕의 둘째 아들 태가 스스로 왕이 되어 무리를 거느리고 굳게 지켰다. 태자의 아들 문사가 왕자 융에게 말하였다. "왕과 태자가 (성을) 나갔는데 숙부가 멋대로 왕이 되었습니다. 만일 당나라 군사가 포위를 풀고 가면 우리들은 어찌 안전할 수 있겠습니까?" (그들은) 드디어 측근들을 거느리고 밧줄에 매달려 (성밖으로) 나갔다. 백성들이 모두 그들을 따라 가니 태가 말릴 수 없었다. 정방이 군사로 하여금 성첩에 뛰어 올라가 당나라 깃발을 세우

---

120) 『舊唐書』 권199上, 列傳149上, 東夷 百濟 貞觀 22年.
121) 『三國史記』 권28, 百濟本紀6, 義慈王 20年.

게 하였다. 태는 형세가 어렵고 급박하여 문을 열고 명령대로 따를
것을 요청하였다. 이에 왕과 태자 효가 여러 성과 함께 모두 항복하
였다. 정방이 왕과 태자 효·왕자 태·융·연 및 대신과 장사 88명
과 백성 12,807명을 당나라 서울로 보냈다.122)

라고 하였듯이, 태자와 함께 웅진성으로 피난을 떠났다. 백제는 왕자
태(泰)가 당군(唐軍)에게 항복하자 더 이상 버티지 못하고 멸망되었다.

그러나 백제의 고토를 차지한 것은 신라가 아니라 당나라였다. 당은
신라와 연합하여 백제를 멸망시키고 웅진(熊津)·마한(馬韓)·동명(東
明)·금련(金漣)·덕안(德安)의 5도독부(都督府)를 설치하였다. 그 뒤 당은
5도독부를 개편하여 웅진도독부를 중심으로 하여 동명, 지침, 노산, 고사,
사반, 대방, 분차의 7주와 52현을 두었다. 당은 백제의 왕자 부여융(扶餘隆)
을 도독으로 임명하여

    C. 당나라 고종이 부여융을 웅진도독으로 삼아 귀국하게 하여 신라와의
       옛 원한을 풀고 유민들을 불러 모으게 하였다.123)

라고 하였듯이, 백제 유민을 무마하려고 하였다. 당시 전남지방에는 사반
(장성), 대방(나주), 분차(순천)의 3주가 설치되었다. 그러나 당의 5도독부
나 7주는 수도 인근의 지역을 제외하고는 도상(圖上)의 계획에 불과하였
다.

백제가 멸망된 후 얼마 안 있어 유민들이 부흥운동을 일으켰다. 당은
사비성을 함락시킨 후 백제의 옛 땅에 5도독부를 설치하였으나, 일부
지역을 제외하고는 통제력이 미치지 못했기 때문에 백제부흥군이 전국을

---

122) 『三國史記』 권28, 百濟本紀6, 義子王 20年.
123) 『三國史記』 권28, 百濟本紀6, 義慈王 20年.

예산 임존성 전경 임존성은 예산군 광시면과 대흥면, 홍성군 금마면이 만나는 지점에 위치한 해발 483.9m의 봉수산에 위치한다. 임존성은 약 4km의 테뫼식 석축산성으로 성벽의 높이는 2.5m, 폭은 3.5m이며, 남쪽의 성벽은 굴곡이 심하며 성내에는 7~8m의 내호가 둘러져 있다.

장악하였다.

백제부흥운동이 본격화된 것은 소정방(蘇定方)의 주력부대가 사비성에서 물러간 뒤였다. 의자왕의 종형제인 복신(福信)과 승려 도침(道琛)은 주류성을 근거로 활동하면서 왜에 있던 왕자 부여풍을 맞아들였다. 복신은 부여풍을 왕으로 추대한 후 나당연합군에 대한 공격을 활발히 전개하였다. 백제부흥군의 저항운동이 활발해지자

> D. 무왕의 조카 복신이 일찍이 군사를 거느렸는데 이때 승려 도침과 함께 주류성에 근거하여 반란을 일으켰다. 일찍이 왜국에 볼모로 가 있던 옛 왕자 부여풍을 맞아다가 왕으로 삼았다. 서북부가 모두 응하자 군사를 이끌고 인원(仁願)을 도성에서 포위하였다. 조서를 내려 유인궤를 검교대방주자사로 기용하고, 왕문도의 군사를 거느리고 지름길로 신라 군사를 일으켜 인원을 구하게 하였다. 인궤가 기뻐서 "하늘이 장차 이 늙은이를 부귀하게 하려 한다."고 말하고는

당나라의 책력(冊曆)과 묘휘(廟諱)를 요청하여 가지고 가면서 말하였다. "내가 동이(東夷)를 평정하여 대당(大唐)의 정삭(正朔)을 해외에 반포하고자 한다." 인궤가 군사를 엄하고 정연하게 통솔하고 싸우면서 전진하니 복신 등이 웅진강 어구에 두 목책을 세우고 막았다. 인궤가 신라 군사와 합쳐 이를 치니 우리 군사는 퇴각하여 목책 안으로 달려들어 왔는데 물이 막히고 다리가 좁아서 물에 빠져 죽거나 전사한 자가 1만여 명이나 되었다. 복신 등은 이에 도성의 포위를 풀고 물러나와 임존성을 보전하였고, 신라 사람도 군량이 다 떨어졌기 때문에 군사를 이끌고 돌아갔다. 이때가 용삭 원년(661) 3월이었다. 이에 도침은 스스로 영군장군이라 일컫고, 복신은 스스로 상잠장군이라 일컬으면서 무리들을 불러 모으니 그 형세가 더욱 떨쳤다.124)

라고 하였듯이, 북서부의 많은 성들이 호응하였다. 사비성에 주둔하고 있던 당군과 신라군은 각각 본국에 원병을 요청하였다. 신라는 태종무열왕이 친히 군사를 이끌고 왔다. 전세가 불리해진 백제부흥군은 임존성으로 후퇴하여 흑치상지의 부대와 합세하였다.

백제부흥군은 임존성에서 주류성으로 후퇴하여 백강의 입구를 막고, 당군의 상륙을 저지하면서 사비성을 공격하였다. 그러나 백제부흥군은 지도부 사이에 내분이 발생하여 복신이 도침을 죽이고 군사를 장악하였다.125) 그러나 복신이 부여풍마저 제거를 꾀하려다가

> E. 이때 복신이 이미 권세를 오로지 하면서 부여풍과 점차 서로 질투하고 시기하였다. 복신은 병을 핑계로 하여 굴 속 방에 누워서 풍이 문병 오는 것을 기다려 잡아 죽이려고 하였다. 풍이 이것을 알고 친하

---

124) 『三國史記』 권28, 百濟本紀6, 義慈王 20年.
125) 『三國史記』 권28, 百濟本紀6, 義慈王 20年.

고 믿을 만한 자들을 거느리고 복신을 엄습하여 죽이고는 사신을 고구려와 왜국에 보내 군사를 청하여 당나라 군사를 막았다. 손인사(孫仁師)가 중도에서 이를 맞아 쳐서 깨뜨리고는 드디어 인원(仁願)의 군사와 합치니 사기가 크게 떨쳤다.126)

라고 하였듯이, 오히려 살해되고 말았다. 당군은 백제부흥군의 내분을 틈타 주류성에 대한 공격을 개시하였다.

백강 전투에서 연합군의 수륙 양면에 걸친 치열한 공격으로 왜의 응원부대는 전멸하였다. 이로 인해 부흥군의 사기는 꺾이게 되었고, 부여풍이 고구려로 달아나자 저항의 거점이었던 주류성은 함락되었다. 북부의 거점인 임존성이 지수신(遲受信)에 의해 지켜지고 있었으나, 663년 말에 함락됨으로써 4년에 걸친 백제부흥운동은 종말을 고하였다.127)

전남지역은 삼국통일전쟁과 백제부흥운동의 격랑 속에서 직접적인 여파가 미치지 않았다. 전남지역의 토착세력은 백제의 지배를 받으면서도 독자적인 세력기반과 정체성을 유지하였다. 마한의 문화전통이 오랫동안 남아 있었기 때문에 백제와 신라가 기층문화를 해체하는 것은 매우 어려웠다.128)

그러나 전남지역이 여러 분야에 걸쳐 백제의 영향력을 받은 것도 사실이다. 예컨대 강진군 성전면에 위치한 월남사지 석탑은 고려시대에 건립된 백제계 양식으로 전남지역 토착세력들이 백제로부터 많은 영향력을

---

126) 『三國史記』 권28, 百濟本紀6, 義慈王 20年.
127) 『三國史記』 권28, 百濟本紀6, 義慈王 20年條.
128) 전남의 문화양상은 한강 유역이나 금강 유역에서 발달한 백제문화와는 크게 다른 모습을 보인다. 전남지역의 강인한 문화 전통성과 토착적인 문화기반이 불교의 수용을 쉽게 받아들이지 않았으며, 옹관묘사회가 붕괴되기 시작한 6~7세기가 지나면서 서서히 느린 속도로 불교문화가 전파되었다고 한다(성춘경, 1999, 『전남 불교미술 연구』, 학연문화사, 10쪽).

강진 월남사지 3층석탑 월남사지탑은 백제의 옛 땅에 위치한 관계로 백제 양식을 많이 따르고 있다. 기단 및 탑신의 각 층을 별도의 돌로 조성한 점이나 1층의 지붕돌이 목탑처럼 기단보다 넓게 시작하는 양식 등이 해당된다.

받았음을 보여준다.[129]

또한 백제부흥운동이 종말을 고하면서 보성 조성에서 상당수의 유망민들이 도왜(渡倭)한 것으로 전해지고 있다. 이곳은 한반도의 서남부를 경유하여 왜국으로 건너가는 해로상의 요충지였다. 그리하여 신라의 압박을 받게 된 백제 유민의 일부는 이곳에서 바다를 건너간 것으로 보인다. 신라의 압박이 가중되면서 해안지역에서 도왜하는 사람도 나오게 되었지만, 전남지역은 다른 지역과는 달리 별다른 저항 없이 신라의 지배를 받게 되었다.

2) 무진주의 설치와 군현의 재편

신라는 삼국을 통합한 후 넓어진 영토와 많은 인구를 효과적으로 지배하기 위하여 중앙집권체제를 정비하였다. 신라는 중고 말 집사부(執事部)를 설치하면서 그 토대를 마련하였으며, 통일 이후 왕권의 전제화와 병행하여 중앙집권화를 강력하게 추진하였다.

---

129) 월남사지 석탑은 전형적인 모전탑으로써 그 양식에 있어서는 중국의 塼塔의 기본 양식을 따르고 있지만 석재구성에 있어서는 백제탑의 양식을 전승한 고려시대의 탑이다.

신라는 685년(신문왕 5)에 이르러 확대된 영토를 새롭게 편제하였다. 신라는 전국을 9주로 재편하였는데, 고구려와 백제를 포함하여 옛 신라의 영역에 각각 3주씩 두었다. 신라의 옛 영역에는 사벌주·삽량주·청주의 3주, 고구려 영역에는 한산주·수약주·하서주의 3주, 백제 땅에는 웅천주·완산주·무진주가 설치되었다.

통일신라시대 지방행정 조직의 기본은 주(州)·군(郡)·현(縣)이었고, 주는 지증왕대부터 설치되기 시작하였다.[130] 신라는 통일 이전부터 정복지역 가운데 지리적 위치 또는 군사적으로 중요한 지방에 주를 설치하였다.[131] 초기에 주의 장관을 군주(軍主)라고 칭하였던 사실[132]에서 이를 잘 알 수 있다. 무열왕 때에는 주의 장관을 도독(都督)으로 칭하였으며,[133] 신문왕 때에는 총관(摠管)이라 하였다.[134] 주(州) 장관의 명칭 변경은 군사적 측면에서 행정적 성격으로 기능이 변하였음을 의미한다.

신라는 전남지역을 포함한 백제지역의 군현 명칭은 옛 지명을 그대로 사용하였다. 그 후 경덕왕 16년(757)에 있었던 군현 명칭의 개칭 때에 대부분의 지명을 바꾸었다. 무진주는 15군 43현을 관할하였는데, 영산강 유역에 설치된 군현이 70~80%를 차지하는 것은 전대와 마찬가지로 계속

---

130) 『삼국사기』 기록에는 지증왕 6년(505)에 이르러 州·郡·縣을 정한 것으로 전하지만, 실제로는 진평왕 33년(611) 이후에 가서 縣이 설치되었고 그 이전 중고시대에 州·郡 다음의 지방행정단위는 城·村이었다(李仁哲, 1996, 『신라촌락사회사연구』, 일지사, 10쪽).
131) 503년에 건립된 영일냉수리비에서 드러났듯이 최초로 파견된 지방관은 道使였고, 그 시기는 5세기 후반에 이루어졌다. 5세기 후반 행정촌에 도사의 파견이 시작되었고, 그 뒤 여러 지역으로 확대되었다가 지증왕 6년에 이르러 주군현이 설치되었다(朱甫暾, 1997, 「6世紀 新羅地方統治體制의 整備過程」, 『韓國古代社會의 地方支配』 한국고대사연구11, 신서원, 111~114쪽).
132) 『三國史記』 권4, 新羅本紀4, 智證麻立干 6年.
133) 『三國史記』 권5, 新羅本紀5, 太宗武烈王 5年.
134) 『三國史記』 권8, 新羅本紀8, 神文王 5年.

하여 전남지역의 중심지였음을 반영한다.

그러나 전남지역의 상황은 백제시대와 통일신라 사이에 차이가 적지 않다. 먼저 신라의 통일 이후 설치된 치소가 오늘날의 광주지역에 위치하게 된 점이다. 신라는 통일 후 나주를 발라주로 승격시켜 전남지역을 관할하는 치소로 삼았다. 그러나 신라는 신문왕 6년에 발라주를 군으로 강등시키고, 무진군을 무진주로 승격시키면서 무주를 주치로 삼았다.[135]

무진주는 신라 경덕왕 16년(757)에 다시 무주(武州)로 바뀌는 등 무진주와 무주가 병칭되어 사용되었고, 고려 태조 23년(940)에 이르러 광주라는 지명이 사용되었다. 광주는 백제시대에 이르러 무진 혹은 노지라라고 하였는데, 미동부리라는 옛 지명에서 연유하였다.[136]

무진주라는 지명은 동성왕의 무진주 정벌 기사에 처음으로 보인다.[137] 무주가 전남지역의 중심지로 부상한 것은 무진주의 치소가 된 신라시대에 이르러서였다.[138] 신라의 통치를 받으면서 무주는 정치·군사·경제의 중심으로 발전하였다. 신라는 무주를 치소로 삼아 무진주를 통치하면서 15군 43현으로 재편하였다.

신라의 전남지역 통치는 전시대와 비교하여 바다에서 멀리 떨어진

---

135) 『三國史記』 권8, 新羅本紀8, 神文王 6年.
136) 미동은 습지를 뜻하는 우리 옛 말인 물들·물둑(水堤)·무들·무돌을 빌려 표기하였으며, 무돌이라 발음하였다. 또한 미동부리의 부리는 '벌', 즉 벌판이라는 옛말이다. 이것을 백제시대에 와서 무돌의 '무'는 한자음의 '武'로 표기하고, 무돌의 '돌'은 '珍'이 되므로 무돌을 무진이라 하였다(윤여정, 1998, 『한자에 빼앗긴 토박이 땅이름』, 향지사).
137) 『三國史記』 권26, 百濟本紀4, 東城王 20年.
138) 무진주의 치소는 최근 광주일고 내에서 발견된 통일신라 건물지와 지하철 1호선 공사구역인 금남로에서 조사된 우물과 통일신라의 기와·토기 등의 유물들을 통해 볼 때 시가지 일대로 추정된다(임영진 외, 1995, 「광주 누문동 통일신라 건물지 수습조사 보고」, 『호남고고학보』 2, 80~82쪽). 그리고 현재 무등산 잣고개 일대에 복원된 무진고성은 背後山城으로 추정된다.

내륙지역 무주를 치소로 삼은 점이 주목된다. 전남지역의 중심지는 해남 백포만→ 영암 시종→ 나주 반남→ 장성 진원을 거쳐 무주로 바뀌게 되었다. 백제 후기의 남방(南方)의 거점이었던 구지하성 역시 내륙의 산성에 위치하였지만 주로 군사적 거점역할을 하였다. 그러나 신라시대에 무주는 정치와 행정의 중심지였다는 점에서 전대와는 차이가 있다.

신라는 백제시대 남방의 치소였던 장성의 구지하성을 진원현으로 강등시키고, 그 대신 무주를 무진주 통치의 거점으로 삼았다. 또한 신라는 기본적으로 백제의 옛 군현 편성체계를 바탕으로 하되, 토착세력의 현실적 영향력을 인정하였다. 신라가 군으로 승격시킨 사례들을 통해서 이러한 면모를 살펴볼 수 있다.

먼저 반나부리현이 반남군으로 승격된 것은 전남지역 토착세력의 중심지역으로서 반남지역의 영향력이 고려된 것이다. 백제가 반남지역을 현으로 편제한 까닭은 재지세력을 억누를 필요가 있었기 때문이었다.[139] 그런데 신라가 반남을 군으로 승격시킨 것은 재지세력의 현실적 영향력을 다시 공인해준 것을 의미한다.

다음으로 고시이현이 갑성군(현재의 장성)으로 승격된 것은 노령산맥을 경계로 하여 무진주와 완산주를 연결해주는 요충지라는 점이 고려되었다. 신라는 남방의 치소였던 인근의 구지하성을 진원현으로 강등시키고, 고시이현을 갑성군으로 승격시켜 토착세력을 재편하였다.

그리고 도산현과 아차산현이 뇌산군(진도)과 압해군(신안군 압해도)으

---

139) 백제는 사비 천도 이후 반남의 수장층을 전면에 내세워 간접적인 공납제를 시행하던 변방통치의 한계를 벗어나 각지의 중소세력을 지방관으로 임명하여 직접지배를 관철하였다. 6세기 중엽 이후에 조성된 복암리석실분 등에서 銀製冠飾이 출토된 것은 백제의 직접지배 양상을 보여주는 것이며(金洛中, 2000, 「5~6세기 영산강유역 정치체의 성격」, 『백제연구』 32, 75쪽), 소형화·규격화된 백제식석실분이 전남지역 곳곳에 조성된 것도 지방지배가 그만큼 강화되었음을 의미한다.

로 승격된 것은 서남해의 도서지역을 중시하였기 때문이다. 이때에도 대중교섭은 서해상의 여러 섬지방을 경유하는 해로(海路)를 이용하였다. 흑산도나 가거도가 그 해로 상에 위치하였고, 신안의 섬들을 거치면서 압해도 부근에 이르러 남과 북의 두 갈래로 나뉘어졌다. 북으로는 서해의 연안을 따라 개경에 이르고, 남으로는 명량(울돌목)과 완도·남해를 경유하여 일본에 이른다.140) 신라는 서남해 도서지역을 중시하였고, 해로의 중요한 거점이 되었던 곳에 뇌산군과 압해군을 두었다.

이러한 군현의 편성 방향은 제사체계에도 잘 나타나 있다. 통일신라의 제사는 전국의 산천신을 대상으로 하여 그 중요도에 따라 대사(大祀), 중사(中祀), 소사(小祀)의 체계로 정비되었다. 무진주는 청해진(완도)이 중사로, 월출산과 무진악(武珍岳, 무등산)이 소사로 편성되었다.141)

무진악은 주치(州治)에 있는 영신(靈山)이고, 월나산은 영산강 유역의 영산(靈山)이라는 점이 감안되었다. 청해진이 중사로 편성된 것은 뇌산군과 압해군이 군으로 승격된 것과 마찬가지로 대외교류의 거점으로서 서남해의 도서지역이 중시되었기 때문이다.142)

3) 주군제(州郡制)의 시행과 토착사회의 변화

신라는 전국을 9주로 나누어 지배하였는데, 주 아래에는 군과 현을 두었다. 신라의 중고기에는 현이 설치되지 않았던 까닭에 촌이 군 다음가는 행정단위였다. 중앙에서 촌에 파견된 지방관을 도사(道使)라고 하였는데, 촌주의 보좌를 받아 행정을 담당하였다. 그리고 당주(幢主)와 나두(邏頭)가 촌에 파견되어 군사행정을 담당하였다. 중고기의 모든 촌에 도사(道

---

140) 李海濬, 1995,「역사적 변천」,『완도군의 문화유적』, 목포대 박물관, 15쪽.
141)『三國史記』권32, 雜志1, 祭祀.
142) 李海濬, 1995, 앞의 글, 15쪽.

使)·당주(幢主)·나두(邏頭)가 파견되거나 촌주(村主)가 있었던 것은 아니었다.143)

신라는 진평왕 때에 이르러 군 밑에 현을 설치하기 시작하였고, 통일 후에는 모든 군현에 지방관을 파견하였다. 신라는 모든 주에 지방관과 그 부관으로 도독과 주조(州助)·장사(長史)를 1명씩 파견하였다. 또한 주(州)와 군(郡)에는 지방관리를 감찰하는 외사정(外司正)이 각각 2명과 1명씩 있었다.

외사정은 지방관에 대한 감찰이 본래의 직무였다. 주에 파견된 외사정은 주치(州治)와 주(州)의 영현(領縣)을 감찰하였고, 군에 파견된 외사정은 군치(郡治)와 군의 영현(領縣) 감찰을 담당하였다. 이들은 주로 지방관리들의 근무태도와 비행을 감시하였다. 효소왕 10년(701) 5월에 영암군의 태수인 제일(諸逸)이 공익을 위배하고 사리를 추구한 혐의로 장형(杖刑) 1백에 처해진 후 해도(海島)로 보내진 것144)은 외사정의 감찰에 적발되었기 때문이었다.

지방의 주(州)에는 중앙에서 파견된 지방관 외에도 지방출신의 토착세력이 관리로 복무하였다. 무진주의 주리(州吏) 안길(安吉)과 같은 사람이 대표적인 사례라고 할 수 있다.145) 또한 주(州)에는 주사(州司)라고 부르는 지방관아가 있었고, 그 구성원은 중앙에서 지방으로 파견한 도독(都督)·주조(州助)·장사(長史)·외사정(外司正)과 지방 출신의 관리가 포함되었다. 지방출신의 관리는 중앙에서 파견된 지방관을 보좌하는 주리(州吏)이었다.

군에는 태수(太守)와 외사정(外司正), 현에는 그 격에 따라 소수(少守)

---

143) 李仁哲, 1993,『신라정치제도사연구』, 일조각, 162~184쪽.
144)『三國史記』권8, 新羅本紀8, 孝昭王 10年.
145)『三國遺事』권2, 奇異 2, 文虎王 法敏.

또는 현령(縣令)이 파견되었다. 이들은 상당한 학식이 있는 사람들이 임명되어 지방의 행정을 맡아 처리하였다. 또한 군과 현에도 각각 군사(郡司)와 현사(縣司)가 있었으며, 여기에 지방관과 지방출신인 공등(公等)이 군리(郡吏)·현리(縣吏)가 되어 참여하였다.146)

지방관을 보좌하면서 지방행정에 참여한 토착세력을 리(吏)라고 하였다. 리는 주군현의 행정구역에 따라 주리(州吏), 군리(郡吏), 현리(縣吏)로 구분되었다. 이들은 중앙에서 파견된 지방관과 구별되며 촌락에서 촌정을 맡은 촌주와도 성격이 다른 존재였다.

리(吏)는 지방관과 촌주의 중간에서 행정연락 업무를 처리하거나 조세 수취, 보관, 운반 등의 임무를 맡았다. 따라서 리(吏)는 중앙정부에 의존하는 모습도 보이나 토착세력의 면모도 가졌다. 주리는 지방의 토착세력이며 해당 지역의 사정에 정통하였기 때문에 중앙정부는 자문을 구하고 연락 업무를 담당하도록 하였다.

중앙에 머물게 된 주리는 지방세력을 효과적으로 통제할 수 있는 수단이 되기도 하였다. 신라는 삼국통일 후 지방세력을 견제하고 중앙집권력을 강화하기 위해 각 주의 주리 중에서 1명을 뽑아 볼모 겸 고문으로 중앙에 두었는데, 이것이 상수리제의 기원이 되었다.

리는 왕도의 제조(諸曹)에만 상수(上守)하는 것이 아니었다. 하급행정기관도 명령 수취 등의 업무를 효과적으로 처리하기 위하여 상급행정기관에 리를 파견하였다. 이를 위하여 군리와 현리가 상급행정구역인 주에 상수리로 파견되었다. 리는 해당기관의 지방관을 보좌하였으며, 상급의 행정기관에 상수리로 파견되어 지방에 대한 통치를 원활하게 하였다.

리는 상급기관에 상수(上守)한 이외에도 지방행정에서 중요한 역할을

---

146) 金周成, 1983, 「新羅下代의 地方官司와 村主」, 『한국사연구』 41, 54쪽.

수행하였다. 리는 지방에서 조세의 수취와 운반 등의 일을 처리하였다. 조세는 국가재정에서 매우 중요한 문제였기 때문에 수취와 운반을 담당한 것은 리의 역할이 지방통치에서 중요하였음을 반영한다.

신라의 지방제도에는 군현의 명칭과 다른 향(鄕)·부곡(部曲)이 있었다. 향과 부곡은 신분적인 면에서 집단천민으로 이해되었으나,147) 군현과 동질의 행정구획으로 보기도 한다.148) 그러나 향(鄕)은 100호를 기준으로 하여 전정과 호구가 부족하여 현이 되기 어려운 곳에 설치한 것으로 이해된다. 향은 주-군-현에 비하여 소규모의 행정단위이며, 향촌주가 지방세력으로 있었다. 신라 통일기 향의 규모는 오늘날의 면(面) 정도의 넓이였지만, 부곡에 대해서는 관련 사료가 없기 때문에 정확한 실정을 알 수 없다.149)

한편 중앙정부의 명령은 주의 장관인 도독을 거쳐 군의 태수에게 전달되었고, 다시 군의 태수는 현령 또는 소수에게 전달하였다. 그리고 현령 또는 소수는 지방통치와 관련된 명령을 촌주에게 전달하였다. 지방에 대한 명령체계는 중앙정부에 의해 일방적으로 전달되었다. 지방의 중앙정부에 대한 보고나 조세수취, 역역동원은 이와 반대의 과정을 거쳤다.

신라의 지방통치체제는 주군현제를 근간으로 하였고, 호구수가 적어 현을 설치할 수 없는 곳은 향으로 편재하였다. 그리고 말단의 행정 조직인 현은 몇 개의 행정촌을 하부조직으로 거느렸다. 행정촌은 촌주가 촌의 행정을 맡아 처리하였는데, 촌주는 토착세력이 임명되었다.

행정촌은 2~3호 혹은 3~4호의 자연촌이 몇 개 모여서 이루어졌고, 신라 때는 '모라(牟羅)'라고 불렀다. 행정촌은 정치적·경제적으로 자립

---

147) 白南雲, 1933, 『朝鮮社會經濟史』, 350~351쪽.
148) 木村誠, 1983, 「新羅時代の鄕」, 『歷史評論』 403.
149) 李仁哲, 1996, 앞의 책, 101쪽.

을 이루지 못한 자연촌을 일정한 규모로 묶어 행정적으로 편제하는 방식이었다.150)

　신라의 서원경 부근의 민정문서에 의하면 3~4곳의 행정촌 중에서 한 곳에만 촌주가 있었다. 따라서 촌주의 관할범위는 1개 촌이지만 속촌(屬村)을 포함하면 3~4개 촌이 된다. 촌주는 1개 현에 여러 명이 있었고, 현은 촌주가 관할하는 몇 개의 영역으로 구분되었다.

　촌주 사이에는 서열과 등급이 있었는데, 악사지(屋舍志)에 의하면 진촌주(眞村主)와 차촌주(次村主)로 구분되어 각각 5두품 혹은 4두품에 준하는 대우를 받았다.151) 또한 규흥사종명(竅興寺鐘銘)에는 상촌주(上村主)·제이촌주(第二村主)·제삼촌주(第三村主)라고 하여 3명의 촌주가 있었음을 보여 준다.152)

　촌주가 임명되지 않는 행정촌에는 속리(屬吏)가 있었다. 남산신성비에 의하면 촌주 밑에는 장척(匠尺)·문척(文尺)이 있고, 작상인(作上人) 밑에는 장척(匠尺)·문척(文尺)·면석착인(面石捉人)·소석착인(小石捉人) 등의 기술자에 대한 기록이 보인다. 또한 '청주연지사종명(菁州蓮池寺鐘銘)'에 사륙(史六)으로 나오는 관직을 가진 사람들도 촌주의 속관이었다.153) 이렇게 볼 때 남산신성비의 장척·문척, 청주연지사종명의 사육은 촌주를 보좌하는 속리들로 추정된다.

　촌주는 속리와 함께 촌사(村司)를 구성하였고, 속리를 통하여 속촌(屬村)을 관할하였다. 촌주는 속리의 도움을 받아 현으로부터 하달된 국가의 명령을 촌민에게 전달하거나, 현을 통하여 촌의 변동사항을 국가에 보고

---

150) 朴宗基, 1987, 「고려시대 촌락의 기능과 구조」, 『진단학보』 64, 58쪽.
151) 『三國史記』 권33, 雜志2, 屋舍.
152) 末松保和, 1954, 「竅興寺鐘銘」, 『新羅史の諸問題』, 477쪽.
153) 李鍾旭, 1980, 「신라장적을 통하여 본 통일신라시대의 촌락지배체제」, 『역사학보』 86, 48쪽.

하였다. 또한 촌주는 지방관을 보좌하여 조세수취를 담당하고, 역역동원 때에는 지방민의 대표가 되었다. 또한 촌주는 촌내(村內)의 법당군병을 지휘하여 촌락을 방어하는 임무를 수행하였다.

촌주의 역할은 신라의 지방통치체제가 안정화되고, 철저한 지방지배가 실현되었음을 의미한다. 신라는 통일을 달성한 후 모든 현에 소수(少守) 혹은 현령(縣令)을 파견하였고, 전대에 촌주가 임명되지 않았던 하위 촌까지 국가권력이 지방사회 깊숙이 침투하게 되었다.

신라는 중앙집권력을 한층 강화하면서 전제왕권을 구축할 수 있는 토대를 마련하였다. 신라의 전제왕권은 지방통치체제가 완비되고, 통일전쟁을 거치면서 지방사회의 공동체적 유대가 크게 해체되었기 때문에 가능하였다. 또한 전승국으로서 신라의 위세와 권위가 높아졌고, 그 반면에 재지세력이나 피정복민의 사기가 저하된 것도 배경이 되었다.154)

한편 신라의 지방통치는 주군현제 실시와 더불어 군사제도의 재편을 통해서도 추진되었다. 신라는 재지세력의 발호를 통제하고 지방의 치안을 유지하기 위해서 전국의 요지에 10정의 지방군단을 상주시켰다. 10정은 9주를 기준으로 하여 각 주에 1곳씩 설치한다는 원칙 하에 배치되었고, 한산주만 1정이 추가되었다. 왜냐하면 한산주는 다른 지역보다 훨씬 넓었을 뿐만 아니라 국방의 요충지였기 때문이었다.

10정은 주의 치소에 가까운 곳에 배치된 것으로 볼 때 지방통치에 있어서 군사적 거점 역할을 하였다. 10정은 지방통치의 무력장치로서 기능했을 뿐만 아니라 해당지역의 지방민을 군사력으로 충당하는 목적도 있었다. 따라서 10정의 각 부대는 지역 출신의 지방민이 기본적인 군사력이 되었다.155)

---

154) 李仁哲, 1996, 앞의 책, 16쪽.
155) 李文基, 1997, 『新羅兵制史研究』, 일조각, 144쪽.

10정은 통일 이후 신라가 넓어진 영역과 다수의 백성을 통치하기 위해 설치된 기병부대로서 일종의 경찰과 같은 기능을 수행하였다.156) 무진주는 미동부리현에 미다부리정이 설치되었고, 옷깃(衿)의 색깔은 흑색이었다. 미동부리현은 무진주 직속의 영현(領縣)으로서 영산강 유역의 요충지에 위치하였다.

군과 현에도 그 지방 출신자로 구성된 병졸집단이 존재하였다. 신라의 각급 지방관은 통치지역 내의 지방민을 징발하여 편성한 군사를 거느렸다. 이들은 군대를 지휘하는 권한을 보유했으며, 각급 행정구역은 그 자체 소군관구(小軍官區)의 성격을 지녔다.157) 그러나 하급 지휘관은 해당 지역의 토착세력 가운데 유력자가 역임하는 경우도 있었다. 패강진의 경우 군진의 토착세력은 이를 기반으로 호족으로 성장한 경우도 많았다.158)

또한 지방 군사조직으로 10정 외에 5주서(州誓)가 있었다. 5주서는 기병으로 구성된 부대이며 청주·완산주·한산주·우수주·하서주에 있었다. 이 부대는 무진주에는 설치되지 않았다. 이외에도 주의 치소에 배치된 부대는 사자금당, 만보당이 있었다. 만보당은 보병부대로 방패와 도끼를 사용하는 2개의 당(幢)이 각각의 주에 설치되었다. 무진주에 배치된 만보당은 옷깃의 색깔이 적백(赤白)과 백황(白黃)이었다.

사자금당은 법당군단으로서 전투적 성격이 강하였다. 이 부대는 중국에 사자대로 알려질 만큼 용감한 부대이었다. 사자금당은 당주 3인-감 3인-법당화척 2인의 군관과 지방민 병졸로 조직되었는데, 무진주도 다른 지역과 마찬가지로 당주 3인이 파견되었다.159) 그 외에 주치에 노당(弩

---

156) 末松保和, 『新羅史の諸問題』, 365쪽.
157) 李文基, 1997, 앞의 책, 404쪽.
158) 李基東, 1977, 「신라 하대의 패강진」, 『신라골품제사회와 화랑도』, 일조각, 225쪽.
159) 『三國史記』 권40, 雜志9, 職官 下, 武官.

幢)이 있었고, 군현에는 촌락민으로 구성된 외여갑당(外餘甲幢), 여갑당 (餘甲幢)과 법당(法幢)이 편성되었다.

이와 같이 신라는 지방통치 조직과 군사제도를 유기적으로 결합하여 효과적인 지방지배를 꾀하였다. 신라의 지방지배 방식은 백제시대의 방군성제와 비교해보면 명확히 차이가 드러난다. 백제는 군과 전략적인 요충지에 위치한 일부지역의 성에 지방관으로 방령과 성주를 파견하였다. 그러나 대부분의 지역은 토착세력을 지방관으로 임명하는 한계를 보였다.[160]

백제의 방군성제와 통일 후 신라의 주군현제는 지방지배에 있어서 질적인 차이가 있다. 전남지역의 경우 백제시대에는 토착세력이 상당할 정도의 독자적인 기반을 유지하였고, 백제식석실분(후기 횡혈식석실분)이 곳곳에 조성되었다. 그러나 신라의 지배를 받으면서 토착세력은 중앙에서 파견된 지방관을 보좌하는 촌주나 리 등의 실무자로 전락하고 말았다.

그러나 이때에도 토착세력이 지방관을 보좌하는 실무관료의 역할을 한 것은 아니었다. 군의 행정은 지방관인 당주-도사와 재지세력인 촌주-장척-문척 등의 합의에 의해 주로 결정되었다.[161] 또한 지방관이 역역을 징발할 때에도 군내의 유력한 재지세력으로 구성된 '군사'의 성원들과 합의를 통해 동원하였다.[162]

따라서 신라의 지방통치가 약화되면 토착세력은 국가권력의 통제에서 벗어나 자활을 추진할 수 있는 가능성이 남아 있었다. 특히 서남해지역의 해상세력은 독자적인 대외교섭이나 무역활동 등은 봉쇄되었지만 해상기반은 일정 정도 유지되었다.

---

160) 文安植, 2002, 앞의 책, 275쪽.
161) 朱甫暾, 1988, 「신라 중고기의 郡司와 村司」, 『한국고대사연구』 1, 44~53쪽.
162) 李文基, 1997, 앞의 책, 258쪽.

제4장 신라의 쇠퇴와 후삼국시대의 전개

Ⅰ. 장보고의 청해진 설치와 해상왕국 건설

1. 신라의 쇠퇴와 지방세력의 동요

신라는 통일 후 무열왕계의 전제왕권이 확립되어 경덕왕 때까지 유지되었다. 문무왕은 율령제도에 입각하여 관료제를 모색하면서 귀족층을 도태시켜 전제왕권의 반대세력을 약화시켰다. 문무왕은 가까운 측근을 중용하고 6두품 이하의 전문적인 관료집단을 흡수하였으며, 신문왕은 개혁정치를 통하여 관료제를 확립하였다.

또한 신문왕은 군사제도와 토지제도를 개편하여 중앙집권적 통치질서를 마련하고 다음 성덕왕 치세의 극성기를 맞이할 수 있는 토대를 구축하였다. 신라사회의 전제왕권은 효소왕·성덕왕·효성왕을 거쳐 경덕왕 때까지 왕당파와 그 반대파 사이의 반목에도 불구하고 유지되었다.

신라는 경덕왕 때에 이르러 귀족들이 세력을 확장하여 왕권이 흔들리기 시작하였다. 이에 경덕왕은 왕권강화를 위해 관제정비와 개혁조치를 하였다. 744년에 이찬 유정(惟正)이 중시(中侍)에 임명된 이후 대정(大正), 조량(朝良), 김기(金耆), 염상(廉相), 김옹(金邕), 김양상(金良相) 등 7인이 경덕왕 때에 중시를 지냈다.

경덕왕은 747년에 중시의 명칭을 '시중(侍中)'으로 바꾸었으며 국학의 여러 학업 과정에 박사(博士)와 조교를 두어 유학 교육을 진흥시키고,[1] 748년에는 정찰(貞察) 1명을 두어 관리를 규찰[2]하게 하여 전제왕권 체제를 유지하려 하였다. 이 밖에도 749년에 천문박사(天文博士) 1명과 누각박사(漏刻博士) 6인,[3] 758년에는 율령박사(律令博士) 2인[4]을 두었다. 이것은 모두 이상적인 유교정치의 기술적인 분야를 발전시키려는 데 그 목적이 있었다.

경덕왕의 제도개혁은 한화정책(漢化政策)으로 이어졌다. 따라서 한화정책은 귀족세력의 비판을 받을 수밖에 없었는데, 귀족세력을 대표하여 상대등이 된 김사인(金思仁)은

> A. 봄 2월에 상대등 김사인이 근년에 재앙과 이상한 일들이 자주 나타났음으로 왕에게 글을 올려 시국 정치의 잘되고 잘못된 점을 극론하니 왕은 이를 기꺼이 받아 들였다.[5]

라고 하였듯이, 빈번한 천재지변을 들어 현실정치의 모순을 신랄하게 비판하였다. 김사인의 비판 내용은 자세히 알 수 없으나, 경덕왕이 추진한 한화정책에 대한 반발·비판으로 추정된다.[6]

그러나 이 비판은 사료 A에서 "왕은 이를 기꺼이 받아 들였다"라는 기록과는 달리 배척된 것으로 보인다. 왜냐하면 다음 해에 김사인은 병을 이유로 하여 상대등에서 물러났고, 그 대신 경덕왕의 측근이었던 이찬 신충(信忠)이 상대등에 임명되었기 때문이다.[7] 그리고 새로이 시중에 임

---

1) 『三國史記』 권9, 新羅本紀9, 景德王 6년.
2) 『三國史記』 권9, 新羅本紀9, 景德王 7년.
3) 『三國史記』 권9, 新羅本紀9, 景德王 8년.
4) 『三國史記』 권9, 新羅本紀9, 景德王 17년.
5) 『三國史記』 권9, 新羅本紀9, 景德王 15년.
6) 李基白, 1974, 『新羅政治社會史研究』, 일조각, 218쪽.

명된 김기(金耆)는 적극적으로 한화정책을 추진하였다. 즉, 지방 9개 주의 명칭을 비롯한 군현의 명칭8)과 중앙관부의 관직명을 모두 중국식으로 바꾸었다.9)

그러나 경덕왕의 한화정책(漢化政策)은 주로 귀족세력과 대립보다는 정치적 타협을 통하여 추진되었다. 이는 녹읍의 부활이 757년 3월에 이루어져 12월에 시행된 한화정책보다 먼저 시행된 점에서 알 수 있다.10) 경덕왕은 한화정책(漢化政策)을 추진하기에 앞서 중앙과 지방의 여러 관리들에게 주던 녹봉을 혁파하고 다시 녹읍을 부활시켰다.11) 새로이 성장하는 귀족세력의 경제적인 욕구가 지금까지 세조(歲租)를 받던 월봉을 혁파하게 하고, 녹읍의 부활을 제도화시킨 것이다. 이것은 경제적인 면에서 진골귀족들이 전제왕권에 대항한 결과이었다.12)

경덕왕 말기에 정치적으로 성장한 귀족세력은 763년(동왕 22)에 국왕의 측근세력이었던 상대등 신충(信忠)과 시중 김옹(金邕)을 물러나게 하였다. 또한 경덕왕의 총애를 받던 대나마 이순(李純)은 세상을 피하여 산 속으로 들어가기도 하였다.13) 왕권과 귀족세력 사이의 대립이 심화되면서 일어난 현상으로 보인다. 김옹이 물러난 뒤 전제왕권에 대항한 만종(萬宗)과 양상(良相)이 각각 상대등과 시중에 임명된 것14)을 통해서도 귀족세력의 성장이 확인된다.

---

7) 『三國史記』 권9, 新羅本紀9, 景德王 16년.
8) 『三國史記』 권9, 新羅本紀9, 景德王 17년.
9) 『三國史記』 권9, 新羅本紀9, 景德王 18년.
10) 金英美, 1985, 「통일신라시대 아미타신앙의 역사적 성격」, 『한국사연구』 50·51합집, 74쪽.
11) 『三國史記』 권9, 新羅本紀9, 景德王 16년.
12) 李基白, 1976, 『韓國史新論』, 일조각, 96쪽.
13) 『三國史記』 권9, 新羅本紀9, 景德王 22년.
14) 『三國史記』 권9, 新羅本紀9, 景德王 23년.

양상은 나중에 혜공왕을 시해하고 신라 하대를 열어 선덕왕으로 즉위한 인물이다. 그는 경덕왕 때부터 귀족세력을 대표하여 전제왕권에 도전한 사람이었다. 경덕왕 말년의 정치는 왕권과 귀족세력의 정치적 타협 위에서 유지되었다.

경덕왕의 한화정책(漢化政策)을 통한 전제왕권 추구는 성공하지 못했다. 이는 무엇보다도 신라 중대사회의 특징인 전제왕권의 기반이 붕괴되어 귀족세력과의 타협 속에 정치운영을 꾀할 수밖에 없었던 시대적 상황에 기인한다.

한화정책은 전제왕권이 붕괴되는 시기에 추진되었으나 시대의 흐름을 되돌릴 수 없었다. 경덕왕을 계승한 혜공왕 12년(776)에 관직 명칭이 모두 옛 이름으로 환원된 것15)은 이 같은 사실을 반영한다. 혜공왕 때에 이르러 귀족세력의 정치적 비중이 왕권보다 높아지게 되었다.

혜공왕은 태종무열왕의 직계 자손으로 계승된 신라 중대사회의 마지막 왕이다. 혜공왕 때에는 집사부 중시를 중심으로 강력한 전제왕권 체제를 구축했던 신라 중대사회의 모순이 파탄 직전에 이르렀다. 또한 전제왕권의 견제 하에 있던 귀족세력들이 정치일선에 등장하여 왕위쟁탈전을 전개함으로써 정치적으로 불안정하였다.

혜공왕의 재위 16년 동안에는 수많은 정치적 반란사건이 일어났다. 먼저 일길찬 대공(大恭)과 그의 동생 아찬 대렴(大廉)이 768년에 반란을 일으켰으나

> B. 가을 7월에 일길찬 대공이 아우 아찬 대렴과 함께 반란을 일으켰는데, 무리를 모아 33일간 왕궁을 에워쌌으나 왕의 군사가 이를 쳐서 평정하고 9족을 목베어 죽였다. 9월에 당나라에 사신을 보내 조공하

---

15) 『三國史記』 권9, 新羅本紀9, 惠恭王 12년.

였다. 겨울 10월에 이찬 신유를 상대등으로 삼고 이찬 김은거를 시중으로 삼았다.16)

라고 하였듯이, 왕군(王軍)에 의해서 토벌되고 말았다. 이 반란은 전제왕권 체제를 유지하려는 혜공왕과 중대사회를 부정하는 정치적 움직임이었다.17) 이 반란을 진압한 김은거는 시중에 임명되었고, 이찬 신유(神猷)는 상대등이 되었다.18)

혜공왕 16년(770)에는 대아찬 김융(金融)이 반란을 일으켰다. 대공의 반란과 마찬가지로 혜공왕과 전제왕권에 저항한 성격의 것이었다. 김융의 난으로 김은거가 시중에서 물러나고, 이찬 정문(正門)이 시중에 임명되었다.19)

한편 혜공왕 재위 기간 중에 중대사회를 무너뜨리고 하대사회를 만든 핵심적인 인물이었던 김양상은 꾸준히 세력을 키웠다. 김양상이 774년(혜공왕 10)에 상대등에 임명된 것은 왕권에 대항한 귀족세력이 정권을 장악하였음을 의미한다. 이것은 전제왕권 중심의 중대사회에서 귀족중심의 하대사회로의 전환이 시작되었음을 시사한다. 이에 맞서 775년(혜공왕 11)에는 국왕의 측근세력들이 정치적 반전을 꾀하였으나

C. 이찬 김은거가 반란을 일으켰다가 목베어 죽임을 당하였다. 가을 8월에 이찬 염상(廉相)이 시중 정문(正門)과 함께 반역을 꾀하다가 목베어 죽임을 당하였다.20)

---

16) 『三國史記』 권9, 新羅本紀9, 惠恭王 4년.
17) 李基白, 1974, 『新羅政治社會史硏究』, 일조각, 231쪽.
18) 『三國史記』 권9, 新羅本紀9, 惠恭王 4년.
19) 『三國史記』 권9, 新羅本紀9, 惠恭王 7년.
20) 『三國史記』 권9, 新羅本紀9, 惠恭王 11년.

라고 하였듯이, 실패하고 반역으로 몰려 죽임을 당하고 말았다. 이들은 모두 전제왕권을 지지하는 사람들로 김양상에 맞서 반란을 일으켰으나 진압되고 말았다. 김양상 일파의 권력은 더욱 공고해졌고, 혜공왕은 권력을 상실하고 명목상의 왕위 만을 보전하였다.

그러나 전제왕권을 지시하는 세력들이 정권회복에 대한 노력을 포기한 것은 아니었다. 혜공왕은 재위 16년 동안 11회의 조공(朝貢), 하정(賀正) 그리고 사은(謝恩)의 사절을 당에 파견하였다. 이 중에서 8회가 773년에서 776년에 이르는 4년 동안에 매년 2회씩 파견된 것인데, 이 기간에 집중된 것은 774년에 김양상이 상대등에 임명된 정치적 변화와 무관하지 않다. 이것은 당과의 관련 속에서 혜공왕 말기에 이르러 몰락하고 있던 왕당파들이 세력회복을 꾀한 것이라 할 수 있다.[21]

그러나 김양상은 왕에게 글을 올려 시국의 정치를 극론하는 등 정국의 주도권을 계속적으로 장악하였다. 혜공왕은 같은 무열왕계인 김주원(金周元)[22]을 시중에 임명하여 김양상 일파를 견제하려고 하였다. 친왕세력인 김지정(金志貞)도 군사를 모아 김양상에 대항하였으나

> D. 2월에 흙이 비처럼 내렸다. 왕은 어려서 왕위에 올랐는데, 장성하자 음식과 여자에 빠져 나돌아 다니며 노는 데 절도가 없고 기강이 문란해졌으며, 천재지변이 자주 일어나고 인심이 등을 돌려 나라가 불안하였다. (이에) 이찬 김지정이 반란을 일으켜 무리를 모아서 궁궐을 에워싸고 침범하였다. 여름 4월에 상대등 김양상이 이찬 경신과 함께 군사를 일으켜 김지정 등을 죽였으나, 왕과 왕비는 반란군에게 살해되었다.[23]

---

21) 金壽泰, 1991, 『신라 중대 전제왕권과 진골귀족』, 서강대 박사학위논문, 159~161쪽.
22) 『三國史記』 권9, 新羅本紀9, 惠恭王 13년.

라고 하였듯이, 오히려 김양상과 이찬 경신(敬信)에 의하여 살해되고 말았다. 이 반란의 와중에서 혜공왕과 왕비가 살해되면서 중대사회는 종식을 고하게 되었다. 경신의 추대에 의하여 김양상이 선덕왕으로 즉위하면서 하대사회가 열리게 되었다.

선덕왕은 왕위에 오른 지 6년 만에 사망하고, 혜공왕을 살해하고 양상이 왕위에 오르는 데 기여한 경신(敬信)이 즉위하여 원성왕이 되었다. 원성왕의 즉위과정은 중대사회를 이끌었던 무열왕계의 강한 도전에 직면하여

> E. 일찍이 혜공왕 말년에 반역하는 신하가 발호했을 때 선덕은 당시 상대등으로서, 임금 주위에 있는 나쁜 무리들을 제거할 것을 앞장서 주장하였다. 경신도 여기에 참가하여 반란을 평정하는 데 공이 있었기 때문에, 선덕이 즉위하자 곧바로 상대등이 되었다. 선덕왕이 죽자 아들이 없었으므로 여러 신하들이 의논한 후 왕의 조카뻘 되는 주원을 왕으로 세우려 하였다. 이때 주원은 서울 북쪽 20리 되는 곳에 살았는데, 마침 큰 비가 내려 알천의 물이 불어서 주원이 건널 수가 없었다. 어느 사람이 말하였다. "임금의 큰 지위란 본시 사람이 어떻게 할 수 있는 것이 아니다. 오늘의 폭우는 하늘이 혹시 주원을 왕으로 세우려 하지 않는 것이 아닌가? 지금의 상대등 경신은 전 임금의 아우로 본디부터 덕망이 높고 임금의 체모를 가졌다." 이에 여러 사람들의 의논이 단번에 일치되어 그를 세워 왕위를 계승하게 하였다. 얼마 후 비가 그치니 나라 사람들이 모두 만세를 불렀다.[24]

라고 하였듯이, 상당한 시련을 겪으면서 이루어졌다. 사료 E에서 "여러 신하들이 의논한 후 왕의 조가뻘 되는 주원을 왕으로 세우려 하였다"라고

---

23) 『三國史記』 권9, 新羅本紀9, 惠恭王 11년.
24) 『三國史記』 권10, 新羅本紀10, 元聖王 즉위년.

하였듯이, 왕위의 정통성 있는 계승자는 무열왕계의 김주원이었다.

그러나 김주원은 조정의 실권을 장악하고 있는 상대등 김경신 일파에 의하여 밀려나 명주로 낙향하고 말았다. 이로써 중대사회를 주도하였던 무열왕계는 몰락하고 신라사회는 완전히 범내물왕계가 주도하게 되었다.

권력에서 밀려난 무열왕계의 저항도 만만치 않았다. 김주원의 아들 김헌창(金憲昌)과 손자 범문(梵文)이 중앙정부에 맞서 반란을 꾀하였다.[25] 김헌창은 부친이 왕위에 오르지 못한 것에 원한을 품고 거사를 하였는데, 5개 주와 3개 소경이 호응하였다.[26]

신라정부는 김헌창의 반란을 겨우 진압하였지만, 지방에 대한 통제력이 약화되기 시작하였다. 김헌창이 일으킨 반란을 여러 지방에서 호응한 것은 원성왕계의 권력집중에 대한 광범위한 반발 때문으로 추정된다.

김헌창의 반란이 진압된 3년 후에 그 아들인 범문이 고달산의 무리들과 함께 반란을 꾀하였다. 범문은 평양에 도읍을 세우고자 하여 북한산주를 공격하였으나, 도독 총명(聰明)의 군사에게 패하여 살해되고 말았다.[27] 두 차례에 걸친 김헌창 부자의 반란은 모두 실패로 끝났지만, 호족세력의 지방할거적 경향을 크게 촉진시켰다.

이들의 반란은 지방세력 할거의 본격적인 계기가 되었고, 830년대 후반 원성왕계 내부의 왕위계승분쟁을 유발시킨 심리적 원인 중의 하나가 되었다.[28]

---

25) 金周元과 그 直系孫을 表로써 정리하면 다음과 같다.

```
金周元 ─┬─ 金宗基 ─── 金璋如 ─── 金昕
        └─ 金憲昌 ─── 金梵文
```

26) 『三國史記』 권10, 新羅本紀10, 憲德王 14년.
27) 『三國史記』 권10, 新羅本紀10, 憲德王 17년.
28) 李基東, 1996, 「귀족사회의 분열과 왕위쟁탈전」, 『한국사11 – 신라의 쇠퇴와 후삼국』, 국사편찬위원회, 27쪽.

신라의 국내정세는 심각한 위기 상황이 나타나기 시작하였다. 중앙의 진골세력은 최대의 전성을 누리고 있었으나, 김헌창의 난에서 노출되었듯이 귀족 상호간의 사회 연대성은 파괴되어 심각한 분열상을 드러냈다. 또한 지방 호족세력이 성장하여 차츰 할거적 성격을 띠게 됨에 따라 집권체제는 약화의 길로 접어들었다. 중앙귀족과 지방세력의 농장경영이 발달하면서 자영소농민은 광범위하게 몰락하였다.[29]

또한 신라의 해안은 중국의 해적선이 창궐했다. 발해는 9세기에 들어와 적극적인 남하정책을 추진하여 신라의 북쪽 변경을 위협하였다. 일본과는 오래 전부터 공식적인 외교관계가 끊긴 상태이었다.

흥덕왕은 828년(동왕 3)에 대아찬 김우징(金祐徵)을 시중에 임명하여 정사를 맡기고, 장보고(張保皐)를 청해진대사로 삼아 해적의 침입을 막게 하였다.[30] 장보고는 흥덕왕을 배알하여 해적들의 만행을 고발하면서 청해진 설치의 필요성을 역설하여 이를 관철시켰다. 장보고는 청해진을 중심으로 서남해의 해상세력을 조직화하고, 당과 일본을 연결하여 동아시아의 해상무역을 장악한 주인공으로 떠올랐다.

2. 장보고의 도당활약(渡唐活躍)과 청해진 설치

신라는 하대사회로 접어들면서 여러 가지 어려운 상황에 직면하였다. 신라는 8세기에 이르러 귀족·부호층의 토지집적 증대와 빈번한 자연재해로 농민들의 생활이 어려워졌다. 이로 인하여 농민들의 파산과 유망 현상이 급증하였다.

신라는 여러 차례에 걸쳐 농민들의 생활안정을 위하여 진휼사업을

---

29) 李基東, 1996, 위의 글, 28쪽.
30) 『三國史記』 권10, 新羅本紀10, 興德王 3년.

벌였지만 큰 실효를 거두지 못하였다. 난국을 타개하기 위하여 경덕왕 16년(757)에 녹읍(祿邑)을 부활하였지만,[31] 귀족의 수탈만 가중시키는 구조적 요인으로 작용하였다.

또한 신라는 신분에 의하여 정치・사회적 지위가 결정되는 골품제 사회였다. 신라는 골품에 따라 관직의 진출에 제한을 두는 원칙을 마련하였다. 일반 평민은 아무리 능력이 뛰어나도 관리로 진출할 수 있는 길이 없었다. 진골만이 최고의 신분으로서 여러 가지 정치적・경제적 특권을 독차지하였다.

진골들은 녹읍을 더 많이 확보하기 위하여 권력투쟁을 벌이면서, 다른 한편으로 농민들에 대한 수탈을 강화하여 사적인 지배기반의 확대에 관심을 기울였다. 농민들의 도산(逃散)이 급증하였고, 자연재해가 겹치면 유망민이 늘어나는 경향을 보였다.

또한 신라사회는 하대에 들어와 촌락민의 계층분화가 촉진되는 가운데 공동체적 결합관계가 동요하기 시작했고, 유력한 촌주층을 주축으로 해서 촌락 재편성이 진행되었다. 촌락공동체를 이탈한 농민들이 속출한 결과 대량의 유민이 발생하는 등 사회혼란이 가중되었다.[32]

경덕왕 이후부터 귀족들의 왕위쟁탈전이 벌어지면서 백성들에 대한 수탈이 심해졌다. 지방호족들도 세력을 키우고 사병을 조직하면서 지방민들을 경제적으로 압박하였다. 평민들은 중앙정부와 지방호족들로부터 이중으로 수탈을 당하였다. 주군에 큰 기근이 들고 도적이 벌떼처럼 일어났으며, 굶주림을 이기지 못하여 자손을 팔아 생계를 유지하거나 유랑민으로 전락하는 사람들이 생겨날 정도였다.

지방민의 참상은 홍수・흉년・전염병 등이 원인이 되었으며, 이들은

---

31) 『三國史記』 권9, 新羅本紀9, 景德王 16년.
32) 李基東, 1996, 앞의 글, 60쪽.

반복되는 기근으로 굶주림을 견디지 못하였다. 지방민은 생존을 위하여 자손을 노비로 팔아 삶을 영위하거나 유민이 되어 떠돌이 생활을 하였으며, 때로는 무리를 이루어 도적이 되었다.

심지어 일부 지방민들은 바다를 건너 당의 절동지방에서 곡식을 구걸하였으며, 해적이 되어 일본의 대마도를 침입하기도 하였다. 또한 격심한 생활고를 해결하기 위해 신라를 떠나 당과 일본으로 건너간 사람들도 생겨났다. 이들은 생활고의 해결을 위해 건너가게 되었는데, 『구당서(舊唐書)』와 『일본후기(日本後記)』에는 각각

A-1. 신라에 기근이 발생하여, 그 나라 백성 약 170인이 바다를 건너와 절강 동부에서 식량을 구했다.33)
  2. 대재부(大宰府)에서 말하기를 "신라사람 신파고지(辛波古知) 등 26명이 축전국(筑前國) 박다진(博多津)에 표착하였는데, 그들에게 온 이유를 물으니 '풍속과 교화를 흠모하여 멀리서 의탁하러 왔습니다'라고 합니다"라고 하였다.34)

라고 하여, 기근으로 말미암아 신라인들이 먹을 것을 찾아 당과 일본으로 흘러들어 간 사실을 전하고 있다. 신라인들은 8세기 중반 이후 흉년이 계속됨으로써 식량이 크게 부족하였고 굶는 자가 많았다. 또한 신라사회의 근간이었던 골품제 하에서 보다 나은 생활을 기대하기 어려웠던 사람들이 새로운 세상을 찾아 당으로 이주하는 사례가 적지 않았다.

당으로 건너간 사람들 중에는 장보고 일행도 포함되었다. 장보고를 기근을 피하여 당나라로 건너간 신라 유망민 출신으로 보기도 한다.35)

---

33) 『舊唐書』 권199上, 列傳149上, 東夷 新羅.
34) 『日本後記』 권24, 弘仁 5年 冬 十月 庚午.
35) 李基東, 1985, 「장보고와 그의 해상왕국」, 『張保皐의 新硏究』, 완도문화원.

그러나 장보고를 변방 도서지방에서 나름대로 지배적 위치에 있던 토호(土豪) 출신으로 이해하는 경우도 있다.36) 또한 장보고의 출신과 관련하여 『삼국사기』 문성왕 7년 조에 보이는 "해도인(海島人)"을 천민(賤民)으로 파악하기도 한다.37)

장보고의 출신지역은 기록에 남아 있지 않지만 여러 가지 정황으로 볼 때 서남해지역으로 추정하고 있다. 장보고와 호형호제의 관계에 있던 정년(鄭年)이 "바다 속 잠수에 매우 능숙하여 50리를 헤엄쳐도 숨이 막히지 않았다"는 기록이 있고,38) 중국에서 기아에 허덕이던 정년이 "추위와 굶주림으로 죽는 것은 전쟁에서 깨끗하게 죽느니만 못하다. 하물며 고향에 가서 죽는 것에 비하랴?"39)고 하면서 청해진의 장보고를 찾았던 것은 이들의 고향이 완도 주변이었음을 의미한다. 또한 후에 문성왕이 장보고의 딸을 차비(次妃)로 맞아들이려 할 때 조신(朝臣)들이 장보고가 섬사람(海島人)임을 지적하면서 반대했던 것40)도 그의 출신지가 도서지방이었음을 시사한다.

장보고의 성명(姓名)에 관해서도 전하는 사료에 따라 차이가 있다. 『삼국사기』에는 "궁복(弓福)"으로 기록되어 있고,41) 『삼국유사』에는 "궁파(弓巴)"로 표기되어 있다.42) 그리고 "장보고(張保皐)"라는 성명은 당나라의 시인 두목(杜牧 : 803~852)이 장보고와 정년에 대해 쓴 전기에서 비롯되었다.43)

---

36) 金光洙, 1985, 「張保皐의 政治史的 位置」, 『張保皐의 新硏究』, 완도문화원, 63~65쪽.
37) 蒲生京子, 1979, 「新羅末期張保皐擡頭と叛亂」, 『朝鮮史硏究會論文集』 16.
38) 『三國史記』 권44, 列傳4, 張保皐.
39) 『三國史記』 권44, 列傳4, 張保皐.
40) 『三國史記』 권11, 新羅本紀11, 文聖王 7년.
41) 『三國史記』 권11, 新羅本紀11, 文聖王 7년.
42) 『三國遺事』 권2, 奇異2, 神武大王 閻長 弓巴.
43) 杜牧, 『樊川文集』 권6, 「張保皐・鄭年傳」

또한 장보고의 장씨(張氏) 성(姓)은 중국으로 건너간 이후에 사용한 것이며, "보고(保皐)"라는 이름도 "복(福)"을 음절순으로 표기한데서 비롯되었다.44) 그리고 장보고(張寶高)라고 되어 있는 일본측 기록45)은 재물을 많이 가진 사람이었기 때문에 붙여진 것이다.46)

장보고가 당나라로 건너간 것은 20대 초반이며, 시기적으로는 대략 812~814년 무렵으로 추정된다.47) 당시 당은 중앙정부와 지방의 번진(藩鎭) 사이에 싸움이 한창이었다. 당나라 중흥의 군주로 불리는 헌종(憲宗 : 806~820)은 최대의 저항세력이자 고구려 유민 이정기(李正己)가 세웠던 평로치청(平盧淄靑)에 대한 필사의 토벌전을 벌였다.

당은 안사(安史)의 난(755~763)이 일어난 후 급속히 쇠퇴하여 번진 발호의 시기에 들어서게 되었다. 당시 안록산의 군대에는 반란군에 있다가 관군으로 돌아선 후희일(侯希逸)이라는 인물이 있었다. 그는 안사의 난이 평정되고 나서 762년에 그 공로로 산동지역에 위치한 평로치청절도사(平盧淄靑節度使)가 되었다. 그 후 후희일의 종제(從弟)였던 이회옥(李懷玉)이 실권을 장악하게 되자, 당은 이정기(李正己 : 732~781)란 이름을 내리고 평로치청절도관찰사(平盧淄靑節度觀察使) 해운압신라발해양번사(海運押新羅渤海兩蕃使)로 임명하였다.

이정기는 777년에 이르러 15개 주를 점유하여 10만 이상의 병력을 보유하게 되면서 여러 번진 중에서 최대의 웅번으로 성장하였다. 이정기가 세운 평로치청은 당과 대립하면서 번사(藩帥)의 직위를 그의 아들 납(納), 손자 사고(師古)·사도(師道)로 계승하며 819년 토멸될 때까지 3대 55년 동안 유지되었다.

---

44) 金文經, 1977, 『張保皐 硏究』, 연경문화사, 19쪽.
45) 『續日本後紀』 권10, 仁明天皇, 承和 8年 2月.
46) 金光洙, 1985, 앞의 글, 62~63쪽.
47) 金文經, 1977, 앞의 책.

장보고는 '번진'의 발호로 말미암아 당나라가 혼란할 때 서주(徐州)에서 세력을 떨치면서 이정기 일가의 라이벌로 부각된 왕지흥(王智興)의 군대에 들어갔다. 왕지흥은 이정기 일가와 대립하는 여타 친정부세력과 연합해 이씨 일가를 비롯한 번진의 발호를 종식시키는 데 큰 공을 세운 사람이다.

왕지흥은 이정기의 종형인 서주자사(徐州刺史) 이유(李洧)의 아졸(衙卒)이었으나, 이정기가 죽은 후 평로치청 내부에서 일족 사이에 분쟁이 일어나자 당(唐)에 투항하였다. 왕지흥은 무령군절도사 이원(李愿)의 아장(牙將)이 되어 818년에 이사도가 이끌고 있던 평로치청군 9,000명을 격파하고, 우마(牛馬) 4,000두를 포획하는 전과를 올렸다. 그 뒤에도 왕지흥은 토벌군을 지휘하면서 공적을 쌓게 되어 무령군 부절도사를 거쳐 822년에는 절도사가 되었다.

당시 이씨가(李氏家)는 이정기의 손자인 이사도가 실권을 장악하고 있었는데, 당 조정은 그 지배를 받던 여러 번진(藩鎭)과 귀순한 항번(降藩)을 앞세워 819년에 평로치청을 평정하였다. 왕지흥이 토벌군의 선봉을 맡았으며 선무(宣武)·위박(魏博) 등 여러 번진이 그 뒤를 따랐다.[48] 무령군이 곧 서주절도사의 아군(牙軍)이며, 장보고는 여기에 종군하였다. 왕지흥은 평로치청 토벌의 선봉장으로 활약하면서 장보고와 같은 무술이 뛰어난 이국 출신을 휘하에 두었다.

장보고는 번진세력이 해체되면서 무령군의 군중소장 직위에서 해임되었다. 장보고가 무령군 소장을 그만둔 이유는 당이 번진 토벌 후부터 병력의 수를 감축하는 정책을 추진하였기 때문이었다.[49] 이후 장보고는

---

48) 『舊唐書』 권124, 李正己傳付師道傳.
49) 李東基, 1985, 앞의 책 ; 蒲生京子, 1979, 「新羅末期張保皐擡頭と叛亂」, 『朝鮮史研究會論文集』 16.

신라로 귀국하는 828년까지 당나라에 있던 신라인들을 조직화하여 무역업에 종사하게 되었다.

신라 사람들이 많이 거주했던 지역은 중국의 동해안 일대와 양자강, 경항대운하(京杭大運河), 강소성과 절강성 그리고 산동성 일대의 항구 부근이었다.[50] 이들은 조선업·선원·상인·해운업자·제염업·목탄 생산과 국제무역 등에 종사하였다.

당나라는 국내 사정 때문에 국제 해상무역을 직접 경영하지 못하고, 주로 신라인들과 중근동의 페르시아 상인단, 섬(暹)국 및 아랍인들의 활동에 의존하였다. 그러나 서역 사람들은 비록 원거리 항해에는 익숙할지 몰라도 황해가 갖고 있는 독특한 내해(內海)의 특성 때문에 양자강의 양주 이남지역, 즉 절강성·복건성·광동성에서 주로 활동하였다.[51]

장보고가 재당신라인 사회를 장악하는 데 있어서 결정적 계기가 된 것은 신라와 발해 교역을 통제하던 이정기 일가의 몰락이었다. 장보고는 무령군의 감군(減軍)으로 군대에서 나와 신라 거류민 집단을 규합하는 가운데 이정기 일가의 몰락으로 일시 공백상태가 된 황해의 무역권을 장악하였다.[52]

장보고의 활동은 당(唐)의 연안항로와 나·당 무역의 중계지였던 산동반도의 돌출부인 적산포(登州府 寧海州 文登縣 淸寧鄕)를 중심으로 이루어졌다. 장보고는 이곳을 중심으로 남쪽으로 회수(淮水)와 양자강 어구에 이르기까지의 해안과 강안(江岸) 지역에서 자치적인 집단을 이루고 있던 '신라방'이나 여타 촌락을 결속시키면서 해운업을 독점하였다.[53]

---

50) 金成勳, 1992,「장보고 해양 경영사 연구의 의의」,『청해진 장보고대사 해양경영사 연구』, 중앙대 동북아연구소·전라남도, 23쪽.
51) 金成勳, 1992, 위의 글, 25쪽.
52) 蒲生京子, 1979, 앞의 글, 50쪽.
53) 金光洙, 1996, 앞의 글, 187~188쪽.

신라인 집단 거류지에는 신라소(新羅所)라는 특별한 행정기관이 있었으며, 그 책임자를 압아(押衙)라고 하였다. 압아는 신라조계(新羅租界)를 총괄하며 신라 사절도 관장하였다. 한편 장보고가 재당신라인 사회에서 크게 두드러진 이유는

> B. 신라사람 장보고와 정년은 신라로부터 당의 서주(徐州)에 와서 군중소장(軍中小將)이 되었다. 보고는 30세이며 정년은 그보다 10세 연하였다. 두 사람은 싸움을 잘하여 말을 타고 창을 휘두르면 그들의 본국에서는 물론 서주에서도 당할 사람이 없었다.[54]

라고 하였듯이, 그의 뛰어난 무술 실력도 배경이 되었다. 그의 인물됨에 대하여 당나라의 저명한 시인 두목(杜牧)은 '나라에 한 사람이 있으면 그 나라가 망하지 않는다'는 논어의 잠언을 인용하면서 장보고를 극찬하였다.[55]

이와 같이 장보고는 신라에 귀국하기 전에 당에서 상당한 세력을 구축하였고, 당의 적산포를 중심으로 한반도를 거쳐 일본에 이르는 해상교역의 주역으로 성장하였다. 장보고는 당나라의 적산포를 중심으로 해상무역을 통하여 세력기반을 다진 후 신라로 귀국하여 흥덕왕을 뵙고

> C. 후에 보고가 귀국하여 대왕을 뵙고 아뢰었다. "중국을 두루 돌아보니 우리나라 사람들을 노비로 삼고 있습니다. 바라건대 청해에 진영을 설치하여 도적들이 사람을 붙잡아 서쪽으로 데려가지 못하도록 하기 바랍니다." 청해는 신라 해로의 요충지로서 지금 완도라 부르는 곳이다. 대왕이 보고에게 1만 명을 주었다. 그 후 해상에서 우리

---

54) 杜牧, 『樊川文集』 권6, 「張保皐·鄭年傳」.
55) 杜牧, 위의 글.

나라 사람을 파는 자가 없었다.56)

라고 하였듯이, 해적들의 소탕을 주장하여 국왕의 허락을 받아 청해진을 설치하였다.

신라는 8세기에 이르러 국방상의 요충지가 될 만한 곳을 선택하여 약간의 시차를 두고 진(鎭)을 설치하였다. 782년에 패강진을 대곡성에 설치하였고, 828년에 청해진을 두었으며, 829년에는 현재의 남양만 지역에 당성진을 설치하였다. 그리고 844년에는 강화도에 혈구진을 설치하였고, 황해도 장연군의 장산곶 근처에 장구진을 설치하였다.

신라가 이들 진을 설치한 목적은 군사적인 측면이 강하였다. 신라는 수륙교통의 요지이며, 내륙으로 진입할 수 있는 곳에 해방체제(海防體制)와 해양진출(海洋進出)이라는 이중의 목적을 위하여 진을 설치하였다.57) 흥덕왕은 서남해안에 출몰하던 해적을 제대로 단속할 수 없었기 때문에 장보고의 청해진 설치 건의를 흔쾌하게 받아들였다.

신라 조정은 황해 연안의 방비가 시급하던 시기에 장보고가 청해진을 설치하여 자국민을 보호하겠다는 요청을 거절할 이유가 없었다. 청해진 설치는 최소한의 인적·물적 부담으로 최대의 효과를 거둘 수 있는 해안 방비의 한 방법이었다.

신라와 당나라는 바다에 해적이 횡행하고 밀항 또는 밀입국자가 속출하였기 때문에 해안경비를 강화해야 하였다. 신라는 진을 설치하여 해상세력의 발호와 권력이 지방으로 분산되는 것을 막고, 해적을 방비하려고 하였다.58)

---

56) 『三國史記』 권44, 列傳4, 張保皐.
57) 신형식·최근영·尹明哲 외, 2000, 『고구려산성과 해양방어체제』, 백산자료원.
58) 李基東, 1985, 앞의 글, 117쪽.

신라 연안을 습격하여 주민을 약탈하여 노예로 삼아 당의 곳곳으로 팔아넘긴 집단은 중국 동남해지역과 신라의 서남해지역 사람들이었다. 이들은 원해 교통선상에 위치한 등주·내주·요동으로 이어지는 해안지역과 한반도 서남해안에 흩어져 있는 도서지방에 생활기반을 두었다.59) 이들에 의해 신라의 백성들은 기근과 가난 때문에 노비로 전락하여 각지로 팔려 나갔다.

신라에서 약탈되거나 팔려 간 노예들은 등주와 내주 등 산동반도의 중요한 포구에서 매매되었다. 노예상인과 평로치청은 밀접한 관계를 맺고 있었다. 평로치청은 번진 발호로 정국이 어지러운 틈을 이용해 대외무역에서 막대한 부를 축적하였다. 또한 평로치청은 재당신라인(在唐新羅人)의 민간무역을 관할하던 해운압신라발해양번사(海運押新羅渤海兩蕃使)라는 직책을 이용하여 발해에서 많은 명마들을 수입해 팔고, 신라에서 대량으로 수입한 노비를 매매하여 많은 수익을 올렸다.

그런데 신라 연안의 주민을 약탈하여 노예 매매를 통하여 막대한 재부를 축적한 사람들은 단순한 노예상인이 아니었다. 이들은 해적으로 지칭되었지만 동아시아를 무대로 하여 국제무역을 전개하던 해상세력이었다. 훗날 왕건이 서남해를 주름잡던 능창(能昌)을 압해도에서 사로잡아 그를 '물에 익숙한 수달이며 해적'60)으로 표현한 것은 시사한 바가 적지 않다.

장보고는 청해진을 설치하여 해적 소탕을 명분으로 삼아 한반도 서남해안과 중국 동남 연해안 각지의 군소 해상세력을 자신의 통제 아래 두고자 하였다. 산동반도 일대와 황해를 아울러 관장하던 평로치청이 몰락하자, 황해연안의 해상세력들은 해상권을 둘러싸고 각축을 벌였다.

---

59) 金文經, 1977, 앞의 책, 75쪽.
60) 『高麗史』 권1, 世家1, 太祖 全文.

청해진 외곽에 설치한 목책 완도군 장도에 위치한 청해진과 그 외곽에 축조된 토성을 보호하기 위하여 설치한 목책의 흔적이 남아 있다.

장보고는 군소 해상세력의 독자적인 교역활동을 해적행위로 간주하면서 황해의 무역권을 장악하였다. 그는 서남해지역의 해상세력들을 통합하고 조직화하여 해상무역의 막대한 이익을 독점하였다.61) 장보고는 황해의 해상권을 장악할 수 있는 해로의 요충지이며, 자신의 고향인 완도에 청해진을 설치하였다.

장보고가 신라의 고도(孤島)에 청해진을 설치한 목적은 국가권력의 견제를 덜 받는 곳에 해상왕국의 기지를 만들기 위한 것이었다. 서남해지역의 해상세력은 신라의 통일 이후 강력한 중앙집권력에 의하여 독자적인 대외교섭 활동이 제한되었다. 이들은 신라의 힘에 눌려 저항을 꾀할 수는 없었으나 반신라적 분위기가 농후하였다. 따라서 서남해지역의 해

---

61) 李永澤, 1979, 「張保皐 海上勢力에 관한 考察」, 『한국해양대학논문집』, 83쪽 ; 李基東, 1985, 앞의 글, 116~118쪽.

상세력은 장보고와 그가 건설한 해상왕국에 우호적인 입장이었다.

청해진은 현재 완도읍에서 북쪽으로 약 6km쯤 떨어진 장좌리 장도에 위치하였다.[62] 이 부근의 해류는 부근 해역과 전혀 다른 모습을 보인다. 장도에서 완도항에 이르는 유향(流向)은 다른 지역과 반대 현상이 나타나기 때문에 주의를 요하는 곳이다.[63] 또한 장도 인근에 위치한 강진만은 내륙으로 통하는 주요한 물목이었다. 청해진은 해상기지의 요건을 두루 갖춘 곳에 위치하였으며, 동아시아 삼국을 잇는 해상교통의 천험의 요충지였다.

청해진은 중국의 여러 항구로 향하는 길목이었으며, 일본의 규슈와 연결되는 국제 해상교통의 심장부가 되었다.[64] 청해진 앞바다는 200여 섬과 암초, 밀물과 썰물의 변화, 흑조대, 계절에 따라 방향을 바꾸는 해류·해풍 등으로 변화가 심한 지역이다. 청해진이 항로의 중심지가 된 것은 자연의 변화에 따라 안전이 좌우되던 시대에 육지나 섬에 접근하여 항해하는 것이 가장 유리하였기 때문이다.[65]

---

62) 이곳은 야산을 형성한 조그마한 섬으로 육지에서 약 200여m 떨어져 있는데 간조 때에는 육지와 연결되며 만조 때는 수심이 1.5m~2m 정도이고, 썰물 때는 걸어서 통행이 가능하였다. 장도는 해발 42m의 작은 산으로 이루어져 있는데, 섬 둘레 1,296m, 면적은 약 10정보의 작은 섬이다. 이 섬에는 외성과 내성의 토성 흔적이 있고, 남쪽 해변에서 약 10m 떨어진 곳에는 일정한 간격을 둔 높이 30~40cm되는 목책의 밑 부분이 남아 있다. 이들 목책은 방사선탄소연대 측정결과가 A.D. 768~996 사이에 속하는 것으로 볼 때 장보고의 거점으로 이곳에 군영이 있었음을 말해준다(국립문화재연구소, 2001, 『장도청해진유적발굴조사보고서 Ⅰ』, 216쪽).
63) 金井昊, 1992, 「완도청해진의 자연과 인문」, 『청해진 장보고대사 해양경영사 연구』, 중앙대 동북아연구소·전라남도, 45쪽.
64) 金成勳, 1996, 「미래사 시각에서 본 장보고 해양경영」, 『장보고와 청해진』, 혜안, 95쪽.
65) 金文經, 1997, 앞의 책, 99쪽.

3. 해상왕국의 건설과 그 흥망

1) 대외무역의 번성과 해상왕국의 건설

 장보고가 청해진을 설치하여 황해의 해상무역을 장악한 8세기 전반에 당과 신라는 활발한 교류관계를 유지하였다. 일본도 당의 율령과 신라의 제도를 받아들이는 등 활발한 국제관계를 맺고 있었다. 당은 한인(漢人)이 중국역사상 처음으로 북방 유목민과 남방 해양세력을 통치한 국가였다. 당은 광주(廣州)에 시박사(市舶司)[66]를 설치하여 해상무역과 관계되는 사무를 담당하도록 하는 등 적극적인 해양진출을 시도하였다.

 신라는 삼국통일 후에 당과의 대외교역에 적극 참여하면서 무역량이 비약적으로 증대했다. 신라는 701년 이후 30년 동안 일본과도 30회 이상에 걸쳐 공식 사신이 왕래할 정도로 좋은 외교관계를 유지했다. 고대사회에 있어서 활발한 국제교류는 국가간의 공무역(公貿易)을 활성화시켰다.

 공무역은 주로 조공무역의 형식으로 추진되었는데, 경제적 이해뿐만 아니라 왕권을 강화하기 위한 수단으로 활용되었다. 국가의 공식 사절단은 통치자인 왕을 대리해 상대국을 방문하고 미리 준비한 공물을 방문국의 왕과 귀족들에게 바쳤으며, 그에 대한 답례로 회사품(廻賜品)을 받았다.[67] 일본의 국왕은 신라와 공무역으로 거래된 교역품을 귀족들에게 재분배함으로써 왕권의 강화를 도모하였다.[68]

 신라의 경우 조공무역 이외에 국제교역의 주요한 형태로 견당사(遣唐使)의 활약이 두드러졌다. 신라의 견당사는 양주(揚州)·초주(楚州)·명주(明州) 등 중국 동해안 일대에 포진해 있던 대표적인 국제무역항을 활동무

---

66) 시박사는 무역세의 징수, 무역품 판매허가증의 교부, 番舶의 送迎 등을 담당하였다. 시박사는 唐 開元年間(713~741)에 설치되었지만, 제도로서 실질적인 정비는 남해무역이 크게 발전한 송나라 이후에 이루어졌다.
67) 권덕영, 1997, 『古代韓中外交史―遣唐使研究―』, 一潮閣.
68) 李成市 著, 김창석 譯, 1999, 『동아시아의 왕권과 교역』, 청년사, 137쪽.

대로 하였는데, 중국의 산물뿐만 아니라 인도・페르시아・아라비아 등지에서 반입된 각국의 물품들을 사들여 일본까지 배급하는 국제 교역활동을 주도하였다. 동대사의 보물 창고인 정창원에서 발견된 일본 귀족들의 신라물건 매입신청서에 당과 남해 및 서아시아의 물건들이 기입되어 있는데, 이는 신라 견당사의 국제 교역활동의 실상을 반영한다.

이와 같이 통일신라 때에는 당나라와 무역 활동이 매우 왕성하였으며, 그 형태는 주로 조공무역의 형태로 전개되었다. 신라 말기에는 조공무역만으로는 양국 국민의 수요를 충족시키지 못해 민간의 무역 활동이 매우 활발하게 이루어졌다. 그러나 공무역의 활발한 전개 속에서 민간의 교역은 사실상 중앙정부의 통제를 받았다.

조공무역이나 견당사를 통한 국제교역 이외에 민간 차원에서 이루어진 것으로 호시무역(互市貿易)이 있었다. 신라와 당의 민간무역은 주로 당나라에 거주하던 신라 상인들에 의하여 이루어졌다. 산동성의 경우 적산촌을 중심으로 유산포(乳山浦), 등주(登州), 노산(嶗山) 등 10여 곳에 집단촌(集團村)인 신라방이 형성되었다.

초주(楚州)는 수도 장안과 북경 그리고 회수(淮水)-양자강-대운하를 연결하는 경제적, 전략적 요충지로서 당시 중국 내륙의 심장부였다. 이곳에도 적산촌과 마찬가지로 규모가 큰 신라방이 있었다. 그 인근의 연수향과 사주(泗州) 그리고 연운항시의 숙성촌(宿城村)에도 신라방이 있었으며, 신라 상인들의 민간무역은 주로 도시들에서 이루어졌다.69)

당의 동남부 최대의 상업도시 양주(揚州)는 동서양 국제무역이 이루어진 도시였다. 양자강 대운하의 기점인 양주는 멀리 페르시아 등지에서 항해해 온 서역 상인들과 신라인들이 함께 거주하였다. 신라인들은 집단

---

69) 金成勳, 1992, 앞의 글, 23쪽.

촌과 거점을 곳곳에 형성하여 살았으며, 서역 상인들에게 사들인 품목을 중국 내의 다른 지역에 팔거나 당·신라·일본의 삼각무역에 이용하였다.70)

신라 상인들이 양주 및 영파의 외국 상인들과 거래한 품목은 보석·모직물·향목 등이며, 당으로부터 공예품·견직물·차(茶)·서적 및 남해의 진품 등을 수입하였다. 신라가 당에 수출한 물품은 금·은·동·금속공예품·동제품(銅製品)·직물·약재·향유 등이었다.71)

민간 차원의 무역활동은 평로치청(平盧淄靑)의 방해와 해적의 출몰 등으로 인하여 어려움이 적지 않았다. 또한 중앙정부의 지방에 대한 통치권 약화로 해적들이 한반도 서남해안 일대에서 기승을 부리고 있었다. 이 때문에 8세기 중엽부터 9세기 초엽까지 당과 신라의 교역이 거의 단절되었으며, 일본과 당나라와의 공무역도 끊긴 상태였다.

그러나 819년에 평로치청(平盧淄靑)이 멸망되고 장보고가 청해진을 설치하여 해적들을 소탕하면서 해상을 통한 무역활동은 재개되었다. 청해진은 나·당·일을 잇는 국제 해상교역의 중심지로 떠올랐다. 범선항해시대에 있어서 청해진 해역은 3국 항로의 요충지였다. 청해진은 당나라와 일본에 갈 수 있는 항해의 길목에 위치하였다.72)

이때의 항로는 한반도 북쪽과 중국 북쪽을 연결하는 북방해로(老鐵山水道航路), 서해안에서 출발하여 산동반도에 도착하는 황해횡단항로(黃海橫斷航路), 중국 남부지역과 신라를 연결하고 동남아시아·인도항로를 연장하는 남중국항로(東支那海斜斷航路)의 세 노선이 있었다.

북방해역보다 더 넓고 사나운 남방해역을 넘나드는 남방항로는 통일

---

70) 金成勳, 1992, 위의 글, 24쪽.
71) 李基東, 1985, 앞의 글, 108~109쪽.
72) 金成勳, 1996, 앞의 글, 95쪽.

신라시대 이후에야 가동되기 시작하여 장보고 선단에 의하여 본격적으로 이용되었다. 장보고는 황해횡단로를 대신하여 남중국항로를 개척하고 신라·중국 남부지역·일본을 연결하였다.

남중국항로는 흑산도 부근에서 뱃길을 서북방으로 돌려 산동반도 쪽으로 가거나 서남쪽으로 바다를 건너 양자강 하구로 직항하는 항로이다. 장보고는 남중국항로를 개척하여 신라, 당, 일본 사이의 해상무역과 민간교류에서 독보적인 중개무역을 수행하였다.

청해진세력은 탁월한 항해술, 기동력 있는 선단 운영으로 동아시아의 제해권을 장악하였다. 이는 청해진을 중심으로 하는 한반도 서남해지역 해상세력의 오랜 세월에 걸친 해상활동과 삶의 지혜가 크게 기여하였다.

청해진 사람들은 항해술에서 해류와 해풍을 이용하여 배를 다루는 솜씨가 뛰어났다. 이들은 조선술에서도 상대적으로 선진기술을 보유하고 있었다. 신라의 배는 규모에서 당나라 배보다 작았지만 거센 파도에 강해 난파 확률이 그만큼 적었다. 또한 청해진 선단이 남중국항로를 중심으로 황해와 동중국해를 주름잡게 된 배경은 다도해를 비롯한 한반도 서남해안의 바닷길에 익숙하였기 때문이다.

당시 또 하나의 국제항로는 페르시아, 인도, 동남아시아와 중국 동남부를 연결하는 남양항로이었다. 이 항로에 의해 광동성, 복건성, 절강성 그리고 강소성의 양주가 남방무역권의 접촉지역이 되었다. 8세기에 이르면 광주(廣州)로부터 페르시아 만까지의 직항로가 개척되고,[73] 이 두 항로가 장보고 상단에 의하여 서로 연결돼 비로소 남북의 무역망이 하나로 통합되었다.[74]

---

73) 무하마드 깐수, 1992, 『新羅·西域交流史』, 단국대 출판부, 489~507쪽.
74) Hugh R. Clark, 「8~10세기 한반도와 남중국 간의 무역과 국가관계」, 『장보고 해양경영사 연구』, 269~284쪽.

장보고는 중국의 산동반도 연해안과 대운하변, 그리고 양자강 하구와 동중국해에서 멀리 광주(廣州)에 이르는 지역에 산재한 신라인 촌락을 조직화하였다. 또한 산동반도의 적산촌(赤山村)과 신라의 청해진 그리고 일본의 대재부(大宰府)에 무역 근거지를 두고 황해·동중국해를 무대로 활동하던 크고 작은 해상세력을 통제하였다.

한편 신라와 일본의 공식적인 관계는 8세기 중엽 이후 사실상 단절되고 말았다. 신라와 일본은 7세기 후반 당의 위협에 공동으로 대처하기 위하여 공적인 교류를 시작한 이후, 신라가 일본의 율령국가 성립에 필요한 여러 가지 물건을 전해주는 관계가 7세기 말까지 계속되었다. 그러나 8세기 전반 일본의 율령제 정부가 신라에 일본 중심적인 외교형식을 요구하고, 신라가 이에 반발하면서 양국관계는 악화되었다.[75]

일본은 신라와 공식적인 관계를 끊었지만, 신라의 상인들까지 막을 필요는 없었다. 일본인들은 지속적으로 신라 물품을 요청하였고 일본 정부도 이를 묵인하였다. 일본 정부는 신라 물품을 비공식적으로 수입하면서 신라 상인과의 거래를 인정하였다. 신라 상인들은 9세기에 당과 일본을 중계하는 무역을 담당하였는데, 재당신라인이 그 주체가 되었다.[76]

신라도 외교형식에 얽매이는 사신 파견을 중단하고 상인을 통한 교역을 선호하게 되었다. 신라는 일본이 요구하는 외교형식을 무시하는 대신, 당과 일본을 매개하는 역할을 추가함으로써 대재부에서 교역하는 편을

---

[75] 727년 일본과 발해의 외교관계가 수립되고, 733년 신라와 당의 공동작전 수행으로 나당관계가 안정되면서 외교형식문제로 신라와 일본의 갈등은 표면화 되었다. 일본은 신라 사신을 입경시켜 '蕃國' 사신으로 대접하려고 하였으나, 신라 사신이 이에 강하게 반발하였기 때문이다.

[76] 石井正敏, 1992, 「10世紀の國際變動と日宋貿易」, 『アジアからみた古代日本』, 角川書店, 347~348쪽.

택하였다.77) 일본도 자국 우위의 외교형식을 부정하는 신라와의 공식적인 관계유지가 어려웠기 때문에 신라 상인의 왕래를 통한 민간무역을 선호하게 되었다.78)

장보고는 이충(李忠)을 일본에 파견하여 조공형식의 공적인 교역을 시도하였다.79) 일본 조정은 신라왕이 파견한 사신 이외에는

> A. 대재부(大宰府)에서 말하기를 "번국(蕃國) 신라의 신하 장보고가 사신을 보내어 토산물을 바쳤는데, 곧 진(鎭)의 서쪽에서 쫓아 버렸습니다. 신하된 자로써 바깥 나라와 교류할 수 없기 때문입니다"라고 하였다.80)

라고 하였듯이, 공식사절로 대접할 수 없다고 하면서 이를 거절하였다. 그러나 이충(李忠)이 가지고 간 물건은 민간교역을 허락하였고 식량을 주도록 하였다. 이러한 조치는 무역은 하지만 타국의 분쟁에는 개입하지 않으려는 방위적인 성격의 것이었다.81)

일본은 당과의 교통은 물론 교역상의 정보를 신라에 의존할 수밖에 없었다. 이 교량 역할을 담당한 사람들이 곧 청해진의 국제무역 상인들이었다.82) 일본의 대재부(太宰府) 주변에 많은 신라인들이 상주하며 무역에 종사하였다. 북규슈(北九州) 일원에 일찍부터 정착한 신라인도 직간접으로 해상무역에 종사하였다.83) 청해진은 당과 일본을 연결해주는 중개무

---

77) 金恩淑, 1991, 「8세기의 신라와 일본의 관계」, 『국사관논총』 29, 국사편찬위원회, 128~130쪽.
78) 金恩淑, 「대외관계」, 『한국사9-통일신라-』, 국사편찬위원회, 292~293쪽.
79) 浦生京子, 1979, 앞의 글, 60쪽.
80) 『續日本後記』 권9, 承和 7年 12月 癸卯 己巳.
81) 石上英一, 1984, 「古代國家と對外關係」, 『講座日本歷史』, 東京大學出版會, 260~261쪽.
82) 金文經, 1992, 앞의 글, 112쪽.

역과 신라와 일본을 연결하는 직접무역을 모두 차지하였다. 일본은 청해진을 통해 신라·당·중동아시아·동남아시아·인도 등의 수입품을 접하였다.

장보고는 격식을 갖춘 견당매물사(遺唐賣物使) 또는 회역사(廻易使) 등의 명칭으로 당과 일본에 교관선(交關船)을 보내는 등 국제적인 위상을 높였다. 장보고는 나·당·일의 삼국간의 무역을 독점하여 명실공히 동아시아 무역패권을 장악하고 '상업제국'의 무역왕이 되었다.[84]

한편 청해진이 직접 관할한 지역은 완도를 중심으로 한 서남해 연안과 그 부속 도서들이었다. 그 외에 무주의 대표적인 호족이었던 염장이 청해진에 가담한 것으로 볼 때, 오늘날 전남의 대부분 지역이 청해진의 직·간접적인 영향력 하에 있었던 것으로 추정된다.

청해진 해상왕국은 신라사회와는 달리 여러 갈래의 이질적인 집단이 지배층을 이루었다. 장보고는 청해진대사에 임명되어 기존의 신라 관직체계에는 편입되지 않고 그 밖에서 특별한 위치로 대접받았다. 청해진에 참여한 사람들은 골품체제가 유지되는 신라사회의 주변에 위치하였으며, 당에서도 이방인으로 여의치 못하여 부랑하던 다수의 능력 있는 사람들이 귀국하여 합류하였다.

장보고 휘하에는 청해진과 적산포로 대변되는 신라와 당의 변경에 있던 사람들이 참여하여 유능한 막료로 활동하였다.[85] 장보고와 막료들이 이룩한 계층구조는 신라사회가 안고 있는 골품체제의 한계에서 벗어나 진일보한 것으로 새로운 사회의 출현을 준비한 것이었다.

---

83) 金文經, 1967, 「赤山 法華院의 佛敎儀式」, 『史學志』 1, 단국대 사학회.
84) Edwin O, Reischauer, 1955, *Ennin's Travels in T'ang China*, Ronald Press Co, New York.
85) 盧泰敦, 1978, 「羅代의 門客」, 『한국사연구』 21·22합, 28~30쪽.

2) 장보고의 죽음과 청해진의 몰락

장보고는 청해진을 거점으로 삼국간의 해상무역을 독점하면서 왕실과 귀족들이 무시할 수 없는 세력으로 성장하였다. 또한 청해진은 왕위쟁탈전에서 패배한 진골귀족들의 피난처가 되기도 하였다. 장보고는 중앙정계와 깊은 인연을 맺게 되었고, 중앙의 정치에 가담하지 않을 수 없게 되었다.

신라 하대사회의 권력구조의 특징을 이루는 왕실 친족집단에 의한 권력장악의 전형이 확립되기 시작한 것은 원성왕 때부터였다. 원성왕은 즉위와 동시에 왕자 인겸(仁謙)을 왕태자로 책봉[86]하여 다음의 왕위계승권자로 확정하였다.

그러나 몇 해 뒤에 인겸태자가 죽자 왕자 의영(義英)을 왕태자로 봉하였다.[87] 왕실의 비극은 여기서 그치지 않고 또 다시 의영태자가 죽자, 왕손(인겸태자의 맏아들) 준옹(俊邕, 뒤의 소성왕)을 이듬해에 태자로 책봉하였다.[88]

준옹뿐 아니라 그의 동생인 언승(彦昇, 뒤의 헌덕왕)도 정치의 중심부에서 활약하였다. 왕과 태자를 정점으로 근친 왕족들이 상대등, 병부령, 재상 등의 요직을 독점하였다. 이들 근친 왕족들에 의하여 왕위가 이어져 하대는 원성왕계가 정국의 주도권을 장악하였다. 이들 요직은 재상제도의 테두리 속에 포괄되는 것으로, 권력집중의 기능은 원성왕 때에 확립되었다.[89]

원성왕을 계승한 소성왕의 휘(諱)는 준옹으로 인겸의 아들이다. 인겸이 왕위에 오르기 전에 요절(夭折)하자 왕세손으로서 왕위를 계승하였으나,

---

86) 『三國史記』 권10, 新羅本紀10, 元聖王 즉위년.
87) 『三國史記』 권10, 新羅本紀10, 元聖王 8년.
88) 『三國史記』 권10, 新羅本紀10, 元聖王 11년.
89) 木村誠, 1997, 「新羅の宰相制度」, 『人文學報』 118, 東京道立大, 25~33쪽.

재위 2년 만에 승하하였다. 이후부터 신라에서는 왕위쟁탈전이 극심하게 전개되었다. 소성왕의 뒤를 이어 맏아들인 애장왕이 13세에 즉위하였지만, 숙부 김언승이 섭정하였다. 김언승은 실권을 장악한 후 애장왕을 죽이고 헌덕왕이 되었다.

헌덕왕이 사망하자 원성왕의 손자이며 헌덕왕의 동생인 김수종이 흥덕왕이 되었다. 흥덕왕 10년(835)에 왕위계승의 제1후보자였던 상대등 충공이 갑자기 사망하자, 사촌동생 균정을 임명하여 후계자로 지명하였다. 균정 이외에도 흥덕왕의 조카인 김명이 있었으나, 당시 19세로 연소하여 정치적 경력과 군공(軍功)이 있던 균정이 임명된 것이다.

그로부터 2년이 채 지나지 않아 흥덕왕이 60세의 나이로 후사(後嗣)없이 죽자, 제륭(悌隆)과 균정(均貞)이 치열한 왕위 다툼을 하게 되었다. 시중의 지위에 있던 김명이 아찬 이홍(利弘), 배훤백(裵萱伯) 등과 함께 자신의 매부이자 균정의 조카이기도 한 제륭(悌隆)을 왕으로 추대하려고 하였다.

균정은 시중을 역임한 아들 우징을 비롯하여 매서(妹婿) 예징(禮徵) 그리고 무주도독을 역임한 김주원계의 김양(金陽) 등이 옹립했다. 균정과 제륭을 옹립하려는 두 파의 대립은 궐내에서 무력대결로 치닫게 되었다. 제륭은 시중 김명(金明)과 아찬 이홍(利弘) 등의 도움으로 균정을 살해하고 즉위하여 희강왕이 되었다.[90]

균정의 아들 김우징은 처·자식과 함께 황산진(黃山津) 어구로 달아나, 배를 타고 청해진으로 가서 의탁하였다.[91] 희강왕은 김명을 상대등, 이홍을 시중에 임명하여 정권을 맡겼으나, 그들이 반란을 일으켜 측근들을

---

90) 悌隆과 均貞 일파 사이에 전개된 왕위 다툼에 대해서는 다음의 글을 참조하기 바란다. 이기동, 1996, 앞의 글, 30~31쪽.
91) 『三國史記』 권10, 新羅本紀10, 僖康王 2년.

죽이니 자신도 무사하지 못할 것을 알고 궁중에서 목을 매어 자결하였다.92)

김명은 희강왕을 협박하여 자살하게 하고 즉위하여 민애왕이 되었다.93) 민애왕은 즉위한 지 2년 만에 청해진의 장보고에게 의탁하고 있던 김우징 일파의 도전을 받게 되었다. 청해진에 의탁해 있던 김우징은 김양을 앞세워 군사 5,000을 이끌고 무주를 습격하여 항복을 받고, 남원에서 정부군을 격파하였으나 군사들이 피로하여 휴식을 위해 청해진으로 돌아갔다.94)

김양이 이끈 청해진의 군대는 정부군의 강력한 저지를 받아 철군하였을 가능성도 있다.95) 청해진의 군대는 휴식을 취한 뒤 838년 12월 다시 왕도로 진격을 개시하였다. 정년이 이끈 청해진의 부대는 무주 철야현의 북천에서

   A. 양은 평동장군이라 일컫고, 12월에 다시 출동하니, 김양순(金亮詢)이 무주 군사를 데리고 와서 합치고, 우징은 또 날래고 용맹한 염장・장변・정년・낙금・장건영・이순행 등 여섯 장수를 보내 병사를 통

---

92) 『三國史記』 권10, 新羅本紀10, 僖康王 3년.
93) 元聖王과 그 直系孫의 世系表를 정리하면 다음과 같다.

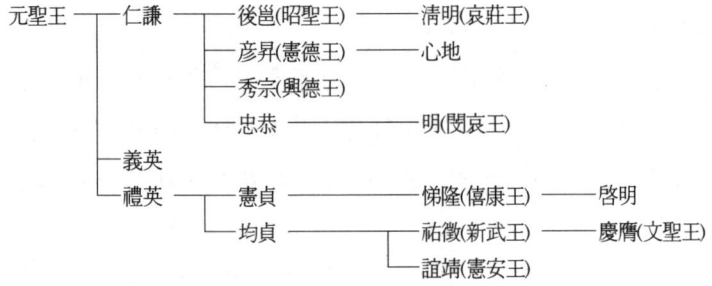

94) 『三國史記』 권44, 列傳4, 金陽條.
95) 李仁哲, 1993, 앞의 책, 397쪽.

솔케 하니 군대의 위용이 대단이 성하였다. 북을 치며 행군하여 무주 철야현 북쪽에 이르니 신라의 대감(大監) 김민주가 군사를 이끌고 역습하였다. 장군 낙금·이순행이 마병(馬兵) 3천으로 저쪽의 군중(軍中)으로 돌격해 들어가 거의 다 살상하였다.96)

라고 하였듯이, 정부군을 전멸시켰다. 다만 사료 A는 『삼국사기』 김양(金陽) 열전이기 때문에 군사 행동의 주체를 김우징과 김양으로 서술하고 있지만, 장보고는 막역한 친구 정년에게 5천 군사의 지휘 임무를 맡겼다. 김우징과 김양을 보좌한 날래고 용맹한 염장·장변이나 기병을 지휘한 낙금·이순행도 청해진의 지휘관이었다.

청해진의 군대가 철야현 전투에서 승리한 후 무주의 지방군이 합세하였다. 무주의 군대를 지휘한 김양순은 무주도독이었는데,97) 현지의 군대를 인솔하여 김양(金陽) 군대에 가담하였다.

신라는 삼국을 통일한 후 국방과 치안을 위한 군사조직으로 10정을 전국에 설치하면서 무진주에는 미다부리정을 두었다. 10정은 지역 출신의 지방민이 기본적인 군사력이 되었고,98) 넓어진 영역과 다수의 백성을 통치하기 위한 치안유지도 담당하였다.99) 미다부리정은 미동부리현(未冬夫里縣, 나주시 남평읍)에 설치되었는데, 옷깃(衿)의 색깔이 흑색이었다.

청해진을 떠나 경주로 진격하는 김양의 군대에 무주도독과 그가 지휘하던 지방군이 가담함으로써 청해진은 전남의 내륙까지 통제할 수 있는 계기가 되었다. 김양의 부대가 철야현에서 김민주가 지휘한 토벌군을 손쉽게 격파한 것은 지방세력의 내응이 있었기 때문에 가능하였다.

---

96) 『三國史記』 권44, 列傳4, 金陽條.
97) 李文基, 1997, 『新羅兵制史硏究』, 일조각, 402쪽.
98) 李文基, 1997, 위의 책, 144쪽.
99) 末松保和, 『新羅史の諸問題』, 365쪽.

신라의 중앙군은 하대에 이르러 정(停)·당(幢)의 공병조직이 무너졌지만,[100] 김양의 휘하에는 낙금·이순행이 지휘한 3천의 기병이 용맹을 발휘하였다. 신라 정부군은 낙금 등이 지휘한 청해진의 기병 3천에 의하여 무너지고 말았다.

장보고는 두목(杜牧)의 지적처럼 말을 타고 창을 쓰는데 있어서 당적할 사람이 없었으며, 무용이 뛰어났기 때문에 서주절도사 아군(牙軍)에서 기병부대를 지휘하였을 가능성이 있다.[101] 장보고는 청해진을 설치한 후 기병부대의 육성에 심혈을 기울였고, 낙금 등이 지휘한 기병은 청해진의 부대였다.[102]

철야현에서 정부군을 격파한 김양(金陽)은 다음 해(839) 정월 군사를 몰아 경주의 문턱 대구로 진격하여 왕군(王軍)과 일전을 겨루게 되었다. 김양이 이끄는 정벌군은 나주를 지나 광주에 도착한 후 남원과 운봉의 팔랑치를 넘어 함안으로 진출한 다음 거창, 합천, 고령을 거쳐 대구에 이르렀다. 민애왕을 대신하여 왕군을 이끈 자는 대흔(大昕), 윤린(允璘) 등이었는데

B. 봄 윤 정월에 밤낮 없이 행군하여 19일에 달벌 언덕에 이르렀다. 왕은 군사가 이르렀다는 말을 듣고 이찬 대흔과 대아찬 윤린·억훈 등에게 명하여 군사를 거느리고 이를 막도록 하였다. 또 한번 싸움에 크게 이기니, 왕의 군사는 죽은 사람이 절반이 넘었다. 이때 왕은 서쪽 교외 큰 나무 밑에 있었는데, 좌우 측근들이 모두 흩어지고 혼자

---

100) 李基白, 1974, 『신라정치사회사연구』, 일조각, 260쪽.
101) 李基東, 1985, 앞의 글.
102) 그리고 장보고가 기병단을 창설하고 조직화 하는 데 필요한 戰馬는 완도 앞 다도해에 있던 진골귀족들의 목장에서 충당되었다. 장보고는 그의 선단이 들여온 외국산 호화 사치품을 진골귀족의 말과 상호 교환하였다(徐榮敎, 2002, 「張保皐의 騎兵과 西南海岸의 牧場」, 『震檀學報』 94, 20쪽).

남아 어찌할 바를 모르다가 월유택으로 달려 들어갔으나 군사들이
찾아내어 죽였다. 여러 신하들이 예를 갖추어 장사지내고 시호를 민
애라 하였다.103)

라고 하였듯이, 별다른 저항도 못해보고 김양에게 대패하고 말았다. 청해진의 5천 군사에게 10만의 정부군이 일전(一戰)에 일패도지(一敗塗地) 되고 만 것이다. 이 때문에 정부군의 숫자에 과장이 있거나,104) 장보고의 군대 규모를 너무 적게 기록한 것으로 보기도 한다.105) 또한 정부군의 병력이 장보고의 병력을 상회하지 못했으며, 그 구성원도 국왕의 측근과 사병으로 이루어진 것으로 이해하는 경우도 있다.106)

그러나 군사의 적고 많음을 떠나서 신라의 중앙군은 군사기강이 문란해지고 이완된 상태에 있었다. 또한 치열한 왕위계승 분쟁 끝에 궁정의 음모를 통하여 즉위한 민애왕의 군대는 정예의 청해진 군대를 당적하기가 어려웠다. 전투에 패한 민애왕은 난중에 월유택(月遊宅)으로 피했으나 병사들에게 살해되고 말았다.

장보고는 청해진에 의탁한 김우징이 왕도로 진격해 들어가 신무왕으로 등극하는 데 일등공신이 되어 감의군사(感義軍使)에 임명되었다. 장보고는 신무왕의 뒤를 이어 즉위한 문성왕에 의해 진해장군(鎭海將軍)에 봉해지는 등 최고의 영예를 누렸다. 신무왕의 즉위는 원성왕의 큰아들인 인겸계와 균정계의 대립에서 균정계가 승리하였음을 의미한다.

균정계가 승리한 데에는 청해진세력과 김주원계의 후손인 김양의 도움이 적지 않았다. 그러나 문성왕 7년(845)에 장보고의 딸을 차비(次妃)로

---

103) 『三國史記』 권10, 新羅本紀10, 閔哀王 2년.
104) 徐侖希, 2001, 「청해진대사 장보고에 관한 연구」, 『震檀學報』 92, 20쪽.
105) 金周成, 1997, 「장보고세력의 흥망과 그 배경」, 『한국상고사학보』 24, 164~170쪽.
106) 權英五, 2000, 「신라하대 왕위계승분쟁과 민애왕」, 『한국고대사연구』 15, 290쪽.

들이는 문제를 둘러싸고

    C. 봄 3월에 청해진대사 궁복의 딸을 아내로 맞이하여 둘째 왕비로 삼으려 했으나, 조정의 신하들이 간하여 말하였다. "부부의 도리는 사람의 큰 윤리입니다. 그러므로 하나라는 도산씨로 인하여 흥하였고, 은나라는 신씨로 인하여 번창하였으며, 주나라는 포사 때문에 망하였고, 진나라는 여희 때문에 어지러워졌습니다. 그러한 즉 나라의 존망은 여기에 있는 것이니 신중해야 할 일이 아니겠습니까? 지금 궁복은 섬사람인데, 그의 딸이 어찌 왕실의 배우자가 될 수 있겠습니까?" 이에 왕이 그 말에 따랐다.[107]

라고 하였듯이, 중앙정부와 청해진 사이에는 갈등이 발생하였다. 장보고는 왕실과의 혼인을 통하여 골품제의 한계를 극복하고, 신라 정부에 강력한 영향력을 행사하려고 하였다.

  장보고는 진골귀족들의 반대로 여의치 않자 크게 반발하였다. 장보고는 청해진을 거점으로 반란을 도모하였는데

    D. 8년 봄에 청해진 궁복이, 왕이 자기의 딸을 맞아들이지 않은 것을 원망하여 청해진을 근거지로 하여 반란을 일으켰다. 조정에서는 장차 그를 토벌하자니 뜻하지 않을 우환이 있을까 두렵고, 그냥 방치해 두자니 그 죄를 용서할 수 없었으므로, 근심하고 염려하여 어떻게 해야 할 바를 알지 못하였다.[108]

라고 하였듯이, 조정에서는 그 기세에 눌려 전전긍긍할 수밖에 없었다. 그러나 왕실의 사주를 받은 무주 출신의 염장에 의하여

---

107) 『三國史記』 권11, 新羅本紀11, 文聖王 7년.
108) 『三國史記』 권11, 新羅本紀11, 文聖王 8년.

E. 무주 사람 염장은 용감하고 굳세기로 당시에 소문이 나 있었는데, [그가] 와서 아뢰었다. "조정에서 다행히 저의 말을 들어 준다면, 저는 한 명의 병졸도 수고롭게 하지 않고 맨주먹을 가지고서 궁복의 목을 베어 바치겠습니다." 왕이 그에 따랐다. 염장은 거짓으로 나라를 배반한 것처럼 꾸며 청해진에 투항했는데, 궁복은 장사를 아꼈으므로 의심하지 않고 불러들여 높은 손님으로 삼고 그와 더불어 술을 마시면서 매우 즐거워하였다. 궁복이 술에 취하자 궁복의 칼을 빼앗아 목을 벤 후, 그 무리들을 불러 달래니 엎드려 감히 움직이지 못하였다.109)

라고 하였듯이, 장보고가 암살되어 청해진은 해체의 길로 접어들게 되었다. 동아시아 삼국의 국제무역을 주름잡던 해상왕 장보고는 국내 정치의 갈등 속에서 어이없는 희생양이 되어 최후를 마쳤다.

무주인들이 청해진의 타도에 앞장선 것은 서남해의 해상권을 장악한 장보고세력과 내륙 사람들의 경제적 이해관계가 충돌했기 때문이었다. 신라는 무주인들의 반발감을 이용하여 청해진의 팽창을 차단하였다.110) 신라는 마르크 블로크의 지적처럼 "국가의 존립에 부정적인 영향을 주고, 음모를 꾸미는 자들이 간계를 획책하는 데 소용되는 비용을 축적할 수 있는 수단"111)을 제공하는 해상세력의 발호를 억제하였다.

한편 내륙의 무주인들은 청해진이 강성해지면서 자신들의 세력이 위축되는 것에 불만을 갖고 있었다. 이러한 무주인들의 불만을 신라가 교묘히 이용하여 장보고의 암살을 사주하였다.112) 장보고의 중앙정계 진출에

---

109) 『三國史記』 권44, 列傳4, 張保皐.
110) 한국향토사연구전국협의회, 1997, 「고대, 고려시대의 영산강」, 『영산강유역사연구』, 137~138쪽.
111) 마르크 블로크 著, 한정숙 譯, 1986, 『봉건사회Ⅰ』, 한길사, 70쪽.
112) 金光洙, 1985, 「장보고의 정치사적 위치」, 『장보고의 신연구』, 완도문화원, 8쪽.

대한 경주 귀족들의 두려움과 불안감, 청해진에 편입된 군소세력들의 반발도 장보고를 죽음으로 이끌었다.

장보고의 암살은 무진주세력과 청해진세력 사이의 대립 만이 원인이 었던 것은 아니었다. 장보고의 암살은 김양과 염장의 합작품이었다.[113] 김양은 신라 국왕과 장보고와의 연결고리를 끊어 국왕을 능가하는 권신으로서의 지위를 유지하려고 하였다. 김양은 염장을 시켜 장보고를 암살하고 자신의 딸을 문성왕의 차비로 납비(納妃)하여 왕실과 돈독한 관계를 맺어 세력기반을 확고히 하였다.[114]

염장을 비롯한 지방호족들은 장보고의 해상권 장악에 반발하여 김양에게 모여 들었다. 이들은 장보고의 세력 확대 및 중앙정계 진출로 인하여 기득권이 손상되는 것에 반발하였다.[115] 이들은 중앙정부의 권위에 의존하여 해상세력을 장악함과 동시에 해상무역의 이익을 차지하려고 하였다.[116]

염장은 장보고를 살해한 공으로 아간(阿干)의 관등에 오르고,[117] 무진주의 차관직에 해당하는 별가(別駕)에 임명되었다.[118] 염장이 청해진을 차지하자 장보고의 막료들은 끝까지 저항한 부류가 있었는가 하면, 그 휘하에 들어가 현실에 안주하려는 사람들도 있었다. 또한 당이나 일본으로 도피하여 새로운 삶을 개척하려는 부류도 있었다. 장보고의 부장이었

---

113) 염장은 김양이 흥덕왕대(826~836) 말년에 무주도독으로 재임하고 있을 때, 그와 긴밀한 연결관계를 맺은 것으로 생각된다. 염장은 무주의 治所인 현재의 광주 인근지역의 출신이기 때문에 해상세력이 아니라 내륙육상 호족세력이었다(鄭淸柱, 1996, 『新羅末高麗初豪族硏究』, 일조각, 146쪽).
114) 尹炳喜, 1982, 「新羅 下代 均貞系의 王位繼承과 金陽」, 『歷史學報』 96, 71쪽.
115) 蒲生京子, 1979, 앞의 글, 65쪽.
116) 金光洙, 1985, 앞의 글, 82쪽.
117) 『三國遺事』 권2, 神武大王 閻長 弓巴.
118) 『續日本後記』 권11, 仁明天皇 承和 9年 正月.

던 이창진(李昌珍)은 끝까지 저항하였고, 이소정(李少貞) 같은 인물은 현실에 순응하였다.

당과 일본에 매물사(賣物使) 혹은 회역사(廻易使)로 파견된 사람들은 장보고의 사망 소식을 듣고 귀환을 포기하고 최훈(崔暈)과 같이 당나라에서 새로운 삶을 개척하기도 하였다. 일본에 회역사[119]로 파견되었던 이충(李忠)과 양원(揚圓) 등은 회역(廻易)의 일을 마치고 본국에 돌아왔다가, 장보고가 죽었다는 소식을 듣고 난을 피해 다시 일본으로 되돌아갔다.[120]

염장이 장보고를 암살한 후 청해진은 약화되었지만, 완전히 소멸되지 않고 10년 정도 더 지속되었다. 신라는 851년에 이르러 청해진을 전격적으로 폐지하고, 청해진 사람들을 벽골군으로 집단 사민시키는 조치를 취했다.[121] 신라는 청해진이 염장의 통제와 관리 하에 있었지만, 청해진세력의 동향을 주시하였다.

신라는 청해진 사람들을 벽골군(전북 김제시)으로 강제 이주시켜 후환을 제거하려고 하였다. 이로써 장보고가 이룩한 청해진의 기반은 붕괴되고 그 조직은 해체되었다. 신라는 장보고를 죽이고 청해진을 해체하였지만, 그가 조절하고 있던 해양활동의 공간은 진공상태가 되었다.[122]

중앙정부가 지방세력에 대한 통제력을 상실함으로써 해상의 군소세력들이 재기하여 발호하게 되었다.[123] 장보고가 죽은 후에 동아시아의 해양

---

119) 당시 장보고의 대일본 무역사절을 가리켜 회역사라고 불렀는데, 이들은 자주 하카다에 건너가 양국 사이의 교역은 물론 일본과 당과의 중개무역을 행하였다. 당시 당나라의 화물은 주로 청해진을 거쳐 일본에 공급되었고, 일본의 물건도 이곳을 거쳐 당에 유포되었다(李基東, 1985, 앞의 책, 108~109쪽).
120) 『續日本記』 권11, 承和 9年 正月.
121) 『三國史記』 권11, 新羅本紀11, 文聖王 13年.
122) 尹明哲, 2001, 앞의 글, 308쪽.
123) 李基東, 1997, 「9~10세기, 황해를 무대로 한 韓中日 삼국의 해상활동」, 『한중문화 교류와 남방해로』, 집문당, 121쪽.

에는 다시 해적들이 등장하기 시작하였다. 신라의 해적들도 활동을 개시하여 869년과 870년에 일본의 하카다를 습격하여 견면(絹綿)을 약탈하였고, 894년에는 대마도를 습격하였다.[124]

한편 청해진이 해체된 후에도 서남해지역의 국제무역 중심지로서의 지위는 일정정도 유지되었다. 청해진의 가장 큰 교역품이었던 청자산업은 후대로 계승되어 서남해지역 경제활동의 근간이 되었다. 고려시기에 강진 대구면을 중심으로 성립되고 발전해 간 청자문화나 완도·신안·무안·해남 일대에서 발굴된 해저유물을 통해서 한·중·일 3국 사이의 도자기 무역의 흔적을 확인할 수 있다. 장보고가 도자기 유통의 제약성을 탈피하여 국제교역의 인기 상품으로 전환시킨 것을 최대 성공 비결로 보기도 한다.[125]

도요지는 주로 전남 해남과 강진 일대에 있었으며,[126] 이곳에서 만들어진 제품은 당나라로 수출되었다. 양주의 당대(唐代) 유적에서 출토된 밝은 담청색의 윤기를 지니고 있는 신라의 청자 파편은 이를 반증한다. 장보고는 월주요(越州窯)의 제조기술을 전하여 강진의 도요지에서 당삼채를 뛰어 넘은 고품질의 청자를 만들어 중국과 일본 등지로 수출하였다.[127]

---

124) 이에 대해서는 다음의 글을 참조하기를 바란다. 崔在錫, 1992, 「9세기 신라의 서부일본진출」, 『韓國學報』 69.
125) 해남군 화원면과 산이면 일대에서 대규모의 청자 생산단지가 조사되었는데, 화원면의 청자단지의 조성 주체는 그 시기나 대규모성, 계통성으로 미루어 보아 완도 청해진을 중심으로 국제 해상무역을 장악한 장보고 집단에 의하여 조성된 것으로 보고 있다(강봉룡, 2002, 「해남 화원·산이면 일대 靑磁窯群의 계통과 조성 주체세력」, 『전남사학』 19, 567쪽).
126) 강봉룡, 2000, 「고대 한·중 횡단항로의 활성화와 흑산도의 번영」, 『흑산도 산라산성 연구』, 목포대학교 도서문화연구소·신안군, 141쪽.
127) 신라의 청자는 훗날 고려청자의 기원이 되었는데, 그 발생연대는 9세기 전반인 830~840년대이고, 장보고에 의해 월주요의 제작기술이 전해진 것이다(吉岡完祐, 1996, 「월주 갈래 청자의 형태분류를 통해 본 고려청자의 분석」, 『장보고와 청해진』, 혜안, 202쪽).

이와 같이 장보고와 청해진 사람들은 서남해지역의 산업기술에 큰 영향력을 미쳤다. 장보고의 죽음으로 해상활동이 위축되고 해상세력의 기반이 약화되었지만, 그 토대가 완전히 붕괴된 것은 아니었다. 장보고를 살해한 염장이 청해진의 세력을 어느 정도 계승하였으며, 뒷날 능창(能昌)은 신안 압해도를 중심으로 세력을 떨쳤다.

또한 강주(진주)를 거점으로 세력을 구축한 왕봉규(王逢規)는 독자적으로 중국에 사신을 파견하였으며, 금주(김해)의 이언모(李彦謨)도 중국무역으로 부를 축적하여 호족으로 성장하였다. 그리고 송악의 대표적인 호족세력인 왕건가문도 해상무역에 종사하면서 성장하였다.

II. 견훤의 후백제 건국과 전남지역 호족세력의 추이

1. 견훤의 세력 형성과 후백제 건국

1) 견훤의 가계와 무진주 출생설 검토

통일신라 말기에 이르러 중앙에서는 진골귀족들 사이에 왕위계승을 둘러싼 치열한 분쟁이 전개되었다. 또한 혜공왕 4년(768)부터 정강왕 2년(887)까지 약 100여년 동안 무려 20여 차례의 정변이 발생하는 등 극심한 정쟁의 소용돌이에 휩싸였다. 신라 중앙정부의 통치력은 약화되었고, 정부의 직접적인 영향력이 미치는 곳은 점차 경주 일원으로 축소되었다.

지방에서는 낙향한 귀족이나 지방의 토착세력들이 중앙의 통제력이 약화된 틈을 이용하여 독자적인 세력을 구축하여 호족으로 성장하였다. 호족은 지방에서 새로운 사회세력으로 등장하여 그들의 독자성을 강하게 내세우는 존재였다. 이들은 중앙에서 지방으로 몰락해 내려간 귀족들도 있었지만, 지방의 토착적인 촌주(村主) 출신도 적지 않았다.

호족들은 자기의 세력기반인 향리(鄕里)에 대한 애착심을 바탕으로 중앙정부의 지배로부터 독립하려는 강한 의욕을 지니고 있었다. 또한 호족은 행정·군사적인 측면이나, 경제적으로도 일정한 지역에 대한 지배권을 행사하면서 반독립적인 자세에서 중앙정부와 연결되었다.[128]

호족(豪族)은 성주(城主) 혹은 장군(將軍)으로 불리고 있었으며, 백성들을 직접 지배하여 독자적인 군사력을 보유하였다.[129] 이들은 신라의 지방에 대한 통제력이 약화되자 전국 각지에서 대두하였다. 호족은 대체로 출신에 따라 네 가지 유형으로 나눌 수 있다. 낙향귀족 출신의 호족, 군진(軍鎭) 출신의 호족, 해상세력 출신의 호족, 촌주 출신의 호족이 그것이다.[130]

호족들이 지방에서 반독립적인 세력을 형성하자 신라 왕실의 권위는 떨어졌다. 각지의 호족들은 자신들의 세력이 미치는 지역을 중심으로 성을 쌓고 스스로 성주라 칭하며, 여러 권한을 행사하고 가혹한 수탈을 일삼아 농민들의 생활은 극도로 참혹하였다.

호족들의 압박과 수탈에 시달린 사람들은 유민이 되어 사방으로 흘러 다니다가, 귀족들의 장원에서 생활하며 사병이나 노예가 되기도 하였다. 진성여왕이 즉위하면서 권신들의 횡포로 정치기강이 문란해졌고, 기근이 심하여 백성들의 유랑과 초적(草賊)의 봉기가 잇달아 일어났다. 자연재해로 인한 흉년과 기근이 심해지면서 농민의 유망현상은 일반화 되었다. 농민의 유망은 어느 한 곳에서만 발생한 것이 아니라

    A-1. 신라가 말년에 쇠미하여지자 정치가 어지럽고 백성들이 흩어졌

---

128) 李基白, 1967, 『韓國史新論』, 일조각.
129) 河炫綱, 1974, 「고려왕조의 성립과 호족연합정권」, 『한국사』 4, 45쪽.
130) 鄭淸柱, 1996, 『新羅末高麗初豪族硏究』, 일조각, 217쪽.

다.131)
　　2. 기강은 문란해지고 게다가 기근이 곁들어 백성들이 유리하고 도적
　　　들이 벌떼와 같이 일어났다.132)

라고 하였듯이, 전국적인 현상이었다. 농민들의 유망은 농촌의 인구 감소는 물론 국가에 조세·공부·역역을 납부해야 하는 주민의 감소를 가져왔다. 이는 결국 국가재정의 궁핍을 가져와서

　　B. 국내의 여러 주, 군들이 공부를 바치지 아니하여 국고가 텅텅 비고
　　　용도가 궁핍하여졌다.133)

라고 하였듯이, 농민의 조세납부 토대 위에서 운영되던 국가재정의 파탄을 초래하였다. 관리들의 녹은 물론이고 기근과 흉년, 질병에 시달린 농민을 구휼할 수 없게 되었다.

　정부는 농민에게 가혹한 조세징수를 독촉할 수밖에 없었다. 농민의 유망은 심화되고 반발은 커져갔다. 또한 귀족의 사치와 향락생활, 현실인식의 안이함이 농민을 더욱 벼랑 끝으로 몰아넣었다. 진성여왕의 실정이 거듭되면서 누적된 모순은 전국적인 농민의 반란으로 확산되었다.

　진성여왕 3년(891)에 지방의 군현에서 공부를 수송하여 오지 않아 국가의 재정이 고갈되자

　　C. 왕이 사신을 보내어 독촉하자 이로 말미암아 각지에서 도적이 벌떼
　　　와 같이 일어났다. 이에 원종, 애노 등이 사벌주에서 의거하여 반란

---

131) 『三國史記』 권50, 列傳10, 弓裔.
132) 『三國遺事』 권2, 紀異2, 後百濟 甄萱.
133) 『三國史記』 권11, 新羅本紀11, 眞聖女王 3年.

을 일으키니 내마(奈麻) 영기(令奇)에게 명하여 잡게 하였다. 영기가 적진을 쳐다보고는 두려워 나아가지 못하였다. 촌주 우연이 힘껏 싸우다가 사망하였다.134)

라고 하였듯이, 지방에 사자를 보내어 조세를 독촉하였다. 이를 계기로 하여 농민의 반발이 전국으로 확산되어 각지에서 조세의 납부를 거부하고 농민의 반란이 요원의 들불처럼 일어났다.

상주의 원종과 애노의 반란은 지방세력의 이탈을 촉진하였다. 농민의 반발은 헌덕왕대에 시작되었으나, 진성여왕대에 이르러 전국적인 규모의 반란으로 확대되었다. 전국 각지에서 도둑이 벌떼처럼 일어났으며, 대부분의 주현들이 중앙정부를 이탈하여 신라의 통치체제는 붕괴되었다.

진성여왕 10년(896)에는 붉은 바지를 입은 도적이 일어나서 왕도가 반란군의 습격을 당하는 지경에 이르렀다.135) 그리하여 전국이 내란상태에 놓이게 되었고, 사벌주의 원종과 애노, 죽주의 기훤, 북원의 양길, 철원의 궁예 등 반란세력이 일어났다. 이들은 농민의 불만을 기반으로 하여 일어났는데, 견훤도 이러한 정세에 편승하여 서남해지역에서 군사를 일으켰다.

후백제를 건국한 견훤의 출생에 대하여『삼국사기』와『삼국유사』에 모두 상주의 장군이었던 아자개(阿慈介)의 아들이라고 기록되어 있다. 이 기록에 의거하여 견훤의 출생지를 일반적으로 상주 가은현(문경시 가은읍)으로 보고 있다. 그러나『삼국유사』는 견훤의 상주 출생설과는 별도로 고기(古記)를 인용하여

---

134)『三國史記』권11, 新羅本紀11, 眞聖女王 3年.
135)『三國史記』권11, 新羅本紀11, 眞聖女王 10年.

D. 또 고기에는 이렇게 말했다. 옛날 광주 북촌에 한 부자가 살았는데, 그에게 아름다운 딸이 하나 있었다. 딸이 아버지에게 아뢰기를 밤마다 자색(紫色) 옷을 입은 남자가 침실에 와서 자고 간다고 하였다. 아버지가 그 남자의 옷에 실을 꿴 바늘을 꽂아 두라고 일러서 딸이 그 말대로 했는데, 이튿날 아침 실을 따라가 보니, 북쪽담 밑에서 실 끝자락이 발견되었는데, 바늘은 큰 지렁이의 허리에 꽂혀 있었다. 얼마 후부터 그녀에게 태기가 있어서 아들을 낳았다. 15세가 되자 스스로 견훤이라 이름하고, 900년 후백제를 건국하여 완산군, 즉 지금의 전주에 도읍을 정했다. 이때 신라는 진성여왕 6년, 당은 소종(昭宗) 경복(景福) 1년이었다.[136]

라고 하였듯이, 광주 북촌에서 견훤이 태어났다는 다른 견해를 전하고 있다. 이 사료를 토대로 하여 견훤의 출신지에 대한 기존의 입장과는 달리 광주 출생설을 주장한 견해도 있다.[137]

광주 일대에 전해지는 설화에 의하면 북구 생룡동(오늘날의 건국동)에서 견훤이 태어났다고 한다.[138] 또한 영산강 상류지역에 해당되는 담양군

---

136) 『三國遺事』권2, 紀異2, 後百濟 甄萱.
137) 金庠基, 1966, 「甄萱의 家鄕에 대하여」, 『李秉岐博士頌壽紀念論文集』; 朴敬子, 1982, 「甄萱의 勢力과 對王建關係」, 『淑大史論』11·12合 ; 金井昊, 1986, 「史料 따라 가보는 後百濟紀行」, 『藝響』9·10·12월호 ; 邊東明, 2000, 「甄萱의 出身地 再論」, 『震檀學報』90.
138) 생룡동은 견훤의 생가마을이라는 설이 있어 생룡이라는 명칭이 붙게 되었는데, 생룡 남쪽에는 지내(못안)마을이 있고, 지내 남동쪽에는 장운동으로 가는 순산재, 서남편에는 생룡들에 물을 대는 대야제가 있었다. 생룡마을 뒤에서 죽취봉 쪽으로 가파른 구릉을 따라가면 토축과 일부 열을 지은 돌들이 폭 2~3m로 길게 뻗은 성터의 흔적이 드러나 있으며, 견훤대 또는 후백제성이라고 한다. 이 성터는 자연 구릉을 이용하여 쌓은 토석 혼축성인데 석축은 토축 위에 2~3단의 할석으로 쌓은 흔적이 있다. 중간 중간에는 문주로 보이는 주초석이 보이며 장대석도 있다. 견훤대라 부르는 꼭대기에는 반경 20m를 할석으로 둘러 석축을 쌓았고, 생룡과 모산 마을 뒤에는 수많은 토기 조각과 기와 조각들이 논밭에 널려 있다. 이들 토기 조각들로 보아 통일신라에서 조선시대까지 이용된 성곽으로 보고

대치면, 장성군 진원면, 광주시 삼소동 일대에도 견훤의 탄생과 관련된 설화들이 전해진다.139)

광주 출생설은 견훤이 이곳에서 후백제 건국의 기틀을 마련하면서 토착 호족세력의 딸과 혼인관계를 맺은 결혼정책의 반영으로 보고 있다.140) 견훤의 광주 출생설을 그대로 인정하되 이를 재해석하여 견훤이 광주를 제2의 고향으로 자처하게 된 것으로 이해하는 경우도 있다.141)

그러나 견훤의 광주 출생 설화는 광주지역의 호족과 결합하는 과정을 반영하는 것으로 추정된다. 견훤은 광주에서 출생한 것이 아니라 상주 가은현에서 태어난 것으로 보는 것이 타당할 것이다. 문경시 가은읍에는 견훤이 출생한 곳으로 알려진 갈전리 아차동의 금하굴과 관련하여 다음과 같은 전설이 전해지고 있다.

E. 아차동의 한 부유한 가정에 규중처녀가 있었는데 밤이면 가만히 처

있다(광주광역시 북구, 1999, 『광주 북구지리지』, 233쪽).
139) 한편 나주 완사천에 얽힌 설화나 광산구 용봉동의 왕자대 설화는 왕건과 관련되어 있다. 이러한 설화의 지역별 분포 차이는 후삼국시대에 있어서 나주와 광주를 중심으로 하여 양국이 대치한 것을 반영한 것으로 볼 수 있다. 후삼국시대에 전남지역의 경우 견훤은 광주를 주된 근거지로 하였으며, 왕건은 나주를 기반으로 하였다. 광주를 비롯한 영산강 상류지역 일대가 견훤을 지지했던 것에 반하여, 나주는 왕건을 지지하여 신흥국가인 고려를 탄생시키는 데 지대한 공헌을 하였다. 이 때문에 영산강 상류지역에는 견훤 설화가 많이 전승되고 있으며, 중류와 하류에는 왕건과 관련된 설화들이 주로 전한다(허경희·나승만, 1998, 「영산강 유역 설화에 나타난 주민의식의 비교연구」, 『목포어문학』 1).
140) 申虎澈, 1993, 앞의 책, 206~207쪽 ; 金壽泰, 1999, 「후백제 견훤정권의 성립과 농민」, 『백제연구』 29, 98쪽.
141) 견훤이 광주 출생설을 스스로 조작하여 유포시켰다는 견해에 대해서는 다음의 글을 참조하길 바란다. 文暻鉉, 1987, 『高麗太祖의 後三國統一硏究』, 형설출판사, 51쪽 ; 김갑동, 1999, 「후백제 영역의 변천과 멸망 원인」, 『후백제 견훤정권과 전주』, 전북전통문화연구소, 57쪽 ; 李喜寬, 2000, 「견훤의 후백제 건국과정 상의 몇 가지 문제」, 『후백제와 견훤』, 서경문화사, 36쪽.

녀방에 이목이 수려한 초립동이 나타나서 처녀와 정담을 하다가 동침까지 하고는 새벽이면 흔적없이 사라지고 또 다시 밤이면 나타나고 하기를 무릇 수개월에 처녀는 잉태하여 배가 부르게 되니 하는 수 없이 처녀는 부모에게 사실을 실토하게 된다. 처녀의 말을 들은 부모는 깜짝 놀라, 딸에게 말하기를 그 사나이가 오거든 평상시와 같이 잠을 자다가 그 사나이 모르게 옷자락에 바늘로 실을 꿰어매라고 일러놓고 밤에 가만히 엿 보았다. 밤이 되자 과연 말대로 이목이 수려한 초립동이가 나타나는지라 더욱 놀랍고도 이상하여 시종 동정만 살폈으나 역시 새벽이 되니 초립동은 흔적없이 사라졌다. 실오리를 따라서 계속 찾아가 보니 굴(금하굴)로 들어간지라 그 굴속에 들어가 보니 커다란 지렁이 몸에 실이 감기어 있었다.

 그 후로는 초립동이 나타나지 않고 10개월이 지난 후에 처녀는 옥동자를 출산하였으니 그가 후에 견훤이라고 알려졌다. 그러한 뒤부터 금하굴 속에서는 풍악이 울리는 소리가 나기 시작했다. 이 풍악소리는 수백 년이 지나도록 여전히 울려나와 구경꾼이 쇄도하여 동리에 작폐가 심하여 동민들이 금하굴을 메워버렸다고 한다. 그 후부터 풍악 소리가 없어졌는데, 그 풍악소리가 없어지자 동네에는 불상사가 자주 일고 불운이 겹쳐 동리가 많이 피폐해졌다고 한다.[142]

금하굴의 견훤 탄생설화는 『삼국유사』에 인용한 고기(古記)의 내용과 일맥 상통한다.[143] 견훤이 탄생한 곳이 금하굴이 아니라 그 부근의 농암에 있는 농바위에서 태어났다는 전설도 전해지고 있다.[144]

 견훤의 출신 내력과 성장 과정은

---

142) 문경시, 1996, 『견훤의 출생과 유적』, 122쪽.
143) 해방후 동민들이 다시 의논하여 매몰됐던 이 금하굴을 원형대로 파내고 원래의 모습대로 복구했으나 풍악소리는 들리지 않고 한갓 평범한 동굴로만 알려지게 되었다. 금하굴의 내부는 석회동굴로서 석순 종유석 등이 장관을 이루며 아직 이 동굴 심부탐색은 되지 않아 깊이와 내부의 구조는 정확히 파악되지 않았다.
144) 문경시, 1996, 『견훤의 출생과 유적』, 86쪽.

F-1. 견훤은 상주 가은현 사람이다. 본래의 성은 이씨였으나 후에 견으로 성씨를 삼았다. 아버지 아자개는 농사를 지으며 살아오다가 후에 가문을 일으켜 장군이 되었다. 이보다 앞서 견훤이 태어나 어린 아기였을 때 아버지가 들에서 일하면 어머니가 식사를 날라다 주었는데, 아이를 나무 수풀 밑에 놓아두면 호랑이가 와서 젖을 먹였다. 시골에서 이 말을 들은 사람들이 기이하게 여겼다.145)

2. 견훤은 상주 가은현 사람으로, 함통 8년 정해에 태어났다. 근본 성은 이씨였는데 뒤에 견씨로 고쳤다. 아버지 아자개는 농사지어 생활했었는데, 광계(光啓) 연간에 사불성(沙弗城)에 웅거하여 스스로 장군이라 하였다. 아들이 넷이 있어 모두 세상에 이름이 알려졌는데, 그 중에 견훤은 남보다 뛰어나고 지략이 많았다.146)

라고 하였듯이, 아자개의 출신과 사회적 지위를 통해 살펴볼 수 있다. 아자개는 본래 상주 가은현의 농민 출신으로 뒤에 자립하여 호족이 되었다. 아자개는 처음에는 가은현에서 살았지만 동남쪽에 위치한 상주로 옮겨 호족으로 성장하였다. 아자개가 사불성을 근거로 하여 장군을 자칭한 것은 광계연간(885~888)이었으며, 견훤의 나이는 20세 전후에 해당된다.

견훤은 그의 부친인 아자개를 통해 볼 때 부유한 농민층 혹은 촌주 출신이었다.147) 견훤은 사료 F-1과 같이 본래 성이 이씨(李氏)였으나 뒤에 견씨(甄氏)가 되었다. 아자개는 호족으로 성장한 후 자신의 장남인 견훤을 입경시켜 중앙정부와 연결을 꾀하였다.148)

견훤은 신라의 중앙군에 참여한 후 경주를 떠나 서남해의 방수군으로

---

145) 『三國史記』 권50, 列傳10, 甄萱.
146) 『三國遺事』 권2, 紀異2, 後百濟 甄萱.
147) 申虎澈, 1993, 『後百濟甄萱政權硏究』, 일조각, 11쪽.
148) 申虎澈, 1993, 위의 책, 13쪽.

파견되었다. 그러나 견훤이 신라의 중앙군으로 종군한 것은 아자개의 후계구도에서 밀려났기 때문으로 보는 견해도 있다. 즉, 견훤이 자신의 불우한 처지를 극복하기 위하여 중앙군에 입대하여 새로운 길을 선택하였다는 것이다.149) 『삼국유사』에 인용되어 있는 이비가기(李碑家記)에 의하면

> G. 이비가기에 보면 이렇게 말했다. 진흥대왕 비(妃)인 사도(思刀)의 시호는 백융부인이다. 그 셋째 아들 구륜공(仇輪公)의 아들 파진간 선품(善品)의 아들 각간 작진(酌珍)이 왕교파리를 아내로 맞아 각간 원선(元善)을 낳으니 이가 바로 아자개이다. 아자개의 첫째 부인은 상원부인이요, 둘째부인은 남원부인으로 아들 다섯과 딸 하나를 낳았으니 그 맏아들이 상부(尙父) 훤(萱)이요, 둘째 아들이 장군 능애(能哀)요, 셋째 아들이 장군 용개(龍蓋)요, 넷째 아들이 보개(寶蓋)요, 다섯째 아들이 장군 소개(小蓋)이며, 딸이 대주도금(大主刀金)이다.150)

라고 하였듯이, 아자개는 2명의 부인에게 얻은 다섯 명의 아들과 딸 한 명이 있었다. 아자개의 계승문제를 두고 그의 아들 사이에 벌어진 후계구도에서 견훤이 밀려나 새로운 길을 선택하였을 가능성이 없지 않다. 그러나 견훤이 중앙군에 참여한 까닭은 복합적인 이유가 중첩되었다.

견훤은 여러 가지 이유로 고향을 등지고 군에 입대하여 서남해의 방수군이 되었다. 견훤이 부임한 서남해의 방수처(防戍處)는 영산강 하류 일대,151) 나주,152) 순천,153) 순천만 내지 섬진강 하구의 광양만,154) 경남 서부

---

149) 李喜寬, 2000, 앞의 글, 42~43쪽.
150) 『三國遺事』 권2, 紀異2, 後百濟 甄萱.
151) 申虎澈, 1993, 앞의 책, 28쪽.
152) 鄭淸柱, 1996, 『新羅末 高麗初 豪族研究』, 일조각, 193쪽.
153) 李道學, 2001, 「진훤의 출생지와 그 초기 세력기반」, 『후백제 견훤정권과 전주』, 주류성, 71쪽.

의 진주155) 등으로 보고 있다. 견훤은 중앙군에 입대한 후

> H. 처음에 견훤이 나서 포대기에 싸였을 때, 아버지는 들에서 밭을 갈고 어머니는 아버지에게 밥을 가져다 주려고 아이를 수풀 아래 놓아 두었더니 범이 와서 젖을 먹이니 마을 사람들은 이 말을 듣고 이상하게 여겼다. 아이가 장성하자 몸과 모양이 웅장하고 기이했으며 뜻이 커서 남에게 얽매이지 않고 비범했다. 군인이 되어 서울로 들어갔다가 서남의 해변으로 가서 변경을 지키는데 창을 베개 삼아 적군을 지키니 그의 기상은 항상 사졸에 앞섰으며 그 공로로 비장이 되었다.156)

라고 하였듯이, 서남해 변경을 지키게 되었다. 그의 기상(氣象)은 항상 사졸(士卒)에 앞섰으며 공로를 인정받아 비장(裨將)에 올랐다.

견훤은 신라가 진성여왕 때에 이르러 국정이 문란해지고 어지러워지자 병(兵)을 일으켜 무진주를 습격하여 후백제 건국의 기틀을 마련하였다. 『삼국유사』 왕력 편에는 견훤이 임자년(892)에 처음으로 광주에 도읍을 정하였다고 기록되어 있다.157) 견훤이 후백제 건국의 기틀을 마련한 곳은 광주지역이다. 또한 광주지역의 호족은 후삼국의 전란 와중에서 다른 지역과는 달리 끝까지 견훤과 운명을 같이 하였다.

광주지역은 영산상 하류지역을 차지한 왕건의 군대와 그 영향력 하에 있던 나주지역의 호족과 맞선 후백제의 보루이었다. 견훤과 광주지역의 끈끈한 유대는 광주 북촌에서 견훤이 출생하였다는 설화가 생겨난 배경

---

154) 邊東明, 2000, 앞의 글, 41쪽.
155) 姜鳳龍, 2001, 「견훤의 세력기반 확대와 전주 정도」, 『후백제 견훤정권과 전주』, 주류성, 37쪽.
156) 『三國史記』 권50, 列傳10, 甄萱.
157) 『三國遺事』 권1, 奇異2, 後百濟 甄萱.

이 되었다. 그러나 견훤은 이곳 출신이 아니라 상주 가은현에서 성장한 후 서남해지역으로 부임하여 광주와 인연을 맺게 되었다.

2) 견훤의 거병과 후백제 건국

견훤은 신라의 정치기강이 문란해지고 사회혼란이 가중되어 농민의 봉기가 이어지질 때 무진주를 차지하였다. 견훤의 봉기는 서남쪽 주현에서 반기를 든 지 불과 한 달 만에

> A. 당나라 소종(昭宗) 경복(景福) 원년, 즉 신라 진성왕 재위 6년에 왕의 총애를 받던 신하들이 (왕의) 옆에 있으면서 정권을 마음대로 휘둘러 기강이 문란하고 해이해졌고, 그 위에 기근까지 겹쳐 백성이 떠돌아다니고 뭇 도적이 벌떼처럼 일어났다. 이에 견훤은 속으로 왕위를 엿보는 마음을 가져 무리를 불러 모아 왕경의 서남쪽 주현(州縣)을 치자 이르는 곳마다 메아리처럼 호응하였다. 1달 사이에 무리가 5천 명에 이르자 드디어 무진주를 습격하여 스스로 왕이 되었으나 아직 감히 공공연하게 왕을 칭하지 못하고, 신라서면도통·행전주자사·겸어사중승·상주국·한남군개국공(新羅西面都統行全州刺史兼御史中丞上柱國漢南郡開國公)을 자서(自署)하였다.158)

라고 하였듯이, '5천의 무리'를 모을 수 있을 만큼 큰 호응을 받았다. 그가 불러모은 무리는 굶주린 농민과 도적떼도 있었지만, 서남 방면의 비장(裨將)으로 직접 지휘한 군사도 포함되었다.

견훤은 서남해 방수군의 비장으로 있으면서 몸소 실천하는 솔선수범과 남다른 용기를 보여 인심을 얻었다.159) 견훤이 부임한 서남해의 방수군

---

158) 『三國遺事』 권2, 紀異2, 後百濟 甄萱.
159) 『三國史記』 권50, 列傳10, 甄萱.

은 지휘관은 경주에서 파견되었지만, 대다수의 병사들은 인근의 주민들로 구성된 지방군인이었다. 견훤은 체격과 용모가 뛰어나고 뜻과 기개가 보통 사람들보다 컸을 뿐만 아니라, 솔선수범 하는 자세로 군대에서 신망을 받았다.

또한 서남해지역 사람들은 다른 곳과 마찬가지로 신라 하대에 이르러 기근과 흉년 등으로 심한 고통을 받았다. 이들은 생활의 어려움에도 불구하고 가혹한 조세수취와 역역 징발에 고통을 받았다. 따라서 서남해지역의 주민들은 신라 왕실과 귀족들에 대해 불만과 비판적인 태도를 가졌고, 견훤이 군대를 일으키자 적극적으로 호응하였다.

견훤은 군대를 모아 서남해 방면의 주현을 습격하여 세력을 확대한 후 무주(오늘날의 광주)에 이르러 도읍을 정하였다. 견훤은 이때 국왕을 칭하지 못하고 '신라서면도통' 등을 자서(自署)하였다. 견훤이 무주를 점령하자

> B. 완산적(完山敵) 견훤이 주(州)에 웅거하여 후백제를 자칭하니 무주 동남쪽의 군현이 모두 이에 항속(降屬)하였다.[160]

라고 하였듯이, 그 동남쪽의 군현이 모두 항복하여 복속되었다. 견훤은 무진주에서 자립하여 인근의 주민들로부터 적극적인 호응을 얻었다.

무주는 『삼국유사』의 고기에 의하면 견훤의 탄생과 관련이 있는 곳이며, 그가 자립하여 건국의 기틀을 마련한 지역이다. 무주는 견훤의 세력형성 초기에 주요한 기반이 되었다.

견훤은 전주로 천도한 900년 이전까지 백제 부흥운동을 내세우면서 전남지역의 호족들과 밀접한 관계를 맺었다. 전남지방에서 견훤과 관계

---

[160] 『三國史記』 권11, 新羅本紀11, 眞聖女王 3年.

후백제 인가별감 김총의 묘 전남 순천시 주암면 소재

를 맺은 호족세력은 무주성주 지훤, 승주장군 박영규, 인가별감 김총 등이 있었다. 견훤은 무진주에 도읍을 정하여 정권을 수립하고 군사적·정치적 기반의 확대를 도모하면서 박영규(朴英規), 김총(金惣) 등의 호족과 연합하는 정책을 실시하였다.161) 이들은 모두 전남의 동남부지역 출신이라는 공통점이 있다.

그러나 견훤은 나주를 비롯한 서남해지역은 장악하지 못하였다.162) 따라서 사료 A에 보이는 "서남쪽 주현을 치고 무진주를 습격하여 왕이 되었다"는 기사를 견훤이 전남의 서남쪽에서 거병하여 무주를 차지한 것으로 해석하는 것은 문제가 있다. 사료 A에 보이는 '서남쪽의 주현'은 전남의 서남부를 지칭한 것이 아니고, 수도 경주에서 바라 본 서남부지역을 의미한다.

사료 B에 보이는 '무주 동남의 군현'은 대체로 구례·곡성·광양·순천·여수·보성·고흥 등의 전남 동부지역을 말한다. 전남 동부지역에 위치한 이들 군현은 견훤정권의 가장 핵심적인 세력기반이 되었다. 견훤

---

161) 鄭淸柱, 2002,「견훤의 豪族政策」,『全南史學』19, 80쪽.
162) 鄭淸柱, 1996, 앞의 책, 28쪽.

이 해적 소탕의 임무를 띠고 견훤이 파견된 곳은 순천만이나 광양만부근으로 추정된다.163)

　박영규는 해상활동의 요충지인 순천의 해룡산성에 웅거하면서 해상세력으로 활동하였다. 해룡산성의 동북쪽에는 동천(東川), 서남쪽에는 이사천(伊沙川)이 각각 흐르고 있으며, 성의 남동쪽에서 두 하천이 합류한다. 하천의 합류지점부터 해룡산성까지는 평야가 자리잡고 있는데, 이곳은 과거에는 대부분 바다였다. 해룡산성은 포구 부근에 위치하였으며, 순천만의 안쪽에 위치한 해상교통의 요충지였다.164)

　박영규는 해상세력으로 성장하여 견훤의 사위가 되었다. 그는 해룡산성에 웅거하면서 인근의 보성, 고흥, 여천 등을 지배하였다. 김총은 견훤을 섬겨 관직이 인가별감에 이르렀다. 인가별감은 견훤의 의장(儀仗) 또는 호위군(護衛軍)의 지휘관으로 추정된다. 김총은 견훤의 큰 신뢰를 받았으며, 순천지역에서 중요한 활약을 하였다.

　견훤은 박영규와 김총 등의 호족세력들과 연합하여 전남 동부지역을 지배영역으로 확보하였다.165) 견훤은 두 사람 외에도 광주성주였던 지훤과 연합하였다. 지훤은 견훤의 사위라는 사실 외에 알려진 것이 없지만, 견훤의 사위가 된 것은 호족이었기 때문에 가능하였다.

　견훤은 출신지인 상주에서 멀리 떨어진 서남해 일대에서 거병하였기 때문에 호족들과 결합이 절실하였다. 견훤은 여러 명의 왕비가 있었고, 자식이 십여 명에 이르렀다. 견훤이 여러 명의 왕비를 두었던 것은 호족과 혼인정책에 따른 결과였다. 견훤은 처음에는 무주의 부호가(富豪家)와 혼인을 하였고, 전주로 천도한 후에는 전주 일대의 호족세력과 혼인관계

---

163) 邊東明, 2000, 앞의 글, 41쪽 ; 李道學, 2001, 앞의 글, 72쪽.
164) 邊東明, 2000, 위의 글, 102쪽.
165) 邊東明, 2002, 「고려시기 순천의 山神·城隍神」, 『歷史學報』 174.

를 맺었다.166)

　또한 견훤은 자녀들도 지방의 유력한 호족들과 혼인시켰는데, 무주성주 지훤(池萱)과 승주 대호족인 박영규(朴英規)가 사위가 되었다. 견훤정권의 수립은 호족연합정책의 결과였다.167)

　견훤은 각지의 호족세력과 연대를 추진하면서 진표의 미륵신앙을 받아들여 백제부흥운동의 사상적 토대로 삼았다. 백제 유민인 진표는 미륵보살의 대행자로서 계율을 통한 이상국가의 건설을 꿈꾸었다. 진표의 미륵신앙은 반신라적인 성향을 가지고 있었으며, 신라 중심지역보다는 옛 백제지역과 같은 변방 주민들, 특히 불만 농민층에게 큰 호응을 받았다.168)

　또한 견훤은 전남지역의 여러 산문, 선승과 유대관계를 맺었다. 그는 선종 산문인 동리산문(桐裏山門)과 유대를 맺었고 도선(道詵)과도 연결이 되었다.169) 광주지역으로 내려와 순천호족과 결합하였던 사자산문(獅子山門)의 징효대사(澄曉大師) 절중(折中)과 관계를 맺기도 하였다.170) 또한 견훤은 도선의 제자이며 동리산문에 속하였던 경보(慶甫)를 제자의 예를 갖추면서 포섭하여 국사(國師)로 삼았다.171)

　그러나 견훤은 건국 초기부터 나주를 비롯한 전남 서남부지역은 지배하지 못하였다. 견훤이 해상세력 중심의 나주 호족을 지배하지 못한 이유는 그들과 이해관계를 같이 하지 못한 점에서 원인을 찾고 있다. 견훤은

---

166) 신호철, 2000, 「후백제 견훤 왕의 역사적 평가와 그 의미」, 『후백제와 견훤』, 서경문화사, 22쪽.
167) 申虎澈, 1993, 앞의 책, 104쪽.
168) 李基白, 1994, 「한국 풍수지리설의 기원」, 『한국사시민강좌』 14 ; 趙仁成, 1996, 「미륵신앙과 신라사회」, 『진단학보』 82.
169) 金杜珍, 1988, 「羅末麗初 桐裏山門의성립과 그 사상」, 『동방학지』 57, 43쪽.
170) 朴貞柱, 1994, 「신라말·고려초 獅子山門과 政治勢力」, 『眞檀學報』 77, 20~22쪽.
171) 許興植, 1986, 『고려불교사연구』, 일조각, 358쪽.

서남해 방수군 출신으로 해상세력을 규제하는 입장에 있었기 때문에 그 중요성을 이해하지 못했다는 것이다.172)

그러나 이러한 견해는 나주호족과 동일한 해상세력 출신인 박영규 등이 견훤과 끝까지 운명을 같이 하였다는 사실을 염두에 두면 설득력이 떨어진다. 나주의 호족세력이 견훤에 맞선 까닭은 전남지역에 있어서 전통적으로 나주 중심의 해상세력과 광주 중심의 내륙세력 사이에 지속되어 온 대립관계에서 이유를 찾을 수 있다. 혹자는 청해진의 해체 과정에서 유발된 청해진 해상세력과 무주 육상세력 사이의 대립이 이어진 것으로 보기도 한다.173)

또한 나주세력과 견훤의 대립은 독자적인 대외교섭과 교류관계를 지속하려는 해상세력과 중앙정권에 밀착하는 성향이 짙은 내륙세력 사이의 오랫동안에 걸친 갈등도 원인이 되었다. 이 때문에 서남해지역의 해상세력은 무주에 도읍을 정한 견훤에 맞서 저항하였다.

견훤의 서남해지역 진출은 영산강 수운(水運)의 중심에 위치하면서 거점 역할을 하던 나주 공략부터 벽에 부딪혔다. 견훤에 맞서면서 나주와 그 주변의 해상세력은 독자적인 경제적·군사적 기반을 마련하여 주민을 지배하였다. 서남해지역은 견훤이 정권을 세운 892년부터 왕건이 나주를 경략한 903년 이전까지는 토착호족의 지배를 받았다.174) 왕건의 나주 점령 이후 서남해지역은 태봉의 지배를 받게 되었다.

서남해의 해상세력은 해상무역에서 최대시장인 북중국의 산동반도 방면으로의 항로를 확보하기 위해서 궁예의 태봉에 귀부하였다. 서남해지역이 태봉에서 멀리 떨어져 있으므로 중앙정부의 규제와 간섭이 비교

---

172) 鄭淸柱, 1996, 앞의 책, 193쪽.
173) 鄭淸柱, 1996, 위의 책, 160쪽.
174) 鄭淸柱, 1996, 위의 책, 149쪽.

적 적어 해상활동의 자유가 보장된 것도 태봉에 귀부한 이유가 되었다.[175)] 서남해지역의 해상세력은 견훤에게 귀부하지 않고 궁예 휘하의 왕건과 연결을 맺고 태봉에 복속하였다.

2. 후백제-고려의 대립과 서남해지역의 추이

1) 왕건의 나주지역 진출과 몽탄해전

후백제는 나주를 비롯한 서남해지역의 호족들이 저항을 꾀하자, 무주의 배후지역이 취약성을 보이게 되었다. 이 때문에 견훤은 전주로 수도를 옮기게 되었다. 또한 견훤은 통치거점을 내륙의 교통·군사적인 요충지로 옮겨 지배영역을 확대할 목적으로 전주 천도를 단행하였다.[176)]

그 외에 견훤이 천도한 이유는 전주지역에 주둔하고 있던 신라의 지방군을 장악하여 무력적 기반을 확대할 필요가 있었기 때문이다. 전주에는 10정과 만보당 이외에 완산정(完山停)과 완산주서(完山州誓)가 더 배치되어, 공주와 광주에 비하여 군사력이 2배나 되었다.

견훤은 후삼국의 정립기에 궁예에 비하여 상대적으로 강한 군사력을 보유하였다. 견훤 자신이 후백제의 병력 규모가 북군(北軍)의 갑절에 이른다[177)]고 말하고 있는 것에서 잘 드러난다. 견훤정권은 공고한 군사적 기반을 보유하였고, 그 토대 위에서 효과적인 군사동원체계와 정비된 군사조직을 갖추고 있었다.

견훤이 무진주와 완산주·웅천주·강주 등의 지방군 조직을 흡수하고 재편하여 군사적 기반으로 삼았기 때문에 가능하였다.[178)] 견훤은 전주를

---

175) 鄭淸柱, 1996, 위의 책, 160~161쪽.
176) 申虎澈, 1993, 앞의 책, 48~51쪽 ; 鄭淸柱, 1996, 위의 책, 170쪽.
177) 『三國遺事』 권2, 後百濟 甄萱.
178) 李文基, 2000, 「견훤정권의 군사적 기반」, 『후백제와 견훤』, 서경문화사,

장악하여 무력 기반을 강화하면서 군사체제를 정비하였다.179) 견훤은 전주로 천도하여 후백제왕이라 칭하면서

    A. 견훤이 서쪽으로 순행하여 완산주에 이르니 그 백성들이 환영하고 위로하였다. 견훤이 인심을 얻은 것을 기뻐하여 좌우에게 말하였다. "내가 삼국의 시초를 살펴보니, 마한이 먼저 일어나고 후에 혁거세가 발흥하였으므로 진한과 변한이 따라서 일어났다. 이에 백제가 금마산에서 개국하여 600여 년이 되어 총장 연간에 당나라 고종이 신라의 요청을 들어 장군 소정방을 보내 배에 군사 13만을 싣고 바다를 건너 왔고, 신라의 김유신이 잃은 영토를 다시 찾기 위해 황산을 지나 사비에 이르러 당나라군과 합세하여 백제를 쳐 멸망시켰다. 내 이제 감히 완산에 도읍하여 의자왕의 묵은 분함을 씻지 않겠는가?"180)

라고 하였듯이, 백제를 계승하고 의자왕의 원한을 갚겠다고 공언하였다.
  견훤의 후백제 계승의식 표방은 광주에서 건국의 토대를 마련한 후 "전무공등주군사항전주자사(全武公等州軍事行全州刺史)"를 자처하면서 전주·무주·공주 등의 지역을 세력범위로 삼은 것에서도 엿보인다. 견훤은 전주를 중심으로 광주, 공주의 옛 백제지역을 차지하려고 하였다. 견훤은 천도를 단행한 후 백제부흥운동을 본격적으로 추진하였다.181)
  한편 견훤정권과 익산지역의 밀접한 관계 때문에 후백제의 수도가 익산에 위치한 것으로 보는 견해도 있다. 견훤은 익산에 들러 주민들의 민심을 얻기 위해 『삼국사기』 견훤전에 보이는 "백제개국 금마산(金馬

    104~105쪽.
179) 金壽泰, 2001, 「전주 천도기 견훤정권의 변화」, 『후백제 견훤정권과 전주』, 주류성, 125~126쪽.
180) 『三國史記』 권50, 列傳10, 甄萱.
181) 金壽泰, 2001, 앞의 글, 127쪽.

山)"을 운운한 적도 있었다.182) 그러나 후백제의 수도가 익산에 위치한 것으로 보는 견해는 근거가 미약하고 사실에 부합되지 않는다.183)

견훤정권은 전주로 천도하여 정치적 안정을 이룬 다음에 국가조직을 정비하였다. 견훤은 먼저 도읍에 필요한 여러 기능을 정비하였다. 도성과 궁궐의 건축, 관부의 설치, 수비군의 조직·운영, 경찰·치안의 유지 등 제반 기능을 정비하였다.184)

또한 견훤은 후백제라는 국호를 제정하여 백제 부흥운동의 대의명분을 내세웠으며, 무진주 시절에 '신라서면도통'을 자처하던 것에서 벗어나 후백제왕을 칭하였다. 그리고 정개(正開)라는 연호를 쓰는 등 칭제·건원하여 국가와 왕실의 권위를 대외적으로 드높였다. 견훤은 전주 천도 이후 국가체제를 정비하여 왕권강화를 도모하였고, 호족과 연합하여 지배영역의 확대를 꾀하였다.

그러나 견훤은 후백제의 국가체제 정비가 완료되고 왕권강화가 이루어지자 호족연합정치를 포기하고 전제왕권을 추구하였다.185) 견훤은 후백제의 국가체제를 정비한 후 세력기반을 확대하기 위하여 서남해 방면

---

182) 申虎澈, 1993, 앞의 책, 44쪽.
183) 申虎澈, 1993, 앞의 책, 45쪽.
184) 견훤의 왕성은 전주시 완산구 대성동 산 25번지에 위치한 동고산성으로 추정하고 있다. 동고산성은 전주에서 동남쪽 남원으로 향하는 국도의 동편에 있는 해발 306m의 발계봉을 정점으로 하여 동·남·북벽은 산능선을 따라 축조되어 있고, 서북편으로는 전주 시내로 내려가는 계곡을 감싼 포곡식으로 되어 있다(成正鏞, 2000,「後百濟都城과 防禦體系」,『후백제와 견훤』, 서경문화사, 74쪽). 동고산성은 건물지의 규모나 출토된 연화문 막새기와 형식이 왕궁지로서의 충분한 고고학적 증거가 된다고 한다. 후백제의 도성은 동고산성~고토성까지 서북-동남 방향으로 길게 반원형으로 되어 있었으며, 산성을 정점으로 5개의 구획된 공간이 있었다(전영래, 2001,「후백제와 전주」,『후백제 견훤정권과 전주』, 주류성).
185) 견훤이 호족연합정치를 포기하고 전제왕권을 추구한 시기는 900년대 후반으로 보는 견해(鄭淸柱, 2002, 앞의 글, 77쪽)와 918년 이후로 이해하는 견해가 있다(金壽泰, 1999,「全州 遷都期 甄萱政權의 變化」,『한국고대사연구』15).

의 공략에 나섰다.

서남해지역은 후백제의 세력기반인 무주(광주)의 권역에 인접해 있었고, 해로의 요충지에 해당하는 곳으로 중국・일본과의 국제교류와 국내의 세력 확대를 위해 반드시 확보할 필요가 있었다.[186] 그러나 서남해지역의 해상세력들은 견훤의 공략에 맞서 강하게 저항하였다. 이들은 무주의 내륙 토착세력의 이익을 대변하는 견훤의 지배를 받아들이지 않고 독자적인 생존을 모색하였다.

견훤이 나주지역을 본격적으로 공략하기 시작한 것은 전주로 천도한 이후부터 추진되었다. 견훤은 정권의 안정을 꾀한 후 901년 8월에 나주지역을 공략하였다. 견훤은 나주지역에 앞서 합천 대야성을 공격하였으나 함락하는 데 실패하였다. 그 대신 견훤은 금성(나주)의 남쪽 부락을 약탈하고 돌아갔다.[187]

견훤이 금성 남쪽의 부락들을 약탈한 것은 서남해 공략이 좌절된 것에 대한 보복 조치였다.[188] 견훤의 서남해지역 진출은 영산강 수운의 중심에 있던 나주 공략부터 벽에 부딪혔다.[189] 서남해지역 토착세력의 후백제에 대한 저항은 의외로 강경하였다.

이들은 견훤에 맞서면서 해상활동을 통하여 경제적・군사적 기반을 마련하여 주민을 독자적으로 지배하였다. 이들은 사태의 추세를 주시하고 있었는데, 901년에 이르러 견훤의 약탈 행위가 자행되자 큰 위협을 느끼게 되었다.

견훤이 나주 일대의 부락들을 약탈한 사건이 발생한 후 왕건이 바다를

---

186) 姜鳳龍, 2001, 「견훤의 세력기반 확대와 전주 정도」, 『후백제 견훤정권과 전주』, 주류성, 111쪽.
187) 『三國史記』 권12, 新羅本紀12, 孝恭王 6年.
188) 姜鳳龍, 2001, 앞의 글, 99쪽.
189) 姜鳳龍, 2001, 위의 글, 98쪽.

통해 진출하자 호족들은 적극적으로 호응하였다. 왕건은 903년에 수군을 거느리고 서해를 거쳐

> B. 천복 3년 계해 3월 수군을 거느리고 서해로부터 광주 경계에 이르러 금성군을 공격하여 빼앗고, 10여 군현을 습격하여 점령했다. 이어서 금성을 나주로 개칭하고 군대를 나누어 주둔시킨 후 돌아왔다.[190]

라고 하였듯이, 서남해지역으로 진출하였다. 왕건은 금성에 병력을 상주시켜 군사적인 거점으로 삼음과 동시에 그 지명도 나주(羅州)라 개칭하였다.

왕건이 나주 일대의 10여 군현을 일시에 취할 수 있었던 것은 토착세력의 적극적인 협력과 호응이 있었기 때문에 가능하였다.[191] 왕건이 견훤에게 보낸 국서와 『신증동국여지승람』 나주목 조에 각각

> C-1. 나부(羅府, 羅州) 스스로 서(西)로부터 와서 이속(移屬)하였다.[192]
> 2. 군인(郡人)이 후고구려왕에게 귀부하였다.[193]

라고 하였듯이, 나주의 주민들이 자발적으로 귀부한 사실을 통해서 알 수 있다.

견훤의 약탈과 압력에 불안을 느낀 서남해지역의 해상세력들이 궁예정권에 내부(內附)하여 보호를 요청하였을 가능성도 없지 않다. 또한 서남해지역의 해상세력은 당시 최대시장인 북중국의 산동반도 방면으로의

---

190) 『高麗史』 권1, 世家1, 太祖1, 全文.
191) 鄭淸柱, 1996, 앞의 책, 151쪽.
192) 『三國史記』 권50, 列傳10, 甄萱.
193) 『新增東國輿地勝覽』 羅州牧, 建置沿革條.

항로를 확보하기 위해서 태봉에 귀부하였다.

서남해지역은 태봉에서 멀리 떨어져 있으므로 중앙정부의 규제와 간섭이 비교적 적어 해상활동의 자유가 보장된 것도 귀부한 이유가 되었다.194) 궁예는 부하 장수인 왕건을 파견하여 서남해지역을 장악하였다.

이와 같이 서남해지역은 견훤이 정권을 세운 889년부터 왕건이 나주를 경략한 903년 이전까지는 토착세력의 지배를 받았다.195) 그리고 왕건의 나주 점령 이후 서남해지역은 태봉의 지배를 받게 되었다. 서남해의 해상세력은 견훤에게 귀부하지 않고 궁예 휘하의 왕건과 연결을 맺고 태봉에 복속하였다. 태봉의 서남해지역 지배는 오래 가지 못하였고, 908년 무렵에 이르러 견훤이 차지하게 되었다.196)

견훤은 나주를 돌파하여 진출하는 직공책을 포기하고, 고창-영광-함평-무안-목포로 이어지는 서해안 코스를 따라 서남해지역으로 우회하는 방향을 택하였다.197) 견훤의 우회전략은 성공하여 후백제는 서남해지방을 장악하게 되었다.

그러나 왕건이 909년에 수군을 이끌고 와서 다시 나주지역을 차지하였다. 왕건은 궁예의 명을 받아 먼저 염해현(함평군 임수리)에 이르러 견훤이 오월(吳越)에 보내는 배를 나포하여 돌아갔다. 왕건은 6월에 이르러 정주(貞州)에서 전함을 정비하여 2,500명의 병사를 이끌고 진도를 쳐서 획득하였고, 고이도에서는 싸우지도 않고 항복을 받았다.198) 왕건은 서남해의 도서와 연안지방에 절대적인 영향력을 발휘하게 되었으며, 영산내해를 거슬러 올라가 나주세력과 합류를 시도하였다.

---

194) 鄭淸柱, 1996, 앞의 책, 160~161쪽.
195) 鄭淸柱, 1996, 위의 책, 149쪽.
196) 鄭淸柱, 1996, 위의 책, 152쪽.
197) 姜鳳龍, 2001, 앞의 글, 112쪽.
198) 『高麗史』 권1, 世家1, 太祖 卽位年.

견훤은 수군을 총동원하여 왕건과 나주세력의 합류를 저지하였다. 그러나 왕건은 화공책을 이용하여

D. 다시 나주 포구에 이르렀을 때에는 견훤이 직접 군사를 거느리고 전함들을 늘여 놓아 목포에서 덕진포에 이르기까지 머리와 꼬리를 서로 물고 수륙 종횡으로 군사 형세가 심히 성하였다. 그것을 보고 우리 여러 장수들은 근심하는 빛이 있었다. 태조는 말하기를 "근심하지 말라. 전쟁에서 이기고 지는 것은 군대의 의지가 통일되어 있느냐 없느냐 하는 데 있는 것이지, 그 수가 많고 적은 데 있는 것은 아니다"라고 하면서 곧 진군하여 급히 공격하니 적선들이 조금 퇴각하였다. 이에 풍세를 타서 불을 놓으니 적들이 불에 타고 물에 빠져 죽는 자가 태반이었다. 여기서 적의 머리 5백여 급을 베였다. 견훤은 작은 배를 타고 도망하였다. 처음에 나주 관내 여러 군들이 우리와 떨어져 있고 적병이 길을 막아 서로 응원할 수가 없었기 때문에 자못 동요하였는데, 이때에 와서 견훤의 정예 부대를 격파하니 군사들의 마음이 모두 안정되었다. 이리하여 삼한 전체 지역에서 궁예가 절반 이상을 차지하게 되었다.199)

라고 하였듯이, 해상에서 견훤의 수군을 크게 격파하였다. 양군의 전투는 처음에는 후백제군이 절대적인 우세를 차지하였다. 후백제군은 견훤이 직접 군사를 거느리고 출전하였는데, 전함들이 목포(현재의 영산포)에서 영암의 덕진포까지 머리와 꼬리를 서로 물고 종횡으로 이어질 만큼 그 형세가 성하였다. 후백제군의 기세에 눌린 태봉군은 크게 동요하여 근심하는 빛이 완연하였을 정도였다.

두 나라의 운명을 좌우하는 대결전은 왕건이 화공책을 이용하여 후백제의 전함을 대부분 불태우자 전세는 태봉으로 기울게 되었다. 견훤은

---

199) 『高麗史』 권1, 世家1, 太祖 卽位年.

겨우 몸을 피해 달아나고 말았다. 이 전투는 현재의 나주시 동강면과 무안군 몽탄면 일대에서 벌어진 것으로 전해지고 있다.

후백제군을 격파한 왕건은 나주에 주둔하면서 서남해의 제해권과 그 연안지방을 장악하였다. 왕건은 후백제의 수군을 격파한 데 이어 서남해의 도서지방을 주름잡고 있던 능창을 사로잡았다. 능창은 압해도를 근거지로 하여 왕건의 수군에 맞서고 있었는데

> E. 태조는 드디어 광주 서남 지경 반남현 포구에 이르러 적의 경내에 첩보망을 늘여 놓았다. 그 때에 압해현 반란군의 수장 능창이 섬에서 일어났는데, 수전을 잘하여 '수달'이라고 불리었다. 그는 망명한 자들을 끌어 모으고 갈초도에 있는 소수의 반란군들과도 서로 연계를 맺어 태조가 오는 것을 기다려서 태조를 해치려고 하였다. 태조는 여러 장수들에게 말하였다. "능창이 벌써 우리가 오는 것을 알고 있으니 반드시 섬의 도적들과 함께 사변을 일으킬 것이다. 도적의 무리는 비록 적으나 만일 세력을 규합하여 우리의 앞뒤를 막는다면 승부를 알 수가 없다. 그렇기 때문에 물에 익숙한 자 십여 명으로 하여금 갑옷을 입고 창을 들고 가벼운 배를 타고 밤에 갈초도 나룻가로 가서 음모하려고 왕래하는 자들을 사로잡아 그 계획을 좌절시키도록 하는 것이 좋을 것이다." 여러 장수들이 모두 그 말을 따라서 과연 한 척의 작은 배를 잡으니 그것이 바로 능창이었다. 태조는 그를 잡아서 궁예에게 보냈더니 궁예가 크게 기뻐하고 능창의 얼굴에 침을 뱉으면서 말하기를, "해적들이 다 너를 추대하여 두령으로 하였지만, 지금은 나의 포로가 되었으니 어찌 나의 계책이 신기하지 않느냐" 하고, 곧 여러 사람들에게 선포한 다음 그를 죽였다.[200]

라고 하였듯이, 왕건은 능창을 생포하여 궁예에게 보내 죽음에 처하게

---

200) 『高麗史』 권1, 世家1, 太祖 卽位年.

하였다. 능창은 압해도를 중심으로 하여 서남해의 도서지방에 포진한 해상세력들을 휘하에 두었다.[201]

능창이 견훤과 연대하여 왕건에 맞선 것은 아니지만, 태봉의 수군이 서해를 거쳐 영산 내해로 진입하여 나주로 가는 데 큰 위협이 되었다. 능창이 왕건의 수군에 맞선 이유는 서남해 해상활동의 기득권이 박탈되었기 때문이다.

능창은 왕건에게 생포된 후 수도에 있던 궁예에게 보내질 만큼 중요한 인물이었다. 능창은 수전에 능숙하고 서남해의 지리를 잘 알고 있었으며, 여러 섬에 포진한 해상세력들을 조직하여 왕건의 수군에 대항하였다. 이들은 비록 숫자는 적었지만 세력을 규합하여 왕건의 수군이 서남해에 진입할 때 앞뒤를 막는다면 승부를 알 수 없을 만큼 위협적이었다.

능창은 여러 섬의 해상세력들과 긴밀한 연락을 하던 중에 영광 군남면의 갈초도 부근에서 왕건의 수하들에게 사로잡혀 비참한 최후를 맞이하였다. 궁예는 능창의 얼굴에 침을 뱉고 사형에 처하여 복수를 하였다. 태봉 수군은 능창이 죽은 후 비로소 서해와 영산 내해를 거쳐 나주지역으로 자유롭게 왕래할 수 있게 되었다.

이로써 태봉은 서남해의 제해권과 영산강 하류지역을 완전하게 장악하였다. 태봉은 909년에 치러진 몽탄전투에서 승리한 후 승세를 몰아 연안 도서를 장악하고 있던 능창을 제거하고 서남해지역을 석권하였다.

왕건이 여러 난관을 헤치고 서남해지역을 장악할 수 있었던 것은 토착 해상세력의 적극적인 도움이 있었기 때문에 가능하였다. 견훤은 몽탄전투의 패배를 만회하려고 910년에 나주공격에 나섰는데

---

201) 能昌勢力에 대해서는 독자적인 해상세력(姜鳳龍, 2001, 앞의 글, 102쪽)과 친견훤적인 성향으로 보는 견해(申虎澈, 1993, 앞의 책, 32쪽)가 있다.

> F. 개평 4년 견훤이 금성이 궁예에게 투항한 것에 노하여 보병과 기병 3천 명으로써 포위 공격하여 10여 일이 지나도록 포위를 풀지 않았다.202)

라고 하였듯이, 금성(현재 나주)이 궁예에게 투항한 것을 공격 이유로 내세웠다.

견훤의 나주공격은 몽탄해전을 전후로 하여 서남해 해상세력이 왕건에게 자발적으로 투항한 것에 대한 보복조치였다. 견훤은 보병과 기병 3천 명을 동원하여 나주를 10여 일 동안 공격하였지만 별다른 성과를 올리지 못하였다. 왕건은 후백제의 공세를 물리치고 나주지역을 사수하였다.

궁예는 다음 해인 911년에 다시 왕건을 보내어 군사를 거느리고 금성 등을 정벌하도록 하였다. 왕건의 군사 행동은 나주지역의 해상세력을 고려의 세력권으로 묶어 두기 위한 위무작전에 불과하였다. 왕건은 나주 점령에 만족하지 않고 후백제의 배후기지 역할을 하던 무주를 공격하였다. 그러나 후백제는 광주성주 지훤(池萱)이

> G. 진성왕 6년 임자(당나라 소종 경복 원년)에 견훤이 무진주를 습격하여 빼앗아 웅거하고 후백제왕이라 일컫다가 드디어 전주로 옮겼다. 견훤 20년 신미(양나라 태조 건화 원년)에 후고구려왕 궁예가 태조를 정기대감으로 삼아 수군을 거느리고 무진 지경을 공략하여 차지하게 하였는데, 성주 지훤은 바로 견훤의 사위였으므로 견훤과 서로 응하여 굳게 지키고 항복하지 않았다.203)

---

202) 『三國史記』 권50, 列傳10, 甄萱.
203) 『世宗實錄』 권151, 地理志, 全羅道 長興都護部, 武珍郡.

라고 하였듯이, 잘 방어하여 태봉의 공격을 물리쳤다. 양국은 주로 영산강을 사이에 두고 치열한 공방전을 전개하였는데, 태봉은 영암·나주 등 남쪽에 자리잡았고, 후백제는 영광·무안 등지를 무대로 북쪽에 포진하였다.

태봉과 후백제는 영산강과 금성산을 자연적인 경계로 하여 나주시 남평읍 일대에서 대치하였다. 이곳에 인접한 광주시 광산구 일대에는 전란의 소용돌이 속에서 못다 이룬 청춘 남녀의 가슴아픈 사연이 전해지고 있다.204)

이 설화의 무대는 광주시 광산구 복룡산 자락이다. 지금도 이 산의 중턱에 서면 시원하게 펼쳐진 평동의 들녘이 보이며, 안개가 끼지 않는 날은 나주의 금성산이 눈앞에 조망된다. 영산강 기슭에 위치한 복룡산은 후백제와 태봉 양군이 대치한 접경지역이었다. 그리고 광산의 어룡 쪽과 평동 쪽이 각각 다른 설화와 전설205)을 간직하고 있는 것도 이와 무관하지 않다.

왕건은 수군을 이끌고 여러 차례에 걸쳐 후백제군을 격파하고 서남해지역을 확보하였으며, 광주를 공략하기도 하였다. 후백제도 왕건의 군대에 격렬하게 맞서면서 전투를 지속하였다. 후백제는 제해권을 상실한 이후 보병과 기병을 동원하여 왕건의 수군을 공격하였다.

또한 견훤은 912년 수군을 보내 덕진포에서 왕건의 군대와 해전을 치렀다.206) 견훤은 영산 내해의 제해권을 상실한 후 전주와 군산 일대에서 수군을 동원하여 다시 서남해지역으로 진출을 도모하였다. 이에 맞서 왕건은 나주지역에 머물면서 후백제의 공격에 대비하였다.

---

204) 광산문화원, 1996, 『어등의 맥』, 283~286쪽.
205) 허경회·나승만, 1998, 「영산강 유역 설화에 나타난 주민의식의 비교연구」, 『목포어문학』 1.
206) 『三國史記』 권50, 列傳10, 甄萱條.

『고려사』 태조 세가(世家)에는 왕건의 잠저(潛邸)시절의 활약이 주로 나주에서 이루어진 것으로 기록되어 있다. 왕건은 10~15년 간을 나주지역에 머물면서 후백제와 격전을 벌였다. 왕건은 대공(大功)을 세워 시중의 자리까지 올랐지만, 궁예가 포악해지자 주로 나주에 머물면서 생명을 부지하였다. 왕건은 여기에 그치지 않고 나주지역에서 독자적인 세력기반을 형성하였다.

2) 고려의 건국과 나주도대행대의 설치

궁예는 서남해지역의 공방전이 소강상태로 접어들자 913년에 왕건을 파진찬으로 승진시켜 시중으로 임명[207]한 후 수도로 돌아오도록 하였다.[208] 궁예는 수군에 관련된 일은 부장인 김언(金言) 등에게 맡겼으나, 정벌에 관한 업무는 반드시 왕건에게 품의하여 실행하도록 하였다.[209]

그러나 왕건은 아지태의 변고가 일어난 후 화가 미칠 것을 두려워하여 다시 외방 근무를 자청하였다. 궁예는 914년에 왕건의 요구를 받아들여 시중에서 해임하고 수군을 통솔하게 하였다. 왕건은 정주(貞州)에서 전함 70여 척을 수리하여 군사 2천 명을 싣고 나주에 이르렀다. 왕건이 수군을 이끌고 나주에 도착하자

> A. 백제 사람들과 해상의 좀도적들이 태조가 온 것을 알고 모두 두려워서 감히 준동하지 못하였다.[210]

라고 하였듯이, 태봉의 서남해지역 지배는 확고하게 뿌리를 내리게 되었

---

207) 『三國史記』 권50, 列傳50, 弓裔傳.
208) 『高麗史』 권1, 世家1, 太祖 全文.
209) 『高麗史』 권1, 世家1, 太祖 全文.
210) 『高麗史』 권1, 世家1, 太祖 全文.

다. 왕건은 나주지역을 위무한 후에 태봉으로 돌아가서 궁예에게 해상활동의 경제적인 이익과 군사적인 임기응변 대책을 보고하는 등 절대적인 신임을 받았다.

그러나 궁예는 점점 포악해지면서 인심을 잃고 죄없는 많은 사람들을 죽였다. 궁예의 의심을 받고 가까스로 살아난 왕건은 전함 백여 척에 군사 3천을 싣고 다시 나주로 향하였다. 이 해는 남방에 기근이 들어 각지에 도적이 일어나고 위수(衛戍) 병졸들도 모두 나물에 콩을 반쯤 섞어 먹으면서 겨우 지냈다. 왕건은 정성을 다하여 서남해 주민들을 구원하여 살 수 있도록 하였다.[211]

왕건은 903년부터 918년 등극 전까지 나주에 주로 머물면서 세력을 규합하였다.[212] 『고려사』에 전하는 왕건과 나주 오씨 장화왕후의 만남에 관한 전승은

> B. 장화왕후 오씨는 나주 사람이었다. 조부는 오부돈이고, 부친은 다련군이니 대대로 이 고을 목포에서 살았다. 다련군은 사간 연위의 딸 덕교에게 장가 들어 왕후를 낳았다. 일찍이 왕후의 꿈에 포구에서 용이 와서 뱃속으로 들어가므로 놀라 꿈을 깨고 이 꿈을 부모에게 이야기하니 부모도 기이하게 여겼다.
>
> 얼마 후에 태조가 수군 장군으로서 나주를 진수하였는데, 배를 목포에 정박시키고 시냇물 위를 바라보니 오색구름이 떠 있었다. 가서 보니, 왕후가 빨래하고 있으므로 태조가 그를 불러서 이성관계를 맺었는데, 그의 가문이 한미한 탓으로 임신시키지 않으려고 피임 방법을 하여 정액을 자리에 배설하였다.
>
> 왕후는 즉시 그것을 흡수하였으므로 드디어 임신이 되어 아들을 낳았는데 그가 혜종이다. 그런데 그의 얼굴에 자리 무늬가 있었기

---
211) 『高麗史』 권1, 世家1, 太祖 全文.
212) 鄭淸柱, 1996, 앞의 책, 157쪽.

때문에 세상에서는 혜종을 '주름살 임금'이라고 불렀다. 항상 잠을 잘 때에는 물을 부어 두었으며, 또 큰 병에 물을 담아 두고 팔을 씻으며 놀기를 즐겼다하니 참으로 용의 아들이었다.
　나이 일곱살이 되자 태조는 그가 왕위를 계승할 덕성을 가졌음을 알고 있었으나, 어머니의 출신이 미천해서 왕위를 계승하지 못할까 염려하고 낡은 옷 상자에 석류 빛 황포를 덮어 왕후에게 주었다. 왕후는 이것을 대광 박술희에게 보였더니, 박술희는 태조의 뜻을 알고 왕위 계승자로서 정할 것을 청하였다. 왕후가 죽으니 시호를 장화왕후라고 하였다.213)

라고 하였듯이, 일부 내용이 각색되어 있지만 나주지역으로 진출한 왕건이 호족세력과 결합하는 과정을 보여주고 있다. 장화왕후 오씨 집안은 대대로 나주의 목포(영산포)에 살았는데, 해상무역을 통해 부를 축적한 해상세력이었다.

그러나 나주 오씨는 왕건이 측미(側微)한 집안이라 하여 임신을 원치 않았다는 데서 알 수 있듯이, 다른 지방의 호족에 비하여 그 세력 규모가 크지는 않은 듯하다. 오씨 집안과 왕건은 동일한 해상세력이었기 때문에 쉽게 연결될 수 있었다. 왕건은 장화왕후 오씨를 완사천이라는 곳에서 만나 태자 무(武, 고려 2대 혜종)를 낳았다.

왕건은 수군을 이용하여 서남해지역을 경략한 후 해상세력과 밀접한 관계를 맺으면서, 그의 정치적 비중을 높이는 동시에 군사 기반을 강화하였다. 나주의 오씨세력 외에도 왕건이 유대를 맺은 집단은 영암 최씨와 영광 전씨가 있었다.

영암 최씨의 대표적인 인물은 최지몽(崔知夢)이었다. 최지몽은 어려서부터 여러 경서를 섭렵하였으며, 천문과 점복에도 정통하였다. 최지몽이

---

213) 『高麗史』 권88, 列傳1, 后妃1, 莊和王后吳氏.

18세 때 왕건이 불러 꿈 해몽을 하게 하였는데, 왕위에 오를 것으로 예언하였다. 왕건은 전쟁에 나갈 때는 최지몽을 좌우에 두고 곁에서 떠나지 못하게 할 만큼 신임하였다.214)

최지몽은 태조부터 성종대까지 중앙정계에서 크게 활약하였다. 영암 최씨도 해상활동을 통하여 유력한 호족으로 성장한 해상세력이었다. 영암은 덕진포라는 좋은 항구를 가지고 있어 대중국교섭에 유리하였고, 토착세력은 대외무역과 영산강 유역 토착사회의 역내교역을 주도하면서 성장하였다. 영암 최씨가 왕건과 관계를 맺은 것은 나주 정벌에 적극적으로 협력하면서 이루어졌다.215)

영광 전씨는 왕건의 서남해지역 경략에 협력하여 고려가 후삼국을 통일한 후 개국공신이 된 종회(宗會)의 가문이었다.216) 종회는 왕건이 진도를 공격할 때 김언(金言)과 함께 부장으로 참전하였다. 종회는 영광 출신으로 왕건이 서남해지역을 공략할 때 많은 공을 세워 태조공신 운기장군(雲騎將軍)이 되었다.

나주를 비롯한 서남해지역은 왕건이 고려를 건국할 수 있는 정치적·군사적 배경이 되었다. 고려가 건국된 후 왕건은 후백제의 공격을 받아 많은 영토를 상실하였지만, 서남해지역은 빼앗기지 않고 굳건히 지켰다. 왕건은 고려를 건국한 직후 중앙정부와는 별개의 독립된 행정부서인 나주도대행대(羅州道大行臺)를 설치하였다.

나주도대행도에 대한 내용은 『고려사』 태조 세가에 유일한 기록이 보인다.

---

214) 『高麗史』 권92, 列傳5, 崔知夢.
215) 鄭淸柱, 1991, 「신라말·고려초의 나주호족」, 『전북사학』 14.
216) 『東文選』 권118, 「故華藏寺住持王師定印大禪師追封靜覺國師碑銘」에 의하면 목종과 현종대에 활약한 田拱之의 조상이 宗會라고 하였다.

C. 전시중(前侍中) 구진(具鎭)으로 나주도대행대 시중을 삼았다. 구진은 그가 오랜 동안 전주(前主)에게 노고한 것을 이유로 들어 사양하고 가려하지 아니하므로 왕이 불쾌히 생각하여 유권열(劉權說)에게 일러 말하기를, "옛날에 내가 험저(險阻)를 역시(歷試)하였으되, 일찍이 노고하였다고 말하지 않은 것은 실로 (궁예의) 엄위(嚴威)를 두려워하였기 때문이다. 이제 구진이 굳이 사양하고 가지 아니하는 것이 옳은가?"고 한 바 유권열이 대답하여 말하기를 "상은 선을 권장하는 것이고 벌은 악을 징계하는 것입니다. 마땅히 엄형을 가하여 군하(群下)를 경계해야 합니다."라고 하였다. 왕이 이를 옳게 여겼으므로 구진이 두려워하여 사죄하고 드디어 출발하였다.217)

고려시대에 지방행정 단위로서 '도(道)'가 설치된 것은 성종 이후였기 때문에 '나주도(羅州道)'는 행정단위는 아니었다. 사료 C에 보이는 '도(道)'는 관할 범위를 지칭하는 것으로 추정되며, 나주도는 고려의 군사적·정치적 거점이 되어 영산강 하류지역과 서남해지역을 담당하였다.

나주도대행도는 나주 방면을 관할하는 대행대이며, 주로 군사행정을 담당하였지만 그 외에 민사행정 등도 처리하였다. 대행대는 그냥 '행대(行臺)'라고도 불렀는데, 중국에서는 고대로부터 독특한 의미로 사용되었다. 행대는 처음에는 오직 민사행정 만을 담당하였고 상설된 것도 아니었다. 후위(後魏) 때에 상설기관으로 변모되면서 일정한 지역을 통괄하게 되었으며, 북제(北齊)·북주(北周)에 이르러 민사행정까지 담당하게 되었다.

행대에는 중앙정부와는 다른 별개의 행정관부가 설치되고 상서령(尚書令)과 복야(僕射) 등이 파견되어 병사(兵事)·농사(農事)·행정(行政) 등 일체를 통괄하였다. 그러나 행대는 중앙정부보다 기구의 규모나 관등의 등급이 약간 축소된 형태를 유지하였다.218)

---

217) 『高麗史』 권1, 世家1, 太祖 元年 9月 癸巳.

고려의 경우 궁예정권 때에 시중을 역임한 구진을 나주도대행대의 책임자로 삼은 것에서 볼 때, 그 역할이 중국의 행대(行臺)에 못지않게 중요하였음을 알 수 있다. 구진은 그 휘하의 관료들을 통솔하여 병사(兵事)·농사(農事)·행정(行政) 등 일체를 총괄하였다.

고려가 나주도대행대를 둔 이유는 서남해지역 통치를 위한 별도의 행정관부를 설치할 필요가 있었기 때문이다. 또한 나주도대행대의 책임자는 현지에서 국왕의 재가없이 먼저 중요한 업무를 자체 처리하고 나중에 보고하는 형식을 취하였다.

나주도대행대는 고려가 원지(遠地)에 있는 서남해지역을 통치하기 위하여 설치한 특별 행정관서였다. 왕건이 나주도대행대를 설치한 이유는 왕권 내지 왕실의 권위를 지지해 주는 세력기반을 마련하고, 나주세력을 체계화하기 위한 것이었다.[219] 나주도대행대는 고려정부와는 별개로 왕건의 사적(私的) 영유지였으며, 나주지역과 깊은 연관성이 있는 혜종이 왕위에 있을 때까지 존속하였다.[220]

왕건이 서남해지역에 큰 관심을 기울인 이유는 풍부한 물산(物産)을 확보하는 것 외에 후백제의 배후를 위협하고 교란시키려는 목적이 있었다. 고려는 나주지역에 군단을 상주시켜 후백제의 병력 분산을 유도하고, 동으로는 후백제가 신라를 습격하려는 것을 견제하려고 하였다.

또한 고려는 남해안의 강주(진주)도 큰 관심을 기울였다. 강주는 남해안을 이용하는 해상교통의 요충지였을 뿐만 아니라 대야성에 있는 후백제군을 배후에서 압박할 수 있는 지역이었다. 왕건은 나주도대행대를 설치하여 서남해지역을 확고히 장악한 데 이어, 920년에는 강주장군(康州將

---

218) 朴漢卨, 1998, 「羅州道大行臺考」, 『江原史學』 1, 24쪽.
219) 鄭淸柱, 1996, 앞의 책, 163쪽.
220) 朴漢卨, 1988, 「羅州道大行臺考」, 『江原史學』 1.

軍) 윤웅(閏雄)의 귀순을 받아들여 남해안지역 통치의 거점을 마련하였다.

윤웅은 그 아들 일강(一康)을 인질로 보내면서 고려에 귀부하였다. 왕건은 일강에게 아찬(阿粲)의 품계를 주고 경(卿)의 지위에 있는 행훈(行訓)의 누이와 혼인하게 하였으며, 낭중(郎中) 춘양(春讓)을 강주에 파견하여 귀부를 위로하였다.[221]

그러나 강주지역은 얼마 안 있어 연안 도서지방이 고려에 반기를 들고 후백제와 관계를 맺는 등 반부(返附)가 심하였다. 강주를 사이에 두고 전개된 920년대 양국의 거듭된 공방전 끝에 견훤이 승리하여,[222] 그 아들 양검을 강주도독으로 삼아 지방통치를 강화하였다. 고려의 경남 남해안지역 진출은 종식되고, 나주를 비롯한 서남해지역 지배에 진력하였다. 고려가 강주지역을 다시 회복한 것은 935년에 이르러 후백제의 승주장군 박영규가 귀부한 이후에 가능하였다.

3. 후백제의 멸망과 호족세력의 동향

견훤은 후백제를 건국하여 전주·웅주·무주를 중심으로 옛 백제의 땅을 대부분 차지하였다. 그 외에 후백제는 강주(진주)를 비롯한 서부 경남의 일부를 차지하였지만, 서남해지역은 확보하지 못하였다. 고려가 건국하기 직전인 917년 무렵 후백제의 영역은 나주를 비롯한 서남해지역을 제외하고 대략 대천-논산-대전-옥천-영동-선산-김천-거창-함양-구례-순천을 연결하는 선이었다.[223]

---

221) 『高麗史』 권1, 世家1, 太祖 3년 正月.
222) 왕건은 927년 4월에 해군 장군 英昌과 能式 등이 수군을 거느리고 가서 강주 소관이었던 轉伊山·老浦·平西山 및 突山 등 4鄕을 치게 하였다. 강주지역이 고려의 지배를 받게 되자, 견훤도 928년에 군사를 강주로 보내어 元甫의 지위에 있던 珍景을 죽이고, 장군 有文의 항복을 받아 다시 차지하였다.
223) 김갑동, 2001, 앞의 글, 198쪽.

그러나 왕건이 고려를 건국하면서 상당한 변화가 초래되었다. 왕건이 즉위한 지 한 달이 채 못되어 마군장군(馬軍將軍) 환선길(桓宣吉)이 철원에서 모반을 일으켰으나 실패하고 주살되었다.[224] 또한 환선길과 친척관계에 있던 공주지역 출신 마군대장군(馬軍大將軍) 이흔암(伊昕巖)도 모반을 꾀하다가 발각되어 주살되었다.[225]

이들의 모반 사건은 반왕건(反王建)·친궁예적(親弓裔的)인 성격이었으며,[226] 이흔암과 환선길의 반란이 실패하고 나서 2개월 후에 공주(公州)·운주(運州) 등 10여 주현이 후백제로 넘어갔다. 두 번에 걸친 모반사건이 실패로 끝나고 그 주모자들이 주살되자, 친궁예적인 공주세력이 후백제에 투항한 것이다.[227]

고려는 청주에서도 진선(陳瑄)·선장(宣長) 형제가 모반을 일으켰다가 주살되는 등 불안한 분위기에 휩싸였다. 왕건은 홍유(洪儒)와 유금필(庾黔弼)로 하여금 병사 1,500명을 거느리고 진주(鎭州)에 주둔하여 청주인의 모반에 대비하도록 하였다.[228] 충청지역의 정세는 매우 불안하여 지배권이 후백제와 고려 사이에서 자주 바뀌었고, 호족들도 양국 사이에서 귀부와 배반을 거듭하였다.

왕건은 지금의 충남 아산에 군대를 주둔하게 하였으며, 919년에는 직접 청주에 행차하여 성을 쌓고 유민 5백여 호를 안집하였다.[229] 고려는 예산-아산-청주를 잇는 방어선을 구축하게 되었다.[230] 고려가 충청도 방면의 방어선을 구축하자 후백제 역시 직접 충돌을 피하면서 경상 남부

---

224) 『高麗史』 권127, 叛逆1, 桓宣吉.
225) 『高麗史』 권127, 叛逆1, 伊昕巖.
226) 鄭淸柱, 1986, 「궁예와 호족세력」, 『全北史學』 10, 25쪽.
227) 鄭淸柱, 1996, 앞의 글, 168쪽.
228) 『高麗史』 권92, 列傳5, 王順式傳附 堅金.
229) 『高麗史節要』 권1, 太祖 2年 8月.
230) 김갑동, 1999, 앞의 글, 200쪽.

쪽으로 진출을 시도하였다.

후백제는 고려 정국의 혼미와 신라의 쇠약을 틈타 920년에 대야성을 함락시키고 진례성(김해시 진례면)까지 진출하였다. 후백제는 고려를 강하게 압박하면서 전반적으로 우위를 차지하였다. 또한 후백제의 병력은

> A. 병신 정월에 견훤은 그 아들에게 말했다. "내가 신라 말에 후백제를 세운 지 여러 해가 되어 군사는 북쪽의 고려 군사보다 배나 되는데도 오히려 이기지 못하니 필경 하늘이 고려를 위하여 가수(假手)하는 것 같다. 어찌 북쪽 고려 왕에게 귀순해서 생명을 보전하지 않을 수 있겠느냐." 그러나 그 아들 신검·용검·양검 등 세 사람은 모두 응하지 않았다.231)

라고 하였듯이, 고려군의 2배나 되었다. 이를 반영하듯이 924년과 925년에 벌어진 조물성 전투, 927년의 공산동수 전투, 928년의 오어곡성 전투, 929년의 의성전투와 순주성 전투 등은 후백제군의 일방적인 승리로 끝났다. 후백제의 군사적인 우위는 929~930년 사이에 전개된 고창전투에서 후백제가 패배할 때까지 지속되었다.

고려의 건국 후 양국의 주전장은 소백산맥 이남에 위치한 낙동강 일대이었다. 후백제는 고사갈이성(문경)·상주·조물성(구미시 금오산성)·의성·진보성(청송군 진보면) 등 고려의 대신라(對新羅) 통로가 되는 경상북부지역을 차지하려고 하였다.

또한 후백제는 강주(진주)·대야성(합천)·고울부(영천)·진례군(청도) 등 경주로 진출하는 통로 혹은 교두보가 되는 지역에 관심을 기울였다.232) 이곳의 전투 회수는 나주지역이나 충청지역에 비해 월등히 많았고,

---

231) 『三國遺事』 권2, 紀異2, 後百濟 甄萱.
232) 鄭淸柱, 2002, 앞의 글, 87쪽.

견훤이 직접 나서서 지휘하는 총력전의 양상을 띠었다.[233)]
후백제는 충청지역과 경상지역의 전황을 유리하게 이끌면서 건국 이후 숙원이었던 서남해지역을 마침내 차지하였다. 후백제가 나주지역을 확보한 것은

> B. 나주계(羅州界)의 40여 군은 나의 번리(藩籬)가 되어 오래 풍화에 젖었으므로 일찍이 대상(大相) 견서(堅書)·권직(權直)·인일(仁壹) 등을 보내어 가서 진무(鎭撫)하도록 하였는데 근자에 백제에게 겁략당한 바 되어 6년간 해로(海路)가 통하지 않으니 누가 나를 위하여 진무(鎭撫)할 것인가?[234)]

라고 하였듯이, 태조 18년부터 6년이 소급된 태조 12년(929)에 이루어졌다.[235)]

후백제는 나주를 포함한 서남해지역 외에 문경을 거쳐 고울부(영천)-경주로 통하는 진출로를 확보하였다. 또한 후백제는 강주와 대량성을 획득하고 북진하여 벽진군(성주)-부곡성(군위군 의흥면)-의성을 거쳐 순주(안동시 풍산면)까지 진출하여 경상 서부지역을 거의 장악하였다. 이때가 견훤정권의 최전성기로서 서해안의 대천에서 청양-공주-대전-보은-문경-예천-의성-군위-성주-고령-합천-진주로 연결되는 영역을 차지하였다.[236)]

그러나 후백제가 안동의 고창전투에서 고려에게 패배하면서 양국 관계는 갑자기 역전되고 말았다. 호족들의 향배도 걷잡을 수 없이 견훤정권

---

233) 申虎澈, 1993, 앞의 책, 83~85쪽.
234) 『高麗史』 권92, 列傳1, 庾黔弼.
235) 김갑동, 2001, 앞의 글, 209쪽.
236) 김갑동, 2001, 위의 글, 209쪽.

에서 멀어져 갔다. 충청 북부지역에서는 후백제의 충실한 전초기지 역할을 하였던 매곡성(회인)의 공직(龔直)이 932년에 고려에 귀부하였다. 견훤은 크게 분노하여

 C. 장흥(長興) 3년 견훤의 신하 공직(龔直)은 용감하고 지략이 있었는데 태조에게 항복하자 견훤이 공직의 두 아들과 한 딸을 거두어 다리의 힘줄을 불로 지져 끊었다.237)

라고 하였듯이, 공직의 아들과 딸을 잔혹하게 살해하여 앙갚음을 하였다. 공직의 투항은 후백제에 큰 타격을 주어 일모산성(문의)이 왕건에 의해 정벌을 당하였고, 웅주 이북 30여 성이 934년 고려에 항복하는 계기가 되었다.

 한편 경상지역에서는 재암성(청송)의 선필(宣必), 고창군의 성주 김선평(金宣平)이 930년에 고려에 귀부하였다. 고려는 김선평(金宣平), 권행(權幸), 장길(張吉)에게 대광(大匡) 혹은 대상(大相)의 벼슬을 주어 우대하였다. 영안(안동), 하곡(안동 임하), 직명(안동 일직), 송생(청송) 등 30여 군현이 고려에 항복하였고, 명주(강릉)에서 흥예부(울산)에 이르는 동해안지역의 '주군부락(州郡部落)'이 모두 항복하니 그 숫자가 110여 성에 달하였다. 후삼국의 대결 양상은 고창전투에서 왕건이 견훤의 주력 부대를 대파하고 8,000여 명을 죽인 것을 계기로 고려가 절대적인 우위를 보이게 되었다.

 견훤은 약화된 국세를 회복하기 위하여 고려에 적극적으로 맞서면서 왕자들을 도독으로 삼아 지방의 주요 지역에 파견하였다. 견훤은 양검을 강주도독으로, 용검을 무주도독으로 삼아 지방지배를 강화하였다. 또한

---

237)『三國史記』권50, 列傳10, 甄萱.

견훤은 고창전투의 패배를 만회하기 위하여 932년에 일길찬(一吉湌) 상귀(相貴)에게 수군을 주어 고려의 경내를 침입케 하였다. 상귀는 수군을 거느리고 예성강(禮成江) 어구에 침입하여

    D. 가을 9월에 견훤이 일길찬 상귀(相貴)를 보내 수병으로 고려 예성강에 들어가 3일을 머무르면서 염주(鹽州), 백주(白州), 정주(貞州) 3주의 선박 100척을 불태우고 저산도에서 기르는 말 300필을 잡아갔다.[238]

라고 하였듯이, 3일 동안 머무르면서 염(鹽)·백(白)·정(貞) 3주(州)의 선박 100여 척을 불태우고 저산도의 목마(牧馬) 3백 필을 잡아왔다.[239] 같은 해 10월에는 해군장군 상애(尙哀) 등이 고려의 대우도를 공격하였다. 후백제는 육전의 열세를 극복하기 위하여 수군을 동원하여 고려 경내를 급습하여 일정정도의 전과를 올렸다.

이는 후백제의 수군이 건재하였음을 의미하며, 견훤이 서남해지역을 장악하여 해상세력들의 도움을 받았기 때문에 가능하였다. 그러나 935년에 이르러 후백제가 차지하고 있던 서남해지역을 고려가 회복하면서 상황은 급변하게 되었다.

왕건은 후백제의 신검계와 금강계가 왕위계승분쟁에 몰두한 틈을 이용하여 유금필을 보내어 서남해지역을 회복하였다. 후백제의 왕위계승분쟁이 표면화되기 시작한 것은 934년의 운주(홍성)전투에서

    E. 청태(淸泰) 원년 봄 정월에 견훤이 태조가 운주(運州)에 머물고 있다는 소식을 듣고 드디어 병사 5천 명을 선발하여 이르니 미처 진을

---

238) 『三國史記』 권50, 列傳10, 甄萱.
239) 『三國史記』 권50, 列傳10, 甄萱.

치기도 전에 장군 유금필이 굳센 기병 수천 명으로 돌격하여 3천 명을 목베거나 포로로 잡았다. 웅진 이북 30여 성이 소문만 듣고 스스로 항복하니 견훤의 휘하 술사 종훈, 의사 훈겸, 용감한 장수 상달과 최필 등이 태조에게 항복하였다.240)

라고 하였듯이, 3천여 명이 전사하며 패배를 당한 이후였다. 후백제는 대패를 당하여 웅진 이북의 30여 성이 고려의 수중에 들어갔고, 북방의 전진기지였던 공주를 잃고 말았다.

운주전투의 패배는 정권의 핵심을 장악하고 있던 금강계의 정치적 입지의 약화를 초래하였다. 신검계는 운주전투의 패배에 대한 책임을 금강계에 묻고자 하였다. 신검계는 견훤이 전주로 돌아온 다음 정변을 단행하여

  F. 견훤은 아내를 많이 취하여 아들 10여 사람이 있었는데 넷째 아들 금강이 키가 크고 지략이 많아 견훤이 특별히 사랑해 그에게 왕위를 전해주려고 하자 그의 형 신검, 양검, 용검 등이 알고서 걱정과 번민을 하였다. 당시 양검은 강주도독, 용검은 무주도독으로 나가 있었고, 신검 만이 왕의 옆에 있었다. 이찬 능환이 사람을 강주, 무주에 보내 양검 등과 더불어 몰래 모의하였고, 청태 2년 봄 3월에 이르러 파진찬 신덕(新德)·영순(英順) 등이 신검에게 권하여 견훤을 금산사에 유폐시키고 사람을 보내 금강을 살해하였다.241)

라고 하였듯이, 금강을 살해하고 견훤을 금산사에 유폐한 후 정치적 실권을 장악하였다. 신검이 견훤을 금산사에 유폐한 이유는 사료 F에 의하면 소자(小子)를 편애하였기 때문이었다.

---

240) 『三國史記』 권50, 列傳10, 甄萱.
241) 『三國史記』 권50, 列傳10, 甄萱.

그러나 신검계와 금강계의 대립은 각각 광주와 전주에 세력기반을 둔 외척집단 및 호족세력 사이의 정치적 대립에서 기인하였다.[242] 신검 형제와 금강은 서로 모계를 달리하는 이복형제 간이며, 두 세력의 왕위쟁탈전도 외척집단 사이의 대립에서 비롯되었다.[243]

신검은 왕위에 오른 후 국내의 불만세력을 회유하고 포섭하기 위하여

G. 신검이 대왕을 자칭하면서, 국내에 대사면령을 내리었는데 그 교서는 다음과 같다. "여의(如意)가 특별히 총애를 입었으나 혜제가 임금이 될 수 있었고, 건성(建成)이 외람되이 세자의 위치를 차지하였으나 태종이 일어나 즉위하였으니, 천명은 바꿀 수 없고 임금의 자리는 돌아갈 곳이 있다. 삼가 생각하건대, 대왕의 신령스런 무예는 뭇 사람을 훨씬 뛰어 넘었으며, 영특한 꾀는 옛날에 비추어도 우뚝하였다.
쇠퇴기에 태어나 세상을 다스림을 자임하고 삼한 땅을 순회하여 백제를 부흥하고 도탄을 제거하여 백성을 편안하게 살게 하였으므로 즐거워 북치고 춤추는 것이 바람과 번개처럼 나타났고, 멀리와 가까이에서 발 빠르게 달려와 이룬 업적이 거의 중흥에 이르렀다. 지혜롭고 사려가 깊었으나 문득 한번 실수하여 어린 아들을 편애하고 간신들이 권력을 조롱하고 대왕을 진나라 혜제의 어두움으로 인도하여 어진 아버지를 헌공(獻公)의 의혹에 빠지게 하여 왕위를 어리석은 아이에게 거의 줄 뻔하였는데 다행스러운 것은 하느님께서 진실한 마음을 내리시어 군자에게 허물을 고치게 하시고 맏아들인 나에게 명하여 이 한 나라를 다스리게 하셨다. 돌아보건대, 나는 뛰어난 재목이 아니니 어찌 임금에 앉을 지혜가 있으리오마는 조심하

---

242) 한편 사서에 보이는 金剛, 神劍, 須彌康이 동일한 인물이며,『三國史記』·『高麗史』 등에 "신검이 금강을 죽이고 즉위하였다"는 기록은 잘못이며『三國遺事』에 인용된 古記에 단순히"금강이 즉위하였다"는 기록이 정확한 것으로 보는 견해도 있다(朴漢卨, 1973,「後百濟 金剛에 대하여」,『大邱史學』7·8합, 18쪽).
243) 申虎澈, 1993, 앞의 책, 152쪽.

고 조심하여 마치 얼음이 언 연못을 밟고 건너는 듯하다. 마땅히 특별한 은혜를 실시하여 유신지정(維新之政)을 펼쳐 보이고자 국내에 대사면령을 내린다. 청태 2년 10월 17일 새벽을 시점으로 하여 이미 발각된 일이나 아직 발각되지 않은 일, 그리고 이미 처분된 것이나 처분되지 않은 것이나 큰 죄 이하의 모든 죄는 다 용서하여 사면하니 맡은 자는 이대로 시행하라!"244)

라고 하였듯이, '유신정치'를 표방하고 반대파들을 대사(大赦)하는 등 정치개혁을 단행하였다. 또한 신검은 후당(後唐)에 사신을 파견하여 왕위계승을 인정받아 자신의 지위를 공고히 하려고 하였다.245) 그러나 견훤의 금산사 유폐와 신검의 즉위 과정에서 호족들의 이반은 심각한 수준에 이르렀다.

견훤은 935년 3월에 권좌에서 밀려나 신검에 의해 금산사에 유폐되었으나, 그 해 6월에 고려로 투항하였다. 견훤은 막내아들 능애(能乂), 딸 애복(哀福), 애첩 고비(姑比) 등을 데리고 나주에 이르러 고려에 귀부를 청하였다. 왕건은 유금필(庾黔弼)과 만세(萬歲) 등으로 하여금 군함 40척을 거느리고 바닷길로 가서 견훤을 맞이하게 하였다.246)

견훤이 개경으로 오자 왕건은 그를 상부(尙父)라고 불러 우대하였으며, 품계는 백관의 위에 있게 하였다. 또한 왕건은 양주(楊州)를 식읍으로 주고, 금과 비단 그리고 노비 각 40인과 말 10필을 하사하고 후백제에서 온 신강(信康)을 아관(衙官)으로 삼아 견훤을 보좌하도록 하는 등 극진하게 우대하였다.247)

---

244) 『三國史記』 권50, 列傳10, 甄萱.
245) 申虎澈, 1993, 앞의 책, 166쪽.
246) 『高麗史』 권1, 世家1, 太祖 3年 正月.
247) 『高麗史』 권1, 世家1, 太祖 3年 正月.

왕건이 견훤을 각별히 우대한 것은 민심을 모으는 데 큰 도움이 되었고, 후백제의 내부 분열을 촉진하려는 목적 때문이었다.248) 견훤이 고려로 넘어가자 그의 사위이며 순천지역에 기반을 두고 있던 박영규가 투항하는 등 후백제는 심각한 내분 상황이 초래되었다.

박영규는 사람을 보내어 태조가 후백제를 치게 되면 내응하겠다는 의사를 표명하였다. 박영규가 신검을 버리고 고려로 투항한 것은

> H. 견훤의 사위 장군 영규가 그의 부인에게 은밀히 말하였다. "대왕께서 부지런히 힘쓴 지 40여 년에 공들인 업적이 거의 이루어졌는데 하루아침에 집안 사람의 화로 인하여 설 땅을 잃고 고려에 투항하였다. 대저 정조 있는 여자는 두 남편을 섬기지 않고 충신은 두 임금을 섬기지 않는다고 하는데, 만약 자기의 임금을 버리고 반역한 아들을 섬긴다면 무슨 얼굴로 천하의 의로운 사람들을 볼 수 있으리오? 하물며 고려의 왕공께서는 마음이 어질고 후하며 근면하고 검소하여 민심을 얻었다고 듣고 있으니, 이는 아마 하늘이 인도하여 도와주는 것으로서 반드시 삼한의 주인이 될 것이니 편지를 보내 우리 왕을 문안 위로하고 겸하여 왕공에게도 겸손하고 정중함을 보여 장래의 복을 어찌 도모하지 않으리오?"
>
> 그 아내가 말하기를 "그대의 말이 곧 내 뜻과 꼭 부합하오." 하였다. 이에 천복 원년 2월에 사람을 태조에게 보내 뜻을 고하기를 "만약 정의로운 깃발을 드신다면, 청컨대 내응하여 왕의 군대를 맞이하겠습니다." 하니, 태조가 크게 기뻐하여 그 사신에게 후하게 물건을 주어 보내면서 겸하여 영규에게 사례하면서 말하였다. "만약 은혜를 입어 하나로 합쳐지고 도로의 막힘이 없다면, 먼저 장군을 찾아뵙고 인사드리고 그런 후에 집에 들려 부인을 배알하고 형처럼 섬기고 누님처럼 받들겠으며 반드시 끝내 두터이 보답하겠습니다. 하늘과 땅

---

248) 朴漢卨, 1993,「고려의 건국과 호족」,『한국사』12, 국사편찬위원회, 37쪽.

의 귀신이 모두 이 말을 들을 것입니다."249)

라고 하였듯이, 견훤의 폐위와 신검의 왕위 계승을 부정한 것이었다. 박영규는 '후백제'가 아니라 자신이 모셨던 국왕 '견훤'에 대한 의리와 불사이군(不事二君)을 지키기 위하여 고려에 귀부하였다. 그러나 박영규가 고려에 복속을 청한 것은 대외명분보다는 대세가 기운 상황을 직시하여 활로를 모색하려는 측면이 더 강하였다.

박영규는 후백제의 패망을 목전에 두고 견훤에 대한 변치 않는 충절을 내세워 고려에 복속하였다. 박영규의 고려 복속은 사료 H와 같이 "고려의 왕공께서는 마음이 어질고 후하며 근면하고 검소하여 민심을 얻었다"고 하였듯이, 호족세력들을 적극적으로 포섭하고 우대한 왕건의 호족융합정책 결과이기도 하였다.

박영규의 고려 투항은 전남 동부지역 호족들의 향배에 결정적인 영향을 끼쳤다. 후백제는 신검의 즉위 이전에 나주지역을 상실한 데 이어 전남 동부지역에서 큰 영향력을 발휘하던 박영규마저 고려로 귀부하자, 배후의 보루기지를 상실하고 말았다.

또한 신검정권은 서남해의 제해권을 잃고, 그 연안지방도 상실하게 되었다. 전남지역은 무주를 비롯한 내륙지방 만이 신검정권의 지배 하에 있었고, 그 나머지 지역은 모두 고려의 지배를 받게 되었다. 강주(진주)지역의 호족들도 해상활동이 생활의 터전이 되었기 때문에 왕건이 서남해의 제해권을 장악하자 자연스럽게 고려에 복속하였다.

후백제는 지방의 호족세력뿐만 아니라 전주지역의 호족도 신검정권에게 등을 돌리면서 최후의 순간을 맞이하게 되었다. 왕건이 직접 대군을 거느리고 선산의 일리천에 진을 치자, 신검도 휘하 장졸을 거느리고 출정

---

249) 『三國史記』 권50, 列傳10, 甄萱.

하였다. 고려는 견훤을 진두에 세워 난신적자를 토벌한다는 대의명분이 있었기 때문에 사기가 충천하였다. 그 반면에 후백제는 견훤의 출현으로 말미암아 동요가 일어났다.

또한 양국의 전력도 고려가 훨씬 우세하였다. 후백제는 지방의 호족들이 이탈하여 후삼국의 성립 이후 우위를 지켰던 군사력 면에서도 열세에 처하게 되었다. 고려는 지방호족의 병력을 총동원하였을 뿐만 아니라 유금필이 지휘하는 흑수·달고·철륵 등 북방민족의 병사 9천 5백 명을 참전시켜 총병력이 8만 7천 5백 명이나 되었다.

후백제는 군사적인 면에서 고려의 적수가 되지 못하였고, 사기마저도 크게 저하되어 있었다. 왕건이 대장군 공훤에게 명하여 후백제의 중군을 공격하게 한 뒤 3군이 일제히 나아가 맹렬하게 돌진하니 후백제군은 대패하고 말았다.

고려는 후백제의 장군 흔강(昕康)을 비롯한 3,200명을 사로잡고, 5,700명을 목베는 대승을 거두었다.[250] 후백제의 장군들은 마지막 대회전에서 싸우지도 않고 신검의 중군이 붕괴되자 고려군에게 항복하고 말았다. 이는 고려군의 강력한 병세(兵勢)에 위압된 측면도 있지만, 신검정권에 대한 후백제의 호족과 장군들의 이반이 심하였기 때문이었다.

신검은 선산 일리천 전투에서 패전한 잔병을 수습하여 탄령(炭嶺)을 넘어 마성(馬城)에 주둔하였다. 그러나 신검은 더 이상 저항이 불가능함을 깨닫고 아우 양검·용검과 문무 관료들을 데리고 항복하였다. 신검은 지방호족의 지지를 상실한 상태에서, 전주지역 호족세력의 지지도 받지 못했기 때문에 힘없이 무릎을 꿇고 말았다.[251] 이로써 후백제는 889년에 건국된 지 2대 47년 만에 멸망하고 말았다.

---

250) 『三國史記』 권50, 列傳10, 甄萱.
251) 김주성, 2001, 앞의 글, 184쪽.

참고문헌

1. 기본사료

『三國史記』『三國遺事』『高麗史』『新增東國輿地勝覽』
『高麗史節要』『大東地志』『東文選』『藍田公兩世實記』.
『梁職貢圖』『北史』『三國志』『世宗實錄』『宋書』
『魏書』『周書』『南齊書』『隋書』『新唐書』『晉書』
『日本書紀』『翰苑』『後漢書』『新增興陽誌』『擇里志』
『樊川文集』『續日本後紀』

2. 저서

강인욱, 2009, 『춤추는 발해인』, 주류성.
공석구, 1998, 『高句麗 領域擴張史 硏究』, 서경문화사.
권덕영, 1997, 『古代韓中外交史―遣唐使研究―』, 一潮閣.
김경수, 1995, 『영산강삼백오십리』, 향지사.
김권구, 2005, 『청동기시대의 영남지역의 농경사회』, 학연문화사.
김기섭, 2000, 『백제와 근초고왕』, 학연문화사.
김문경, 1977, 『張保皐 硏究』, 연경문화사.
김원룡, 1973, 『한국고고학개설』, 일지사.
김정배, 1973, 『한국 민족문화의 기원』, 고려대학교 출판부.
김정열 역, 2008, 『동북문화와 유연문명(상)』, 동북아역사재단.
김정호, 1999, 『걸어서 가던 한양 옛길』, 향지사.
김제문화원, 2000, 『벽골의 문화유산』.
김태식, 1993, 『가야연맹사』, 일조각.

김태식, 2002,『미완의 문명 7백년 가야사』, 푸른역사.
김현구, 1985,『大和政權の對外關係硏究』, 吉川弘文館.
노중국, 1988,『백제정치사연구』, 일조각.
데.엘. 브로댠스끼 著, 정석배 譯, 1996,『연해주의 고고학』, 학연문화사.
도유호, 1960,『원시고고학』, 과학원출판사.
마르크 블로크 著, 한정숙 譯, 1986,『봉건사회 I 』, 한길사.
무하마드 깐수, 1992,『新羅·西域交流史』, 단국대 출판부.
문경시, 1996,『견훤의 출생과 유적』.
문경현, 1987,『高麗太祖의 後三國統一硏究』, 형설출판사.
문안식, 2002,『백제의 영역확장과 지방통치』, 신서원.
문안식·이대석 공저, 2004,『한국고대의 지방사회』, 혜안.
문안식, 2006,『백제의 흥망과 전쟁』, 혜안.
문안식, 2008,『후백제전쟁사연구』, 혜안.
박용안 2001,『한국의 제4기 환경』, 서울대출판부.
사라 M. 넬슨 저, 이광표 역, 2002,『영혼의 새』, 동방미디어.
서영일, 1999,『신라 육상교통로 연구』, 학연문화사.
선석열, 2001,『新羅國家成立過程硏究』, 혜안.
성춘경, 1999,『전남 불교미술 연구』, 학연문화사.
신호철, 1993,『後百濟甄萱政權硏究』, 일조각.
연민수, 1998,『古代韓日關係史』, 혜안.
윤명철 외, 2000,『고구려산성과 해양방어체제』, 백산자료원.
이건무, 2000,『청동기문화』, 대원사.
이기백, 1974,『新羅政治社會史硏究』, 일조각.
이기백, 1976,『韓國史新論』, 일조각.
이기백·이기동 공저, 1982,『韓國史講座 I 』고대편, 일조각.
이기환, 2004,『고고학자 조유전의 한국사 미스터리』, 황금부엉이.
이문기, 1997,『신라병제사연구』, 일조각.
李成市 著, 김창석 譯, 1999,『동아시아의 왕권과 교역』, 청년사.
이용빈, 2002,『백제 지방통치제도 연구』, 서경.
이인철, 1993,『신라정치제도사연구』, 일조각.
이종욱, 1993,『고조선사연구』, 일조각.

이현혜, 1984,『삼한사회 형성과정 연구』, 일조각.
이형구, 2004,『발해연안에서 찾은 한국고대문화의 비밀』, 김영사.
이희관 2000,『후백제와 견훤』, 서경문화사.
전영래, 1996,『백촌강에서 대야성까지』, 신아출판사.
정석배, 2004,『북방유라시아대륙의 청동기문화』, 학연문화사.
정청주, 1996,『新羅末高麗初豪族硏究』, 일조각.
천관우, 1989,『古朝鮮史・三韓史硏究』, 일조각.
천관우, 1991,『가야사연구』, 일조각.
허흥식, 1986,『고려불교사연구』, 일조각.

今西龍, 1934,『百濟史硏究』, 近澤書店.
藤田亮策, 1948,『朝鮮考古學硏究』, 高桐書院.
末松保和, 1961,『任那興亡史』, 吉川弘文館.
山尾幸久, 1989,『古代の日朝關係』, 塙書房.
三宅俊成, 1975,『東北アヅア考古學の硏究』, 國書刊行會.
三品彰英, 1962,『日本書紀朝鮮關係記事考證』上, 吉川弘文館,
蘇秉琦, 1999,『中國文明起源新探』, 三聯書店.
日本海軍 水路國, 1928,『韓國沿岸水路誌』.
酒井改藏, 1970,『日本書紀の朝鮮地名』, 親和.
太田亮, 1928,『日本古代史新硏究』.

3. 보고서

강원문화재연구소, 2006,『강릉초당동유적2』.
강창화 외, 2001,『제주 삼양동 유적』, 제주시・제주대학교박물관.
경성대박물관, 2006,『부산 동삼동 패총』.
고고민속학연구소, 1957,『궁산원시유적발굴보고』.
고고민속학연구소, 1961,『지탑리원시유적발굴보고』.
공주대학교 박물관, 1998,『천안 용원리유적 발굴조사 개략보고』.
국립광주박물관, 2001,『해남 방산리 장고봉고분 시굴조사보고서』.
국립김해박물관, 2005,『전환기의 선사토기』, 김해박물관.
국립문화재연구소, 2001,『장도청해진유적발굴조사보고서Ⅰ』.

국립문화재연구소, 2005, 『고성 문암리유적』.
국립문화재연구소, 2008, 『흑룡강·연해주의 신비 특별전』.
국립중앙박물관, 1979, 『松菊里』.
김용간, 1962, 「미송리동굴유적 발굴중간보고(1)·(2)」, 『문화유산』 1962-1.
김용간, 1964, 『금탄리원시유적발굴보고』 유적발굴보고 10집.
도유호, 1981, 『지탑리유적발굴보고』 유적적발굴보고 제8집, 과학원출판사.
동양대박물관, 2005, 「안동 저전리 유적 지도위원회 자료」.
목포대박물관, 1991, 『영암옥야리고분』.
목포대학교박물관, 1989, 『해남 군곡리패총』Ⅲ.
서울대학교 박물관, 1972~1977, 『欣岩里住居址1~5』.
성낙준·신상효, 1989, 「해남 원진리 옹관묘」, 『영암 와우리 옹관묘』, 국립광주박물관.
순천대 박물관, 2002, 『광양 용강리유적 I』.
여수시·순천대 남도문화연구소, 2003, 『여수시의 山城』.
윤덕향, 1989, 『斗洛里 發掘調査報告書』, 전북대 박물관.
이건무·서성훈, 1988, 『함평 초포리유적』, 국립광주박물관.
이상길, 1999, 「진주 대평 어은 1지구 발굴조사개요」, 『남강선사문화세미나요지』, 동아대박물관.
이영문·이정호·이영철, 1999, 『務安 良將里 遺蹟』, 木浦大學校 博物館.
이형구, 2000, 『진주대평리 옥방5지구 선사유적』, 선문대학교 박물관.
전남대학교박물관·함평군, 1993, 「咸平 月溪里 石溪古墳群 I」.
전북대학교 전라문화연구소, 1997, 『남원 고죽동유적』.
전제헌·윤진·김근식·류정길, 1986, 『룡곡동유적』, 김일성종합대학 출판부.
정징원, 1981, 『김해수가리패총』, 부산대학교박물관유적조사보고 제4집.
鳥居龍藏, 1917, 『大正5年度朝鮮古蹟調査報告』.
조선대 박물관, 2007, 「화순 모산리 도산 유적 현장 설명자료」.
朝鮮總督府, 1920, 「航行區域」, 『治水及水利踏査書』.
최인선 외, 2004, 『보성 조성리 유적』, 순천대 박물관.
최인선 외, 2004, 『순천 검단산성 I』, 순천대 박물관.
최인선·변동명·박태홍, 2001, 『고흥군의 호국유적 I』, 순천대 박물관·고흥군.
최인선·이순엽, 2005, 『광양 마로산성 I』, 광양시·순천대박물관.
최인선·조근우·이순엽, 2003, 『여수 고락산성 I』, 순천대 박물관.

충남발전연구원, 2003, 『공주수촌리유적』.

4. 연구논문

강봉룡, 1998, 「5~6세기 영산강유역 옹관고분사회의 해체」, 『백제의 지방통치』, 학연문화사.
강봉룡, 1999, 「3~5세기 영산강유역 '甕棺古墳社會'와 그 성격」, 『歷史敎育』 69.
강봉룡, 2000, 「고대 한·중 횡단항로의 활성화와 흑산도의 번영」, 『흑산도 상라산성 연구』, 목포대학교 도서문화연구소·신안군.
강봉룡, 2001, 「견훤의 세력기반 확대와 전주 정도」, 『후백제 견훤정권과 전주』, 주류성.
강봉룡, 2002, 「해남 화원·산이면 일대 靑磁窯群의 계통과 조성 주체세력」, 『전남사학』 19.
강종원, 2005, 「수촌리 백제고분 조영세력 검토」, 『백제연구』 42.
강창화 외, 2001, 『제주 삼양동 유적』, 제주시·제주대학교박물관.
강창화, 2003, 「耽羅 以前의 社會와 耽羅國의 形成」, 『강좌한국고대사』 10, 가락국사적개발연구원.
고석규, 1997, 「영산강 유역의 장시와 교역」, 『영산강유역사 연구』, 한국향토사연구전국협의회.
고용규, 1999, 「장성군의 관방유적」, 『장성군의 문화유적』, 조선대박물관·장성군.
고재원, 1994, 「제주도 고산리 세석기문화유적」, 제4기학회 학술대회발표회 요지.
권영오, 2000, 「신라하대 왕위계승분쟁과 민애왕」, 『한국고대사연구』 15.
권오영, 1986, 「초기백제의 성장과정에 관한 일고찰」, 『한국사론』 15.
권주현, 2000, 「'古自國'의 歷史的 展開와 그 文化」, 『가야 각국사의 재구성』, 혜안.
김광수, 1985, 「張保皐의 政治史的 位置」, 『張保皐의 新硏究』, 완도문화원.
김기섭, 1995, 「近肖古王代 남해안 진출설에 대한 재검토」, 『백제문화』 24.
김기섭, 1997, 「백제 한성시대 통치체제연구」, 한국정신문화연구원 한국학대학원 박사학위논문.
김낙중, 2000, 「5~6세기 영산강유역 정치체의 성격」, 『백제연구』 32.
김두진, 1988, 「羅末麗初 桐裏山門의 성립과 그 사상」, 『동방학지』 57.

김문경, 1967, 「赤山 法華院의 佛敎儀式」, 『史學志』 1, 단국대 사학회.
김병남, 2001, 「백제 영토변천사 연구」, 전북대 대학원 박사학위논문.
김상기, 1966, 「甄萱의 家鄕에 대하여」, 『李秉岐博士頌壽紀念論文集』.
김상기, 1967, 백제의 요서경략에 대하여」, 『백산학보』 3.
김성훈, 1992, 「장보고 해양 경영사 연구의 의의」, 『청해진 장보고대사 해양경영사 연구』, 중앙대 동북아연구소·전라남도.
김성훈, 1996, 「미래사 시각에서 본 장보고 해양경경」, 『장보고와 청해진』, 혜안.
김수태, 1991, 「신라 중대 전제왕권과 진골귀족」, 서강대 박사학위논문.
김수태, 1998, 「3세기 중·후반 백제의 발전과 馬韓」, 『마한사연구』 백제연구논총 6, 충남대 백제연구소.
김수태, 1999, 「全州 遷都期 甄萱政權의 變化」, 『한국고대사연구』 15.
김수태, 1999, 「후백제 견훤정권의 성립과 농민」, 『백제연구』 29.
김수태, 2001, 「전주 천도기 견훤정권의 변화」, 『후백제 견훤정권과 전주』, 주류성.
김영미, 1985, 「통일신라시대 아미타신앙의 역사적 성격」, 『한국사연구』 50·51합.
김영심, 1990, 「5~6세기 백제의 지방통치체제」, 『한국사론』 22.
김원룡, 1975, 「百濟建國地로서의 한강하류지역」, 『百濟文化』 7·8합.
김원룡, 1961, 「광주 미사리즐문토기유적」, 『역사학보』 14.
김은숙, 1991, 「8세기의 신라와 일본의 관계」, 『국사관논총』 29, 국사편찬위원회.
김정학, 1968, 「韓國幾何文土器文化의 硏究」, 『白山學報』 4.
김정호, 1986, 「史料 따라 가보는 後百濟紀行」, 『藝響』 9·10·12월호.
김주성, 1983, 「新羅下代의 地方官司와 村主」, 『한국사연구』 41.
김주성, 1993, 「백제지방 통치조직의 변화와 지방사회의 재편」, 『국사관논총』 35.
김주성, 1996, 「백제 사비시대 정치사 연구」, 전남대 대학원 박사학위논문.
김주성, 1997, 「장보고세력의 흥망과 그 배경」, 『한국상고사학보』 24.
김철준, 1982, 「百濟建國考」, 『百濟硏究』 특집호.
김태식, 1994, 「廣開土王陵碑文의 任那加羅와 '安羅人戍兵'」, 『한국고대사논총』 6.
김갑동, 1999, 「후백제 영역의 변천과 멸망 원인」, 『후백제 견훤정권과 전주』, 전북전통문화연구소.
김경주, 2009, 「유구와 유물로 본 제주도 송국리문화의 수용과 전개」, 제3회 한국청동기학회 학술대회.

김규정, 2006,「호서・호남지역의 송국리형 주거지」,『금강』, 호남・호서고고학회 합동학술대회 발표요지.
김명진 외, 2005,「베이지안 통계학을 이용한 한국청동기시대 전기 가락동유형의 연대고찰」,『한국상고사학보』47.
김범철, 2006,「충남지역 송국리문화의 생계경제와 정치경제」,『금강』, 호남・호서고고학회 합동학술대회 발표요지.
김용간, 1962,「미송리동굴유적 발굴중간보고(1)・(2)」,『문화유산』1962-1.
김용간, 1964,『금탄리원시유적발굴보고』, 유적발굴보고 10집.
김용간, 1979,「우리나라 신석기시대 질그릇갖춤새 변천에 보이는 문화발전의 고유성」,『고고민속논문집』7.
김용남, 1967,「우리나라의 신석기시대」,『고고민속』321.
김욱, 2004,「미도콘드리아 DNA변이와 한국인의 기원」,『연구총서』13, 고구려연구재단.
김윤우, 1995,「광개토왕의 남하정복지에 대한 일고찰」,『고구려 남진경영사의 연구』, 백산자료원.
김장석, 2001,「혼암리유형 재고 : 기원과 연대」,『영남고고학』28.
김장석, 2002,「이주와 전파의 고고학적 구분 : 시험적 모델의 제시」,『한국상고사학보』38.
김정배, 1973,「고조선의 주민구성과 문화적 복합」,『한국민족문화의 기원』, 고려대 출판부.
김정배, 1987,「단군기사와 관련된 고기의 성격」,『한국상고사의 제문제』, 한국정신문화연구원.
김정학, 1966,「고고학상으로 본 한국민족」,『백산학보』1.
나건주, 2006,「전・중기 무문토기 문화의 변천과정에 대한 고찰」, 충남대 대학원 석사학위논문.
노중국, 1978,「백제 왕실의 남천과 지배세력의 변천」,『한국사론』4.
노중국, 1988,「마한의 성립과 변천」,『마한・백제문화』10.
노중국, 1990,「목지국에 대한 일고찰」,『백제논총』2.
노중국, 1991,「백제 무녕왕대의 집권력 강화와 경제기반의 확대」,『백제문화』21.
노중국, 1991,「한성시대 백제의 담로제 실시와 편제기준」,『계명사학』2.
노중국, 2004,「대가야의 역사」,『대가야의 유적과 유물』, 대가야박물관.
노태돈, 1977,「삼국의 정치구조와 사회・경제」,『한국사』2, 국사편찬위원회.

노태돈, 1978,「羅代의 門客」,『한국사연구』 21·22합.
노태돈, 2000,「초기 고대국가의 국가구조와 정치운영」,『한국고대사연구』 17.
문동석, 1996,「한강유역에서 백제의 국가형성」,『역사와 현실』 21.
문안식, 2000,「百濟의 領域擴張과 邊方勢力의 推移」, 동국대 대학원 박사학위논문.
문안식, 2002,「百濟의 方郡城制의 實施와 全南地域 土着社會의 變化」,『전남사학』 19.
문안식, 2005,「개로왕의 왕권강화와 국정운영의 변화에 대하여」,『史學研究』 78.
문안식, 2006,「백제의 王·侯制施行과 地方統治方式의 變化」,『역사학연구』 27.
문안식, 2007,「백제의 광양 마로산성 축조와 활용」,『신라문화』 29.
문안식, 2007,「고흥 길두리고분 출토 금동관과 백제의 왕-후제」,『한국상고사학보』 55.
문창로, 2005,「마한의 세력 범위와 백제」,『한성백제총서』.
박경자, 1982,「甄萱의 勢力과 對王建關係」,『淑大史論』 11·12合.
박보현, 1997,「금동관으로 본 나주 신촌리9호분 을관의 연대문제」, 제30회 백제연구공개강좌, 충남대백제연구소.
박순발, 1993,「우리나라초기철기문화의 전개과정에 대한 약간의 고찰」,『고고미술사론』 3, 충남대고고미술사학과.
박순발, 1998,「전기마한의 시공간적 위치에 대하여」,『마한사연구』, 충남대 출판부.
박순발, 1999,「한성백제의 지방과 중앙」,『백제의 중앙과 지방』, 충남대학교 백제문화연구소.
박순발, 1999,「흔암리유형 형성과정 재검토」,『호서고고학』 1, 호서고고학회.
박순발, 2003,「渼沙里類型 形成考」,『湖西考古學』 9.
박순발, 2006,「청동기시대」,『충청남도지』 6, 충청남도지편찬위원회.
박정주, 1994,「신라말·고려초 獅子山門과 政治勢力」,『진단학보』 77.
박종기, 1987,「고려시대 촌락의 기능과 구조」,『진단학보』 64.
박천수, 1996,「대가야의 고대국가 형성」,『碩晤尹容鎭敎授 停年退任紀念論叢』.
박천수, 2002,「고고자료를 통해 본 고대 한반도와 일본열도의 상호작용」,『한국고대사연구』 27, 한국고대사학회.
박한설, 1993,「고려의 건국과 호족」,『한국사』 12, 국사편찬위원회.
박한설, 1998,「羅州道大行臺考」,『江原史學』 1.
방선주, 1971,「백제군의 화북진출과 그 배경」,『백산학보』 3.

배기동 1997,「주변지역 구석기문화의 비교」,『한국사』2, 국사편찬위원회.
백홍기, 1997,「주변지역 신석기문화와의 비교」,『한국사』2, 국사편찬위원회.
변동명, 2000,「甄萱의 出身地 再論」,『震檀學報』90.
변동명, 2002,「고려시기 순천의 山神·城隍神」,『歷史學報』174.
서륜희, 2001,「청해진대사 장보고에 관한 연구」,『震檀學報』92.
서성훈·성낙준, 1990,「대곡리 도롱·한실 주거지」,『昇州 大谷里 집자리』, 국립광주박물관.
서영교, 2002,「張保皐의 騎兵과 西南海岸의 牧場」,『震檀學報』94.
서현주, 2005,「웅진·사비기의 백제와 영산강유역」,『백제의 邊境』, 백제연구국내학술회의.
성낙준, 1983,「영산강유역의 옹관묘 연구」,『百濟文化』15.
성낙준, 1993,「원삼국시대」,『전라남도지』2.
성낙준, 1993,「해남 부길리 甕棺遺構」,『호남고고학보』1.
성낙준, 1997,「백제의 지방통치와 전남지방 고분의 상관성」,『백제의 중앙과 지방』, 충남대 백제문화연구소.
성정용, 1994,「홍성 神衿城址 출토 백제토기에 대한 고찰」,『한국상고사학보』15.
성정용, 2000,「後百濟都城과 防禦體系」,『후백제와 견훤』, 서경문화사.
송은숙, 1993,「신석기시대의 사회와 문화」,『전라남도지』2.
송태갑, 1999,『해남반도의 고대사회와 대외관계』, 목포대 대학원 석사학위논문.
신숙정, 1984,「상노대도 조갯더미 유적의 토기 연구」,『백산학보』28.
신형식, 1984,「신라 지방제도의 발전과 軍主」,『한국고대사의 신연구』, 일조각.
안병우, 1992,「6~7세기의 토지제도」,『한국고대사논총』4.
안승주, 1983,「백제 옹관묘에 관한 연구」,『百濟文化』15.
안재호, 2000,「한국농경사회의 성립」,『한국고고학보』43.
양기석, 1981,「三國時代 人質의 性格에 대하여」,『史學志』15.
양기석, 1984,「五世紀 百濟의 王·侯·太守制에 대하여」,『사학연구』38.
양기석, 1990,「百濟專制王權成立過程硏究」, 단국대 대학원 박사학위논문.
왕면후, 2001,「통화 만발발자 유지에 관한 고고학적 고찰」,『고구려연구』12집.
유원재, 1992,「백제 탕정성 연구」,『백제논총』3.
유원재, 1994,「晉書의 馬韓과 百濟」,『한국상고사학보』17.
유원재, 1999,「백제의 마한정복과 지배방법」,『영산강유역의고대사회』, 학연문화사.
윤명철, 1998, 「서해안일대의 환경에 대한 검토」, 『부안 죽막동 제사유적 연구』, 국립전주박물관.
윤명철, 2001, 「후백제의 해양활동과 대외교류」, 『후백제 견훤정권과 전주』, 주류성.
윤무병, 1975, 「無文土器 形式分類試攷」, 『震檀學報』 3.
윤무병, 1992, 「김제 벽골제 발굴보고」, 『백제고고학연구』, 학연문화사.
윤병희, 1982, 「新羅 下代 均貞系의 王位繼承과 金陽」, 『歷史學報』 96.
이강승, 2007, 「마한사회의 형성과 문화기반」, 『백제의 기원과 건국』, 충청남도역사문화연구원.
이건무, 1992, 「한국 청동의기의 연구」, 『한국고고학보』 23.
이근우, 1994, 「『日本書紀』에 引用된 百濟三書에 관한 硏究」, 한국정신문화연구원 박사학위논문.
이근우, 1997, 「웅진시대 백제의 남방경역에 대하여」, 『백제연구』 27.
이기길, 1996, 「전남의 신석기문화」, 『선사와 고대』 7.
이기길, 1998, 「한국 전남 순천 죽내리 구석기 유적」, 『호남고고학보』 8.
이기길·황성옥, 1988, 「암사동유적의 신석기시대 뾰족밑 무늬토기의 연구」, 『손보기박사정년기념고고인류학논총』.
이기동, 1979, 「고대국가의 역사인식」, 『한국사론』 6.
이기동, 1990, 「百濟國의 成長과 馬韓倂合」, 『百濟論叢』 2.
이기동, 1990, 「백제의 발흥과 對倭國關係의 성립」, 『고대 한일문화교류 연구』, 한국정신문화연구원.
이기동, 1996, 「귀족사회의 분열과 왕위쟁탈전」, 『한국사11-신라의 쇠퇴와 후삼국』, 국사편찬위원회.
이기동, 1996, 「백제사회의 지역공동체와 국가권력」, 『백제연구』 26.
이기동, 1997, 「9~10세기, 황해를 무대로 한 韓中日 삼국의 해상활동」, 『한중문화교류와 남방해로』, 집문당.
이기백, 1973, 「백제사상의 무녕왕」, 『무녕왕릉』, 문화재관리국.
이기백, 1977, 「사비시대 백제의 지방제도」, 『백제사상 익산의 위치』, 제4회 마한·백제문화 학술회의 발표요지문.
이기백, 1994, 「한국 풍수지리설의 기원」, 『한국사시민강좌』 14.
이남규, 1992, 「남한 초기철기문화의 일고찰」, 『한국고고학보』 13.
이남석, 1995, 「고분 출토 冠飾의 정치사적 의미」, 『百濟 石室墳 硏究』, 학연문화사.

이도학, 1990,「한성 후기의 백제 왕권과 지배체제의 정비」,『백제논총』2.
이도학, 2001,「진훤의 출생지와 그 초기 세력기반」,『후백제 견훤정권과 전주』, 주류성.
이도학, 2006,「신라말 견훤의 세력 형성과 교역」,『신라문화』28.
이동주, 1996,「한국 선사시대 남해안 유문토기 연구」, 동아대 대학원 박사학위논문.
이명규, 1983,「백제 대외관계에 관한 一試論」,『사학연구』37.
이문기, 2000,「견훤정권의 군사적 기반」,『후백제와 견훤』, 서경문화사.
이백규, 1974,「경기도출토 무문토기·마제석기-토기편년을 중심으로」,『고고학』3, 한국고고학회.
이병도, 1936,「三韓問題의 新考察」,『震檀學報』6.
이병도, 1959,『韓國史(古代篇)』, 진단학회,
이병도, 1976,「'蓋國'과 '辰國'問題」,『韓國古代史研究』, 박영사.
이상균, 1997,「섬진강유역의 문화유적」,『섬진강유역사연구』, 한국향토사연구전국협의회.
이상길, 1999,「진주 대평 어은 1지구 발굴조사개요」,『남강선사문화세미나요지』, 동아대박물관.
이선복, 1991,「신석기·청동기시대 주민교체설에 대한 비판적 검토」,『한국고대사논총』1.
이성주, 2008,「물질문화를 통해 본 고대 영동의 문화적 정체성과 그 변천」,『고대 영동지역의 문화적 정체성의 탐구』, 강릉대 인문학연구소.
이영문, 1984,「전남지방 백제고분연구」,『향토문화유적조사』4.
이영문, 1990,『長城 鈴泉里 橫穴式 石室墳』, 全南大學校博物館.
이영문, 1993,「전남지방 지석묘사회의 구조와 영역권문제」,『한국 선사고고학의 제문제』, 한국고대학회 제4회 학술발표요지.
이영식, 1995,「백제의 가야진출과정」,『한국고대사논총』7.
이영택, 1979,「張保皐 海上勢力에 관한 考察」,『한국해양대학논문집』.
이정호, 1996,「영산강유역 옹관고분의 분류와 변천과정」,『한국상고사학보』22.
이종선, 1989,「후기 오르도스문화와 한국청동기문화」,『한국상고사학보』2.
이종욱, 1976,「百濟의 國家形成-三國史記 百濟本紀를 중심으로」,『大邱史學』11.
이종욱, 1980,「신라장적을 통하여 본 통일신라시대의 촌락지배체제」,『역사학보』86.

이진민, 2004,「중부지역 역삼동유형과 송국리유형의 관계에 대한 일고찰」,『한국고고학보』54.
이청규, 1982,「세형동검의 형식분류 및 그 변천과정에 대하여」,『한국고고학보』13.
이청규, 1997,「성립단계의 마한의 모습」,『삼한의 역사와 문화』, 자유지성사.
이해준, 1995,「역사적 변천」,『완도군의 문화유적』, 목포대 박물관.
이현혜, 1988,「4세기 가야사회의 교역체계의 변천」,『한국고대사연구』1.
이현혜, 1997,「馬韓地域 諸小國의 形成」,『삼한의 역사와 문화』, 자유지성사.
이현혜, 1997,「삼한의 정치와 사회」,『한국사』4, 국사편찬위원회.
이현혜, 2000,「4~5세기 영산강유역 토착세력의 성격」,『역사학보』166.
이형구, 1989,「발해연안 빗살무늬토기문화의 연구」,『한국사학』10, 정신문화연구원.
이형기, 2000,「대가야의 연맹구조에 대한 시론」,『한국고대사연구』18.
이형원, 2002,「한국 청동기시대 전기 중부지역 무문토기 편년연구」, 충남대 석사학위논문.
이형원, 2005,「송국리유형과 수석리유형의 접촉 양상」,『호서고고학』12.
이홍종, 2006,「송국리문화의 전개과정과 실년대」,『금강 : 송국리형 문화의 형성과 발전』, 호남·호서고고학회 합동학술대회 발표요지.
이희관 2000,「견훤의 후백제 건국과정 상의 몇 가지 문제」,『후백제와 견훤』, 서경문화사.
이희준, 2007,「홍천 외삼포리유적 조사개보」, 2007년 춘계학술대회, 강원고고학회.
임병태, 1986,「韓國 無文土器의 硏究」,『韓國史學』7.
임영진 외, 1995,「광주 누문동 통일신라 건물지 수습조사 보고」,『호남고고학보』2.
임영진, 1991,「영산강유역 횡혈식석실분의 수용과정」,『전남문화재』3.
임영진, 1995,「馬韓의 形成과 變遷에 대한 考古學的 考察」,『三韓의 社會와 文化』, 신서원.
임영진, 1996,「咸平 禮德里 萬家村古墳과 榮山江流域 古墳의 周溝」, 제39회 전국역사학대회 발표요지.
임영진, 1997,「전남지역 석실봉토분의 백제계통론 재고」,『호남고고학보』6.
임영진, 1997,「전남지역 석실분의 立地와 石室構造」, 제5회 호남고고학회 학술대회 발표요지.

임영진, 1997,「호남지역 석실분과 백제의 관계」,『호남고고학의 제문제』, 21회 한국고고학 전국대회.
임영진, 1998,「죽막동 토기와 영산강유역 토기의 비교고찰」,『부안 죽막동 제사유적연구』, 국립전주박물관.
임영진, 2003,「백제의 성장과 마한세력, 그리고 倭」,『古代の河內と百濟』, 枚方歷史フォーラム實行委員會.
임효재, 1994,「한일문화교류사의 새로운 발굴자료」,『東亞文化』32.
임효재, 1997,「신석기문화」,『한국사』2, 국사편찬위원회.
임효택, 1985,「副葬鐵鋌考」,『동의사학』2.
장보웅, 1997,「영산강유역의 자연지리적 환경」,『영산강유역사연구』, 한국 향토사연구전국협의회.
장용준, 2007,「중국 동북지역 후기구석기 제작 기술의 변천과 계통 연구」,『동북아역사논총』15, 동북아역사재단.
전덕재, 1990,「4~6세기 농업생산력의 발달과 사회변동」,『역사와 현실』4, 역사비평사.
전영래, 1976,「완주 상림리 출토 中國式銅劍」,『전북유적조사보고』5.
전영래, 1977,「한국 청동가문화의 계보와 편년」,『전북유적조사보고』7.
전영래, 1985,「백제 남방경역의 변천」,『천관우선생 환력기념한국사학논총』.
전영래, 1988,「百濟地方制度와 城郭」,『백제연구』19.
전영래, 2001,「후백제와 전주」,『후백제 견훤정권과 전주』, 주류성.
정승원, 1991,「紫微山城考」,『전남문화』4.
정재윤, 1992,「웅진・사비시대 백제의 지방통치제」,『한국상고사학보』10.
정재윤, 1999,「웅진시대 백제 정치사의 전개와 그 특성」, 서강대 대학원 박사학위논문.
정징원, 1981,『김해수가리패총』, 부산대학교박물관유적조사보고 제4집.
정징원, 1991,「중국 동북지방의 덧무늬토기」,『한국고고학보』26.
정청주, 1986,「궁예와 호족세력」,『全北史學』10.
정청주, 1991,「신라말・고려초의 나주호족」,『전북사학』14.
정청주, 2002,「견훤의 豪族政策」,『全南史學』19.
조근우, 1994,「전남지방의 석실분 연구」, 영남대 대학원 석사학위논문.
조근우, 1996,「전남지방의 석실분 연구」,『한국상고사학보』21, 한국상고사학회.
조유전, 1984,「전남 화순 靑銅遺物一括出土遺蹟」,『尹武炳博士華甲紀念論叢』.

조인성, 1996,「미륵신앙과 신라사회」,『진단학보』82.
조현종, 1993,「신석기시대의 유적·유물」,『전라남도지』2.
주보돈, 1988,「신라 중고기의 郡司와 村司」,『한국고대사연구』1.
지건길, 1990,「南海岸地方 漢代貨幣」,『창산김정기박사화갑기념논총』.
지건길, 1997,「湖南地方 支石墓의 特徵과 그 文化」,『三韓의 歷史와 文化』, 자유지성사.
지병목, 2005,「高句麗 成立期의 考古學的 背景」,『연구총서』1, 고구려연구재단.
차용걸, 1978,「백제의 祭天祀地와 정치체제의 변화」,『韓國學報』11.
천관우, 1976,「백제의 국가형성(下)」,『한국학보』3.
천관우, 1976,「三韓의 國家形成(上)」,『韓國學報』2.
천관우, 1977,「復元加耶史(中)」,『文學과 知性』8-3.
천관우, 1977·1978,「復元加耶史」,『文學과 知性』28·29·31.
천관우, 1979,「마한제국의 위치시론」,『동양학』9, 단국대학교.
최몽룡, 1985,「한성시대 백제의 도읍지와 영역」,『진단학보』60.
최몽룡, 1997,「철기문화」,『한국사』3, 국사편찬위원회.
최몽룡·이헌종 편저, 1994,「구석기시대의 연구현황과 과제」,『러시아의 고고학』, 학연문화사.
최병현, 1990,「신라고분의 연구」숭전대 박사학위논문.
최성락·박철원, 1994,「구례군의 선사유적·고분」,『구례군의 문화유적』.
최성락·이정호, 1993,「함평군의 선사유적·고분」,『함평군의 문화유적』.
최성락·이해준, 1986,「해남지방의 문화적 배경」,『해남군의 문화유적』.
최완규·이영덕, 2001,『익산 입점리 백제고분군』, 원광대학교 마한·백제문화연구소.
최인선, 2002,「전남 동부지역의 백제산성 연구」,『文化史學』18.
최인선·변동명·박태홍, 2001,『고흥군의 호국유적Ⅰ』, 순천대 박물관·고흥군.
최재석, 1992,「9세기 신라의 서부일본진출」,『韓國學報』69.
최정필, 1991,「인류학상으로 본 한민족 기원문제에 대한 비판적 검토」,『한국상고사학보』8.
최종모 외, 2006,「각형토기문화유형의 연구」,『야외고고학』제1호, 한국문화재조사연구기관협회.
하인수, 2003,「瀛仙洞式土器와 岩寺洞式土器」,『韓國新石器研究』제5호.
하현강, 1974,「고려왕조의 성립과 호족연합정권」,『한국사』4.

한영희 외, 1992, 「부안 죽막동 제사유적 발굴조사 진전보고」, 『고고학지』 4.
한영희, 1978, 「한반도 중서부지방의 신석기문화」, 『한국고고학보』 5.
한영희, 1994, 「신석기시대의 사회와 문화」, 『한국사』 1, 한길사.
한영희, 1996, 『한국민족의 기원과 형성』(上), 小花.
한영희, 1997, 「주변지역 신석기문화와의 비교」, 『한국사』 2, 국사편찬위원회.
허경회·나승만, 1998, 「영산강 유역 설화에 나타난 주민의식의 비교연구」, 『목포어문학』 1.
허만성, 1989, 「일본서기 계체 6년조의 임나 4현 할양기사에 대한 일고찰」, 『성심외국어전문대학논문집』.

加藤晉平, 1986, 「日本とSiberia文化」, 『日本人の起源』, 小學館.
曲瑞琦·于崇源, 1982, 「瀋陽新民縣高臺山遺址」, 『考古』 2期.
孔昭宸 外, 1998, 「內蒙古自治區赤峰市距今8,000~2,400年間環境考古學的初步研究」, 『大甸子-夏家店下層文化遺址與墓地發掘報告』 附錄二, 科學出版社.
科學院考古研究所內蒙古工作隊, 1985, 「內蒙古敖漢旗興隆洼遺址發掘簡報」, 『考古』 10期.
郭大順, 1987, 「豊下遺址陶器分期再認識」, 『文物與考古論集』, 文物出版社.
郭大順, 1994, 「赤峰地區早期冶銅考古隨想」, 『內蒙古文物考古文集』, 中國大百科全書出版社.
廣瀨雄一, 1984, 「韓國隆起文土器論」, 『異貌』 11.
仇士華 等, 1983, 「有關所謂 "夏文化"的碳14年代測定的初步報告」, 『考古』 第10期.
鬼頭淸明, 1976, 「任那日本部의 檢討」, 『日本古代國家の形成と東アジア』, 校倉書房.
記者, 1998, 「泥河灣盆地考古發掘獲重大成果」, 『中國文物報』 第一版.
內蒙古文物工作隊編, 1964, 「新石器時代」, 內蒙古文物資料選集.
大山誠一, 1980, 「所謂 '任那日本部'の成立について(下)」, 『古代文化』 32-11.
藤田亮策, 1930, 「櫛目文土器の分布に就いて」, 『靑丘學叢』 2.
木村誠, 1983, 「新羅時代の郷」, 『歷史評論』 403호.
木村誠, 1997, 「新羅の宰相制度」, 『人文學報』 118, 東京道立大學.
武田幸男, 1980, 「6世紀における朝鮮三國の國家體制」, 『東アジア世界における

日本古代史講座』 4.
武田幸男, 1994, 「魏志東夷傳における馬韓」, 『文山金三龍博士古稀紀念論叢』.
西谷正, 1969, 「朝鮮半島における初期稻作」, 『考古學研究』 16-2.
石上英一, 1984, 「古代國家と對外關係」, 『講座日本歷史』, 東京大學出版會.
石井正敏, 1992, 「10世紀の國際變動と日宋貿易」, 『アジアからみた古代日本』, 角川書店.
小田富士雄, 1994, 「百濟古墳の系譜」, 『文山金三龍博士古稀紀念 馬韓百濟文化와 彌勒思想』, 원광대출판부.
安志敏, 1978, 「海拉爾的中石器遺存」, 『考古學報』 第三期.
安志民, 1979, 「裵李崗磁山和仰韶」, 『考古』 4期.
旅順博物館・長海縣文化館, 1981, 「長海縣 廣鹿島 大長山島具丘遺址」, 『考古學報』 第1期.
遼寧城博物館・昭烏達盟文物工作站・敖漢旗文化館, 1977, 「遼寧敖漢旗小河沿三種原始文化的發見」, 『文物』 12期.
劉觀民, 1992, 「內蒙古赤峰市大甸子墓地述要」, 『考古』 第4期.
劉觀民・光冀, 1981, 「內蒙古東部地區靑銅時代的兩種文化」, 『內蒙古文物考古』 創刊號.
劉晉祥, 1975, 『敖漢旗大甸子遺址1974年試掘簡報』 第2期.
李經漢, 1979, 「試論夏家店下層文化的分期和類型」, 『中國考古學會第一次年會論文集』, 文物出版社.
李恭篤, 1983, 「內蒙古赤峰縣四分地東山嘴遺址試掘簡報」, 『考古』 第5期, 遼寧城博物館・昭烏達盟文物工作站・赤峰縣文化館.
田中俊明, 1996, 「백제 지방통치에 대한 제문제」, 『백제의 중앙과 지방』, 충남대 백제연구소.
田中俊明, 1997, 「웅진시대 백제의 영역재편과 왕・후제」, 『백제의 중앙과 지방』, 충남대 백제연구소.
鮎貝房之進, 1937, 「日本書紀 朝鮮關係 地名攷」, 『雜攷』 7.
丁貴民, 1995, 「吉林城長白縣民主遺址的調査與淸理」, 『考古』 第8期.
鄭紹宗, 1962, 「有關河北長城地域原始文化類型的討論」, 『考古』 第12期.
齊亞珍・劉素華, 1991, 「錦縣水手營子早期靑銅時代墓葬及銅柄戈」, 『遼海文物學簡』 第1期.
鳥居龍藏, 1917, 『大正5年度朝鮮古蹟調査報告』.
趙匡華, 1998, 「金屬貝幣與金屬包陰的檢測報告」, 『大甸子-夏家店下層文化遺

址與墓地發掘報告』附錄 三, 科學出版社.
朝鮮總督府, 1920,「航行區域」,『治水及水利踏査書』.
中國社會科學院考古硏究所內蒙古發掘隊, 1971,「內蒙古赤峰藥王廟, 夏家店遺址試掘簡報」,『考古』第2期.
津田左右吉, 1921,「百濟における日本書紀記錄」,『滿鮮地理歷史硏究報告』8.
坂元義種, 1968,「5世紀の百濟大王とその王・侯」,『朝鮮史硏究會論文集』4.
蒲生京子, 1979,「新羅末期張保皐擡頭と叛亂」,『朝鮮史硏究會論文集』16.
何賢武, 1987,「試論遼西地區古代文化的發展」,『中國考古學六次年討論文集』, 文物出版社.
護雅夫, 1971,「北アジア・古代遊牧國家の構造」,『岩波講座世界歷史』6, 岩波書店.
橫山將三郞, 1939,「朝鮮の史前土器硏究」,『人類學・先史學講座』9, 雄山閣.
A.L. 수보티나, 2008,「한반도의 중도식 토기문화와 크로우노프카문화의 비교」,『고고학으로 본 옥저문화』, 동북아연구재단.
Hugh R. Clark,「8~10세기 한반도와 남중국 간의 무역과 국가관계」,『장보고 해양경영사 연구』.

찾아보기

ㄱ

가거도 패총 31
가락동유형 67
가샤 유적 25
가지문토기 80
가혜성(加兮城) 227
가혜진(加兮津) 228
각산성(角山城) 223
감의군사(感義軍使) 283
강상수운(江上水運) 141
강주장군(康州將軍) 윤웅(閏雄) 321
거발성(居拔城) 188
거친무늬거울 94
건마국 102, 203
걸찬국 220
검단산성 225
검은모루동굴 13
격지주먹도끼 19
견당매물사(遣唐賣物使) 277
견당사(遣唐使) 271
견서(堅書) 325
견지(헙측) 119
겹입술토기(겹아가리토기) 49, 54
경보(慶甫) 303
경천(鏡川) 149
고대국가 103

고락산성 225
고랍국(古臘國) 90, 102
고마성(固麻城) 188
고비(姑比) 330
고비사막 22
고사갈이성 324
고사성(古沙城) 188
고산리식토기 30
고상가옥 108
고운무늬거울 93
고차국 220
고총고분(高塚古墳) 117
고해진 149
곡간평지(谷間平地) 131
곤지(昆支) 157, 163
공귀리형토기문화 67
공납관계 152
공납지배 156
공무역(公貿易) 271
공수동맹(攻守同盟) 231
공열문토기문화 67
공직(龔直) 326
관개농업 54
관등제 156
관미성 161
관작제 157

관창리유적 96
교감본 91
교관선(交關船) 277
교기(翹岐) 232
교성리유적 96
구례모라성 216
구만촌(九灣村) 140
구순각목토기 86
구지하성(久知下城) 188, 197
구진(具鎭) 320
구해국 102
국사(國師) 303
국읍(國邑) 124
국제교역 288
군곡리 유적 107
군곡리 패총 125
군동 유적 107
군령(郡令) 173
군사(郡司) 244
군장(郡將) 173
군주(軍主) 239
굴가마 107
궁복(弓福)·궁파(弓巴) 262
궁예 292
권직(權直) 325
권행(權幸) 326
규두대도(圭頭大刀) 199
규흥사종명(竅興寺鐘銘) 246
균정(均貞) 279
그리말디인 16
긁개 18
금강식토기 50
금굴 유적 12
금동관 168
금동관모 168
금동관편(金銅冠片) 179

금마산(金馬山) 306
금자탑(金字塔) 59
금하굴 294
기린산인 16
기마전(騎馬戰) 143
기문(己文) 185
기미(岐咊) 232
기하문토기 44
기훤 292
길두리고분 210
김가(金昝) 251
김명(金明) 279
김민주 281
김사인(金思仁) 252
김선평(金宣平) 326
김양(金陽) 279
김양상(金良相) 251
김양순(金亮詢) 280
김언(金言) 316
김옹(金邕) 251, 253
김우징(金祐徵) 259
김은거 255
김주원(金周元) 256
김지정(金志貞) 256
김총 301, 302
김헌창(金憲昌) 258
끼움작살날 47

ㄴ

나두(邏頭) 242
나주도대행대(羅州道大行臺) 319
낙금 281
난봉산성 225
남경 유적 87
남만(南蠻) 185
남산신성비 246

남양리산성 224
남원부인 297
남중국항로(東支那海斜斷航路) 273
내해(內海) 132
냇돌 그물추 47
노당(弩幢) 248
노지라 240
녹아별(鹿我別) 144
녹읍(祿邑) 260
농경도구 52
농경무늬 청동기 88
농바위 295
농업혁명 27
농포형 뇌문 42
누각박사(漏刻博士) 252
능애(能哀) 297
능애(能乂) 330
능창(能昌) 268, 312
니하만분지(泥河灣盆地) 23

_ㄷ

다라국 220
다련군 317
다사성(多沙城) 147
단조철부(鍛造鐵斧) 106
달솔(達率) 173
달이(達已) 206
담로제 171
당동리산성 222
당성진 267
당주(幢主) 242
대곡성 267
대공(大恭) 254
대렴(大廉) 254
대문구문화(大汶口文化) 43
대민지배(對民支配) 165

대사(大祀) 242
대성(大姓) 8족 177
대왜교역로(對倭交易路) 150
대우도 327
대인동 패총 125
대전이(大轉移) 16
대전자(大甸子) 유적 60
대정(大正) 251
대주도금(大主刀金) 297
대혼(大昕) 282
덕솔(德率) 173
덕진포 311
덧띠새김무늬토기 56
도도로끼식토기(轟式土器) 29
도독(都督) 239
도독부(都督府) 234
도사(道使) 242
도산 유적 15
도상(圖上)의 계획 234
도선(道詵) 303
도선성(刀先城) 188
도씨검(桃氏劍) 109
도침(道琛) 235
독산성 231
독치성 224
돌가래(石䦆) 52
돌작살끝 47
동리산문(桐裏山門) 303
동물문양 55
동산취(東山嘴) 유적 60
동이교위부(東夷校尉府) 121
동호덕고분 225
동화성(同火城) 227
두루봉동굴 13
두립문토기 47
두모 패총 125

두목(杜牧) 262
두형토기 95
둔산 유적 70
득안성(得安城) 188
DNA 염기서열 65

_ㄹ

레나강 유역 75

_ㅁ

마구류(馬具類) 84
마로관(馬老官) 210
마로산성 225, 226
마성(馬城) 333
마안형(馬鞍形) 196
막로국 102
만달리동굴 17
만발발자(萬發撥子) 유적 41
만보당 248, 305
만세(萬歲) 330
만종(萬宗) 253
말갈세력(靺鞨勢力) 113
말무덤 145
망첨산성지 197
매리포성 228
면석착인(面石捉人) 246
모라(牟羅) 245
모루 209
목간나(木干那) 177
목금(沐衿) 157
목라근자(木羅斤資) 144
목병도(木柄刀) 143
목지국 203
몰무덤 145
무구(巫具) 101
무문양토기 47

무역왕 277
무진악(武珍岳) 242
문척(文尺) 246
물부련(物部連) 213
물혜(勿慧) 206
미누신스크 문화 55
미다부리정 281
미송리형토기 68
미평동고분군 208
민정문서 246
밀개 18

_ㅂ

바이칼호 22
박다진(博多津) 261
박영규 301, 302
반남세력 152
반량전(半兩錢) 109
반파국(伴跛國) 211
방국(方國) 62
방군성제(方郡城制) 172
방령(方領) 173
방송리고분군 208
방수처(防戍處) 297
배리강문화 38
배훤백(裵萱伯) 279
백가(苩加) 173
백납본(百衲本) 91
백두흑요석 19
백룡산 153
백제식석실분 193
백치성 224
범문(梵文) 258
법당(法幢) 249
법당군병 247
베링해협 20

벽골제 113
벽오산성 197
별가(別駕) 286
별읍(別邑) 124
볍씨 자료 87
보개(寶盖) 297
보국장군본국왕(輔國將軍本國王) 209
보문산유적 97
복골(卜骨) 109
복신(福信) 235
봉계리식토기 53
봉성산성 222
부곡(部曲) 245
부성리성지 197
부여융(扶餘隆) 234
부족국가 103
부족연맹체국가 103
북방해로(老鐵山水道航路) 273
불례(번예) 119
불사분야국 102
불사후(弗斯侯) 158
불암산성 222
불운국 102
붉은간토기 80
뷔름빙하기 15
비조부(比助夫) 213
비타(毗陀) 173
뼈낚시바늘 47
뿔가래(骨쿠) 52

― ㅅ ―

사륙(史六) 246
사백노궤(沙白蓋盧) 144
사분야국(斯濆邪國) 90
사불성 296
사아군(斯我君) 212

사이기국 220
사자금당 248
사자대 248
사자산문(獅子山門) 303
사정성(沙井城) 173
사타 209
사해문화 38
산돼지 이빨 52
산반하국 220
산정동인(山頂洞人) 16
삼각형 석도 86
삼각형 점토대토기 93
삼계성지 197
삼성산성 197
상귀(相貴) 327
상기문(上己汶) 211
상기물(上奇物) 211
상노대도 유적 32
상동인(上洞人) 16
상시동굴 14
상애(尙哀) 327
상업제국 277
상원부인 297
상촌주(上村主) 246
상치리 209
새기개 18
새김무늬토기 44, 49
서곡성 231
서원경 246
서진경(西晉鏡) 127
서포항유적 43
석불산 유적 42
석촌동고분군 127
선동검기(先銅劍期) 56
선원동산성 225
선장(宣長) 323

선필(宣必) 326
성마산성 129
성암산성 222, 225
성열성(省熱城) 227
성읍국가 104
세석인(細石刃) 19
소개(小盖) 297
소남산(小南山) 유적 41
소사(小祀) 242
소석착인(小石捉人) 246
소수(少守) 243
소역(蕭繹) 187
소정방(蘇定方) 235
소주산(小珠山) 하층문화 36
소하서문화 38
소홀수선(小吃水船) 141
솔계(率系) 173
송국리식 옹관 80
송국리식 토기 80
송국리형문화 78
송국리형 집자리 81
송도 패총 31
송정리 지석묘 97
수수영자(水手營子) 무덤 60
수천(水泉) 유적 62
순동시대(純銅時代) 59
순주성전투 324
스워드반도 20
스키토-시베리아 55
승리산동굴 13, 14
시박사(市舶司) 271
시종세력 151
시중(侍中) 251
시호테-알린 산맥 19
신강(信康) 330
신금(新金) 탑사둔(塔寺屯) 36

신라방 265
신라서면도통 307
신라소(新羅所) 266
신라조계(新羅租界) 266
신락(新樂) 하층 37
신미제국(新彌諸國) 122
신석기혁명 27
신운신국 102
신월리토성 128
신유(神鍮) 255
신충(信忠) 252
신파고지(辛波古知) 261
10정 247, 305
쌍현성 161

_ㅇ

아르디피테쿠스 라미두스(Ardipitecus ramidus) 11
아자개(阿慈介) 292
악사지(屋舍志) 246
악성(嶽城) 230
안길(安吉) 243
안도 패총 31
안동고분 225
안라국 220
안성천 203
안호리 패총 125
알타이 어족 76
알타이족 75
압날문토기 47
압량주(押梁州) 227
압아(押衙) 266
압인수법(押引手法) 39
압해도 312
애노 292
애복(哀福) 330

양길 292
양두와(羊頭窪) 유적 56
양원(揚圓) 287
양직공도(梁職貢圖) 186
어골문 46
여갑당(餘甲幢) 249
여고(餘固) 177
여곤(餘昆) 160
여기(餘紀) 160
여래비리국 102
여력(餘歷) 177
여례(餘禮) 158
여서도 패총 31
역내교역(域內交易) 134
역삼동유형 67
연맹왕국 104
염상(廉相) 251
염장 281, 284
영기(令奇) 292
영산강하구점 154
영산 내해(內海) 140
예징(禮徵) 279
오룡동 유적 108
오르도스인 14
오부돈 317
5부제 156
오산리식토기 35
오수전(五銖錢) 109
오스트랄로피테쿠스 아파렌시스(루시) 11
오시포브스카야 25
5주서(州誓) 248
옥과천(玉果川) 149
옥현 유적 88
옹관고분 116
완산정(完山停) 305

완산주서(完山州誓) 305
왕교파리 297
왕봉규(王逢規) 289
왕지흥(王智興) 264
왕·후제 157
왜신관(倭新館) 218
외사정(外司正) 243
외여갑당(外餘甲幢) 249
요역징발 165
요하문명 54
용강리 백제고분 214
용개(龍盖) 297
용곡 사람 24
용두리고분군 208
용범(鎔范) 60
우가촌(于家村) 적석총 56
우각형파수부호 95
우현왕(右賢王) 160
운기장군(雲騎將軍) 319
운주전투 328
웅진도독부 234
웅진성(熊津城) 188
원선(元善) 297
원시농경 22
원종 292
원지국 102
원형점토대토기 97
월송리 조산고분 182
월암산성 225
월유택(月遊宅) 283
위신재(威信財) 123
유공인(柳江人) 16
유권열(劉權說) 320
유금필(庾黔弼) 323
유문토기(有紋土器) 44
유산포(乳山浦) 272

유정(惟正) 251
윤가촌유형 95
윤린(允璘) 282
윤충(允忠) 232
율령박사(律令博士) 252
은제화형관식(銀製花形冠飾) 192
의성전투 324
의책(衣幘) 123
이리두문화 59
이비가기(李碑家記) 297
이소정(李少貞) 287
이순(李純) 253
이순행 281
이원(李愿) 264
이유(李洧) 264
이정기(李正己) 263
이중구연토기(二重口緣土器) 51, 78
이창진(李昌珍) 287
이척산성 197
이충(李忠) 276, 287
이형동기(異形銅器) 95
이홍(利弘) 279
이회옥(李懷玉) 263
이흔암(伊昕巖) 323
인가별감 302
인문도편(印文陶片) 105
인수(印綬) 123
인일(仁壹) 325
인후지대(咽喉地帶) 135
일리국 102
일리천 332
임나4현 209
임례국 220
임소반국 102

ㅈ

자미산성 134
자산문화 38
자타국 220
작상인(作上人) 246
작진(酌珍) 297
잔석기 22
장고분 167
장구진 267
장길(張吉) 326
장동리 낭코 154
장변 281
장사(長史) 243
장양인(長陽人) 14
장척(匠尺) 246
장화(張華) 118
재당신라인(在唐新羅人) 268
저근(姐瑾) 177
저산도 327
저습지(低濕地) 131
적산포 265
전동산성 224
전문도기(錢文陶器) 127
전방후원분(前方後圓墳) 181
전작농경(田作農耕) 52
전정호구(田丁戶口) 166
점말동굴 14
정개(正開) 307
정년(鄭年) 262
정문(正門) 255
정문경(精文鏡) 94
정촌인(丁村人) 14
제륭(悌隆) 279
제삼촌주(第三村主) 246
제암산 유적 20
제이촌주(第二村主) 246
제일(諸逸) 243

조량(朝良) 251
조물성 324
조석기(粗石器) 22
조세수취 165
졸마국 220
좀돌날 떼기 19
종회(宗會) 319
좌곡산봉수대 129
좌현왕(左賢王) 160
주구토광묘 107
주사(州司) 243
주연채도(周緣彩陶) 42
주조(州助) 243
주조철부(鑄造鐵斧) 94
주칠토기 47
죽막동 제사유적 127
중국(衆國) 98
중사(中祀) 242
중앙집권적 귀족국가 104
즙석봉토분 128
지두문토기 47
지상가옥 108
지수신(遲受信) 237
지탑리 유적 52
지훤 301
진례성 228
진보성 324
진선(陳瑄) 323
진원산성 196, 198
진잔트로푸스 11
진지(신지) 119
진촌주(眞村主) 246
진해장군(鎭海將軍) 283
집사부(執事部) 238
징효대사(澄曉大師) 절중(折中) 303
찌르개 19

ㅊ

차마구(車馬具) 106
차촌주(次村主) 246
찬수류(贊首流) 177
채도(彩陶) 43
채문토기 86
척산산성 225
천문박사(天文博士) 252
철도자(鐵刀子) 106
철모(鐵鉾) 136
철야현 전투 281
철정(鐵鋌) 136, 155
청동의기류(靑銅儀器類) 84
청동장식(靑銅裝飾) 84
청목령 161
청주연지사종명(菁州蓮池寺鐘銘) 246
청호리 유적 40
초당동 유적 50
초도 패총 40
초리국 102
초산도비리국 102
초적(草賊) 290
촌사(村司) 246
총관(摠管) 239
총명(聰明) 258
최지몽(崔知夢) 318
최훈(崔暈) 287
추령천(秋嶺川) 149
축지(신지) 119
춘양(春讓) 322
충적세 22
치수급수리답사서(治水及水利踏査書) 141
침미다례(忱彌多禮) 148
침선기하문(針線幾何文) 42

_ㅋ

카라스크 문화 55
캄차카반도 19
캄케라믹(Kammkeramik) 44
크레타-미노아 문명 54
크로마뇽인 16

_ㅌ

타클라마칸 사막 22
탁순국(卓淳國) 144
탄령(炭嶺) 333
탄현(炭峴) 233
탄화미 88
탐모라(耽牟羅) 180
태봉사지 127
태선침선문토기 35
토제 도가니 59
통형도관(筒形陶罐) 38

_ㅍ

파란트로푸스 11
판상철부(板狀鐵斧) 155
판석부위석식노지(板石附圍石式爐址) 58
팔왕의 난 126
패각조흔문 31
패강진 267
팽이형문화 67
편직문토기문화 34
편호소민(編戶小民) 166
평로치청(平盧淄靑) 263
품석(品釋) 232
풍납토성 127

_ㅎ

하기문(下己汶) 211
하기물(下奇物) 211
하동진(河東津) 139
하상주단대공정(夏商周斷代工程) 59
하지(荷知) 208
하치리 209
한동리산성 224
한솔(扞率) 173
한식경(漢式鏡) 109
한화정책(漢化政策) 252
합미산성 222
항행구역(航行區域) 141
해구(解仇) 176
해도인(海島人) 262
해동증자(海東曾子) 231
해례곤(解禮昆) 177
해룡산성 302
해방체제(海防體制) 267
해수(解讐) 223
핵석기 13
행훈(行訓) 322
향(鄕) 245
현령(縣令) 244
현사(縣司) 244
혈구진 267
호모사피엔스(슬기사람) 14
호모에렉투스(곧선사람) 14
호모하빌리스(손쓴사람) 11, 14
호시무역(互市貿易) 272
홍유(洪儒) 323
홍적세 21
화덕자리(爐址) 108
화천(貨泉) 109
화평리 옹관분 205
화폐적 기능 155
화하제일촌(華夏第一村) 38
환선길(桓宣吉) 323

환호 50
황산동고분 225
황산진(黃山津) 279
황석리 고인돌 65
황전별(荒田別) 144
황하문명 54
황해횡단항로(黃海橫斷航路) 273
회령포성 224
회룡리고분군 208
회사품(廻賜品) 271
회역사(廻易使) 277
회전판 107
후구석기시대(後舊石器時代) 22
후룬베이얼(呼倫貝爾) 23
후희일(侯希逸) 263
흑도장경호 95
흔강(昕康) 333
흔암리유형 67
홍륭와(興隆窪)문화 38

문 안 식
한국고대사 전공(문학박사), 조선대학교 사학과 객원교수, 한신대학교 학술원 연구교수

논 저
『백제의 흥망과 전쟁』(2006), 『백제의 왕권』(2008), 『후백제전쟁사연구』(2008) 외 다수

호남인의 기원과 문화원형
문 안 식 지음

2010년 10월 30일 초판 1쇄 발행

펴낸이 · 오일주
펴낸곳 · 도서출판 혜안
등록번호 · 제22-471호
등록일자 · 1993년 7월 30일

㈜ 121-836 서울시 마포구 서교동 326-26번지 102호
전화 · 3141-3711~2 / 팩시밀리 · 3141-3710
E-Mail hyeanpub@hanmail.net

ISBN 978-89-8494-402-2 93910

값 26,000 원